U0519487

YE BOOK

洞 见 人 和 时 代

论世衡史

- 丛书 -

西汉经学源流

王葆玹 著

四川人民出版社

再版说明

　　经学，是中国传统学问的根基，也是传统学术的筋骨和底色，其他所有的学问，无一不围绕经学而展开，或依经解义的阐释，或依据各家师说而论驳，正如纪昀在《四库全书总目提要·经部》序中所说：所论次者，诂经之说而已。

　　中国学术，从孔门四科，到刘歆七略，再到隋唐的四部之学，经学之地位本已天经地义的被士人认为是"天不变，道亦不变"的学问主体，却在晚清面对泰西学问的挑战，进而呈现出"道出于二""道出于三"（罗志田语）的应变之势。直至瑞安周予同出，提出"经学已经死亡，经学史的研究应该开始"，并将经学称为"只是一个僵尸，穿戴着古衣冠的僵尸"，从而宣布他的观点："经是可以研究的，但是绝对不可以迷恋的；经是可以让国内最少数的学者去研究，好像医学者检查粪便，化学者化验尿素一样；但是绝对不可以让国内大多数的民众，更其是青年的学生去崇拜……"（《僵尸的出祟》）自此往下，后世的读书人以平等的眼光面对经学，以审判的心态对待经学。但亦如陈寅恪所指出，读书治学，若不能"与古人处同一境界"，则决难理解古人"立说之真义"，了解古人"不得不如是之苦心孤诣"。这是西方史学进入域内之后，学术上面对的最大问题。由此，在"走出中世纪"的口号号召下，经学也就被扫入了不科学、不可观、中世纪神学一类的观念之中。但亦因如此，我们对经学史上种种问题，也就不甚了了，且越来越不可知了。

这是本书写作的学术背景，在这里先予以交代，以便准确地将作者的意图和价值尽量不被减损地表明出来。即基于此学术背景，作者王葆玹先生希望"我们树立起关于传统的正确观念"，"对西汉经学的著述形式、思维方式在中国传统文化中的地位产生一个更精确的认识"（《西汉经学源流·引论》）。

本书初版于1994年的台湾东大图书公司，甫一上市，即在两岸的哲学史、思想史、史学史——当然，更遑论经学史——的研究界引起广泛的讨论，而此书亦成为了解经学、两汉思想史、哲学史等相关领域的经典阅读书目。

之所以获得如此赞誉，是因为作者的叙述并非来自理论的想象，而是坚实地建筑在细致的考据之上，同时又不落于"见树不见林"的烦琐考证当中，总在合适的地方凸显出整体性的学术意义。因为作者曾明确地表示出他的意图与途径，通过"把旧的文化结构加以分解，进行选择并添加新的要素，然后重新进行组合"（《西汉经学源流·引论》），进而达到"重构"和"重建"的目的。

本书撷取整个经学史的"昌明时代"与"极盛时代"（皮锡瑞，《经学历史》）。皮鹿门之所以将西汉一分为二，即是以武帝"独尊儒术"前后的政策变化为标的，武帝之后，"皇帝诏书，群臣奏议，莫不援引经义，以为据依"（《经学历史》），由此可见，经学最重要的时代自春秋至晚清，莫重于两汉，而两汉之中又以西汉为经学发展之"源"。这是本书作者何以专论"西汉经学"的因缘所在。但又如刚刚所提及的，经学的昌明与极盛，与当时的汉代政治有莫大的关系，非独立的学术问题，正所谓"学随术变""以经术缘饰吏事"（朱维铮语），然而此中之"变"与"饰"又是具体如何展现的，便又是辨章学术、考镜源流的重点，也正是本书重点论及的对象。如其指出从书写角度，"章句""注""笺""记"的区别，从学派的经今古文之分而外且尚细致拈出齐鲁学的分别，又都说"汉承秦制"，但氏著所指出的秦汉之别，甚或具体讨论"罢黜百家，独尊儒术"的实质内容，以及从礼制的考究、从宗庙制度的实际情况来回看礼学的指向，凡此都对具体认识那个时代的学术特点有进一步的加深。这使得本书即使在初版近30年后引进大陆，依然具有极高的学术价值，为该领域和专业的后进学人提供重要的参证资料。

四川人民出版社壹卷工作室　谨识

二〇二一年六月

序　一

经学在中国学术史上占有重要地位。《诗》《书》《易》《春秋》等是孔子教授弟子的上古典籍，后来儒者尊之为经。孔子以后，孟子常引述《诗》《书》，荀子引述《诗》《书》更多，但是孟、荀都提出了自己的思想学说，不以传经为务。到汉代，武帝设置五经博士，于是经学占了学术上的统治地位。从汉代开始，到清代末年，经学经历了二千多年的发展演变，经学的肇始时期在于西汉，西汉经学对于后代学术思想有重要影响。清代末年曾出现了两位经学大师，即康有为与章炳麟。康氏是今文经学的最后代表，章氏是古文经学的最后代表。"五四"以后，专门研究经学的人不多了。但是经学在历史上确有重要影响，还是值得重视的。

王葆玹先生研习中国学术史，用力甚勤，在钻研魏晋玄学之后，又转而研究汉代经学。近著《西汉经学源流》，探赜索隐，颇有创获，特别指出，汉代经学著述中"章句""注""笺"的体裁是比较晚出的；在西汉时代的经学著述以"传""说""记"的形式为主，一般是独立著述，注重通义，较之西汉以后的笺注形式，更为自由活泼。此说确有根据，可谓发前人所未发的创见；书中对于今古文经学的异同，对于齐鲁经学的区别，都做了较详的考察评论，亦多新意。这是关于经学史的新著，具有较高的学术价值，希望继此更写出东汉经学史。葆玹先生以书稿征询我的意见，于是略述阅后的感想，作为序言。

张岱年　序于北京大学

一九九四年五月

序 二

以儒家经典为主要阐述对象的经学，曾经是中国社会的一门主要学术，受到历朝皇权的推崇和扶持，兴旺延续两千余年，有关著作汗牛充栋，对于中国的政治、哲学、伦理、文艺及民俗产生过广泛而深远的影响。辛亥革命以后，帝制社会解体，在"五四"新文化运动的批判声浪中，旧经学逐渐退出学术中心舞台，这是合乎社会进步潮流的。而后有以周予同为代表的批判派经学研究，以顾颉刚为代表的疑古派经学研究，皆有可观成就，但不免带有偏激的情绪。也有少数学者把经学限制在纯学术范围内，继续用传统的国学方法加以研究。更多的学者，不同程度地吸收西方近代哲学理论方法，将原有经学著作拆散，纳入中国思想史或哲学史的研究之中。总之，民国时期的传统经学已经式微，一九四九年以后的大陆，旧经学传统更趋中绝，这种情况是否是正常的呢？我认为旧经学的终结并不意味着经学研究的终结，恰恰应该意味着新经学学术的诞生。像经学那样对于中华民族精神文化发生过巨大影响的学术体系，是不能用干脆置之不理的办法加以抛弃的，也是不能仅仅用革命家的激烈言辞加以克服的。经学是儒学的主干，不懂经学无以知儒学，不知儒学无以知中国传统思想文化，因而也谈不上批判地继承。我们应当站在今天时代的高度，对如此庞大的文化遗产做出全新的整理和总结，这不仅是为了清除它的负面影响，也是为了从中发掘丰富有益的思想资源，用以建设我们的新文化。

从大陆情况看，改革开放以来的十多年，经学研究似有复苏的趋势。经学古籍的整理出版，重要经典的新注与今译，某些单经的学术研究，都取得一定的成绩。最活跃的是易学，竟形成长盛不衰的热潮。但总的说来，新经学研究刚刚起步，队伍很小，成果不多，许多领域尚是空白。谈到综合性经学历史的研究，可以说相当冷落沉寂，本人只看到有关近代经学史的一两本著作，还不够完整深入。清人皮锡瑞的《经学历史》和民国学者周予同的注解，至今被学人奉为圭臬，尚无一本新经学通史著作问世。周予同关于经学三大派别，即西汉今文学、东汉古文学和宋学之说，学界因循如同定论，从未见有何异议。经学史研究之所以缺乏创新力作，其原因首先在于这一项研究难度较大，要求学者有深厚国学功力，耗费巨大的精力和时间，许多人视为畏途；其次是经学研究的新理论、新方法一时难以确立，无论走旧经学的老路或是重复简单批判的做法，都不能适应时代的步伐，而新路有待开拓。

可喜的是，我们终于看到了经学史研究方面富于探索气息的新作，而且是中青年学者的作品，这就是王葆玹先生的《西汉经学源流》。这部书从经学史的早期阶段西汉着手，重新梳理中国经学的源头和流派，而这正是一部新的经学通史诞生之前的第一步重要工作。源不清则流不明，恰恰在西汉经学的研究上，存在着许多似是而非的观念，有争议的问题不少，需要认真加以探讨。葆玹是比我年轻的朋友，在学术上素以刻苦细心和见识独出而为同行所称道，好读书又能求深解，长年从事先秦和秦汉思想史的研究，积累丰厚，勇于开拓，故能以雄健的力量从正面进入经学史的难题，向经学权威和传统观点提出挑战，在经学史的开端研究上树立自己的一家之言。

这部书的优点和特点是：第一，资料翔实，考证周密，这是经学研究佳作必备的特质。作者对有关经典和经注、经解下过苦功，比较熟悉，故能旁征博引，论据充足；同时不泥于古注家成说，对所用资料详加考辨，去伪存真，用其当用者，故书中所引资料，一一经过审核，有较高的可靠性。第二，框架新颖，方法脱俗，故能破旧套，立新论。作者部分地继承传统国学治学方法，又创造性地吸收和运用西方解释学、结构主义哲学和系统论的理论与方法，形成自己的框架结构和研究方法，既不是以经解经，只信不疑，又不是政治批判，简单否定，而是把经学作为一种文化体系加以审视，结合社会历史的变革，多角度地揭示中国文化的经学思维模式和经学史的文化意义，这就增强了经学研究的立体感和科学性。第三，使用最新考古数据，主要在易学部分利用马王堆出土帛书《周易》的新发现，与传统文献做深入的比较分析，从而使汉易研究展现出一个新的局面。

这部书翻旧案，立新说的地方很多，但又不故为奇异，使人感到持之成理，言之有据。例如：第一章指出，"六艺"以六为度，"五经"以五为度，乃是秦制与汉制的差别，又指明"传""说""记"三种经著形式的特点与优点；第二章在今古文对立之外，特标出鲁学与齐学的对立，并由此引申出整个经学史上义理派与象数派的对立。本书关于经学派别的独特见解，令人耳目一新；第三章着重说明"罢黜百家，独尊儒术"的真正完成不在武帝之时，而在成帝之时，成帝发起过一场宗教改革运动，于是"汉承秦制"遂告结束，王凤家族起了关键性的作用；第四章重新考察了公羊学的源流，从系统论的角度解释天人感应学说，又论证《春秋繁露》的可靠性，并对董仲舒"大一统"的确切含义提出自己的理解；第五章突出西汉礼学，对三《礼》的来龙去脉及后氏礼学，论说相当严密，又以祭礼为重点，详细考察了西汉郊祭的沿革，阐明成帝罢废诸祠而设置南北郊的社会意义；第六章说明帛书《要》《易之义》《二三子问》为鲁学作品，帛书《系辞》为道家易学的代表作，官方田何易学则为齐学。

我认为上述种种新论，虽是一家之言，且不无可商榷之处，但它们的提出，足以使现今人们关于西汉经学的许多传统观念发生动摇，从而也使整个经学史的许多习惯成见，发生动摇。人们在这些新论点、新证据面前，不能不重新认真研究史料、思考问题，并对本书的一系列见解做出严肃的响应，不论赞同还是批评，都将会推动经学研究的深入开展。我愿意将这样一本有价值的书，推荐给海峡两岸的读者。

牟钟鉴　写于北京西郊
一九九四年五月

目 录

引　论

一、经学模式与中国文化继承中的选择问题

我写这部关于西汉经学的书，是想使人们对中国传统文化的继承有更大的选择余地。过去，人们对汉代经学的印象是很恶劣的，试翻阅一下现今流行的各种中国思想史教科书以及各种关于中国传统文化的研究专书，会看出汉代经学在其中往往呈现出迂腐、僵硬和落后的面孔。现在我想使大家对西汉时期的经学发生兴趣，会不会令人产生不合时宜的感觉呢？

假若我们树立起关于传统的正确的观念，假若我们对西汉经学的著述形式、思维方式在中国传统文化中的地位产生一个更精确的认识，上述的不合时宜的感觉便会消失了。在当代文化研究的领域，出现了一个新的动向，即西方解释学的发展对中国文化的研究产生了很大的刺激作用。当然，解释学以及与此有关的后结构主义学说及系统论等还在继续发展，我们若是原封不动地搬用他们的理论框架和术语，是很冒险的。不过，参照这些学派的研究成果，我们至少可以得出一些初步的结论：第一，我们不可能脱离传统，而只能生活在传统之中，如何对待传统文化的问题，可以归结为如何

理解和解释传统文化的问题。大陆学者所常说的"批判继承"以及台港新儒家所说的"创新"，都可以用"解释"的概念来涵盖。第二，我们对传统文化的解释，应当是先把旧的文化结构加以分解，进行选择并添加新的要素，然后重新进行组合。这种组合可以称其为"重构"和"重建"，也可说是某种创新。

这种理论的宗旨，是将文化领域里最为保守的、最具传统色彩的东西，与最新颖的、最具革命性的东西结合起来。而接受或树立这种理论正好可以纠正中国文化领域中的两种偏激的倾向。五四以来，中国的知识分子往往把传统当作一个固定不变的实体来看待，或是十分激烈地主张将旧的东西全部废弃，为了实现这一目的，便要不断地进行"彻底"的批判；或是十分顽固地主张将传统文化完整地承继下来，为了实现这一点，便要不断地为传统文化的优良品格进行论证。像熊十力那样将传统思想加以改造并使之获得新生的思想家，是不多见的。举例来说，对于京剧，激进的年轻人完全不欣赏，他们十分乐意将这古老的剧种送进博物馆或扔到垃圾堆；而守旧的老派人士则试图赞美京剧的每一个细部，十分固执地坚持要将京剧当作一个不变的整体加以继承和推广。目前大陆的音乐界也出现了类似的情况，一些激进的青年满怀敌意地宣布古典交响曲及歌剧等都是博物馆里的艺术，试图以低层次的流行音乐取而代之；而一些富于西方音乐修养的知识分子则追求古典音乐每个细部的演奏的准确性，试图将西方古典音乐当作一个恒久不变的文化系统来看待。然而考察西方的音乐史，可以看出推动艺术发展的并不是这两种极端的派别，而是一种重新创造传统的做法。假如大家听一听用古典方式演奏的贝多芬的交响曲，便可开悟了，贝多芬交响曲的曲谱的确是恒定不变的，可是这些乐曲的配器和演奏方式却是不断变化的。这些乐曲的演奏在贝多芬的时代显得古板而单调，而在现代的演奏却充满热情并有极强的力度。在这当中，传统得到了继承，也得到了改造。我们现在所常听到的古典的交响曲和歌剧，经过了无数次的加工和改动，凝聚着一代代艺术家的心血，实际上已可说是近两个世纪的艺术家的共同的创造物，然而我们又可以理直气壮地声称这些作品是贝多芬的、是瓦格纳的、是威尔第的。假如我们以这种方式继承中国传统文化，难道不能促成一次东方的文艺复兴吗？

说起传统文化的继承和改造，便涉及中西文化的关系问题。清末洋务派首领张之洞提出"中学为体，西学为用"的主张，影响很大，后来的中国学者遂纷纷用"体""用"的概念来说明中西文化的主从关系。例如对于坚持国粹而敌视西方文化的意见，有人概括为"中体中用型"；早年的胡适以及陈独秀等人主张全盘西化，有人将这种主张概括为"西体西用型"；一九八七年，著名学者李泽厚先生提出"西体中用"的名目，独具特色而引起学界的波澜；一九八九年，傅伟勋先生又提出"中西互为体用论"，旨在推动民主，提倡"多元开放"（见《哲学与文化》月刊，第十二卷第十期）。最近，台湾大学林义正教授又在"传统中国文化与未来文化发展学术研讨会"上提出新说，以"体中体"表示生命本身，为"真体"；以"体中用"表示文化的观念层；"用中体"表示文化的制度层；"用中用"表示文化的器物层。这一见解将中西文化体用论推演到十分复杂的程度，同时也使人们关于文化体用论的认识进入反省的阶段。用"体用"的概念来说明中西文化的关系问题究竟有多大的准确性？这种做法究竟是否必要呢？著名学者沈清松教授很清醒地认识到这一点，他先在《中国哲学教育的回顾与展望——历史发展》（见《大学人文教育的回顾与展望——大学人文教育教学研讨会论文集》）一文中就各种体用论提出怀疑，阐述了新说，又在一九九三年的"传统中国文化与未来文化发展学术研讨会"做了进一步的申辩：

> 我认为在今天处理中西文化的关系问题，必须放弃原先"体用"的语言，改用"主体与资源"的语言。换言之，我所提倡的是一种"主体资源"论，觉醒到当代的中国人，无论海峡两岸，都是创造自己文化的主体，并在此自觉下，把传统中国文化、西方的文化甚至其他世界文化传统的精华，都视为此一创造的主体可以运用的资源。

> 现代中国人是文化创造的主体，其他无论是儒、释、道等中华文化大传统，或是民间文化的小传统，或是西方文化中的基督宗教、民主、科学、人权与社会主义，或是西方文化中产生的思潮与制度，例如马克思主义、资本主义、自由主义等，都只是创造主体过去已创造的成果或今后可以参考使用的资源，并没有一定的束缚性或排他性。就拿儒家来说，儒家的思想与价值固然对中国文化有极大的重要性，但并不因此就得束缚中国人的文化创造力在儒家的格局里面，更不必排斥其他可能性，甚至产生主从意识，认为儒家是主，其他是从。这种主从意识甚或排他意识的偏狭性，非但没有必要，而且会有害处，历代的大儒也都没有这种偏狭的胸襟。

这番议论在现今的文化讨论中是极有创造性与价值的，其中有几点特别值得注意：第一，应抛却"文化体用论"的观念，这种主张无疑是正确的。"体用"原是中国古代形上学的范畴，分指本体与末用，或本体界与现象界，将这一对哲学范畴移植到文化理论当中，本需要做出许多的论证和解释，而这样的论证与解释实际上迄今无人做过。更不用说"体用"的概念十分含混，容易引起误会和导致混乱了。第二，沈教授的这一番主张有助于消除文化继承中的束缚性与排他性，对于中国文化的建设尤为有益。现在人们都很羡慕日本的成就，而日本人在文化方面正好抛弃了"主从意识"，避免了束缚性与排他性的缺陷。如果说沈教授的意见尚有补充余地的话，那就是在文化本位的问题上，因为我们毕竟是中国人，不是西方人；我们所要创造的是未来的中国文化，不是未来的西方文化。如果我们将"传统"看作是不断更新的，并且将继承传统与创造传统看成是一件事，那么便可以将中西文化的关系问题归结为中国传统文化与外来西方文化的关系问题。这样归纳有一个好处，即一方面使海峡两岸的中国人有一个文化的本位，另一方面又使这文化本位处于活跃的、不断更新的状况。拥有一个文化本位可以使我们增强主体性，只有在富于主体性的情况下才会具备吸收外来文化的能力；使文化本位不断更新则有助于避免沈教授所担忧的束缚性与排他性的弊端，有助于社会的民主与进步。

当我们将中国传统文化当作"本位"并对这本位进行改造的时候，会发现自己面临着十分复杂的价值判断问题和选择问题。一个交响乐队的本位是它的保留曲目，这一乐队一定以擅长演奏某些乐曲而著称，这些乐曲的曲目便显示出这一乐队的特色。但是曲目是可以变化的，它最初的形成也是某种选择的结果。我们中国传统文化的丰富和复杂无疑远超过一个乐队所拥有的遗产，而文化遗产的丰富虽是好事，却也带来种种的问题。海峡两岸的文化讨论已经历过无数次高潮，而说来说去都要落实在关于传统文化如何选择的问题上：哪些部分是应当抛弃的，哪些部分是应当保留的呢？在这方面产生过多种主张，过去有人以为墨学是最值得继承的，有人以为佛教唯识学是中国传统思想的精华，而现代新儒家看重宋明理学的倾向在目前占有很大的优势。新儒学主要是通过改造宋明理学而形成的，这种改造和重建的工作无疑是成功的，它在现代中国文化演进中的作用也是极其有益的，不过，肯定这一文化成就并不意味着继续推进的余地已不存在了，例如，"内圣强而外王弱"的缺陷一直使新儒家的大师感到苦恼，时至今日恐怕也不能说获得了圆满的解决。面对这种情况，自然会产生一种想法：战国时期和西汉时期都是"外王强"的时期，为什么不可以将这两个时期的文化加以选择、吸收，包括在当代中国的文化之中呢？这种想法未能推广，可能有两个原因：第一，人们过多地注意文化演进的连贯性，把中国现代文化看作是宋明理学的直接延续。这种顾虑其实是不必要的，因为经过五四运动等文化变革，宋明理学在中国社会上的影响已极其微弱，大陆城市的婚丧仪式、礼节仪式都已经同明清文化脱节，电视剧《戏说乾隆》中的乾隆皇帝居然臂缠黑纱去参加葬礼。有时从电视屏幕看到英国皇家卫队举行换岗仪式的场面，竟产生一种错觉，似乎他们的文化比我们的还要古老。宋明文化与现代生活的距离已变得如此遥远，以致它与更为遥远的西汉文化的时间差距显得无足轻重，它们蒙受选择、吸收的几率，应当比现实中的情况更接近一些。"内圣强而外王弱"的不足，也许正可以由注重吸收西汉文化而得到弥补。

第二，关于西汉时期的官方文化政策，徐复观等先生做了严厉的批判。这种批判有助于使人们摆脱中古专制主义思想的束缚，其积极意义已为学界所公认。不过，在这些批判当中，西汉文化的一些优点被忽略了。例如西汉经学家多主张以禅让作为朝代或政权更迭的形式，并且将这种主张当作他们的学说体系中的重要部分。这种极具古代民主意味的政治思想，在宋明理学的体系当中恐怕是很不显著的。宋明理学以研究道德性命和义理为主，西汉经学则有大量的象数学的内容。道德性理之学的思想境界固然为象数学所不及，然而象数学往往牵涉到宇宙论，包含许多天文学和数学的内容，并且往往使用经验的和逻辑的思维方式，这些都是诉之于直觉体悟的道德性理之学所不具备的。朱熹将象数学与义理学结合起来，有很大的学术成就，而这成就正是以马王堆帛书《要》篇以及西汉费氏易学为其渊源。西汉文化是外向型的、是开放的，这同西汉时期的地理探险和领土扩张有着密切的关联，而宋明理学则主要是内向型的，虽未忽略事功，但重视的程度很有限，例如在民族危亡之际，有些理学家还要贬低汉武帝的对外政策。这样看来，西汉经学的优点和宋明理学的长处，恰是可以互相补充的。

西汉是经学形成的时期，其采用经学形式这一点常常受到责难。其实，在战国中期和晚期，一些大国的政界与学界都以实现帝制为其理想，当时儒家以及其他一些学派都已初步地采用了经学形式。从这一意义上说，西汉政治上的"大一统"和学术上的经学定于一尊，乃是战国时期政治学术发展的必然的结局。进一步说，经学形式在中国文化当中是普遍存在的，西汉道家典籍已有经、传、说的区分，而后世佛道二教的经论、经疏与儒家经学形式并无本质的区别。由于经学形式是从战国末期到清代的主要著作形式，因而中国传统思维方式以至整个的中国传统文化模式都以"经学形式"为其主要特征。西汉经学不过是中国经学史上的一个环节，如果说战国中后期是经学的萌芽阶段，那么西汉经学则是经学形成并有了确定形式的阶段。西汉经学的形式主要有传、说、记、章句四种，其中的前三种都是以独立著书的形式来解说经学通义，比注重于文字训诂的章句形式和笺注形式要自由得多。西汉官方对待先秦诸子学的态度，是将他们的著作都包括在传、记的范围之内，因而传、记的思想内容比后世经学要开放得多。汉武帝的学术政策是尊崇五经，而不是独尊儒术，其尊崇五经的意义不过是兼容诸子百家之学并把它们统一到经书的旗帜之下，这种宽容的做法乃是当时文化繁荣的重要原因。宋明理学家广泛地采用"录"的形式，由后学弟子记述师说而形成很多"语录"，这些语录一般可归入"说"的门类。《近思录》稍特殊一些，可以说同西汉时期的"传""记"相类似。大致上可以确定，传、说、记的形式乃是经学当中最自由的形式，它是联结战国秦汉儒学与道家学说的纽带，并且是连通早期经学与宋明理学的桥梁。

西方近代的文艺复兴从实质上说乃是古希腊罗马文化的复兴，不是中世纪文化的直接延续。这一文化继承的最成功的范例表明，文化的演进不是像水流那样平稳地、均匀地流过，而是跳跃地、辩证地前行。如果说在遗传学方面存在着"隔代遗传"的情况，那么在文化领域里也有着"隔代继承"的通例。根据这一通例，中国文化的重建和重构应当带有战国秦汉文化复兴的意味，不应当仅仅是宋明清文化的延续或翻版。假如我们对战国晚期及西汉时期的经学、宋明理学及道家思想兼容并蓄，将先秦、西汉以及宋明时期的文化加以综合，也许会将我们民族的文化推向一个新的高峰。

二、从西汉经学的分期到中国文化史的分期问题

上述关于中国文化继承中的选择问题的论述，主要是从历史流程着眼，对历史上不同时期的文化进行有选择的吸收和继承。不难看出，这种选择一定是以某种关于文化史分期或思想史分期的见解为出发点的。过去冯友兰先生以及其他一些学者都将整个中国思想文化的历史分为两期，即秦以前的子学时代和秦以后的经学时代，子学时代的学术界处于民主的状态，诸子百家自由争鸣；经学时代的学界处于集权的状态，学者都必须屈服于经书的权威。基于这样的分期，人们纷纷称赞子学时代的学术繁荣，贬斥经学时代的思想专制，并对宋明理学越过汉唐而直接继承先秦儒学的意向表示欣赏。徐复观先生的见解也大致是如此，他认为汉代制度是承袭秦代，汉武帝破坏丞相制度并削减诸侯王的权势，有着加强专制的趋向。在这样的估计的基础上，宋明理学自然会赢得学者的好评以及文化界的青睐。

在这里，涉及两个根本性的问题：其一，是政治制度的专制与民主的问题；其二，是学术领域的思想专制与民主的问题。在这里，政治上的问题较为复杂，如果将许多有争议的问题和技术性问题排除掉，便可从大体上将政治上的民主制度分为古代的和近现代的两种类型。近现代的民主制度不论是共和制抑或君主立宪制，都

以一个处于社会中坚地位的中产阶级为其不可缺少的社会基础，由于古代社会不具备这样的社会基础已是学界公认的事实，因而在古代政治史的研究中可以完全不考虑这种民主制度是否存在或可行等问题。古代的民主制度以古希腊和罗马的共和制为其典型，这种制度只能实行于城邦国家，假若城邦国家不断扩充领土而成为疆域辽阔的大国，在其中农牧业人口远多于城市人口，那么共和制便会为某种类型的集权制度所取代，希腊的城邦共和国之演变为亚历山大帝国，罗马共和国之演变为罗马帝国，都是这方面的典型例证。中国在战国时代，形成七个较大的国家和几个中等国家，这些国家均已越过城邦国家的历史阶段，都处于专制状态，只是在集权的程度上有所不同。到战国中期，各国的士阶层与各级贵族均已对无休止的战乱感到厌烦，渴望统一，因而掀起一场帝制运动。这一运动由齐、秦两国发起，齐愍王攻灭宋国，占领淮北，击败赵、魏、韩三国以及楚国，领土扩大数千里，使泗上诸侯、邹鲁之君都俯首称臣，一度号称东帝，与其抗衡的秦昭王则一度号称西帝。受到齐愍王威胁的燕国君臣，则欣赏苏代的设想："秦为西帝，赵为中帝，燕为北帝，立为三帝而令诸侯。"（见《战国纵横家书》《战国策》及《史记·苏秦列传》）当时的人们普遍希望由七雄合并为两帝或三帝，再兼并而实现大一统。换言之，建立一个具有专制性质的大帝国，乃是战国中期以来各国中上层人士的普遍的愿望，亦是当时难以扭转的历史趋势。我们看待这段时期的政治制度的演变，实在无必要坚持那种将专制与民主相对待的眼光，真正有意义的，是将温和的帝国专制制度与严酷的帝国专制制度加以区分，或者说将齐制与秦制加以比较。如果统一中国的不是秦始皇而是齐国君主，中国可能会有一个更为辉煌的古代历史。也就是说，齐愍王的失败，实为中国历史上的一大悲剧。

由此而论，在西汉政治历史的研究当中，处于关键位置的问题应当是承袭秦制抑或沿袭齐制的选择问题。假如我们着眼于曹参由齐相升为汉相的经历，注重于齐地儒者及黄老学者对西汉朝廷的影响，而做出西汉制度模仿齐制的判断，那肯定是不能成立的，因为《史》《汉》所记载的汉初制度的确是沿袭秦代，其中的大部分制度又一直延续到汉武帝以后。假如我们尊重《史》《汉》的记载，将汉朝看成是与暴秦完全一样的朝代，也会失之于片面，因为西汉朝廷下面士农工商的境遇的确有很大的改善，当时各阶层的人们回忆起秦代的经历犹如噩梦一般。那么，正确的理解应当是对制度与政策做出严格的区分，西汉政治制度是模仿秦制，西汉朝廷的政策却又是遵循齐学。明白了这一点，我们关于西汉政治史的各种价值判断便不会有太多的失误了。

我们研究古代的思想，自然是为了推动今日的社会进步。出于这样的动机，我们对古代专制制度中的严酷政策与温和政策加以区分和褒贬，并无显要的意义和价值。试问，我们如果不准备像中古的农民一样企盼一个好皇帝，又何必对某时代官方政策的宽仁加以长篇的论述呢？考虑到这一点，便有必要将我们的注意焦点从政治制度及策略的问题转移到学术界的体制的问题上。这部书的主题毕竟是学术，不是政治，古代学术与思想固然与政治有着关联，但这关联绝没有今日的决定论者所设想得那样严密。在同样的专制政体之下，学界可能处于专制或黑暗的状态，但也可能处于短期的民主和繁荣的状态。这种状态不仅会出现在具体的学术论争的层面上，也有可能出现在学官制度的层面上。这里所说的学官制度，从广义上看乃是官方为影响学界而订立的某种制度，它在整个的社会制度领域里，大致上是介于政治制度与政策之间。为简便计，暂可笼统地称其为"学界体制"。对于本书来说，重要的问题已不是西汉政治制度的优劣，而是当时学界体制的民主与否或宽松与否。假如是较为宽松的，较为民主的或繁荣的，便可以成为今日文化继承中的一个可供选择的对象。

西汉官方所影响的学界合乎这样的标准吗？过去人们对这问题的回答是否定的，因为他们相信汉武帝曾经采取了"罢黜百家，独尊儒术"的措施，这一措施使中国学术由"百家争鸣"的时期过渡到学术专制的时期，当然是不足取的。不过这里有一个问题，汉武帝时期出现了很多著名的文学家和学者，产生了大量的学术著作和文学作品，班固称其为"后世莫及"（见《公孙弘卜式兒宽传赞》），汉宣帝称其"广道术之路"（见《夏侯胜传》），后代史家多承认武帝时期是中国文化的繁荣期。文化的繁荣难道不是由学术的民主与开明造成的吗？学术专制难道可以导致文化的繁荣吗？考察西汉文化的历史，由繁荣到专制的转折点不在汉武帝时期，而是在汉成帝时期。具体地说，孔子的"素王"的地位，是到汉成帝时期才得到朝廷的正式承认的，诸子书是到汉成帝时才成为禁书的，博士七十余人是到汉成帝时才开始减少的。而政治、宗教等方面的制度也都在汉成帝时发生剧变，例如秦代与西汉高、文、武、宣时期兴建的宗教设施，在汉成帝时全部废弃不用，而另行修建了南北郊；儒家所憧憬的三公制度到汉成帝时才成为现实，使沿袭秦代官制的局面发生了改变；汉宣帝所谓"霸王道杂之"的选举制度到汉成帝时才被革除，而实行了"三代选举之法"。如此种种，都显示出汉成帝时期有可能是"独尊儒术"的起点。本书第三章就此做了详细的考辨，结论是：西汉学术的历史可以分为三期，第一期，自汉初始，至武帝建元五年止，当时官方的学术政策是尊崇黄老，兼容包括儒家在内的各家学派，并将这种政策落实到具体的学官制度上；第二期，自武帝建元五年始，至汉成帝初期止，官方的学术政策是尊崇五经，将诸子书纳入辅助五经的传、说、记的范围，而在传、说、记当中以儒家著作为主导；第三期，自汉成帝始，至西汉末年止，官方的学术政策是取消传记博士的建置，只保留五经博士，从而形成"独尊儒术"的局面。由于第三期的状况与西汉以后的状况大体相近，因而这种关于西汉学术史的分期实际上也是关于全部中国文化史的分期。

证明了这一点，便可将西汉为学术史上的专制黑暗时代的成说放弃，而承认这是一个值得称羡的中国古代文化的繁荣的、民主的时期。

三、《诗》《书》之依附三经以及经学流派问题

西汉官方所尊崇的经书，有《诗》《书》《礼》《易》《春秋》五种，而本书却只对《礼》《易》《春秋》三种设置专章加以论述。其所以如此，是由于西汉经学至少有齐学、鲁学、古文经学三派，齐学一派以春秋学为主，鲁学一派以礼学为核心，古文一派则重视《春秋》《周礼》和《易》。至于《诗》《书》，由于在秦代遭受过严酷的摧残，到汉代渐成为《礼》《易》和《春秋》的附属品。西汉虽有诗学和书学的传承系统，这系统却分别是以礼学、《春秋》政治

学及《周易》哲学为其落脚点的。

笔者在第二章里，对西汉经学的齐、鲁两派做了许多考辨和论述，而西汉经学中的齐学与鲁学，乃是先秦齐、鲁两国儒学的延续和发展。在战国以前，齐国的政教文化以"尊贤尚功"为主要特点，鲁国的政教文化以"亲亲尚恩"为基本原则。到战国秦汉时期，齐人的"好智"与鲁人的"好礼"形成鲜明的对照。战国时期齐地的儒者由于喜好功名，崇尚智术，故而纷纷学习《诗》《书》。孔子说："不学《诗》，无以言。"《诗经》的辞句是齐人在从事政治游说活动时所必须熟记的，因而诗学在齐地极其兴盛。《尚书》载有三代政治文献，论及许多政治法则，这在热衷于从事政治活动的齐人眼里也是必须了解的，因而《尚书》也成为齐人所重视的经典。孟子虽是邹人，但他常在齐国活动，现在《孟子》书中提到《诗》《书》的地方很多，而谈论礼乐的文字却极其罕见，正好表现出齐地儒学的风格。与此相反，鲁人不喜欢搞政治，只喜欢诵习礼乐。汉高祖攻灭项羽之后，举兵围鲁，竟听到城中还在演习礼仪，"弦歌之声不绝"，可见鲁人对《礼》的重视一定会超过《诗》《书》。过去人们以为荀子的学问接近于齐国的儒学，其实不对。荀子在齐国稷下学宫受到排挤，因而出走，在晚年投奔楚国，被春申君任命为兰陵令，兰陵原为鲁邑，只是在春申君灭鲁之后成为楚地。荀子晚年一直在兰陵著书、教学，直至去世。汉初鲁学大师申公为荀卿的再传弟子，绝不是一件偶然的事情。如果说荀子是鲁学的宗师，是不会错的。而《荀子》书中屡次显示出关于礼的尊崇，时而对齐人偏爱《诗》《书》的风尚加以嘲讽，这对于笔者关于战国时期齐地儒学偏重《诗》《书》而鲁地儒学重视礼仪的见解是一个很好的证据。

到秦代焚书的时候，《诗》《书》之学遭受的打击特别严重。《史记·秦始皇本纪》载李斯关于焚书的建议说："今陛下创大业，建万世之功，固非愚儒所知。"又说："臣请史官非秦记皆烧之。非博士官所职，天下敢有藏《诗》《书》百家语者，悉诣守、尉杂烧之。有敢偶语《诗》《书》者弃市。"从表面上看，《诗》《书》是焚书令所禁止的首要对象，而从实质上说也是如此。这一得到施行的奏议强调"史官非秦记皆烧之"，可见其焚烧六国史书以其官方著作为主，儒家所传的《春秋》乃是私史，虽在焚禁之列，却未必是镇压的重点。李斯奏议没有提到《礼》，这大概是由于秦朝经常举行宗教典礼，朝廷的仪式也十分隆重，因此需要有一批学者来研习《礼》书。民间私藏的《礼》书可能遭到了摧残，不过绝不会严重到《诗》《书》那种程度。至于《周易》，由于是卜筮之书，根本没有遭到禁止。那么，秦代儒者为了使本门的学问延续下去，自然会被迫地尽量采用易学形式，有时可能也采取礼学和春秋学的形式。

秦代以后，儒者庆幸着被迫放弃诗学形式和书学形式的时代已一去不返，忙着整理《诗经》和《书经》。而这时的《书经》已残缺不全，而且只有齐人伏生做了整理并加以传授。至于鲁地尚书学在汉初的流传情况，《史》《汉》竟完全没有记载。鲁人夏侯都尉学习《尚书》，也要拜伏生的弟子张生为师。伏生所传的尚书学究竟是一种怎样的学问呢？看一看《汉书·五行志》便可以知道。《五行志》中详引《尚书·洪范》的文字，在每节文字之下都举出伏生《大传》《欧阳说义》及董仲舒、刘向等人的解释。例如《洪范》有"水曰润下，火曰炎上，木曰曲直，金曰从革，土爰稼穑"五句，本与灾异无关，伏生《大传》及《欧阳说义》却用人祸来解释"木不曲直""火不炎上""稼穑不成""金不从革""水不润下"的原因，这种将天灾与人祸对应起来的学说，与《春秋》有关而为《尚书》所无，都是引述《春秋》之义来解释《尚书》的典型例证。据《五行志》和《楚元王传》所载，刘向"治《穀梁春秋》"，并作《洪范五行传论》，"与仲舒错"。其中最后一句，显示出董仲舒也曾议论过《尚书》。其中的区别，在于董仲舒治《尚书》是将《春秋》公羊学加以推广，而刘向治《尚书》却是将《春秋》穀梁学加以放大。这种以春秋学解释《尚书》的做法，表明春秋学才是当时儒家政治学的根本，而尚书学往往是春秋学的附属部分。

　　《诗经》由于是人们经常背诵的，因而留在了人们的记忆之中。秦代以后，各地的儒者根据记忆将《诗经》重新"著于竹帛"，这就是鲁、齐、韩三家《诗》。《鲁诗》传自鲁人申公，申公为荀子的再传弟子。荀子的学问以礼学为主，则申公由荀子学来的诗学理应依附于礼学。《史记·儒林列传》说，申公的弟子赵绾和王臧建议兴立明堂，却又力不能及，便向武帝推荐申公，"议明堂事"。后因窦太后的干预，"废明堂事"，于是赵绾、王臧"皆自杀"，申公"疾免以归"。在这里，《鲁诗》一派的荣辱，竟全系于"立明堂以朝诸侯"的成败，而明堂的兴废乃是礼的重要内容。申公的另一位弟子徐偃曾积极参与制定封禅礼仪的活动，声称"太常诸生行礼不如鲁善"（见《史记·封禅书》）。申公再传弟子王式与另一位《鲁诗》学者江公会面，直接将《诗》的歌唱用于主客之间的礼仪。王式的弟子"应博士弟子选"，"颂礼甚严"（均见《汉书·儒林传》）。至于《鲁诗》后学者韦玄成，竟是元帝时改革宗庙礼仪制度的主持者。这些情况表明西汉时的儒者学习《鲁诗》，完全是为礼仪服务的。

《齐诗》传自齐人辕固生，其弟子多为齐人，但也包括鲁人夏侯始昌，始昌弟子有鲁人后仓，后仓弟子又有鲁人翼奉及萧望之、匡衡。后仓是一位礼学大师，而《汉书》所载翼奉、匡衡的言论也多与礼学有关，这种学《诗》而重《礼》的情况，大概是由于自夏侯始昌以下均为鲁人，并非是出自《齐诗》的传统。按照《齐诗》的传统，诗学是应当依附于春秋学的，例如翼奉在元帝时上疏说："《易》有阴阳，《诗》有五际，《春秋》有灾异"，所谓《诗》之五际与《春秋》之灾异有明显的差别。他在此疏中又说："臣奉窃学《齐诗》，闻五际之要《十月之交》篇，知日蚀地震之效昭然可明"，然后大讲灾异，声称"今异至不应，灾将随之"，根据他自己关于《春秋》与《诗》的区分，可以看出他在这部疏里是将《春秋》之义渗透到《齐诗》当中，或者说是以《诗经·小雅·十月之交》所讲的日蚀、地震为具体事例，以春秋学的灾异感应等为其结论。在这些鲁人所传习的《齐诗》之学当中，《诗》义或落实于礼学，或落实在《春秋》之义上面，可见在齐学的系统里，诗学也是处于次要地位上的。

《韩诗》传自燕人韩婴，韩婴撰有《诗内传》和《外传》，又"以《易》授人，推《易》意而为之传"（《汉书·儒林传》），在《汉书·艺文志》著录为《易传》韩氏二篇。他的后人在宣帝时宣称："所受《易》即先太傅所传也。尝受《韩诗》不如韩氏《易》深，太傅故专传之。"（见《儒林传》）据《汉书·盖宽饶传》及《儒林传》所载，盖宽饶学韩氏《易》，在宣帝时引《韩氏易传》说："五帝官天下，三王家天下，家以传子，官以传贤。"这种关于五帝的学说不见于《诗经》，而略见于《系辞下传》。汉初儒者尚且对五帝"难言之"，《系辞》历举包牺、神农、黄帝、尧、舜，在早期儒家典籍当中是比较特殊的，韩婴由此做出发挥，可见"《韩诗》不如韩氏《易》深"的话绝不是虚言。现存《韩诗外传》引其他经书一般不超过两次，唯引述《周易》经传达八次。《韩诗外传》极力称赞"《关雎》之道"，而将《关雎》所反映的男女夫妇关系解释为"仰则天，俯则地"的关系，这种解释明显地是以《周易·系辞上传》为依据的。

讲到这里，大致上可以肯定西汉诗学与书学乃是分别依附于《礼》《易》《春秋》之学。基于这样的认识，本书在关于西汉经学的著述形式、流派及分期的三个篇章之后，只对西汉礼学、易学及春秋学设置专章论述。

第一章
经书系统与经学著述形式

一、引言

中国传统的经学，不论是汉代的，还是宋代的，都以《诗》《书》等经书为立论的依据，并且都采用经学的著述形式。不过，关于经书的系统性、经书与孔子的关系，不同时期的经学家有不同的理解。而经学著述形式亦可分成许多的种类，不同时代的经学家对这不同种类的著述形式可做出不同的选择。在这种情况下，显然有必要对西汉经学所依据的经书系统及其常用的著述形式做一考察，以期产生一个关于西汉经学在中国传统文化中的特殊地位的初步的认识。

关于经书，历史上有两种说法，西汉经学家多以为经书与孔子有密切的关系，或者说，孔子对经书系统的形式有决定性的作用；西汉以后的一些古文经学家则认为经书都是孔子以前的官方文献，在一定程度上贬低了孔子的历史作用。例如，西汉经学家都承认孔子是圣人，而唐代贞观时期却以周公为先圣，将孔子贬为先师。清代一些今文经学家激烈地反对这种贬低孔子的做法，他们为了恢复孔子的"先圣""素王"的地位，干脆宣称《诗》《书》都是孔子的作品，例如康有为说："学者知六经为孔子所作，然后孔子之为大圣，为教主，范围万世而独称尊者，乃可明也。"又说："故惟《诗》《书》《礼》《乐》《易》《春秋》六艺为孔子所手作，故得谓之经。"（《孔子改制考》卷十）实际上，那种将孔子只看作是经书的传授者的说法是难以成立的，而将孔子看成是经书作者的说法也是偏激的。具体地说，孔子对《诗经》的贡献是删节和整编，对《尚书》的作用是编次，对《礼》的作用是传授并有助于写成《礼经》中的《士丧礼》，对《周易》只是略有接触，对《春秋》的作用是订正、增补和编辑。大体上看，孔子对经书的形成的贡献比撰作少一些，比传授多一些。上述"孔子作经"的说法是不合情理的，因为孔子以重视历史传统著称，假如他所推崇并全力传授的经书竟都是他自己的作品，便不是"好古"的孔子了。而将孔子只看作单纯的传授者的见解也是有悖于情理的，因为教材必须有系统性和趣味性，而古代官方文献却不具备这样的优点，可以设想，当孔子将一些古代官方文献当作教材使用时，不能不对这些文献加以不同程度的整理和加工。如果我们这样来看待问题，便会认识到西汉人在这方面的说法与宋明清儒者的说法相比较，是更近于历史真相的。

过去人们所常说的"六经"，包括《乐经》在内。而先秦是否真有一部《乐经》，却是大有争议的问题。战国末期至西汉时期的学者指称经书数目，或说为"六经"，或说为"五经"。汉武帝设置了"五经博士"，五经为《诗》《书》《礼》《易》《春秋》。后来王莽主持撰作《乐经》，立于学官，才开始有六经博士。王莽以后的一些古文经学家遂坚持认为，先秦原有六经，由于《乐经》亡佚，便只剩下五经了。时至清代，一些今文经学家沿袭了先秦原有六经之说，例如康有为声称孔子曾撰作六经，即是一例。今考察先秦两汉文献关于古乐的各种记载，无不依附于《诗》与礼仪，可见"先秦仅有五经"的说法是正确的。战国秦汉学者有时提到"六经"，乃是"六艺之经"的简称。当时儒家所从事的专业有"艺""经"两种，经是经书，艺是技艺，后来又引申为学科。经书有五种，技艺和学科则有六种，由于五经和六艺是对应的，便有了"六艺五经""六艺之经"和"六经"的名称。明白了这些名称的来龙去脉，便会认识到西汉学者的说法并无过失，失误多是出自后代古文经学家的误会。

战国秦汉学者所谓的"六经"和"五经"既然在实质上没有区别，那么他们关于这两个名称的选择，便可能有另外的原因。根据《吕氏春秋·有始览·应同》，可以知道战国晚期的很多学者沿袭五德终始的学说，都相信周代属"火德"，周以后的朝代应当是"水德"，"火德"的时代即将过去，"水德"的时代即将来临。而根据《史记》的记载，秦始皇削平六国之后，当真实行了"水德"的制度，这制度的一项重要规定，是"以六为纪"，亦即根据五行成数当中"水数六"之说，规定各种物品的长度或高度必须是"六"。汉武帝太初改制，又将"水德"的制度改为"土德"的制度，由于五行成数当中土数是五，因而规定"数用五"，例如印章原来是四个字的，必须加一"之"字，凑足五字。汉文帝时，贾谊提到"六艺"，指出这是"以六为度"，可见汉武帝改制以前的"六艺""六经"之名与当时的"水德"制度颇有关联。汉武帝改制以后，学者常提到"五经"，与当时的"土德"制度正好相合。东汉时期是

"火德"的时代，当时便有"七经"的名目出现，这绝不是偶然的，因为"火数"正好是七！研究这些数字的游戏，绝不是毫无意义的，因为汉武帝的改制乃是针对秦制的变革，西汉中叶的儒者将经书系统概括为"五经"，实有对抗秦制的意义。汉以后的古文经学家无不抨击秦制的严酷，却不知道他们所用的"六经"的术语原是与秦朝制度有关联的，这不是很可笑吗？

现在很多学者看重宋明理学，贬低汉代经学，其实若是将西汉经学与东汉经学做出严格的区分，便会看出西汉经学有很多优点，比起宋明理学是毫不逊色的。宋明理学是由古文经学演化而成的，例如程颐易学几乎是直接继承王弼，范祖禹、郑樵、陈淳等人相信《周礼》为周公所作，李觏、朱熹等人也承认《周礼》为周公遗典。宋儒多主张"会通"《春秋》三传或兼弃三传，而在记事翔实这一点上多承认《左传》优于《公羊》及《榖梁》。现在证明在经书与孔子的关系问题及经书数目等问题上，西汉经学家的见解优于后世古文经学，则"宋明理学优于汉代经学"的成说已略有动摇。再从经学著作形式上考察，自战国中期至清代，通行经学著述形式，而西汉经学以传、说、记的形式为主，一般是独立著述，注重通义，较之西汉以后的笺注形式，更为自由、活泼，那么可以得出初步的结论：我们对西汉经学的评价，应当比过去的成说更高些。

二、六艺五经及其与孔子的关系

关于先秦儒家所传习的经书，过去有两种看法：其一，以为这些经书不包括《乐经》，只有《诗》《书》《礼》《易》和《春秋》，而且这五部都是孔子的作品；其二，以为经书包括《乐经》，共有六种，这六种都是古代官方文献，孔子只是传授者，不是作者。这两种看法都有些偏激，其所以难于持平，大概是受到今古文经学成见的牵累。当然，有些经书的确像是古代官方文献的集成，但这些文献被当作教材来使用，却是由孔子开始的。教材必须有趣味性和系统性，而官方文献却未必具有这样的优点，因而可以设想，孔子在教学之际，势必对这些文献加以整理、润色、加工和改编，如果说经书都与孔子有密切的关系，那是不会错的。不过，若说经书全为孔子所作，则稍嫌过分，因为孔子以注重历史传统而闻名，假若他所推崇的经典竟然都是他自己的作品，便不是"好古"的孔子了。下面就此做一粗浅的考察，以便使"六艺"和"五经"的概念确定下来。

孔子有"兴于《诗》"的名言，意谓诵习《诗经》乃是进学的起点。《史记·孔子世家》说，古诗有"三千余篇"，孔子"去其重，取可施于礼义"，删为"三百五篇"。对这"删《诗》"的说法，孔颖达在《毛诗序疏》中表示怀疑："如《史记》之言，则孔子之前诗篇多矣。案《书传》所引之《诗》，见在者多，亡逸者少，则孔子所录，不容十去其九。"后人多从此说，然而《史记》明言孔子的主要工作是"去其重"，意谓古《诗》三千余篇多有重复，去其重复则仅有三百余篇，这情况完全可能是真实的。试看刘向《书录》屡言"除复重"，例如《管子》各种传本共有五百六十四篇，除去重复的便只有八十六篇；《荀子》各种传本共有三百二十二篇，"除复重"之后便只有三十二篇。晚周各国流传的诗谣，传写的重复一定超过战国诸子，由三千余篇删至三百余篇，乃是情理中的事。皮锡瑞《经学通论》已指出这一点，并且说明古《诗》的重复未必是完全相同，因而孔子的删去重复便略有选择的意义，亦即《史记》所谓的"取可施于礼义"，这说法并无今文家的偏激情绪掺杂在内，可说是极为中肯。孔子对《诗经》的删节或"除复重"不是"作"，甚至也不是"述"，而是略带主观意向性的整编，其与《诗经》的关系可说是不远不近。

在《论语》里面，《诗》《书》已被并列起来，并且载有孔子称引《书》的文字，可见《尚书》也是孔子教授弟子的课本。《史记·孔子世家》提到孔子"序《书传》"，《三代世表》声称孔子曾经"序《尚书》"，其所谓"序"都是编次。编次与撰作是不同的，《尚书》所收录的是殷周两代的典、谟、诰、誓，多是当时王公的讲话记录和政府文告，这些文献的时代多在《诗经》之前，不可能是出自孔子的制作，至多不过是由孔子所编次。过去人们对《史记》的说法提出很多反对意见，几乎将孔子编次《尚书》的传说完全推翻。这些学者考证精详，对我们了解《尚书》不无裨益。然而《尚书》所载的殷周文献出自不同时代，它们集合成一部著作，自然是西周以后的学者的工作成果。假如这初次整合的工作不是孔子完成的，也很难排除孔子曾稍事改编的可能。试想《尚书》自秦代以后，传本繁杂，真伪贸乱，汉晋之间的学者往往不得不加以整理和补充，何况在春秋晚期！我们当然不能将孔子对《尚书》整合成书的贡献随便地夸大，但也没有足够的依据将孔子的这种贡献一概抹杀。大致上说，孔子与《尚书》的关系比他同《诗经》的关系稍远一些，但这关系仍是存在的。

从孔子"兴于《诗》，立于礼"的教学程序来看，他对《礼》的重视超过对《诗经》的爱好，因而他与《礼》的关系应当是更加密切的。事实也正是如此，《礼记·杂记下》篇说："恤由之丧，哀公使孺悲之孔子学士丧礼，《士丧礼》于是乎书。"则《仪礼》（或《礼经》）至少有一部分是孔子写定的。古文经学家由于相信"周公制礼"的传说，坚执认为《礼经》出自周公。其实周公所制定的礼，乃是政治与宗教的制度，《史记·周本纪》说："既黜殷命，袭淮夷，归在丰，作《周官》，兴正礼乐，度制于是改，而民和睦，颂声兴。"意谓"周公制礼"乃是兴立制度的重大事件。不能设想周公在国家初兴、制度草创之际，会仔细地拟定《礼经·士冠礼》《士相见礼》《士昏礼》《乡射礼》等的细节！即便是隆重的祭祀典礼仪式，也是先有仪式的具体安排，经过长期的重复，形成通例，才会写成书本。这样看来，《礼经》的撰作应当是远在周公以后的事，《礼记·杂记下》说《士丧礼》一篇在孔子传授这种礼仪的时候写成，当是可信的。至于《礼经》其他篇章的产生时间，可以从《史记·儒林列传》的两句话而见其端倪："《礼》固自孔子时，而其经不具。及至秦焚书，书散乱益多。"将这段话与"《士丧礼》于是乎书"的情况相对照，再联系到《论语》等书只提到"执礼""复礼""尽礼"等，可以得出结论，《礼经》一书只有一两篇是孔子手定的，多数篇章是在孔子死后由其弟子后学陆续完成的。《士丧礼》成于鲁哀公年间，当时孔子已老，其他各篇已无力编写，自然会出现"其经不具"的局面。

经书当中，《易》与孔子的关系引起的争论最多。《论语》中提到孔子治《易》的文字只有一节：

子曰：加我数年，五十以学《易》，可以无大过矣。（《述

而》）

关于其中的"易"字，《经典释文》说："鲁读易为亦，今从古。"其中的"鲁"字指《鲁论语》，"古"字指《古论语》。有人说"鲁读"是注音，不是标举异文，其实《经典释文·论语音义》所指称的"鲁读"都是征引郑玄《论语注》的文字，所谓"读"乃是以注音的方式标举异文，例如《乡党篇音义》说："'车中不内顾'，音故，鲁读'车中内顾'，今从古。"即是标举异文之例。郑玄所谓"鲁读易为亦"，是说《古论语》原作"易"，《鲁论语》则作"亦"，全句读作："加我数年，五十以学，亦可以无大过矣。"假如《鲁论语》的可靠性超过其他传本，则孔子是否曾"学《易》"便成为极大的问题。幸而《释文叙录》指出，郑玄所依据的《鲁论语》，乃是东汉包咸、周氏的注本，而包、周所注的底本亦非《鲁论》，而是《张侯论》，亦即西汉晚期安昌侯张禹综合《鲁论》及《齐论》而形成的本子，这一传本的形成时间远在《古论语》之后，那么，我们还是应当依从《古论语》，将孔子的话读作："加我数年，五十以学《易》，可以无大过矣。"另外，早在张禹之前，司马迁《史记·孔子世家》已提到："孔子晚而喜《易》，……曰：假我数年，若是，我于《易》则彬彬矣。"这段话显然是依据《论语》而稍变更其辞句。马王堆帛书《周易》有《要》篇，篇中说，孔子"老而好《易》"，声称："后世之士疑丘者，或以《易》乎！"子贡问他："夫子亦信其筮乎？"他回答："吾百占而七十当，唯周梁山之占也，亦必从其多者而已矣。"又说："《易》，我后其祝卜矣。我观其德义耳矣。"篇中记载孔子论《易》的言辞还有很多，其中的大半可能是出自后人的附益，但孔子若是完全没有接触过《周易》，这样的附益恐怕是无从产生的。孔子重视祭祀，而祭祀在古代一直是"大事"，必须择日举行，日期的选择又要由卜筮来决定，这就是《荀子·天论》所谓的"卜筮然后决大事"，则孔子在研习祭礼之余而兼重《周易》，实为理所当然。附带指出，《易经》六十四卦的卦爻辞早在孔子以前已经产生，《易传》则远在孔子以后。孔子对《易》只是稍有问津，未曾做过任何的整理和增补，更未以《周易》当作阐发哲理的依据。易学之有学院派性质，是从秦代才开始的。

按照传统的意见，孔子对《诗》《书》是编次，对礼乐是修起，对《春秋》是撰作，《春秋》与孔子的关系在经书里应当最为密切。例如《孟子·滕文公下》提到"孔子惧，作《春秋》"，并引孔子说："知我者其惟《春秋》乎！罪我者其惟《春秋》乎！"《公羊传》昭公十二年引孔子说："《春秋》之信史也，其序则齐桓、晋文，其会则主会者为之也，其辞则丘有罪焉耳！"都表明《春秋》作者即是孔子。《左传》成公十四年引君子曰："《春秋》之称，微而显，志而晦，婉而成章，尽而不污，惩恶而劝善，非圣人，谁能修之？"似也认为《春秋》是孔子所修。《史记》沿袭孟子等，屡次提到孔子作《春秋》的事，并加以热烈的颂扬。然而唐代刘知幾、北宋王安石等就此提出了怀疑，钱玄同、顾颉刚、杨伯峻等著名现代学者则明确提出《春秋》非孔子所作或所修的意见，另一些学者则坚持旧说。笔者以为，如果坚持《春秋》全为孔子所撰，恐怕是冒险的。但若是彻底否定《春秋》与孔子的关系，也有些勉强。试分析一下那些对"孔子作《春秋》"一说不利的证据，多数可以作两面的解释，例如《春秋》公羊、穀梁两家的传本都在襄公二十一年记有"孔子生"，左氏的写本则于哀公十六年记有"孔子卒"，这关于孔子生卒的记载，当然不会出自孔子本人。但"孔子生"不见于左氏经文，"孔子卒"不见于公、穀两家经文，如果说这两条都是传文掺入，未必不可以成立。又例如对于外国卿大夫姓名，在隐公、桓公时一概不书，到庄公二十二年才写出参与盟会的外国卿大夫之名，到文公时才写出统兵征伐的外国卿大夫之名；在僖公以前，对于外国军队只称"齐人""郑人"等，僖公以后才举出外国君主，而对于"秦伯""楚子"，到更晚的时期才具体指出。这里的体例当然是不一致的，但如果承认孔子对于早期的历史必须参照鲁史旧文，而旧文也是对越早的事件便记载得越加模糊，那么这些体例的不一致便正好合乎历史文献越到后来记载越详细的规律，因而不能成为完全排除《春秋》与孔子有关的证据。

关于孔子曾因袭鲁史旧文的事实，已得到学界的承认。《春秋》本是先秦史书的通称，《墨子·明鬼下》提到《周春秋》《齐春秋》《燕春秋》《宋春秋》，《左传》昭公二年说季札见到《鲁春秋》，《孟子·离娄下》也提到"鲁之《春秋》"，可见在孔子述作以前，鲁国已有一部名为"春秋"的官方史书。孔子修史不过是对这部旧有的《春秋》加以订正和续补，因而对鲁史的记载先简而后繁。《孟子·离娄下》说："王者之迹熄而《诗》亡，《诗》亡然后《春秋》作。晋之《乘》、楚之《梼杌》、鲁之《春秋》，一也。其事则齐桓、晋文，其文则史，孔子曰：其义则丘窃取之矣。"从中不难看出，在"鲁之《春秋》"与孔子所治的《春秋》之间，有着某种联系。司马迁也注意到这一点，故在《史记·孔子世家》和《儒林列传序》两次提到孔子"因史记，作《春秋》"，所谓"史记"即史官所记之意，也是先秦史书的通称，例如《史记·六国年表序》指出秦烧"诸侯史记尤甚"，《陈杞世家》提到"孔子读史记"，所谓"史记"均为史官所记，与"春秋"之为历史的意思相通。孔子所因的"史记"，一定是鲁国史官的记录，亦即季札所读过的《鲁春秋》。孟子、司马迁所用的"作"字，不过是为尊崇先师而加以夸张，他们都明白孔子的功勋不是将一部全新的《春秋》制造出来，而是将《鲁春秋》这部编年史加以抄写和延续，在抄写时顺便做了订正，而所谓"续"乃是将孔子所闻见的史实加以记录，连缀在鲁史旧文的后面。孔子大概只能见到很早以前的鲁史旧文，晚近的历史或是缺载，或为史官所掌管，因而孔子撰写出续补的部分，也是不得不然的。这种工作的性质其实只是补充和整理，与严格意义上的撰作略有不同，《史记·三代世表序》说孔子"因史文，次《春秋》"，《十二诸侯年表序》说孔子"论史记旧闻，兴于鲁而次《春秋》"，"次"都是编次，从广义上说即是整理、整合等。

六艺当中，唯独"乐"是没有经的。有人说先秦有《乐经》，并说古文经学家都这样主张。今按：《汉书·艺文志》是沿袭古文经学宗师刘歆的《七略》，《志》的第一部分题为"六艺略"，不称六经；《六艺略序》提到"六艺之文"，亦无"经"字。其中乐类的小序说："自黄帝下至三代，乐各有名。"是指乐曲而论，不是指乐书。序中又说："周衰俱坏，乐尤微眇，以音律为节，又为郑卫所乱，故无遗法。"这段文字按颜注所释，意即音乐靠音律来传播，"不可具于书"，因而易于失传。序中还提到汉初窦公献乐书的事，却不是《乐经》，而是《周礼》中的《大司乐章》。这些话恰好显示出，汉代古文经学一派虽有凑足"六经"的愿望，却也不能证明乐类有经，不能掩盖乐只是礼仪的附属部分。《汉书·王莽传》称平帝元始四年"立《乐经》"，居摄三年王莽奏称"今制礼作乐"，王莽所作的只是《乐经》，当时立于学官的礼书乃是高堂生所传的《礼经》和在汉武帝时出现的古文《逸礼》以及《周官》。虽说王莽仿效了周公"制礼作乐"的故事，但对于以前的五经是极为尊崇的，他敢于将自作的《乐经》拿出来，是由于相信传说中的《乐经》乃是虚构。假若他认为先秦当真有过一部《乐经》，怎么敢另行制作？一旦古代的《乐经》像古文《尚书》一样被发掘出来，他自作《乐经》岂不成了僭越之举？这样看来，即便是按照西汉古文经学的意见，"先秦有《乐经》"的传说也是不能成立的，这种传说其实不过是后代某些古文经学家的臆测而已。

经过长期的讨论，如今学界多数人已承认"乐"是依附于《诗》、礼的，并已就此举出很多的证据。《论语·子罕》引孔子说："吾自卫反鲁，然后乐正，《雅》《颂》各得其所。"意谓"正乐"即是"正《诗》"。《荀子·乐论》说，先王为救治音乐的衰败，于是"制《雅》《颂》之声"，《乐论》还描述了"听其《雅》《颂》之声"的音乐效果，足证其所谓"乐"乃是《诗经》的配乐。《史记·乐书》说，孔子门徒子夏下了定义："德音之谓乐"，并指出"德音"即是"弦歌《诗》《颂》"。实际上，在孔子整理《诗经》之前，《诗》篇已普遍地被当作音乐中的歌词来使用，例如《左传·襄公二十九年》记载，鲁国人请吴国公子季札"观于周乐"，"使工为之歌《周南》《召南》"，"为之歌《邶》《鄘》《卫》"，"为之歌《王》"，"为之歌《郑》"，"为之歌《齐》"，"为之歌《豳》"，"为之歌《秦》"，"为之歌《魏》"，"为之歌《唐》"，"为之歌《陈》"，"为之歌《小雅》"，

"为之歌《大雅》"，"为之歌《颂》"。所谓的"周乐"几乎都是《诗》的配乐，而《诗》的各部分都是"周乐"之词。另外，《荀子·礼论》提到武、象、韶、护等古代乐名，将这些乐曲的演奏都归入礼的范围。"乐"在先秦既是依附于《诗》、礼，独立的《乐经》自然不会存在。

在这里，儒家的专长显然有两个部分，其一是擅长于艺，其二是通晓经书。艺有六艺，经有五经。《周礼》说六艺为礼、乐、射、御、书、数，肯定与儒家的六艺无关，因为《史记·孔子世家》指出孔子整理《诗》《书》的功绩乃是"成六艺"的一部分，《儒林列传》说秦焚《诗》《书》使"六艺从此缺焉"，可见六艺是包括《诗》《书》的。《论语·子罕》还讲了一个有趣的故事，孔子的同时代人声称："大哉孔子，博学而无所成名。"意谓孔子虽博学却没有借以成名的技艺，对于这种讥讽，孔子很幽默地为自己开脱："吾何执？执御乎？执射乎？吾执御矣！"这一故事表明孔子在他的同时代人眼里是不懂射御之类的技艺的，孔子本人也不否认这一点，而且还表示出对射、御之类的轻视。假如孔子所治的六艺竟是礼乐射御书数，岂不成了笑话①！这样看来，若是将孔子的技艺归结为六种，一定是《诗》、《书》、礼、乐、易和《春秋》，其中礼是礼节和仪式，乐是音乐的演奏，易是占筮，《诗》是唱出的歌词，《书》涉及春秋以前的政治方略，《春秋》讲述了春秋时期的统治方法，这六种从实践的角度来看都带有很多的技术性，称其为六艺是

---

① 有的学者说，在儒家教育课程中，礼乐射御书数是初等教育内容，《诗》《书》是高等教育内容。这说法虽精巧，可惜与孔子"兴于《诗》，立于礼，成于乐"的程序不合，孔子的程序恰是以《诗》的教育为初等，以礼乐的教育为高等。

名正言顺的。先秦儒家的经书只有《诗》《书》《礼》《易》《春秋》五部，但与五经对等的技艺却是六种，或者说，五经乃是关于六艺的文字说明，称其为"六艺之经"。岂不是很便当？假若将"六艺之经"省略一下，岂不就变成了"六经"？这样看来，有些西汉人所说的"六经"乃是"六艺之经"的缩略语，他们其实并不承认五经之外的《乐经》曾存在过。

五经的"经"字，是战国中期的儒者加上去的。《荀子·劝学》将"诵经"和"读《礼》"对举，《大略》则明确地提到了《礼经》的书名，考虑到《礼经》是五经当中最后成书的著作，那么这五部书称经的时间不得晚于《荀子》。《庄子·天下》说，战国晚期的墨家学者都将《墨经》当作必修的课本；而在《管子》书中，又有"经言"和"外言"的区分；《韩非子·内储说上》论述"七术"之要，注明前面的一部分是"经"，后面的一部分是"传"；《荀子》还提到一部《道经》，其文字内容似与儒、道两家都有关联。考察《汉书·艺文志》，称"经"的著作颇多，例如《数术略》天文类有《海中五星经杂事》，五行类有《四时五行经》，形法类有《山海经》；《方技略》医经类有《黄帝内经》《黄帝外经》《扁鹊内经》《扁鹊外经》等。在战国晚期，道家、墨家、法家、天文家、五行家及医家的权威著作都已有了"经"的名义，有些还与"传"一类的著作相对待，那么源远流长而兼受不同学派尊崇的《诗》《书》等，自然是公认的经书，其称经的时间至迟应在战国中期。《墨子》多次称引《诗》《书》，并稍带敌意地引述了《礼经·丧服》的文字。《庄子·齐物论》说："《春秋》经世先王之志，圣人议而不辩"，虽未赞同《春秋》的褒贬，但也承认它是一部代表文化传统的典籍。《荀子》只是偶然地提到《易》，尚未将《易》与《诗》《书》并列在一起，然而《易》的占筮既是一门十分古老的学问，常被归入技艺性的科目，与医药星历同类，则《易》之称经不会在医经与星经之后。大致上可以推断，用"经"字来指称儒家的权威著作，是从战国中期开始的。

笔者在这里使用的方法，是将六艺和五经加以区分，又将五经之实与五经之名区分开来。六艺是六种技艺，稍加引申便是六种学科，例如董仲舒对策与《淮南子·泰族训》分别有"六艺之科"与"六艺异科"的提法；五经是五种典籍，亦即六种学科所用的五种教科书。在战国中期已有五经之实，意即这五部著作已受到特殊的尊崇，分别享有"经"的称号；在战国晚期已有五经之名，意即当时的学者已开始用这两个术语，来指称儒家的学科的系统和经典的系统。五经既然或多或少地与孔子有关，便都带有儒学的色彩，因而这五部书及其学科技艺应当有某种学派倾向性和系统性。下文将说明，到战国晚期，亦即在人们已普遍意识到一个统一的大帝国即将形成的时候，怎样对儒家的学科系统及经书系统进行概括，成为当时的儒者所面临的重要问题。

三、"以六为度"和"以五为度"的经书系统

据上文所述，秦汉学者所谓的"六经"即是六艺之经，与"五经"的概念没有实质性的差别。将儒家的学科系统归结为"五"还是"六"，本不是意义重大的问题。然而在战国晚期与秦代，人们都以为取代周朝的新朝代必须取法"水德"，"以六为纪"，因而"六艺"和"六经"的名称一时极度流行。汉武帝太初改制时，规

定遵从土德，"数用五"，于是"五经"的名称又取代了"六艺"。研究这段历史，有助于经学史上一些问题的解决，当是有意义的。

这种将经书数目与五德运次联系起来的设想，是依据贾谊《新书·六术》：

> 是故内本六法，外体六行，以与《诗》《书》《易》《春秋》《礼》乐六者之术，以为大义，谓之六艺。令人缘之以自修，修成则得六行矣。六行不正，反合六法。艺之所以六者，法六法而体六行故也，故曰六则备矣。六者非独为六艺本也，他事亦皆以六为度。

《新书》的可靠性在过去曾受到怀疑，而在近期的学术研究中逐渐得到证实。书中《六术》篇的上述文字提到"六术""六法""六行""六艺"，其上下文还提到"六理""六合""六律""六亲"，声称"事之以六为法者不可胜数"，强调万事万物都必须"以六为度"，这都证明《六术》篇定是秦代以后、汉武帝太初改制以前的作品。《史记·秦始皇本纪》说："始皇推终始五德之传，以为周得火德，秦代周德，从所不胜。方今水德之始，改年始，朝贺皆自十月朔。衣服旄旌节旗皆上黑。数以六为纪。"《封禅书》说："秦始皇既并天下而帝，或曰：'黄帝得土德，黄龙地螾见。夏得木德，青龙止于郊，草木畅茂。殷得金德，银自山溢。周得火德，有赤乌之符。今秦变周，水德之时。昔秦文公出猎，获黑龙，此其水德之瑞。'于是秦更命河曰德水，以冬十月为岁首，色上黑，度以六为名，音上大吕，事统上法。"这是说朝代的更迭循由"五德终始"

的运次，"五德终始"又是按照"五行相胜"的次序循环，每一朝代的"德"必须"从所不胜"，依次为土、木、金、火、水。夏为木德，金克木，故取代夏朝的商朝为金德。火克金，故商以后的周朝为火德。水克火，故周以后的新朝代必须是水德。秦朝的统绪连缀在周代的后面，因而秦始皇规定秦为水德，将黄河旧名"河水"改为"德水"。根据木青、火赤、水黑的五行五色的配合法则，规定秦朝的服色旌旗"尚黑"。按照古代的五行说，五行各有特定的数，《尚书·洪范》说："一曰水，二曰火，三曰木，四曰金，五曰土。"其中的序数即是五行生数。五行生数各加"五"，便得出水数六，火数七，木数八，金数九，土数则先说为五，后说为十，这些是五行的"大数"或"成数"。《吕氏春秋》十二纪首章、《淮南子》、《汉书·律历志》及《五行志》都提到五行成数的分布，其中：木在东方，色青，数八；火在南方，色赤，数七；金在西方，色白，数九；水在北方，色黑，数六；土在中央，色黄，数则先说为五，后说为十。这种七、九、八、六之数与五行的配合图式，在《墨子》书中已隐约地提到过，在历代一直得到严格的遵守，秦代自然也不例外。秦始皇既从水德，便不能不规定"以六为纪"。据《秦始皇本纪》，始皇规定"符、法冠皆六寸，而舆六尺，六尺为步，乘六马"，如果在这制度下统计经艺的数目，自然也应当是六种。

刘邦初为汉王时，规定"色上赤"，大概是自认为轮到火德了。他在建立汉朝以后，听说秦有四畤，分别祭白、青、黄、赤四帝，而不知秦朝为何没有黑帝之祠，便以为是"待我而具五"，建立北畤来祭祀黑帝。由这情况来看，他好像又自居水德而"尚黑"了。到汉文帝时，听从张苍的主张，规定汉当水德，一直维持到汉武帝年间。在这段时期不断有人主张改革秦制，以汉为土德，一直未见采纳。《新书·六术》强调"以六为度"，与秦始皇规定"度以六为名"的意思相同，正好适应汉承秦制的历史背景。汉文帝"使博士诸生刺六经中作王制"，司马相如《封禅文》提到"五三六经载籍"，《春秋繁露》《论六家要旨》《淮南子》等书屡称"六艺"，也都是应合汉文帝以后、武帝太初以前的水德的规定。

汉武帝太初元年（公元前104年），有"改制度，易服色"的创举，宣告"以正月为岁首，色上黄，数用五"（见《汉书·武帝纪》），意谓秦为水德，土能克水，因而汉朝要改从土德。水德数六，土德数五。在《武帝纪》"数用五"句下，颜注引张晏说："汉据土德，土数五，故用五，谓印文也。若丞相曰'丞相之印章'，诸卿及守、相印文不足五字者，以'之'足之。"陈直《汉书新证》根据汉印，对张晏说加以证实，并且指出汉武帝之后"太守以下郡都尉亦用五字章"。印章在太初以后尚一律改为五字，何况其他！在太初以前，汉武帝设置了五经博士，号称"五经"固然与缺少乐书的情况有关，但更重要的是由于这一事件正处于"数用五"的酝酿期。

不过在这里，有一个问题需要解释。《庄子·天运》篇中提到"《诗》、《书》、《礼》、乐、《易》、《春秋》六经"，《天下》则依次论述《诗》、《书》、《礼》、乐、《易》和《春秋》的旨要，《天运》《天下》的成书时间可能在秦朝建立以前，我们怎么理解这两篇关于"六经"的提法呢？这问题的答案，存在于《吕氏春秋·有始览·应同》：

黄帝之时，天先见大螾大蝼，黄帝曰土气胜。土气胜，故其色尚黄，其事则土。及禹之时，天先见草木秋冬不杀，禹曰木气胜。木气胜，故其色尚青，其事则木。及汤之时，天先见金刃生于水，汤曰金气胜。金气胜，故其色尚白，其事则金。及文王之时，天先见火，赤乌衔丹书集于周社，文王曰火气胜。火气胜，故其色尚赤，其事则火。代火者必将水，天且先见水气胜。水气胜，故其色尚黑，其事则水。水气至而不知，数备，将徙于土。

由这推演五德转移的文字，可以了解到战国晚期学者的信念，他们都相信周朝以火德王天下，取代周朝的新王一定要依从水德之运。他们都期待着一个新的统一的帝国的诞生，鼓动有力量统一天下的圣王赶快应合已至的"水气"，否则运次又将转移，"水德王"的机运将丧失。陈奇猷《校释》解释"水气至而不知，数备，将徙于土"三句，引谭戒甫说："意谓天数已至，如不知应之，天意又将他属矣。'水气胜'三句，即言其数已备，当速以水德王而应之也。迨后始皇混一，即用吕言，设吕犹在，亦岂可越水而法土乎？"所说极精辟！既然战国晚期学者普遍相信"水气"已至，上天属意于"水德王"的时代已来临，他们一定会遵从水德"以六为度"的规则，来显示自己的先见之明。在这种情况下，《庄子》提及"六经"便可看作是合乎时代要求的议论，并且是"六艺""六经"与"水德数六"相应合的证据之一。

有趣的是，东汉在"火德王"的制度下出现过"七经"的说法，例如《后汉书·赵典传》李贤注引谢承《后汉书》说："（赵）

典学孔子七经、河图、洛书";《后汉书·方术传》说，樊英"兼明五经"，精通"七纬"。这里的"七经"和"七纬"，正好是对待的。谢承是吴主孙权谢夫人之弟，其作《后汉书》正当孙权称帝前后的时期，书称东汉人学"七经"，定当符合东汉的情况。而东汉光武帝在建武二年"始正火德，色尚赤"（见《后汉书·本纪·光武帝纪》），并且一再宣布以《赤伏符》为受命的依据，《符》中明言"四七之际火为主"，则东汉从火德乃是势在必行的事情。火数为七，凡事必须"以七为度"，则东汉人凑集七经之数亦与当时的制度相投合。另外，《三国志·蜀书·秦宓传》载秦宓书云："文翁遣相如东受七经，还教吏民，于是蜀学比于齐鲁。"司马相如赋文只称"六经""六艺"，秦宓称其"东受七经"，当是沿用蜀汉时经书的成数，蜀汉自认是承继东汉的统绪，自然也是依从火德，"以七为度"，秦宓指称"七经"亦是时势所造成的。附带指出，所谓"七经"应当与《后汉书·方术传注》所列举的"七纬"一一对应，为六艺之经与《孝经》的总和。自王莽之后，人们已习惯于乐应有经的想法，而《孝经》的书名见于《史记·仲尼弟子列传》和《汉书·匡衡传》所引衡疏，其称经由来已久，则"六经"加《孝经》而为七经，堪称名正言顺。有人说七经是六经加《论语》，或说是五经加上《孝经》和《论语》，另有人说七经是五经加上《周礼》和《礼记》，其实两汉人素以《论语》《礼记》为辅经的传记之类，两书的标题又不见"经"字，列入"七经"是不伦不类的。至于"九经""十二经""十三经"的名目，都出现于东汉以后，均由大量引入传记而构成，与汉代经学的观念相抵触，故不赘述了。

这些将经艺的数目与五行成数相比附的做法，当然是极其荒唐的，但这荒唐的事情又有其历史的必然性，因为秦汉学者无不注重于数的系统，而从数的角度将经书的群体当作一个系统来看待。经书既然有了某种系统性，便不能不循由秦汉人的思路，与各种关于系统的思想发生联系。假如我们注意到秦汉的五德终始说略有宗教的意味，便不会对这种学说支配下的经书系统思想求全责备，带有宗教色彩的学说往往是荒谬的，却也往往是有历史意义的。

四、传、说、记和章句的著述形式

中国传统文化的经学模式，具体表现为一种特殊的著述形式。过去人们常对经学著述形式表示反感，以为这种形式即是"分章析句"和"笺注主义"，显得老朽、僵硬、古板、保守，称其为"旧瓶装新酒"和"拉大旗作虎皮"，动辄对这形式的束缚思想和缺乏进取精神表示愤恨。其实，经学著述形式除章句和笺注之外，还有传、说、记三种，这三种主要是应用于西汉时期，严格说来并未妨碍当时人们的思想创造活动，相反地，倒可以说这三种比较活泼的著作形式有助于经学的兴起，刺激了当时人们对经书的兴趣，一时对思想进步起了很大的推动作用。

在西汉景武之际，河间献王以爱好古书著称，《汉书·景十三王传》说，他所收集的古书"皆经、传、说、记，七十子之徒所论"，显示出采用传、说、记三种形式的著作在西汉时期颇受推崇。提起"传""记"，人们大概立刻会联想到二十四史中的列传，其实将史学著作称为"传"乃是后起的，而将解经的著作称为"传"却是很早就开始的。清人赵翼已强烈地意识到这一点，他在《陔余丛考》中说："《史记》列传叙事，古人所无。古人著书，凡发明义理，记载故事，皆谓之传。"又在《二十二史札记》卷一指出："古书凡记事立论及解经者，皆谓之传，非专记一人事迹也。"赵翼将古代一切议论性的著作都归入"传"的范围，稍有夸张。西汉人用"传"字来指称先秦诸子，是由于武昭宣元时期诸子书都被看作是五经的辅翼，归入了经传说记的系统，例如《汉书》说河间献王所得的"经传说记"竟包括《老子》，盐铁会议上"文学"征引《老子》竟称"传曰"，这是经学史上一段时期特有的现象，本书第三章将设专节加以讨论。当然，战国晚期的一些学派著作已有经、传的区别，例如《韩非子·内储说上》就题有"右经""右传"的字样，因而也不排除先秦各家学术著作有称传的可能。不过总的看来，"传"的名称主要是指五经的解释性或辅助性的作品。孔子及其弟子讲述经书时，往往是口授，这些解说在历代师弟之间口耳相传，渐被整理成书本，被称为"传"（音同"撰"），意谓有传述和流传（音同"船"）的功效。《易》有《彖传》和《象传》等，《书》有伏生所作的《传》四十一篇，《礼》有《丧服传》，《春秋》有《公羊传》和《穀梁传》，均属此类。从"传"字的原义来看，它与"说"并没有显著的差别，到汉哀帝时，刘歆攻击五经博士"信口说而背传记，是末师而非往古"，显示出西汉人公认"传""说"之间有文献与口说的差别以及古书与末学的差别，意即"传"几乎是一切与"口说"及"末学"之类不同的权威性的解经著作的通称。在西汉文景武帝时期，周王孙、蔡公、服生、王同、丁宽及杨何等人解《易》的作品都题为"易传"，韩婴解《诗》的作品题为"诗传"。为与这些后人的"传"区别开来，《彖》《象》等十篇及伏生《传》四十一篇便被尊称为"大传"。

从"传记"与"口说"相对待以及"末师"与"往古"的区别来看，"说"在汉代主要是较晚的经师口说的记录。这些经师多是西汉人，因为很少看到哪一种"说"是先汉人所著述的。对"传""说"两者，还可以从它们的首次书写者来分辨，"传"的初次书写者有时是它的作者本人，"说"的初次书写者则不过是记录者而已。据《汉书》所载，倪宽曾对武帝讲述《尚书》的微言大义，武帝表示说原来对《尚书》"弗好"，听到"宽说"，才明白《尚书》原来也是"可观"的（见《儒林传》）；蔡义曾对昭帝"说《诗》"，使昭帝"甚悦之"（见《蔡义传》）。倪宽是欧阳和伯的弟子，亦是和伯子孙的老师，《尚书》欧阳氏学、大小夏侯氏学"皆出于宽"（《儒林传》），因而《汉书·艺文志·六艺略》所著录的《尚书欧阳说义》，一定包括倪宽对武帝讲说的内容。蔡义是《韩诗》学者，曾以《韩诗》"进授昭帝"（《蔡义传》），则《汉志》中《诗》类所著录的《韩说》四十一卷，一定有蔡义说《诗》的记录。另外，《诗》还有《鲁说》，可能出自宣元之际的韦贤、张长安、唐长宾等人；《易》有五鹿充宗的《略说》，出于元帝年间。统计这些"说"的时代，多在西汉中期与晚期。

"记"原是先秦史学的著述形式，周王朝和各诸侯国都有"史记"，例如战国秦汉各种典籍分别提到一些史记之名，有《上古记》《古记》《燕记》《秦记》等，其称为"记"均取"史官所记"之意。史官所记载的当然都是大事，而先秦又有"国之大事，惟祀与戎"的名言，则文献记录应以祭祀和战事为主。关于战事以及政事的记录，便是"史"；关于祭祀仪式程序的记录，积累起来，形成通例，便是"礼"。《礼经》原有"记"的性质，因而战国秦汉学者解释

《礼经》的书籍通称为"礼记"。礼乐密切相关，记录典礼仪式必涉及乐歌，因而又产生了"乐记"。《尚书》《春秋》都有"史"的性质，因而战国秦汉学者解说这两部经书的著作有时也称为"记"，例如《汉志》当中《书》类有刘向《五行传记》和许商《五行传记》，均为解释《洪范五行传》而作；《春秋》类有《公羊杂记》《公羊颜氏记》，来辅助《公羊春秋》。如果说"传""说"的作用是忠实地解说传述经义，那么"记"的作用便是像史官记事那样，记录那些经传本应载有但却没有提到的事件和学说。"记"的补充对象可以是经，也可以是传，例如《礼记》是记载《礼经》所不备的各种礼仪及其学说，《五行传记》是补记《洪范五行传》所缺载的理论和例证。

"章句"是在汉宣帝时兴起的一种著作形式。据《汉书》本传所载，夏侯胜及其从父子夏侯建都是尚书学大师，夏侯胜专力阐发《尚书》的微言大义，夏侯建则参考各家学说，"牵引以次章句"。夏侯胜攻击说："建所谓章句小儒，破碎大道。"夏侯建则反击说："胜为学疏略，难以应敌。"由这故事可以知道，章句形式之受到重视是从夏侯建开始的，而且在当时还受到非难，未达到普遍的程度。《汉书·艺文志》著录《大夏侯章句》，当是夏侯胜的弟子后学所追述。又据《汉志》所载，《易》类最早的章句是施雠、孟喜、梁丘贺所作的；据《穀梁传疏》所说，尹更始是春秋家"汉时始为章句者也"。至于《汉志》中《诗》《礼》两类，均无章句之名。夏侯建及施、孟、梁丘、尹等人都是从汉宣帝时才进入学界与政界，可见章句形式在汉宣帝时才开始出现。东汉人徐防说章句之学始于子夏，乃是追本溯源，意谓发明章句的做法与子夏的学风相似，并不是说子夏已有了章句形式的作品。

与传、说、记的形式相比较，章句显得烦琐而死板，确有"破碎大道"的嫌疑。按照后人的理解，篇是由章组成的，章是由句组成的，而在汉宣帝以前的学者未必都这样看，当时书只分篇，篇下很少有章节的划分，句与句之间也没有标点一类的符号。宣帝时兴起的章句之作，即是"离章辨句"，将一篇分为若干章，再将一章分为许多的句子，逐章逐句进行解释。如果说传记往往是通论经书的大义，几乎像是独立的著作，那么章句便是拘泥于经书的各个局部，完全像是经书的微不足道的附属品。当然，章句还没有琐碎到逐字解释的程度，但却表现出往逐字解释的训诂笺注演变的趋向。宣元之际的章句可能还简单一些，到西汉哀平之际，章句的字数日益膨胀，"分文析字，烦言碎辞"（刘歆语），弄得十分复杂。桓谭惊叹道，今文《尚书》学者秦恭仅解说《尧典》一篇的篇名，就写了十余万言；仅对"若曰稽古"四字，就写了三万言。《汉书·儒林传赞》批评说，西汉官方经学"一经说至百余万言，大师众至千余人"；《艺文志·六艺略序》说，今文经师"说五字之文，至于二三万言"，"幼童而守一艺，白首而后能言"，"终以自蔽"。这些话都以秦恭为首要的例证，而秦恭乃是"牵引以次章句"的夏侯建的再传弟子，"增师法至百万言"（见《儒林传》），可见这种烦琐、迂腐的学风，只是章句之学的弊病，与传、说、记的著述形式并无直接的关系。

如果我们仔细考察一下两汉经学演变的历史，会看出传记之学乃是与章句之学相对抗的力量。例如《论衡·效力》说，王莽当政时，决定将五经的章句一律简省为二十万字，一位博士弟子连夜从事这项工作，劳累过度，竟"死于烛下"。而在这学界剧烈动荡的背后，隐约露出传记形式重被启用的征兆，例如《汉书·扬雄传》说，扬雄"以为经莫大于《易》，故作《太玄》；传莫大于《论语》，作《法言》"，其撰作宗旨虽与儒家经学有差别，但他模仿早期的经传形式而未模仿晚近的章句形式，是有多方面的意义的。到东汉章帝时，又出现"五经章句烦多"的弊病和"减省"的要求，于是古文经学家开始尝试采用"传"的体裁，以与章句之学相抗衡。马融是东汉晚期最著名的古文经学大师，他的著作在《释文·叙录》与《隋志》或名为传，或名为注，而贾公彦《序周礼废兴》引马融《自序》说："著《易》《尚书》《诗》《礼传》皆讫，惟念前业未毕者唯《周官》，年六十有六，目瞑意倦，自力补之，谓之'周官传'也。"则马融注释群经的五部著名作品，都采用了"传"的体裁形式。学界常以马融所开创的注重义理的简洁的学风，与东汉官方今文经学的烦琐学风相对照，看作是相反的风气，而这种繁简对抗的局面从形式上说，实际上是传记之学与章句之学的抗争。

马融为经书作《传》时，做了一件贻有后患的事，便是在他的传文之前抄录了经文。他的本意是为了方便学者，但却开创了以传附经的先例。孔颖达在《毛诗疏》卷一提到这事的原委：

> 汉初为传、训者，皆与经别行。三传之文不与经连，故石经书《公羊传》皆无经文。《艺文志》云："《毛诗经》二十九卷，《毛诗故训传》三十卷"，是毛为《诂训》，亦与经别也。及马融为《周礼》之注，乃云："欲省学者两读，故具载本文"，然则后汉以来，始就经为注。

由此可以知道，那种将注文掺杂在经文当中的做法，是马融以前的经学家所不敢采用的。即便是将自己的解经著作附在经书的后面，亦是马融以前的学者所不敢做也不敢想的。西汉时期与东汉前期的传、说、记，都是独立成书，不与经书合编，更不与经文相混杂。这样著书从名义上说是为了尊经，实际上却保持了解经著作的独立性，使经学家享有独立思考和论辩的自由。即使是章句之作，也是单行。而马融在自己的《传》的前面加上经书的抄录本，便开了"以传附经"的先例。当然，马融的思想自由未受这种新体裁的影响，因为这种经传的合编在他看来，不过是具载经书的"本文"，并无"附经"的意思。而到郑玄作注时，却将马融"具载本文"的原意发挥得面目全非了。

郑玄发明出一种笺注的体裁，"注"的意思是灌注，注文好比是水，经文有疑问的地方好比是缝隙，将注文夹在经文之间，就像往那些有缝隙的对象中间灌水一样。这种笺注体是前所未有的，其拘束、古板、保守的性格较之章句更甚。郑玄既然将自己的注文依附于相应的经文，对前代的大传自然也要采用类似的办法。在曹魏晚期，少帝高贵乡公曾就郑注的体例提出许多疑问，历来为史家所瞩目，请看《三国志·魏书·少帝纪》关于这件事的记载：

> 帝又问曰："孔子作《彖》《象》，郑玄作注，虽圣、贤不同，其所释经义一也。今《彖》《象》不与经文相连，而注连之，何也？"（淳于）俊对曰："郑玄合《彖》《象》于经者，欲使学者寻省易了也。"帝曰："若郑玄合之于学诚便，则孔子曷为不合，以了学者乎？"俊对曰："孔子恐其与文王相乱，是以

不合。此圣人以不合为谦。"帝曰："若圣人以不合为谦，则郑玄何独不谦邪？"俊对曰："古义弘深，圣问奥远，非臣所能详尽。"

而《周易·说卦传》题下孔颖达疏也提到《周易》的编次体例问题：

> 先儒以孔子十翼之次，乾、坤《文言》在二《系》之后，《说卦》之前，以《彖》《象》附上下二经为六卷。

孔颖达所谓"先儒"是与王弼分别而论，显然是指郑玄。试将孔疏与《三国志·魏书·少帝纪》相对照，可以得出结论：在郑玄注《易》之前，《易传》十篇尚是独立成书，未与《易经》合编。各家解《易》的传、说、章句等也是单独别行，未与经书混杂。郑玄始将《彖》《象》分附于六十四卦之后，从而破坏了延续几个世纪之久的《周易》编次。当然，郑玄尚未将《彖》《象》文字掺杂在各卦的卦爻辞之间，这种掺杂是由王弼开始的。至于高贵乡公讥郑玄为"不谦"，是指郑玄径直将自己的注文与相应的经文连缀起来，开启了将注文夹杂在经文中间的先例。总而言之，将解释性的文字夹杂在经文中间的做法，严格说来不是始自马融，而是始自郑玄。而破坏传、说、记的独立的体裁，将它们割裂并依附于经文，也是由郑玄肇始。王肃等人反对郑玄而上承马融，看来并没有将马、郑的差别加以夸大。

我们在今天所常见到的经学著作，注释一般是与经文混杂在一起，这其实都是沿袭郑玄所用的体例。两汉的章句形式尚能保持解经著作的独立性，较之郑玄开创的形式已是更为自由和活泼的。而西汉经学的传、说、记的形式不但都是独立成书、独立发挥，而且注重于通义而不拘泥于细节，较之章句形式更为开放和通达。那么，我们可以认定传、说、记的形式乃是中国传统经学著作形式的精华部分，在今天可能仍未失去参考借鉴的价值。

五、从思维方式的角度看西汉经学在中国传统文化中的地位

当我们认识到西汉经学中的传、说、记的形式远胜于笺注形式的时候，实际上已接触到西汉经学在中国传统文化中的地位问题。

为说明这一点，首先应当对中国传统文化做出一般性的解释。而解释的途径，自然是应当找出这种文化的最基本的因素。过去人们往往从哲学或文学艺术里寻找这种因素，恐怕不是最好的办法，因为从不断流变的中国哲学史和文学艺术史当中，很难找出一种恒定的哲学体系或艺术样板。中国传统文化中最稳定的因素，可能是它的独特的经学著述形式与经学思维方式，如果简单地称其为"经学模式"，应是适宜的。

笔者在这里使用"经学思维方式"一词，缺乏心理学上的依据，可能会引起争议。其实，人们所谓的"思维方式"，主要是指时间过程中的思维程序，例如西方人签署地址一般是依次写出宅名、街名、市名、国名，中国人则依次写出国名、市名、区名、街名和门牌号码。人们根据这两种次序的差别，会说西方人的思路是由部分到整体，是逻辑的思维方式；中国人的思路是由整体到部分，由于需要直接产生关于整体的认识，可说是整体思维方式和直

觉思维方式。这种直觉体悟往往借助于意象来进行，又可说是意象思维方式。从这种思路的比较上，我们自然会联想到中国人的另一种思维程序，即不论思考何种问题，都要先想到经书怎么说，接着想到传、记怎么说，最后才考虑自己应当怎样认识。这不是经学思维方式，又是什么呢？在中国历史上，这种经学思维方式的应用甚至比直觉的、整体的或意象的思维方式更为普遍，因为汉代章句之学可以说是经学思维方式的应用，却不能说与直觉的、整体的或意象的思维方式有必然的关联，因为据《汉书·夏侯胜传》的记载，夏侯胜曾批评夏侯建的章句之学有"破碎大道"的缺陷，所谓"破碎大道"意谓专在经书的局部问题或枝节问题上进行探讨，缺乏整体性和意象性。

"经学思维方式"的概念是从"经学著述形式"引申而来的，假若我们了解到经学著述形式除章句、笺注、义疏之外，还有传、说、记三种，便会知道这些著作形式在秦代以后的历史上是普遍使用的。有人可能会提出异议：难道王充这样的思想家也使用了经学思维方式吗？对这问题，我们完全可以做出肯定的回答。王充在《论衡·对作》中指出：

> 或曰：圣人作，贤者述。以贤而作者，非也。《论衡》《政务》，可谓作者。曰：非作也，亦非述也，论也。论者，述之次也。五经之兴，可谓作矣；太史公《书》、刘子政《序》、班叔皮《传》，可谓述矣；桓君山《新论》、邹伯奇《检论》，可谓论矣。今观《论衡》《政务》，桓、邹之二论也，非所谓作也。

这段话将圣贤系统和文献系统分为三个等次，圣人所写的书是"经"，这种创造活动可称其为"作"；贤人所写的书是"传"，这种创造活动可称其为"述"；再次的人写出书来便是"论"，"论"作名词用是与"经""传"区别而言的，作动词用是与"作""述"相区别而言的。王充还举例说，圣人写出五经，可称其为"作"；太史公写出《书》，刘向写出《新序》，班彪写出《后传》，都是"述"；桓谭写出《新论》，便是"论"。《论衡》与《新论》同类，属于"论"的范围。不难看出，这种"经""传""论"的区分，乃是经学思维方式的应用结果，王充将他的《论衡》纳入经、传、论的行列，显示出他的反抗性不论如何强烈，仍未脱离经学思维方式的限制。另外，《后汉书·王充传》李贤注引谢承《后汉书》说："王充所作《论衡》，中土未有传者。蔡邕入吴，始得之，恒秘玩以为谈助。后王朗为会稽太守，又得其书，及还许下，时人称其才进。"可见王充著作在东汉时期几乎毫无影响，到东汉末期才由蔡邕和王朗传播到中原。也即是说，王充是一位极端反潮流的思想家，他的著作从思维方式的角度来看缺乏代表性或典型性，即便从他的著作里找出违背经学模式的思想内容，也不会妨碍我们承认经学思维方式在秦代以后的中国历史上的普遍性。

中国历史上还有一些具有反抗性的思想家，而他们与经学的联系比王充更加明显。据《汉书·扬雄传》的记载，扬雄"以为经莫大于《易》，故作《太玄》；传莫大于《论语》，作《法言》"，可见《太玄》《法言》的撰作都是关于当时官方经传系统的模仿。魏晋时期何晏、王弼、向秀、郭象等人都采用了笺注形式，即便是非薄汤武周孔的嵇康，也写过《春秋左氏传音》，并对向秀关于《庄子》的注释表示欣赏。今人多以为范缜是反潮流的思想家，其实范缜反对佛教正是为了维护儒学，并且是以五经及其传记为依据的。至于宋明的各种语录，相当于汉代经学中的"说"。中国历代文人所用的著述形式还有文、书、序、表、诗、辞、歌、赋等，历代史家还用了编年体、纪传体和纪事本末体，但这些都是公认的经学著作的外围部分，在其中处处可找到运用经学思维方式的痕迹。另外《汉书·艺文志》著录《老子邻氏经传》《老子傅氏经说》及《徐氏经说》，"道藏""佛藏"都有经、论、注、疏，显示出经学著述形式普遍存在于儒家以外的一切学派与教派中间。

进一步说，经学形式的采用不限于秦代以后，例如《韩非子·内储说上》先后题有"经""传"的字样，《庄子·天下》说墨家后学者"俱诵墨经"，可见战国晚期的墨、法两家也用了经学著作形式。《战国策·齐策》记载颜斶对齐宣王讲出的一段话，其中提到《易传》，这说明《易》类典籍在战国中期可能已有了经传之分。考虑到《诗》《书》早于诸子，可以推测儒家学派至迟在战国中期已采用经学形式来从事著述和教育，《荀子·劝学》将儒者的进学过程归结为"始乎诵经，终乎读礼"，对经书的尊崇已到了十分虔诚的地步了。当然，战国时期的经学形式尚是不定型的，不成熟的，它的形式确定形成或开始的时期，应当是在西汉初期。

在中国历史上，经学著作形式与经学思维方式同步演进，表现出一种特殊的文化模式，"经学模式"无疑是这种文化模式的最恰当的名称。而当我们这样来归纳中国传统文化的特点的时候，便不能不承认采用传、说、记形式的西汉经学在中国传统文化当中应当享有较高的评价，过去那种称赞宋明理学而贬低西汉经学的做法，实在是不足取的。

第二章

西汉经学流派——齐学、鲁学、后氏礼学和古文经学

一、引言

按照传统的说法，西汉经学可分为今文经学和古文经学两派，今文经学所依据的经书一般用西汉隶书抄写，这种文字在汉代学者眼里便是"今文"；古文经学所依据的经书一般用先秦六国的文字抄写，这种文字在汉代学者眼里便是不同于籀、篆的"古文"。这样来划分西汉经学流派，固然是无可非议的，然而我们若是完全满足于这种划分，便很难解释西汉中叶的《公羊》《穀梁》之争，更难解释许慎《五经异义》所记载的许多复杂的经学分歧与争论。因此，对于西汉今古文学派的划分，是应当加以补充的。

我们应当做的第一点补充，是将西汉今文经学区分为齐学和鲁学。必须承认，今文经学之有齐学、鲁学之分，是前人多次指出过的。然而现代一些学者对这种划分提出尖锐的批评意见，致使我们在重新采用这一旧说之时，必须举出足够的证据。考察西汉前期至中期的经学家，多为齐人和鲁人，而齐人和鲁人在当时往往分属于不同的经学传承谱系，显示出西汉中叶韦贤等人关于"穀梁子本鲁

学，公羊氏乃齐学"的区分颇合情理。秦代以后齐鲁两地经学的种种分歧，可说是战国时代齐鲁两国不同学术发展态势的延续。自战国中期至西汉前期，鲁地儒者一直因袭孔子所开创的儒学的传统，将礼乐之学当作最重要的学问，将《礼经》当作最有权威的典籍。齐学则相反，在战国中期，齐国稷下的儒者为适应田齐的政治需要，常以《诗》《书》为立论的依据，对礼乐往往缺乏足够的了解。而到荀子以后，也就是在战国末期至西汉前期，齐学一派在"好智"的思想倾向上更进一步，将《春秋》当作学问的高峰。当时人们所提出的六艺次序主要有两种，一种是鲁学一派所主张的，依次为《诗》、《书》、《易》、《春秋》、《礼》、乐；另一种是齐学所坚持的，依次为《礼》、乐、《书》、《诗》、《易》、《春秋》。经过秦代焚书和秦末战乱，齐鲁两派的经书系统都不完整，当时齐学一派所传习的经书主要有《诗》《书》《易》和《春秋》四种，鲁学一派所传习的经书则主要有《诗》《春秋》《易》和《礼经》四种。也就是说，西汉前期的官方尚书学几乎全部属于齐学的系统，而这一时期的官方礼学则完全由鲁学一派垄断着。这些情况造成了齐鲁两派的各种差异和缺陷，例如齐学在天人关系以及阴阳五行的系统思想方面颇有建树，而在道德义理等类似于形上学的思想方面则显得贫弱；在政治思想方面提出了气魄宏伟的"大一统"论，在礼的方面则显得惊人地贫乏。齐学惯用经验主义和逻辑主义的思维方式，但却富于神秘主义色彩而流于荒诞。鲁学的哲学思想缺乏齐学的那种系统性，但却注重于道德义理，与后世的形上学略有相似之处；在政治思想方面缺乏贡献，在礼的方面则颇有长处。鲁学似惯用直觉体悟的思维方式，但却不注重于经验与逻辑。当然，一旦朝廷筹划制定重大的典礼仪式时，齐鲁两派都不能满足朝廷的需要。

这样概括齐鲁两派的差异，只在西汉前期与中期的经学史上才有意义，因为在汉武帝时期，朝廷采取了规模空前的收集古书的措施，使大量的"古文先秦旧书"被集中到皇家的秘府，使经学的经传系统发生了一些变化。而汉文帝时出现的《左氏春秋》，在这时也开始受到学者的注意。这些古书曾被错误地全部划入古文经学系统，其实它们的思想内容并不是完全一致的。其中的《礼古经》和古文《礼记》颇具儒学的色彩，古文《尚书》和《易经》在西汉中叶也被看作是儒家的经典，而《左氏春秋》和《周官》的情况却有些异样，前者是一部忠于史实的史书，后者是一部讲述官制的著作，这两部书的内容与儒家的经学并无密切的关联。由于内容不同，西汉中后期的官方经学家对这些"古文先秦旧书"采取了分别对待的办法，《礼古经》、古文《礼记》等书或多或少地得到了官方经学家的整理、吸收和利用，而《左氏春秋》与《周官》则一直遭到冷遇，直到汉哀帝时才受到刘歆等人的尊崇。在这当中，汉宣帝时河内女子的发现起了举足轻重的作用，她发掘出佚失的《易》《礼》和《尚书》各一篇，其中的《逸尚书》与当时秘府所藏的古文《尚书》的相应篇章吻合，从而证实了这些古文典籍的可靠性，使当时的官方学者对这些具有儒学特色的古文典籍更加重视。

西汉中后期的一些学者在参考这些古书的基础上，逐渐消除了齐鲁两派之间的成见，从而导致了融汇齐学与鲁学的后氏礼学的形成。后氏礼学的创始者是后仓，代表人物有戴德、戴圣与匡衡等。其中二戴分别对古文《礼记》加以选择、整理，编成两个辑本，即是《大戴记》和《小戴记》。由于戴圣曾以后氏礼学继承人的身份担任博士，他所编纂的《小戴记》在后氏礼学系统中更具有权威性和代表性。后氏礼学的形成，意味着儒家礼学内容趋于丰富甚至完备。在西汉元帝时期，儒者发动了一次具有宗教性质的改革，即"议罢诸庙"，订立"宗庙迭毁之礼"，实现了宗庙制度的儒家化。时至西汉后期的成帝时期，儒者在两个方面发动了规模惊人的改革运动，即一方面对国家宗教的核心部分进行冲击，摧毁了汉武帝、宣帝等时期的郊祀制度，建立了南郊祭天、北郊祭地的宗教体制；另一方面在选举制度范围结束了"霸王道杂之"的局面，实施了儒家一贯主张的"三代选举之法"。另外，对于官制领域里的"三公"名称，也根据《礼记》做了更改。这些改革在西汉宗教史以及政治史上具有莫大的意义，而这些改革都可以说是后氏礼学的具体实施。

在后氏礼学形成以后，纯为齐学的公羊学和纯为鲁学的榖梁学仍继续流传，保持着相对的独立性。而《左氏春秋》由于与鲁学有相通之处，在汉成帝时的改革当中一度成为官方所参考的文献，受重视的程度有所增加。到西汉哀帝时，刘歆始以《左氏春秋》为主要依据，构筑古文经学的系统。到王莽时，《周官》被改名为《周礼》，成为礼制改革的依据之一，从而扩大了古文经学的规模。古文经学发展到东汉，虽未立于学官，但影响日益扩大，堪与其他学派相抗衡。东汉许慎《五经异义》一书所反映的，正是这种齐学、鲁学、后氏礼学与古文经学并行演进并相互对峙的格局。

回顾西汉经学流派分立、争论及其融合的历史，会意识到一个问题的存在，后氏礼学既然实现了齐学与鲁学的融合，应当达到学术演进的高峰，然而西汉成哀之际的文化为何不尽人意，反不如武帝时期的文化那样生动、繁荣呢？当然，后氏礼学的成就很大，例如在宋明时期，二戴《礼记》较之《春秋繁露》得到了更多的参考和吸收，然而后氏礼学之融合齐鲁两派的理论形态及思维方式尚不够完满，也就是说，后氏礼学的思想特征仍是直觉的或意象型的，而不是分析的或逻辑的，正是由于这一点，它才得到了诉之直觉体悟的宋明理学家的重视；也正是由于这一点，后氏礼学在中国思想史上还不能说是十分完美。这一问题可由后氏礼学的经学形式而加以解释：这种学问既是立足于鲁学所重视而齐学所轻视的礼，它的代表人物又多是鲁人，便一定会有鲁学思想的偏向。后氏礼学之融合齐鲁学说，只表现在扩大学说框架的规模上，后氏以前的官方礼学不能令人满意地制定郊祀、封禅及宗庙的礼仪，而后氏礼学在这些方面有很大的突破。在理论形态和思维方式上，后氏礼学像鲁学一样，多采用直觉体悟的办法来做道德性理方面的思考，而对于分析的、逻辑的思维方式，是很少采用的。后人在参照后氏礼学之时，往往会阐发出二程那样的性理之学，却很难由此推演出牛顿那样的科学体系。另外，西汉成哀之际的文化不像武帝时期那么繁荣，还有一个原因，即汉武帝并没有"罢黜百家，独尊儒术"，而是尊崇五经，将诸子书纳入辅助五经的"传说记"的系统之中，造成了以儒家为主导而兼容百家的局面，当时齐鲁两派经学虽说还不够成熟，然而这两派经学乃是在与诸子学的共处和相互渗透的状态下生存的，各家学派的思想创造，对于齐鲁两派经学来说乃是一种有益的补充。这种宽容的、对各种学派兼收并蓄的做法，自然会使文化繁荣起来。而在汉成帝时期，诸子百家的著作被从"传说记"的系统中排除出去，真正地实现了"独尊儒术"的局面，当时的官方学术即使有后氏礼学这种颇有成就的学说体系来作支柱，仍是难以实现文化的繁荣。或是由于后氏礼学不足以成为汉武帝时期的经学体系的替代物，新学派和新的学术突破才成为时代的需要，以刘歆为代表的古文经学才会应运而生。附带指出，关于"古文经传"与"古文经学"的区别，本章将有较详细的说明；而关于西汉"罢黜百家，独尊儒术"的时间问题，将另设专章加以论述。

二、甄别齐学与鲁学的理由

"齐学"与"鲁学"原是《汉书》里的名词，不是出自今人的杜撰。不过这并不意味着用这两个词来概括西汉经学派别是没有争议的。皮锡瑞《经学历史》、本田成之《经学史论》及唐晏《两汉三国学案》等书，都说西汉经学有齐鲁之分；而徐复观先生在他的名著《中国经学史的基础》中，提出相反的意见，认为这种按齐鲁地域划分经学派系的作法"全是妄生枝节"。笔者在这种情况下采用齐学与鲁学的划分法，便应就此进行必要的论证。

首先应当指出，按文化地域来介绍儒学史的做法，是司马迁曾经采用过的，《史记·儒林列传序》说：

> 自孔子卒后，七十子之徒散游诸侯，大者为师傅卿相，小者友教士大夫，或隐而不见。故子路居卫，子张居陈，澹台子羽居楚，子夏居西河，子贡终于齐。如田子方、段干木、吴起、禽滑釐之属，皆受业于子夏之伦，为王者师。是时独魏文侯好学。后陵迟以至于始皇，天下并争于战国，儒术既绌焉，然齐鲁之间，学者独不废也。于威、宣之际，孟子、荀卿之列，咸遵夫子之业而润色之，以学显于当世。

这段话隐约地将先秦儒学的发展史分为三期，孔子死后，他的弟子"散游诸侯"，分散到卫、陈、楚、魏、齐等国家，当然还有一部分人留在鲁国，这是第一期，也就是春秋末期。在三家分晋、田氏篡齐之后，"独魏文侯好学"，定居魏国的子夏及其众多的弟子

"为王者师"，以致儒学在魏国最为兴盛，这是第二期，也就是战国早期。在齐威王登上历史舞台以后，"天下并争"，"儒术既黜"，唯独"齐鲁之间"的儒学"不废"，可见这时盛行儒学的文化地域只有齐、鲁两国，这是第三期，也就是战国中后期。到秦始皇统一中国的时候，儒学几乎成为齐鲁两地特有的学问。秦始皇准备举行封禅大典，"于是征从齐鲁之儒生博士七十人，至乎泰山下"（《史记·封禅书》），这七十余人当然不限于儒生，但可肯定其中的儒生都来自齐、鲁两地。《史记·儒林列传序》说："夫齐鲁之间于文学，自古以来，其天性也。故汉兴，然后诸儒始得修其经艺"，这话表明儒学主要流行于齐鲁的情况在西汉前期仍在继续。《汉书·地理志》依次介绍战国以来秦、魏、周、韩、郑、陈、赵、燕、齐、鲁、宋、卫、楚、吴、粤等地的风俗，唯称齐俗"好经术"，鲁人"上礼义"，其他各国风俗则与经学儒术无关，例如说魏地风尚"薄恩礼，好生分"；周人"巧伪趋利，贵财贱义，高富下贫，憙为商贾，不好仕宦"；韩地包括郑地，"男女亟聚会，故其俗淫"；陈地"妇人尊贵，好祭祀，用史巫，故其俗巫鬼"；赵地"丈夫相聚游戏，悲歌慷慨，起则椎剽掘冢，作奸巧，多弄物，为倡优"；燕地风俗"宾客相过，以妇侍宿，嫁取之夕，男女无别，反以为荣"；宋地亳邑"犹有先王遗风，重厚多君子，好稼穑，恶衣食，以致畜藏"；卫俗"刚武，上气力"，到汉宣帝时才开始"崇礼义"；楚俗"信巫鬼，重淫祀"；吴、粤风俗"好用剑，轻死易发"。全面观察西汉早期的文化地理，经学儒术的流行地域主要在齐、鲁两处，谈论西汉经学而不问齐鲁风俗异同，是不切实际的。而齐鲁两地的风俗恰有极大的差异①，这便成为分辨齐学与鲁学的主要理由。

《汉书·儒林传》说，汉宣帝时的丞相韦贤以及一些官方学者都是鲁人，他们断定"穀梁子本鲁学，公羊氏乃齐学也"，主张支持鲁学，设置《穀梁春秋》博士，这就是"鲁学""齐学"两词的出处。有的学者说，这种齐鲁的区分只是出自韦贤等人的乡土观念，《公羊》《穀梁》两书并无重大的思想分歧。然而，《公羊》《穀梁》两派的争论为何那么激烈呢？据《汉书·儒林传》的记载，鲁人荣广传习《穀梁春秋》，他曾与公羊学大师眭孟辩论，"数困之"，从而形成"好学者颇复受《穀梁》"的局面。《传》中又说，石渠阁会议主要是为"平《公羊》《穀梁》同异"而召开的，当时《公》《穀》两派各推出四人，展开辩论，由萧望之等十一人从事仲裁的工作。由于《公羊》一派的四名代表处境不利，处于下风，这一派便要求将两派代表人数分别增至五人，使他们所信赖的许广能够参加进来，《穀梁》一派也增加了王亥，以维持人数的平衡。辩论的结果是十一位仲裁者"多从《穀梁》"，以致"《穀梁》之学大盛"。他们所争论的主要问题是什么呢？对这疑问，从现存的《公羊传》和《穀梁传》是很难找到答案的，因为这两部书不过是两派的最原始的立论依据，两派的显露锋芒的代表作品其实不是这两部书，而是《汉书·艺文志》所著录的《公羊外传》《穀梁外传》《公羊章句》《穀梁章句》《公羊杂记》等。这些著作虽已佚失，但我们只要看一看它们的卷帙，便可明白它们在西汉学术界有着怎样的分量。《公羊传》和《穀梁传》都只有十一卷，而公羊学的《外传》竟有五十篇，《章句》有三十八篇，《杂记》即公孙弘所学的《春秋杂

---

① 参见本章第六节。

说》，多达八十三篇；毂梁学的《外传》有二十篇，《章句》也多达三十三篇。在经学中越是后代的作品，派性就越强烈，何况这些解释性作品的卷帙又是如此惊人！面对这样的事实，我们绝不应当轻视《公》《毂》两派的思想分歧。

关于分别齐学与鲁学的合理性，还可找到许多证据，例如《史记·封禅书》说，在汉武帝筹划制定封禅仪式的时候，传习《鲁诗》的徐偃声称："太常诸生行礼不如鲁善。"考虑到当时太常属下的"诸生"以齐人和鲁人居多，那么徐偃的话便意味着，在当时的礼学领域里有齐学与鲁学的对立。再看《汉书·艺文志》所著录的《诗经》和《论语》的解释性著作，往往是"鲁故"与"齐故"对立，"鲁说"与"齐说"并存。在这方面，《论语》的情况也许是最为典型的，它在经学著作中属于"传记"一类，例如扬雄就有"传莫大于《论语》"的看法。如果说《公羊》《毂梁》都是《春秋》一经的"传"，那么《论语》便可说是全部的五经的"传"，后代一些目录学家将《论语》归入"五经总义"类，例如《隋书·经籍志》等史志书目都在同一篇中著录《论语》《五经异义》《五经通义》等书。刘向《别录》说："鲁人所学谓之《鲁论》，齐人所学谓之《齐论》。"（见皇侃《论语义疏序》）《经典释文叙录》也说："《鲁论语》者，鲁人所传；《齐论语》者，齐人所传。"这些情况显然可以支持笔者的论点，即西汉经学的确有过齐学与鲁学相对峙的格局。

三、鲁学的经典和以荀子为关键人物的鲁学传承谱系

提起"鲁学"这个词，容易使人想起孔子。《史记·孔子世家》说，孔子"葬鲁城北泗上"，"鲁世世相传以岁时奉祠孔子冢，而诸儒亦讲礼乡饮大射于孔子冢"，鲁地儒学一直很兴盛。战国晚期，

鲁国被楚国吞并，鲁国的次室邑变成了楚国的兰陵县（参见下文），成为荀子著书、讲学的地方，这对鲁地的儒学传统又起了加强的作用。楚汉战争结束时，鲁地众多的儒生仍在"讲诵习礼乐，弦歌之音不绝"（《史记·儒林列传序》）。不过，由于史料缺乏，从战国中期到西汉前期的鲁地儒学发展线索十分模糊，要想了解鲁地儒学的来龙去脉，必须由西汉鲁学经典的传承系统向上追溯。

西汉前期的鲁学经典，有《鲁诗》《穀梁春秋》及《礼经》等。《鲁诗》书名中的"鲁"字，是由它的传述者的籍贯来确定的。《史记·儒林列传》说，在汉武帝即位时，"言《诗》于鲁则申培公"，"申公者，鲁人也"。《汉书·楚元王传》说："申公始为《诗》传，号'鲁诗'。"这表明历代学者所谓的"鲁诗"即是鲁人申公所传述的《诗经》。申公所传授的弟子有王臧、赵绾、孔安国、周霸、夏宽、鲁赐、缪生、徐偃、阙门庆忌、江公、许生、徐公等，再传弟子有韦贤、王式等，绝大多数是鲁人。由此可以肯定，西汉前期诗学中的鲁学即是鲁人所从事的诗学，他们的籍贯在春秋时期都属于鲁国的疆域。

关于《穀梁传》的作者，桓谭《新论》说是穀梁赤，王充《论衡》说是穀梁置，《元和姓纂》引《尸子》说是穀梁俶。我们对于"赤""置""俶"诸名的差异，暂可不论，而采纳《汉书·艺文志》关于"穀梁子，鲁人"的说法，简称其为"穀梁子"，定为战国时期的鲁国人。《穀梁传》隐公五年称引"穀梁子曰"，也可证明《穀梁传》的产生与穀梁子确有关联。《史记·儒林列传》说："瑕丘江公为《穀梁春秋》。"金德建先生认为这句话中的"为"字是撰作的意思。今按《史记·儒林列传》提到韩婴"为《内》《外传》数万言"，可见"江公为《穀梁春秋》"一句话的确意味着江公对《穀梁传》的成书有所贡献，不过这贡献不是撰作，而是书写成册。经过秦代焚书和秦末战乱，经书传记多是口授，只是在西汉前期才写成书本，例如徐彦《公羊传疏》说："公羊高五世相授，至胡毋生乃著竹帛，题其亲师，故曰'公羊传'。"可以推测，《穀梁传》一书原出于穀梁子，在秦代以后口耳相传，到西汉景武之际，由江公写于竹帛，形成书本。瑕丘即春秋时期鲁国负瑕邑，因而以江公为代表人物的《春秋》穀梁学可说是鲁学。

由于瑕丘江公是《穀梁传》的书写者而不是撰作者，那么便可相信《汉书·儒林传》关于江公师承关系的记载："申公卒以《诗》《春秋》授，而瑕丘江公尽能传之"，"瑕丘江公受《穀梁春秋》及《诗》于鲁申公，传子至孙为博士"。可见《穀梁春秋》与《鲁诗》的学术渊源完全相同，都是传自鲁人申公。将这师承关系继续上溯，可以推到荀子，《汉书·儒林传》说："申公……少与楚元王交俱事齐人浮丘伯受《诗》。"《楚元王传》说："（楚元王刘交）少时尝与鲁穆生、白生、申公俱受《诗》于浮丘伯。伯者，孙卿门人也。及秦焚书，各别去。"又《盐铁论·毁学》篇说："昔李斯与包丘子俱事荀卿。"其中所谓"包丘子"即《新语·资质》篇所说的"鲍丘子"，亦即《汉书》所说的浮丘伯。我们只要对照一下荀子教学的地域和鲁学代表人物的籍贯，便可知道由荀子到申公的传系完全是真实的。《史记·孟子荀卿列传》说："齐人或谗荀卿，荀卿乃适楚，而春申君以为兰陵令。春申君死而荀卿废，因家兰陵。李斯尝为弟子，已而相秦。荀卿……于是推儒、墨、道德之行事兴坏，序列著数万言而卒，因葬兰陵。"可见荀子晚年是在兰陵定居，在兰陵著书，并在兰陵去世的。兰陵是哪一国的地方呢？《续汉书·郡国志》说兰陵县属东海郡，县中有"次室亭"，刘昭注引《地道记》说："故鲁次室邑。"元魏人阚骃作《十三州志》说："兰陵，故鲁之次室邑。其后楚取之，改为兰陵县，汉因之。"（见《太平寰宇记》卷二十三）这与《史记》的说法正好相合，《史记·春申君列传》说："春申君相楚八年，为楚北伐灭鲁，以荀卿为兰陵令。当是时，楚复强。"玩味这段话的意思，春申君"以荀卿为兰陵令"一事，乃是楚人"北伐灭鲁"的结果，可见阚骃的记载是正确的，战国晚期的兰陵，在春秋时期确实是鲁国次室邑。到战国晚期，楚相春申君攻灭鲁国，遂将次室改名为兰陵，让荀子到那里去做地方长官。春申君死后，荀子被免职，遂在兰陵定居下来，在那里著书、讲学，直到去世为止。《史记·儒林列传》介绍了很多的申公弟子，其中王臧由兰陵出生，从申公学习《鲁诗》，后来向汉武帝推荐申公，并帮助汉武帝进行改革，在《鲁诗》传系中的地位十分重要。从《儒林列传》"兰陵缪生至长沙内史，徐偃为胶西中尉"两句话来看，缪生和徐偃也都是兰陵人，后者在武帝时期一度得到重用，在鲁学传系中也是个有影响的人物。刘向《孙卿新书叙录》说，兰陵人"多善为学"，都是由于荀子住在那里。又说，兰陵人喜欢以"卿"为字，都是模仿荀子，因为荀子号称"荀卿"或"孙卿"。根据这些情况，我们可以将西汉时期传习《鲁诗》和《榖梁春秋》的学派看作是以鲁地兰陵为中心地域的学派，是受荀子影响的学派。

谈论鲁地的经学，是不可以忘掉礼学的。据《史记·儒林列传》，鲁人徐生擅长于容礼，在汉文帝时担任礼官大夫。在他死后，礼官大夫一职便由他的儿子继承。而他的孙子徐延以及他的弟子公户满意、桓生及单次等人，也都曾担任礼官大夫之职。鲁地瑕丘人萧奋由于传习徐生的礼学，成为淮阳太守。这一传承谱系几乎全部由鲁人组成，可归入鲁学的系统。有趣的是，申公虽以传授《鲁诗》和《春秋》而闻名，却以礼学为其学问的落脚点，例如《史记·儒林列传》记载，汉武帝采纳王臧的建议，迎请申公，其宗旨不是要向申公学习《鲁诗》，而是要在申公的指导下建立明堂，实现儒家所向往的礼制。又例如《史记·封禅书》说，在汉武帝筹办封禅大典的时候，申公弟子徐偃声称：太常属下的博士儒生"行礼不如鲁善"，这一鲁学代表人物与其他门派的争论焦点不在于《诗》或《春秋》，而在于礼。据《汉书·儒林传》，申公的再传弟子王式将博士官称为"礼官"，他与博士江公就诗学问题进行争论，所依据的主要经典却不是《诗经》，而是《曲礼》。这里的江公乃是申公弟子瑕丘人江公的后人，以"小江公"著称于史，瑕丘江公"传子至孙为博士"，是一个鲁学的世家。而《后汉书·卓茂传》说，卓茂在西汉元帝时期到长安求学，"事博士江生，习《诗》《礼》及历算"，可见江氏一族虽擅长于《鲁诗》与《穀梁春秋》，却也未曾忽视礼学。这些鲁学人物之从事于《诗》与《春秋》的研究，显然不过是出于学术界分工的需要。他们的专职不在于《礼》，却时时表现出对礼学的重视，其原因即在于鲁诗学与穀梁春秋学，乃是以礼学为其归宿的。

在申公众多的弟子当中，有一位是"免中徐公"。"免中"是徐公原籍所在地，但这地名不见于《汉书·地理志》及《续汉书·郡国志》等书。吴恂《汉书注商》推测"免中"为"冤句"之误，但"免"字固然可看作是"冤"字的省写，对"中""句"两字的关系却不容易解释。今按《汉书·地理志》中，鲁国有卞县，"卞"与"弁"字在古书中往往通用，《论语》中的"卞庄子"在《汉书》写作"弁严子"，即是一例。进一步说，"弁""冕"两字均有"冠"

义，也常通用，"冕"字又常省写为"免"，可见徐公的出生地"免中"实即"冕中"或"弁中"，亦即"卞县"。"卞"字与"中"字形近，"中"字的出现当是由于后人在"免"字下注写"卞"字，"卞"字在传抄时又被误写成"中"字，掺入正文，就成了"免中"。"免中"或卞县在春秋时即鲁国的姑蔑，在西汉时为鲁国县名，则徐公为鲁人无疑。他的籍贯与传授容礼的徐生接近，所从事的学业也与徐生有关，很可能是徐生的后裔。这件事也可以证明，鲁学中的诗学与礼学原本是相通的。徐生所从事的礼学固然可以溯源于春秋战国时期的鲁国礼学及孔氏家学，但也不能排除这一系统受荀子影响的可能性。

荀子曾在齐国稷下"三为祭酒"，笔者将他归入鲁学的系统而未归入齐学的系统，可能会受到非难。不过，如果考察一下荀子生平的复杂经历，便不会对笔者的看法产生怀疑了。据《韩非子·难三》和《荀子·正论》，荀子曾亲眼看见燕王哙禅让的事件及其悲剧性的后果。据《荀子·强国》和《盐铁论·论儒》，荀子在齐宣王、愍王之际身在齐国，曾劝谏愍王和齐相，未见采纳，因而投奔楚国。据《荀子·议兵》，他可能亲眼看见了楚国郢都陷落的灾难和迁都的过程，可能在这时离开了楚国。据《史记·孟荀列传》，荀子在五十岁时再度到齐国游学，在稷下"三为祭酒"，终因受到排挤而投奔楚国，做了兰陵令并在兰陵定居下来。荀子生平遭遇到这么多的变故，他的思想一定有一个变化的过程。清代及近代学者从《荀子》书中发现了一些相互矛盾的文字内容，这些矛盾的出现，当是由于这部书是荀子不同时期的作品的集成，这些作品的思想本不是十分一致的。从荀子五十岁以后受到齐人排挤以致不能在稷下容身的情况来看，他的晚期思想与齐学的传统可能是难以兼容的。而从他担任兰陵令并终身在兰陵定居的情况来看，他晚年的思想状况与鲁地儒家学风可能是十分投缘的。荀子曾称赞过秦国的军事体制，不过这只能代表他的早期思想，因为《荀子》书后附有他的弟子的评论："孙卿迫于乱世，鳅于严刑，上无贤主，下遇暴秦，礼义不行，教化不成，仁者黜约，天下冥冥，行全刺之？……然则孙卿怀将圣之心，蒙佯狂之色，视天下以愚。"这话将荀学与秦文化的关系说成是一种敌对的关系，显然是针对荀子晚期的思想而论的。这样看来，不论荀子早年讲过什么、做过什么，他定居兰陵以后的思想应当属于鲁学的系统。荀子"隆礼"并将礼学当作儒学的核心，正是关于鲁地儒学的总结和发展。

总之，鲁学一派是一种以《礼经》《鲁诗》和《穀梁春秋》为主要经典并以礼学为经学核心部分的学派，这一学派远可溯源于春秋战国之间的鲁地儒学，近可溯源于战国晚期的荀子，而这学派中的申公一系与徐生一系，也是相互关联的。徐生及其弟子后学均属于鲁学的礼学系统①，申公及其弟子后学则属于鲁学的诗学与穀梁学系统，并以礼学为其学问的落脚点。今据《史记·儒林列传》和《汉书·儒林传》，将鲁学在汉武帝中期以前的传承系统归结为下图：

---

① 过去有很多学者根据《汉书·儒林传》，断定徐生是高堂生的弟子，并以为高堂生是汉初的人。然而《史记·儒林列传序》说，在"今上即位"之后，"言《礼》自鲁高堂生"。《传》中又说："于今独有《士礼》，高堂生能言之。"其中所说的"今上"指汉武帝，"今"指司马迁所处的汉武帝时期。这两段话表明高堂生在汉武帝即位以后仍在进行学术活动。徐生在汉文帝时已担任礼官大夫，他研习礼学的经历应在汉文帝以前就开始了。这样看来，高堂生的生活时代远在徐生以后，他只能是徐生的后学弟子，而不是相反。

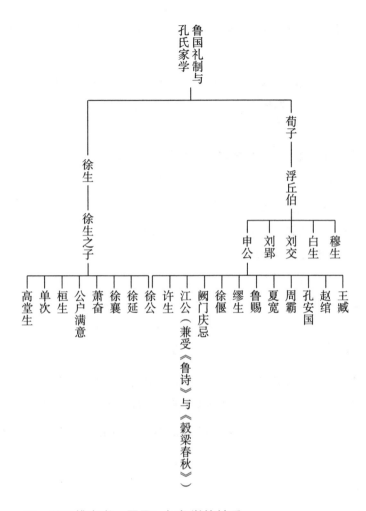

四、马王堆帛书《周易》与鲁学的关系

鲁学发源于鲁地儒学，与孔子的关系十分密切，而孔子是否研究过《周易》，乃是一个学界长期争论的问题。《论语》中论及孔子与《易》的关系的话，只有"五十以学《易》"一句，而这句话中的"易"或说作"亦"，属下读，致使这条证明孔子与《易》有关

的证据显得有些薄弱。《史记·仲尼弟子列传》和《儒林列传》记载了一个易学的传承谱系，其中秦代的田何是齐人，田何上下两代也都是齐人（见下节），以致鲁学究竟是否包括易学这一点成了疑问。马王堆帛书《周易》公布以后，这些问题有了得到解决的可能。帛书《周易》中有《易之义》《要》《二三子问》《缪和》《昭力》五篇佚书，前三篇屡次征引孔子的言论，《要》篇还记有孔子学《易》的事。这些言论是否出自孔子本人，这些事件是否与史实完全相合，当然都是可以商榷的，但这些材料至少可以证实一点，即孔子以及孔子所开创的鲁地儒学的确是与《周易》有关联的。试将《易之义》《要》等佚书的内容与《荀子》思想以及西汉官方易学加以比较，可以看出这些佚书都是鲁学一派所传习的典籍。

在这里，帛书《缪和》这一篇名大概是最为引人注目的。《缪和》是以人名篇，而"缪"即"穆"，帛书中的缪和其人显然即是荀子的再传弟子穆生。《汉书·楚元王传》说："楚元王交，字游，……少时尝与鲁穆生、白生、申公俱受《诗》于浮丘伯。伯者，孙卿门人也。及秦焚书，各别去。"又说："元王既至楚，以穆生、白生、申公为中大夫。高后时，浮丘伯在长安，元王遣子郢客与申公俱业。"申公在高后时期"卒业"，而书写于申公之前的穆生则"卒业"于秦代焚书以前，因为在焚书之际他们与浮丘伯"各别去"，直至高后时再未得到与浮丘伯相见的机会。这一情况表明穆生的年龄远超过申公，申公在焚书之前肯定已超过二十岁，而穆生在当时可能已三十岁左右。帛书《缪和》等篇抄写于刘邦称帝的时期，是战国之末以至秦代这一时期的作品，其为穆生所作，从时间上来说是完全可能的。《汉书》说穆生是鲁人，《史记·儒林列传》说申公弟子缪生为兰陵人，上文已证明兰陵在春申君灭鲁以前原是鲁邑，则此缪生的籍贯与穆生相同，可能是穆生的子侄之辈。穆生在文帝时引退，申公则名声日显，在景武之际成为经学的宗师，因而穆生的子侄之辈投靠申公以谋求仕进，乃是情理中的事。如果《缪和》一篇出于穆生这位荀子再传弟子之手，那么《要》《易之义》《二三子问》三篇便也有可能是荀子学派的作品。

帛书《要》关于易学宗旨的议论，与荀子的易学思想十分相似。《要》说，孔子"老而好《易》"，子贡问他："夫子亦信其筮乎？"孔子回答："吾百占而七十当。唯周梁山之占也，亦必从其多者而已矣。"又说："《易》，我后其祝卜矣，我观其德义耳矣。……史巫之筮，乡之而未也，好之而非也。后世之士疑丘者，或以《易》乎！吾求其德而已，吾与史巫同涂（途）而殊归者也。贤人德行，焉求福？故祭祀而寡也；仁义，焉求吉？故卜筮而希也。祝巫卜筮，其后乎！"这段话虽未完全否定占筮的作用，但十分明确地将"德义"提高到占筮之上，表现出对占筮的轻视和对哲理的关心。当我们为这堪为学院派《周易》义理之学起源的见解惊叹之际，会不由得想起《荀子·大略》的话："善为《诗》者不说，善为《易》者不占，善为《礼》者不相，其心同也。"这一席话将占筮归入易学领域中较低的层次，是高明的易学家所不屑从事的行业。荀子所看重的，自然是《要》所标榜的"德义"。这种思想倾向的一致性，是《要》属于荀子学派的重要证据。《易之义》《二三子问》以及《缪和》的思想内容与《要》颇有共同点，因而这些作品从思想内容上看也很像是出于荀子学派中的人物之手。

谈起占筮，便不能不提一下秦代前后易学的传承。在秦始皇三十四年，李斯建议焚烧六国的史书和"《诗》、《书》、百家语"，唯独"医药、卜筮、种树之书"不在焚禁之列。这建议得到施行，而《易》类书籍由于是占筮书而得以逃过劫难，这一情况正如《汉书·艺文志》所说："及秦燔书，而《易》为筮卜之事，传者不绝。"由这段历史可以引出一个大概的认识：《周易》及其解释性著作在秦始皇及其廷臣看来纯粹是占筮书，而易学在他们看来纯粹是一种占筮学。时至西汉，很多人仍坚持这种看法，例如《史记·龟策列传序》说，汉武帝"博开艺能之路"，致使"太卜大集"。武帝在准备"击匈奴""攘大宛"和"南收百越"的时候，一定要"卜筮至预见表象"，战争的胜利是两种人努力的结果："猛将推锋执节，获胜于彼，而蓍龟时日亦有力于此。"由于卜筮在朝廷重要决策过程中起着举足轻重的作用，因而汉武帝对占卜者"赏赐至或数千万"，使他们"富溢贵宠，倾于朝廷"。秦汉皇帝对卜筮竟是如此地看重，那么西汉官方的易学流派便不能不是一个注重于占筮的流派。《汉书·儒林传》记述西汉官方易学的传承谱系，先介绍秦代以前自商瞿至田何的六世，然后说："及秦禁学，《易》为筮卜之书，独不禁，故传受者不绝也。"然后再介绍自汉初田何至王莽时期的官方易学代表人物。这种叙事的次序，显示出西汉官方易学传系完全是一个占筮学的系统。梁丘贺在这传承谱系中的地位最为显赫，《汉书·儒林传》说他"以筮有应，繇是近幸"。至于孟喜、京房之以占筮为主，更是历代史家所公认的事实。明白西汉官方易学的占筮学的性质，便可以意识到帛书《要》和荀子学派轻视占筮的意义所在，《要》的作者和荀子学派都没有被包括在西汉官方易学传系当中，例如这一传系贯穿于荀子、浮丘伯和穆生的时代，却不见有这三人的姓名，即是证据。田何以前的两代和田何以后的两代都是齐人（见下节），而荀子的弟子和再传弟子却都是鲁人。有人说田何传系中的馯臂子弓即是荀子所推崇的仲弓，然而馯臂与荀子的时间距离十分遥远，与齐学、鲁学的对立几乎可以说是无关的。与田何传系不包括荀子及其后学者的情况相应合，通行本《易传》也没有包括《要》和《易之义》《二三子问》《缪和》诸篇，而通行本正是以田何传系所依据的《易传》为其祖本。这些情况使我们不能不十分看重《要》篇等佚书与荀子学派的联系。

讲到这里，已可推断帛书《要》《易之义》《二三子问》《缪和》等篇都是荀子学派的作品，亦可说是以兰陵为中心地域的鲁学的作品。上文已指出这些帛书产生于战国末期至秦代末期，现在既已证实这些帛书出自荀子学派中的人物之手，而荀子的弟子多数经历过秦代焚书的劫难，其中的浮丘伯直到西汉高后时期还在从事学术活动，那么可以做出进一步的推断，《要》《易之义》《二三子问》和《缪和》等佚书产生于秦代焚书以后，秦朝灭亡以前。儒家学派在先秦时期一直以《诗》、《书》、《礼》、乐为主，荀子本人也提到一种“《诗》、《书》、《礼》、乐”的系统，认为儒者的进学程序是“始乎诵经，终乎读《礼》”，没有将《易》列入权威的经典系统之中。到秦代焚书以后，情况有了很大的变化，荀子的弟子们不能再采用诗学、书学、礼学或春秋学的形式来阐扬他们的学说，以致不能不利用秦朝不焚《周易》的空隙，采用易学的形式来使自己的学说流传下去。《要》《易之义》等佚书就是在这种严峻的形势下，被荀子弟子撰作出来的。

应当承认，在秦代焚禁《诗》《书》的时期，儒家以外的“百家语"也遭到焚烧和禁止。上述这种采用易学形式以逃避镇压的做法，绝不是荀子一派所特有的，而是儒家各派以及其他各家所共有的。在西汉各家的易学当中，荀子一派由于对占筮重视得不够，很难在朝廷注重占筮的情况下成为易学的主流。而由于《诗》《书》《礼》和《春秋》不再是禁书，荀子一派庆幸着那种被迫采用易学形式的恐怖时期的一去不返，忙着构筑新的诗学系统、礼学系统以及春秋学系统，也不急于改变在官方易学领域受到排斥的局面。明白了这种学术史上的真相，我们便可以理解易学的鲁学一派为什么一直是民间的学派，并且可以进而理解为什么西汉后期民间的费氏易学会从鲁学脱颖而出，就像刘歆由《春秋》穀梁学转而支持左氏学一样。

五、齐学的经典与传承谱系

孔子的弟子以鲁人居多，而齐人在七十子当中所占的比例则很小。然而，七十子中的卫人子贡"卒终于齐"（《史记·仲尼弟子列传》），却很值得注意。子贡在孔门弟子当中以注重事功而显名，他曾在列国之间从事游说活动，"存鲁，乱齐，破吴，强晋，而霸越"，使"五国各有变"（同上书），并且"常相鲁卫"（同上书），这些活动虽以维护鲁国利益为其鹄的，但在风格上却近似于齐国"尊贤尚功"的传统，与鲁国文化传统并不一致。子贡的功业成就如此显赫，在儒门的学统之中却低于颜回和子思，这可说是子贡近于齐而不近于鲁的极好的证明。另外，子贡善于经商，"家累千金"（同上书），与齐国商业发达的特点也十分投合。假如我们根据子贡"卒终于齐"的情况，推断他是齐学的始祖，应是可以成立的。

在战国时代，统治齐国的是田（陈）氏家族。子贡以著名学者兼政客的身份"卒终于齐"，若不同田氏家族搞好关系恐怕是难以做到的。在这种情况下，可以做出一项初步的推测，即子贡一定会传授一些田氏的子弟以提高他在齐国的地位。凑巧的是，在西汉经学中的齐学的传承谱系当中，的确有不少是田氏的后裔。齐学的经典包括《公羊春秋》《齐诗》《尚书》和《周易》，下面即对这些经典的来由及其传系做一粗浅的研究。

（一）《春秋》公羊学的传承谱系

自孟子开始，儒者多承认《春秋》近乎是孔子的作品，然而对这部作品的估价有所不同。先秦儒家大致上都承认《春秋》一书寓有褒贬，但对这种褒贬的意义似还没有后人做出的那样夸张。时至西汉，《公羊春秋》盛行，情况有了很大的变化。传习《公羊春秋》的董仲舒声称，《春秋》"春王正月"一句意味着"上承天之所为，而下以正其所为，正王道之端"（见《汉书·董仲舒传》）；《春秋》所谓"元年"意味着"视大始而欲正本"，亦即人君"正心以正朝廷，正朝廷以正百官，正百官以正万民，正万民以正四方"（同上书）。司马迁根据董仲舒的言论，断言"《春秋》上明三王之道，下辨人事之纪"，为"王道之大者也"（《史记·自序》），认为"拨乱世反之正，莫近于《春秋》"，从而做出"《春秋》者礼义之大宗"的结论。董仲舒属于齐学的系统，司马迁的议论又是以董仲舒的学说为依据，因而这两人的议论表明，西汉的齐学是以公羊家所传习的《春秋》为其主要经典的。《汉书·艺文志》说《公羊传》的作者为齐人，也是《公羊春秋》属于齐学的证据。

介绍《春秋》公羊学，首先应当提一下胡毋生。据《史记·儒林列传》和《汉书·儒林传》所说，齐春秋学的代表人物以胡毋生最为重要，他是齐人，在景帝时期担任过博士，在武帝时期是齐地《春秋》公羊学的宗师。胡毋生的"毋"字或写作"母"，究竟哪个字对呢？王应麟《姓氏急就篇》说："齐宣王弟封毋卿，远本胡公，近取毋邑，故为胡毋氏。"而《姓苑》则说："齐宣王母弟别封母乡，远本胡公，近取母邑，故为胡母氏。"陈直《史记新证》指出《十六金符斋印存》和《续百家姓谱》录有"胡毋通印"，可见王应麟说的"胡毋生"较为可信。根据王应麟的说法，可以断定胡毋生与战国时期统治齐国的田氏家族有密切的血缘关系。

关于《公羊传》的作者，公认是复姓"公羊"的人物。徐彦《公羊传序疏》引戴宏说："子夏传与公羊高，高传与其子平，平传与其子地，地传与其子敢，敢传与其子寿。至汉景帝时，寿乃共弟子齐人胡毋子都著于竹帛。"徐彦的结论是：公羊高五世相授，至胡毋生乃著竹帛，"题其亲师，故曰《公羊》"。《公羊传》隐公二年"纪子伯者何？无闻焉尔"句下，何休注说："其说口授相传，至汉，公羊氏及弟子胡毋生等乃始记于竹帛。"从这些材料来看，《公羊传》乃是陆续写定的，这一工作由公羊寿开始，由胡毋生完成，胡毋生以"亲师"的姓氏来充当书名，这便是《公羊传》三字的来历。戴宏关于《公羊》传承谱系的记录依次提到公羊高、公羊平、公羊地、公羊敢、公羊寿五世，颇受后代学者怀疑，有人推测《公羊传》的作者即是公羊寿，认为公羊寿以前的四世都是虚构的。然而《公羊传》征引了"子沈子""子司马子""子女子""子北宫子""高子""子公羊子"等人的言论，可见公羊寿的工作不是撰作，而是将他从父祖那里听来的关于《春秋》的各种解说一一记录下来。

《传》中提到的"子公羊子"可能是公羊寿的父亲，也可能是他的祖父。这就是说，《公羊传》的成书过程最早不过由公羊地开始，经过公羊敢，传到公羊寿和胡毋生。胡毋生在汉景帝时已成为博士，他的老师公羊寿在这时肯定已处于晚年，由此推算，公羊寿之父公羊敢当是秦代至汉初的人物，而公羊寿的祖父公羊地则可能生活在战国末期。戴宏上溯到公羊高和公羊平，乃是有意或无意地将公羊家族的谱系误认作公羊学派的传系，使这传系得以同子夏与孔子衔接起来。在朝野普遍尊儒的西汉中后期以至东汉时期，这种力图将学派传系上溯到孔子及其弟子的做法是极为常见的。

在中国历史上，"公羊"是个罕见的姓氏。与公羊氏相类似的姓氏有公荆氏、公襄氏、公车氏、公牛氏、公伯氏、公为氏等，《世本》说，公荆一姓是"卫大夫公子荆之后"；《姓觿》引唐张九龄《姓源》说，公襄之姓是"鲁襄公太子野之后"，公车氏是"秦公子伯车之后"，公牛氏是"齐公子牛之后"；《姓觿》又引《姓考》说，公为氏是"鲁昭公子公为之后"。按这姓氏形成的规律，公羊氏一定是战国时期齐国某位公爵或公子的后代。战国时期齐国田婴、田文相继为薛公，则田齐称王之后，国中尚有称"公"的田氏贵族，假若这些贵族中有一位"公子羊"或"公子祥"①，便有可能是公羊寿的祖先了。这样看来，公羊寿可能与胡毋生类似，也与齐国田氏有血缘关系。

关于公羊氏和胡毋生的后学弟子，《史》《汉》没有记载。《汉书·儒林传》介绍了许多在汉武帝中期以后传习公羊学的人物，包

①　"羊""祥"古通用。

括褚大、嬴公、段仲、吕步舒、孟卿、眭孟、严彭祖、颜安乐、王中、公孙文、任公、疏广、管路等，都是董仲舒的后学者。那么，董仲舒与公羊寿、胡毋生的关系如何，董仲舒在公羊学传承谱系中究竟处于怎样的地位，便成为经学史上至关重要的问题。《汉书·儒林传》说："胡毋生……与董仲舒同业，仲舒著书称其德。"其中所谓的"同业"，是指胡毋生与董仲舒同为公羊学者，都在景帝年间担任过博士。所谓"仲舒著书称其德"，当是根据《汉书·艺文志》所著录的《董仲舒》百二十三篇而做的记载，这无可置疑的记载表明董仲舒的年辈比胡毋生稍晚一些，因为当时的普遍情况是晚辈著书称述长辈之德，而著书称述同辈或晚辈之德的情况则为《史》《汉》所不载。另外，《史记·儒林列传》说，董仲舒"传公羊氏也"，而董仲舒对策也引申公羊学之义，证明他所传习的春秋学的确属于公羊学的系统。上文已证实《公羊传》是由公羊寿与胡毋生先后写定的，在公羊寿以前并无书本形式的《公羊传》流传，那么可以推断，董仲舒即便与胡毋生没有师承关系，也应当是公羊寿的弟子，因为他的公羊学知识只能是得自公羊寿或胡毋生，舍此别无门径。可以设想，董仲舒在从学于公羊寿的时候，一定蒙受了胡毋生的帮助，否则他大概不会产生著书称述胡毋生之德的冲动。

辨明公羊寿与董仲舒的关系，便可将以公羊寿为核心的传承谱系同以董仲舒为宗祖的传承谱系连接起来，构成一个始于战国晚期齐国田氏的西汉公羊学传承系统。

（二）易学的传承谱系

在西汉经学当中，《周易》的流传情况颇为特殊，其他经书都在秦代遭到焚烧，唯独《易》类书籍得天独厚，安然渡过了这场劫难。为什么《易》类书籍竟是如此幸运呢？究其原因，自然是由于《易》类书籍具有一些其他书籍所没有的特点。在战国秦汉时期，《诗》《书》《礼》和《春秋》分别属于文学、政治学、宗教学和历史学的领域，易学则被看作是带有技术性的占筮之学，与医药、种树等科学技术门类属于同等的层次。"《诗》、《书》、百家语"对秦代的高度集权的制度构成了一定的威胁，成为秦始皇、李斯之流的心腹之患，受到镇压几乎是必然的事情，而易学由于落实到占筮上，在秦代君臣看来似乎是只注意偶然性的吉凶祸福而不关心政治文化前景的学问，这种学问对专制的制度有益无害，自然没有理由加以镇压或禁止。当然，这样来看待易学，只是秦代君臣的一种看法。荀子一派以及其他各家学派竟能披上易学的外衣来逃避镇压，却是他们始料不及的。不过，荀子的弟子们采用易学形式，只是为了使自己的学派统绪免于断绝，他们并不想争夺官方易学的地位，因为那样一来，他们的易学中的人文主义内容仍会引起官方的注意，是很危险的。至于其他采用易学形式以逃避镇压的学派，不论是否属于儒家，其想法可能与荀子一派大致相同。在各家易学流派都对官方学术地位不感兴趣甚至退避的情况下，官方易学的位置显然只能由热衷于占筮的学者们来占据。到了西汉，朝廷将占筮当作处理战争及外交等重大问题的依据（见《史记·龟策列传序》），而各家学派已从那种被迫采用易学形式的困境当中解脱出来，对易学的兴趣一时变得十分冷淡，因而官方易学的位置便继续由热衷于占筮的学者占据着。

《史》《汉》所记载的田何易学派系，即是这种热衷于占筮的流派。当然，我们没有证据表明这一流派在秦代处于官方易学的位置，不过参照《汉书·儒林传》的记载："……（东武孙虞）子乘授齐田何子装。及秦禁学，《易》为筮卜之书，独不禁，故传受者不绝也。汉兴，田何以齐田徙杜陵，号杜田生，授东武王同子中、雒阳周王孙、丁宽、齐服生，皆著《易传》数篇。"由此可以知道田何一派具有明显的占筮的特点，在秦代前后一直有很大的影响。汲冢竹书当中论《易》的公孙段和邵陟，以及马王堆帛书《周易》中的缪和、昭力、吕昌、吴孟、张射、李平等，均不见于《史》《汉》等书，与西汉官方学术肯定是无关的，而田何的后学者丁宽、杨何、孟但、主父偃、梁丘贺等人，均在西汉的朝廷里担任显职。《史记·仲尼弟子列传》记载这一流派的传系，一直上溯到孔子，然后有商瞿、馯臂子弘、矫子庸疵等，又说："疵传燕人周子家竖，竖传淳于人光子乘羽，羽传齐人田子庄何，何传东武人王子中同，同传菑川人杨何，何元朔中以治《易》为汉中大夫。"这话将西汉官方所尊崇的易学的传系分为下面的九代：

第一代：孔子。

第二代：孔子弟子商瞿，字子木。

第三代：楚人馯臂，字子弘。

第四代：江东人矫疵，字子庸。

第五代：燕人周竖，字子家。

第六代：淳于人光羽，字子乘。

第七代：齐人田何，字子庄。

第八代：东武人王同，字子中。

第九代：菑川人杨何，汉武帝时人。

其中田何是跨越秦代前后的人物，地位十分重要。关于田何以前的五代，过去有些学者表示怀疑，例如崔适《史记探源》说："瞿少孔子二十九岁，是生于鲁昭公十九年。至汉高九年，徙齐田氏关中，计三百二十六年。是师弟之年，皆相去五十四五，师必年逾七十而传经，弟子皆十余岁而受业，乃能几及。其可信耶？"今按司马迁未介绍先秦时期其他经书传系而只介绍当时的《周易》传系，合乎秦代焚书而未焚《周易》的历史背景，本是合乎情理的。不过这一传系只是在商瞿以后的部分较为可信，而这部分又属周竖以后的部分最为确凿可靠。

据《汉书·高帝纪》和《儒林传》所说，汉高帝九年使齐国田氏迁徙到关中杜陵，田何在被迁之列，可见他是田氏一族的成员，而且在迁徙以前一直在齐地居住。田何的老师光羽，在《汉书·儒林传》写作"孙虞"，今按"光"字与"先"字形近，而春秋晋国大夫先轸又称"孙轸"，可见《史记·仲尼弟子列传》所说的"光羽"应即"先羽"，亦即《汉书》所说的"孙虞"。不过应注意孙虞不是兰陵人，与定居兰陵的孙卿无关。关于孙虞的籍贯，《史记》说是西汉北海郡淳于县，《汉书》说为西汉琅邪郡东武县。淳于即春秋时期杞国的都邑，在春秋晚期为楚惠王所灭。这一城市的位置与齐国接近，在战国时期处于齐国疆域之内，可能是被齐威王或宣王吞并的。著名的齐国稷下大夫淳于髡显然就是在淳于出生的人，

《史记·孟荀列传》说他的籍贯在齐国，可算是淳于县在战国时期属齐国的证据。西汉淳于县所属的北海郡在秦代是齐郡的属地，在汉文帝时属于菑川国，秦代齐郡和西汉菑川国在战国时代都曾归入齐国的版图。孙虞既为齐人，那么《潜夫论·志氏姓》的一段文字便会给我们以启发："周室衰微，吴楚僭号，下历七国，咸各称王，故王氏、王孙氏、公孙氏及氏谥官，国自有之，千八百国，谥官万数，故元不可同也。及孙氏者，或王孙之班也，或诸孙之班也。"这样看来，孙虞的姓氏原来是"王孙"，后来简化而变成了"孙"字。他这个齐地的"王孙"，不就是战国时期齐王田氏的子孙吗？他的弟子田何，不正是他的族人吗？《汉书·儒林传》说孙虞生于东武，有可能是根据他的再传弟子王同的籍贯而改写的，王同为东武县人，东武在春秋时期为鲁邑，在西汉时期为琅邪郡治所，琅邪在战国中后期为齐国的领土，这样看来王同也是齐人。汉初的齐人王氏一般为田齐王族后裔，例如王莽的原籍在齐，即田氏之后。那么王同的祖先与孙虞、田何也是相同的。王同的弟子杨何出生于菑川，上文已指出菑川在战国时期属齐，那么杨何也是齐人。

《史记》说孙虞（光羽）的老师周竖是燕人，当是合乎情理的，因为战国时期燕齐两国的地理位置及学术风尚都很接近，齐人常到燕国去谋求仕进，燕人也常到齐国去求学。《史记》说周竖的老师是江东人矫疵，矫疵的老师是楚人馯臂，也是合乎情理的。江东在战国时期是楚国地域，馯臂及其弟子矫疵都是楚人。楚文化与中原一带的周文化有敌对的态势，与齐文化有共同点。汉景帝时，游士邹阳说："邹鲁守经学，齐楚多辩知"，即是对齐楚学术文化的接近的一种肯定。《汉书·地理志》说楚地风俗"信巫鬼，重淫祀"，可见战国时期的楚国一定是易学兴盛的地区。估计《史记·仲尼弟子列传》所说的传系的时代，田何的早年是在战国末期度过的，他的老师孙虞的年辈应在荀况与韩非之间。孙虞的老师周竖有可能略早于荀子，而周竖以前的矫疵和馯臂应当是战国中期的学者。《史记》说馯臂的老师是孔子弟子商瞿，却只能是田何等人的杜撰，不要说馯臂的时代与商瞿相隔悬远，仅从馯臂、田何这一流派的占筮的性质来看，他们也不会出自只重视"德义"、不重视占筮的孔门易学的嫡传。如果说田何等人属于儒家的范围，那只是由于他们可能受过稷下儒学的影响。到西汉时期，他们这一学派为攫取官方易学的地位，便有意识地攀附圣门，披上正宗儒学的外衣。

简单地说，田何等人的传承谱系以齐人占绝对的多数，当是齐学的一个分支，而且这一支系在齐学当中，儒家的色彩最为淡薄[①]。在这支系当中，孙虞、田何、王同三人都与齐国田氏家族有血缘关系，而齐国田氏恰是以重视卜筮而闻名于史。田氏的"田"字在金文作"敶"，陈国的"陈"字在金文作"敶"，"敶"字是由"敶"字改写而成，因而田氏实即陈氏。田氏祖先是陈国公子陈完，《史记·田完世家》对陈完的来历做了如下的介绍：

> 陈完者，陈厉公他之子也。完生，周太史过陈，陈厉公使卜完，卦得观之否："是为'观国之光，利用宾于王'。此其代陈有国乎？不在此而在异国乎？非此其身也，在其子孙。若在异国，必姜姓。姜姓，四岳之后。物莫能两大，陈衰，此其

---

① 关于这一点，在本书第六章将有详细的论述。

昌乎!"

《田完世家赞》也说:

> 盖孔子晚而喜《易》,《易》之为术,幽明远矣,非通人达
> 才,孰能注意焉!故周太史之卦田敬仲完,占至十世之后。及
> 完奔齐,懿仲卜之亦云。田乞及常所以比犯二君,专齐国之
> 政,非必事势之渐然也,盖若遵厌兆祥云。

按照这种说法,田氏篡齐的事件乃是早已由占筮而预见到的结
果,其所以能够预见,自然是由于田氏篡齐乃是天命所在,是命中
注定要发生的事件。《左传》记述此事较详,当是《史记》这项记
载的来源。另外,据《史记·十二诸侯年表序》,这一《年表》乃
是根据《左氏春秋》《虞氏春秋》等书编纂的,《表》中也提到陈厉
公生陈完,"周史卜陈完后世王齐"。种种迹象表明,这一起周太史
为陈完占筮的故事,在春秋战国时代流传颇广,齐国田氏一族可能
有意识地将这故事加以记录和传扬,作为他们夺取齐国政权的理论
依据。即使历史上真有此事,也绝不会有史书所渲染得那么神秘。
周史为陈完筮得观卦六四之爻,通过爻辞"观国之光,利用宾于
王"两句,也许可以推测陈完的后人将在其他国家取得重大成就,
但周史不可能预见这种成就一定是在齐国取得的,"若在异国,必
姜姓"的话,当是田乞、田常之辈所添加的部分,添加的动机当然
是为其篡夺齐国政权的举动编造理由,将这故事当作他们的立国之
本。由这情况可以看出,齐国田氏一族对于占筮不能不予以高度的

重视。西汉官方易学传系中有三位关键的人物与齐国田氏一族有血缘关系，而且这传系又具有占筮学派的性质，其根本原因都在于齐国田氏有重视占筮的思想传统。

始于馯臂的易学传承谱系共有七代，其中有四代是齐人，两代是楚人，一代是燕人。笔者将这传系归入齐学的系统，理由之一是这传系以齐人占绝对的多数，还有一个理由，即齐、楚、燕的学者出现在同一个传承谱系中，而且在西汉处于官方学术的地位，大概只有将它上溯到齐国稷下学中才能产生合理的解释。在战国中期和晚期，燕、楚等国的儒学不甚发达，仅齐鲁两国的儒学"不废"（《史记·儒林列传序》）。而在齐国的稷下学宫里，不但有齐人，也有许多其他国家的人物，例如慎到是赵人，环渊是楚人。如此兼容各国学者并鼓励他们传授学问的高等学府，在战国中后期仅此一家①，那么馯臂、矫疵、周竖等人先后传授弟子，使这学问由齐人来继承，极有可能是在稷下学宫里完成的工作。在他们之后的孙虞、田何与王同都是田氏家族的成员，孙虞、田何二人在秦代以前研习易学，不大可能以私人身份进行，而有可能是以稷下大夫或稷下学士的身份进行的。秦朝的学官制度，几乎完全是对稷下学的模仿，而西汉的学官制度又是承袭秦制，正是由于馯臂、田何的传系出自稷下学，它才有可能在西汉时期处于官方学术的地位，而将汲冢竹书和马王堆帛书所提到的许多先秦易学家排除在西汉官方易学传系之外。

---

① 楚国的春申君、秦国的吕不韦都以养士著称，门下有许多学者，但这些学者的职责是帮助主人从事政治，有时参与著述工作，绝没有传授弟子的责任，因而春申君、吕不韦的门庭不具有高等学府的性质。

（三）《齐诗》的传承谱系

齐学中的《春秋》公羊学和易学的代表人物，多是战国时期齐国田氏的后裔，在这点上，《齐诗》的传承谱系也不例外。

所谓《齐诗》，即是齐人辕固生所传述的诗学。《史记·儒林列传》说，在汉武帝即位时，"言《诗》……于齐则辕固生"，《传》中说："清河王大傅辕固生者，齐人也，以治《诗》，孝景时为博士。"又说："齐言《诗》皆本辕固生也。诸齐人以《诗》显贵，皆固之弟子也。"这表明西汉景武之际的辕固生，乃是当时齐地诗学的首要代表人物。"辕""袁"两字通用，古代辕氏亦即袁氏，而东汉王符《潜夫论·志氏姓》说："武王克殷，而封妫满于陈，是为胡公。陈袁氏、咸氏、咠氏、庆氏、夏氏、宗氏、来氏、仪氏、司徒氏、司城氏，皆妫姓也。"《广韵》说："袁姓本自胡公之后，或作'爰'。"《隶释》载袁良碑文说："周之兴，虞阏父典陶正，嗣满为陈侯，至玄孙涛涂，立姓曰袁。"《急就篇》颜注说："爰氏之先，本与陈同姓，其后或为'辕'字，又作'袁'字，本一族也。"这些材料都表明，辕氏（袁氏）的第一代人是辕涛涂，他的父、祖都是陈胡公的后代。陈胡公本姓妫，是陈国的开国君主，他的后代以国名为氏，遂称陈氏。陈氏后人涛涂为何要改姓为辕（袁）呢？唐代林宝《元和姓纂》道出了其中的原委："陈胡公七世孙庄伯生诸，字伯爰，其孙以王父字为氏。"《新唐书·宰相世系表》则说："陈胡公满生申公犀侯，犀侯生靖伯庚，庚生季子愔，愔生仲牛甫，甫生圣伯顺，顺生伯他父，他父生戴伯，戴伯生郑叔，郑叔生仲尔金父，金父生庄伯，庄伯生诸，字伯爰，孙宣仲涛涂，赐邑阳夏，以王父字为氏。"其说代数虽不同，都可证实辕涛涂为陈胡公之后，陈伯爰之孙，他以伯爰之字为氏，而"爰""辕""袁"三字通用，遂称辕氏。辕固生既为陈国辕涛涂的后人，他的籍贯为何不在陈、楚等地，而在齐地呢？这一问题只能从辕氏与齐国田氏的关系来解释。上文已指出齐国田氏即是陈氏，陈国公子陈完率族人投奔齐国，遂将陈国的金文字体"敶"改写为"塦"，当时这个字与"田"同音，便被称为田氏。辕涛涂与齐国田氏本是同族，因而在陈国发生灾难时，他的后人有可能去投靠齐国的田氏。而这种灾难确实发生过，那是在公元前四七八年，楚惠王吞并了陈国，那么，辕涛涂的后代辕固生有了齐人的身份，便不足为异了。

这样，便又达成了一种巧合：《齐诗》的代表人物辕固生像《公羊春秋》和《周易》的传述者一样，也与齐国田氏有着血缘关系。

（四）小结

齐学的经典主要有《公羊春秋》《周易》《齐诗》和《尚书》四种，前三种的传承谱系都与战国时期齐国的田氏有密切的关联，而西汉尚书学的首要代表人物伏生也是齐人，他的籍贯在西汉济南郡，在战国时代属于齐国的疆域。卫宏《定古文尚书序》说伏生持"齐人语"（《汉书·儒林传》颜师古注引），即是伏生为齐人的重要证据。伏生是否也与齐国田氏有关，尚不得而知①，不过齐学传系中的多数人物都与齐国田氏有血缘关系，已可证明齐学主要是由战国时期齐国田氏一族的儒学发展来的。这一情况，可使我们联想到

---

① 《颜氏家训》引述宓子贱碑文，称济南伏生为宓子贱之后，而宓子贱为鲁人则是《史记》所明白指出的。《史记·儒林列传》集解引张晏说，当时的伏生碑文提到伏生名胜，似未提到伏生与宓子贱的关系。《后汉书·伏湛传》说，济南伏胜字子贱。诸说出入很大，则伏生籍贯问题尚难论定。

战国时代齐国的稷下学府。田齐桓公午在稷下之地设置了一个高等学府，史称稷下之学。在田齐威宣之际，稷下学府渐成为战国时代的学术中心，其中有"不治而议论"的上大夫七十多人，以及学士"数百千人"，达到很大的规模。目前关于稷下学的研究成果，已有很多，这里只想强调一点，即在田齐稷下的学者当中，有很多是田氏家族的成员，例如《史记·孟荀列传》乃是稷下学者的传记，其中齐人有田骈、接予两名，田骈即出身于当时齐国的王族。《史记·鲁仲连列传正义》引《鲁连子》提到稷下辩士田巴，也出自统治齐国的田氏一族。《战国策·齐策》提到齐国的学者王斗，学术界多说王斗为稷下先生，从他的姓氏来看，也应是齐王田氏的后裔。一些田氏子弟凭借其家族地位以及有闲阶层的条件，成为学者并在稷下求得一席之地，是很自然的。反过来说，稷下的某位学者若出于田氏，他所从事的便不大可能是私学。西汉经学中的齐学一派多是田氏的后人，这意味着齐学的前身即是田齐稷下的儒学，其始祖可能是注重事功、善于积财而"卒终于齐"的子贡。

六、齐学和鲁学所习经书及其思想风格的差别

在西汉前期的官方经学当中，齐学一派所传习的经书有《齐诗》《尚书》《周易》和《公羊春秋》，鲁学一派则传习《鲁诗》《礼经》和《穀梁春秋》。也就是说，西汉前期官方经学中的书学和易学几乎完全是齐学，鲁学一派的书学和易学几乎完全与官方学术无关；当时官方经学中的礼学则完全是鲁学，齐学一派的礼学几乎是默默无闻的。从这官方学者所传习的经书的差别来看，齐鲁两派在学风上应有很大的差异。

熟悉《史记·叔孙通列传》的人们，一定会对笔者关于西汉前期官方礼学与齐学一派无关的说法提出抗议，他们一定会提出质问：在西汉初期辅佐汉高祖刘邦制定朝廷礼仪的叔孙通难道不是薛人吗？薛县难道不是战国时期齐国孟尝君田文的封地吗？不错，叔孙通的确可以说是一位齐人，他也的确是汉初朝廷礼仪的制定者。不过，我们在承认这两点事实的基础上，还应当追究一下：他究竟是怎样制定礼仪的呢？请看叔孙通关于制礼的建议："臣愿征鲁诸生，与臣弟子共起朝仪。"（见《史记·叔孙通列传》）这建议得到采纳之后，叔孙通便跑到东方，"征鲁诸生三十余人"（同上），"与所征三十人西，及上左右为学者与其弟子百余人，为绵蕝野外，习之月余"（同上），制礼的工作才算完毕。大家知道，秦始皇、汉武帝都没有很多的学问，却都曾亲自制定比朝仪更为复杂的封禅礼仪（见《史记·封禅书》），而叔孙通有担任秦朝博士的经历，身为学者，还有供他驱使的"儒生弟子百余人"（《史记·叔孙通列传》），却不能独立承担制礼的工作，定要从长安跑到遥远的鲁地，请来鲁地儒生三十余人，这才敢将制礼的规划付诸实施。究其行径如此怪诞的原因，当由于叔孙通及其大多数的弟子都是不懂礼乐的齐人，他们尽管拥有广博的见闻以及必要的权势，没有鲁人的参与是绝不敢轻谈礼乐的。如果说叔孙通及其弟子在这制礼活动中有所贡献的话，他们的贡献便只能说是对鲁礼和秦朝礼仪加以综合，也就是叔孙通对刘邦所说的"颇采古礼与秦仪杂就之"（《史记·叔孙通列传》）。其所谓"古礼"即是鲁地儒生所传习的礼仪，其所谓"秦仪"即是叔孙通在担任秦朝博士时所了解到的秦朝典礼仪式。叔孙通的创造即是沿袭"秦仪"，再用鲁礼来"润色"一下。在他向刘邦演示的礼仪当中，"秦仪"的成分无疑要多些。这在后人看来完全是违背儒家传统的，例如《史记·礼书》说叔孙通所制的礼仪"大抵皆袭秦故"，即代表了西汉中期一般学者的看法。统计西汉文、景、武、昭、元、成诸朝儒者对叔孙通制礼一事的评价，一般持否定态度，都把这种礼仪划入有待革除的秦制的范围，而未划入儒家礼仪的范围。叔孙通的事例显然有力地证实，西汉前期的齐地儒生对于儒家所提倡的礼仪是不熟悉的，当时官方经学中的礼学完全是由鲁人垄断的。

至此已可明白，从战国末期到西汉前期，齐鲁两派在诗学方面各有不同的学说，在其他方面也有不同的侧重点，当时齐学的重点在于春秋学，在礼学方面几乎无所建树；当时鲁学的重点在于礼学，而在春秋学方面缺乏显著的成就。齐学、鲁学的这种差异，是由先秦时期齐鲁两地不同的文化与风俗造成的。《吕氏春秋·仲冬纪·长见》篇中说：

> 吕太公望封于齐，周公旦封于鲁，二君者甚相善也，相谓曰："何以治国？"太公望曰："尊贤上功。"周公旦曰："亲亲上恩。"

齐太公和周公旦是否真有这一席对话，当然是很可商榷的。不过这一故事又见于《淮南子》等书，在秦汉之际广泛流传，这表明当时人们都相信这一传说，他们对先秦齐鲁两国的政教文化都有一致的看法，即齐国的政教文化以"尊贤上功"为前提，鲁国的政教文化则以"亲亲上恩"为基础。齐人的"尊贤上功"意味着"好智"，《史记·货殖列传》说，战国秦汉之际的齐地风俗表现为"宽缓阔达，而足智，好议论"；《汉书·地理志》说："太公治齐，修道术，尊贤智，赏有功，故至今其土多好经术，矜功名，舒缓阔达而足智。"这些议论都表明，战国秦汉之际的齐地风尚以"好智"为其重要的特征。鲁人的"亲亲上恩"意味着"好礼"，《史记·货殖列传序》指出，战国秦汉之际的邹鲁地区"犹有周公遗风，俗好儒，备于礼"；《汉书·地理志》说，鲁地"其民好学，上礼义，重廉耻"。这些议论表明，鲁地风尚以"好礼"为其主要的特点。《礼经》的内容是讲国家与宗族的各种礼仪，这在战国秦汉的鲁人眼里是比生命还重要的，例如刘邦在诛灭项羽之后，举兵围鲁，竟听到城中"弦歌之音不绝"，原来鲁人在危难之际还在"讲诵习礼乐"（《史记·儒林列传序》）！而在"宽缓阔达"的齐人眼里，《礼经》所讲的不过是一些繁文缛节而已。春秋晚期齐国的著名政治家晏婴说："今孔子盛容饰，繁登降之礼、趋详之节，累世不能殚其学，当年不能究其礼。君欲用之以移齐俗，非所以先细民也。"（见《史记·孔子世家》）这一席对于儒家礼学的评论，不仅是晏婴一人的认识，从某种程度上几乎可以说是先秦时期齐人的共识。《尚书》一书载有三代圣王尤其是周公的言论及其文献，论及很多政治法则，这在因循守礼的鲁人眼里显得趋近功利而过于浅俗，而在崇尚智术、追求功利的齐人眼里却是十分有用的。西汉前期的齐学不重视《礼经》而鲁学不甚重视《尚书》，原因即在于此。

进一步说，鲁学以礼学为主而齐学却以春秋学为主，也是出于同样的道理。鲁人由于注重于礼乐而以礼学为其学问的主体，这是毋庸多说的。齐人注重于事功而热衷于探讨政治与战争的问题，因而将学问的重点放在春秋学上，这也是很自然的。不过，齐学的重心有一个从《诗》《书》之学向春秋学转移的过程。在战国中期，齐学可能以《诗》《书》为主要的经典，《荀子·劝学》在这方面有含混的说明：

> 上不能好其人，下不能隆礼，安特将学杂识（志），顺《诗》《书》而已耳！则末世穷年，不免为陋儒而已。……不道礼宪，以《诗》《书》为之，譬之犹以指测河也，以戈舂黍也，以锥飡壶也，不可以得之矣。故隆礼，虽未明，法士也；不隆礼，虽察辩，散儒也。

荀子认为礼学在经学之中最为重要，合乎鲁地儒学的传统，这与上文关于西汉时期鲁学以荀子为始祖的结论，正好是一致的。而荀子所抨击的那种只重视《诗》《书》而不重视礼乐的"陋儒"或"散儒"，当是指在他之前的孟子一派以及其他一些学派。当然，据《荀子·非十二子》，可以知道荀子不仅反对子思与孟轲，也抨击过"子张氏之贱儒""子夏氏之贱儒""子游氏之贱儒"，然而考虑到荀子曾在齐国稷下学当中遭受排挤，可以推测他所谓的"不道礼宪，以《诗》《书》为之，譬之犹以指测河"，乃是针对排挤他的稷下儒者而发，孟子一派以《诗》《书》为立论的主要依据，可能是这些稷下儒者的主要的部分。这就是说，在孔子以后，荀子以前，齐国儒者论学主要是依据《诗》《书》。他们重视《尚书》的原因，是上文已经讲过的；而他们重视《诗经》的缘由，在于《诗经》的词句成语是热衷于从事游说和辩论的齐国儒者所必须熟记的。到荀子以后，亦即在战国末期至西汉前期，齐学才逐渐地将经学的重点转移到春秋学方面，从而导致了庞大的《春秋》公羊学体系的形成。

如果将西汉时期齐鲁两派的分野，归结为以《春秋》公羊学为核心的齐学体系和以礼学为核心的鲁学体系的对立，那么可以得出一个初步的结论：齐学是外向型的学问，鲁学是内向型的学问。齐学由于是外向的，因而注重于功利；鲁学由于是内向的，因而注重于伦理。齐学注重功利，便必然会有"好智"的倾向，对政治学有浓厚的兴趣；鲁学注重伦理，便必然会有"好礼"的倾向，对宗教和家族礼仪有热切的关心。齐人经常研究政治秩序的合理与否，便建立起各种复杂的关于系统的学说，使天人感应说、阴阳五行说趋于极盛，使象数学高度发达；鲁人经常研究宗教与家族伦理问题，便提出了一些与道德性理有关的见解，使带有形上学意味的学说具备了雏形，例如帛书《要》篇与《礼记》中的一些关于"德""义"的思想，堪为魏晋玄学和宋明理学的思想渊源。就其思维方式而论，齐人所用的方式往往是分析的、逻辑的，鲁学所用的方式则往往是直觉的、意象型的。

七、六艺次序问题及其意义

长期以来，人们一直以为六艺的次序主要有两种，一种由《庄子·天下》篇的作者提出，得到董仲舒等人采纳，依次为《诗》、《书》、《礼》、乐、《易》、《春秋》，被公认为是今文经学所主张的六艺次序；另一种由刘歆首倡，并在《汉书·艺文志》中得到了肯定，依次为《易》、《书》、《诗》、《礼》、乐、《春秋》，被公认为是古文经学所主张的六艺次序。在这里，今文经学内部齐学与鲁学的分歧，实际上被忽略了。假若我们在区分齐学与鲁学的前提下重新探讨六艺次序问题，会得出与旧说不同的结论，并会反过来使我们更清楚地认识到齐鲁经学的核心所在。

在分析有关的史料之前，首先应当明确一点，即六艺乃是儒门教育的科目，教育必须由浅入深，因而古书列举六艺往往要遵循由浅入深的原则。这一原则从战国中期到汉成帝时期，一直受到人们的重视，例如人们对于董仲舒所讲的《诗》、《书》、《礼》、乐、《易》、《春秋》之次，一直是按由浅入深的原则来解释的。进一步说，我们对战国时期流行的"《诗》、《书》、《礼》、乐"的说法，也可按同样的原则来理解。例如《荀子》书中反复提到"《诗》、《书》、《礼》、乐"，这一次序也就是《荀子·劝学》所说的"始乎诵经，终乎读《礼》"的进学程序，与孔子所谓的"兴于《诗》，立于礼，成于乐"的程序完全吻合。荀子已提到过《易》与《春秋》两部书，他关于"《诗》、《书》、《礼》、乐"的提法，乃是沿袭前代儒学的通例。若将《易》与《春秋》补入他所说的"《诗》、《书》、《礼》、乐"的行列，应当补在哪里呢？可想而知，假如我们像董仲舒一样将《易》与《春秋》连缀在"《诗》、《书》、《礼》、乐"的末尾，肯定不合荀子的原意，因为荀子乃是鲁学的前辈，他所沿袭的"《诗》、《书》、《礼》、乐"之次，是以《礼经》为经书的集大成者，以礼乐为进学的顶点，那种将《易》、《春秋》排在《礼经》之后的做法，是与这种"隆礼"的宗旨不能相容的。那么，我们所能采取的较好的选择，当是《新语》和《新书》所提到的六艺之次。相传为汉初陆贾所作的《新语·道基》篇说：

《春秋》以仁义贬绝，《诗》以仁义存亡，乾坤以仁和合，八卦以义相承，《书》以仁叙九族，君臣以义制忠，《礼》以仁尽节，乐以礼升降。

　　六艺在这里依次为《春秋》、《诗》、《易》、《书》、《礼》、乐。再看相传为贾谊所作的《新书·六术》的说法：

　　是故内本六法，外体六行，以与《诗》、《书》、《易》、《春秋》、《礼》、乐六者之术，以为大义，谓之六艺。

　　六艺在这里依次为《诗》、《书》、《易》、《春秋》、《礼》、乐。这两种次序都以《礼》、乐为六艺的终点，合乎早期儒学及汉代鲁学重视礼乐的精神。《新书》将《易》和《春秋》列于《诗》《书》之后，《新语》则将《春秋》列于《诗经》之前，将《易》列于《书经》之前。考虑到西汉儒者逐渐认识到《易》与《春秋》的内容比《诗》《书》更为深奥，可见《新书》所讲的次序更合乎西汉鲁学的习惯。不论《新书》是否真为贾谊所作，都可以肯定《诗》、《书》、《易》、《春秋》、《礼》、乐之次即是汉代鲁学所主张的六艺之次，并且很有可能也是战国末期鲁地儒者所讲的六艺之次。

　　董仲舒《春秋繁露·玉杯》篇说："《诗》《书》序其志，《礼》、乐纯其美，《易》《春秋》明其知。"这一由浅入深的次序将《礼》、乐放在《易》与《春秋》之前，显然是战国晚期与西汉前期的鲁地儒者都不会同意的。而这次序将《礼》、乐放在《诗》《书》之后，与齐学重视《诗》《书》的思想传统也有抵触。《玉杯》篇这段文字的下文说："六学皆大，而各有所长，《诗》道质，故长于质；《礼》制节，故长于文；乐咏德，故长于风；《书》著功，故长于事；《易》本天地，故长于数；《春秋》正是非，故长于治人。"这里所讲的六艺次序与《玉杯》上文所讲的次序又有出入，使读者有无所适从的感觉。在这种情况下，司马迁的说法显得更有代表性，他在《史记·自序》和《滑稽列传序》中两次指出：

> 《礼》以节人，乐以发和，《书》以道事，《诗》以达意，《易》以道化①，《春秋》以道义②。

这种《礼》、乐、《书》、《诗》、《易》、《春秋》的次序，与鲁学的重视《礼》、乐的传统不合，与齐学的重视《诗》《书》《春秋》的传统却无不同之处。考察司马迁关于齐鲁文化的议论，似对齐文化的评价更高些，例如《史记·齐太公世家赞》声称："以太公之圣，建国本；桓公之盛，修善政，以为诸侯会盟，称伯，不亦宜乎！洋洋哉，固大国之风也。"均为赞颂之辞。而《史记·鲁周公世家赞》未提周公的"盛德"，只讲"鲁道之衰"，历数庆父等人的乱政和乖戾。《鲁周公世家》还讲了齐鲁国君"报政"的故事，齐太公"简其君臣礼，从其俗为"，"五月而报政周公"；鲁公伯禽"变其俗，革其礼，丧三年然后除之"，"三年而后报政周公"。周公的结论是："呜呼，鲁后世其北面事齐矣！"对于战国以前齐鲁两国的政教文化，司马迁显然是认为齐国优于鲁国，而对战国时期统治

---

① "道化"，《滑稽列传序》作"神化"。

② "道义"，《滑稽列传序》无"道"字。

齐国的田氏一族，儒者一般视为篡逆之徒，《史记·田完世家赞》却说，田氏篡齐"非必事势之渐然也，盖若遵厌兆祥云"，竟将田氏的篡逆行为开脱了。再看《史记·儒林列传》，强调孔子"适齐闻韶，三月不知肉味"，将战国儒学归结为"齐鲁之间"的学问，又将齐鲁儒学归结为"威、宣之际，孟子、荀卿之列"。如此种种，都证明司马迁在经学方面是偏袒齐学的，他所讲的《礼》、乐、《书》、《诗》、《易》、《春秋》之次，应当即是齐学所主张的六艺次序。

由关于六艺次序问题的新的认识，可支持前面的结论，即在战国末期至西汉前期，经学中的鲁学以《礼》的学问为其核心部分，当时鲁人所讲的《诗》、《书》、《易》、《春秋》、《礼》、乐之次，即是把包括"乐"在内的"礼"学当作学问的顶点；齐学的核心部分是春秋学，当时齐地儒者所主张的《礼》、乐、《书》、《诗》、《易》、《春秋》之次，即以《春秋》作为经学的高峰。这样归纳齐鲁学说的核心部分，只限于荀子著书以后的时期。在荀子著书的时候和荀子以前，也就是在孔子与战国末期之间，儒者一般只提《诗》、《书》、《礼》、乐，对《易》与《春秋》不很重视，当时鲁地儒者认为《礼》、乐比《诗》《书》重要，《礼经》是最值得研习的经书；当时齐地的儒者则以《诗》《书》为主要的经典，在《礼》、乐方面缺乏鲁人那样的修养。就六艺次序问题以及经学核心或重点所在的问题而论，战国末期与西汉前期的齐鲁两派，可说是齐鲁早期儒学的扩充和发展。

八、古文经典的出现及其不同的命运

西汉朝廷大规模收集古书的活动，是从汉武帝时期开始的。恰在这一时期，几乎所有的古文经典都已出现。这些经典可分为两类，一类是经学典籍，其中包括古文《尚书》、《礼古经》、古文《礼记》及古文《易经》；另一类则不具有经学的性质，其中主要包括《左传》和《周礼》。前者在汉武帝至成帝期间得到官方经学家的参考、整理和吸收，后者则一直遭到冷遇，仅在王莽当政的时期才立于学官并设置博士。

据《移书让太常博士》《汉书·儒林传》《汉书·艺文志》及《说文解字后序》等材料，古文经典的出处主要有五个：第一，鲁共王为扩建王宫而拆毁孔子旧宅，从壁中发掘出用古文书写的《尚书》《礼经》《礼记》及《论语》等；第二，在汉文帝时担任丞相的张苍，曾向朝廷献上《左氏春秋》；第三，孔氏家藏古文《尚书》，孔安国"以今文读之"；第四，河间献王刘德搜集了很多"古文先秦旧书"，包括《尚书》《毛诗》《周官》《礼经》《礼记》和《左氏春秋》，并设置了《毛诗》和《左氏春秋》博士；第五，在鲁淹中之地出现了《礼古经》，亦即古文《礼经》。这五个出处可能是相互关联的，从纵的方面看，在鲁淹中出现的《礼古经》，后来可能落到了河间献王的手里；而鲁共王所发掘的古文《尚书》，也可能一度被归还孔氏家族，成为孔安国治学的资本。从横的方面看，《汉书·艺文志》说《礼古经》"出于鲁淹中及孔氏"，可见古文《礼经》五十六篇乃是由鲁淹及孔壁两处所得的《古经》凑集而成的；另外，刘向《别录》指出古文《礼记》有二百余篇，而《汉书·艺文志》说鲁共王所发掘出来的古文《尚书》《礼记》《论语》及《孝经》等书的总数仅有"数十篇"，可见鲁共王只得到了古文《礼记》《尚书》的一小部分，刘向所见到的古文《礼记》二百余篇及古文

《尚书》四十六卷，乃是各处所得古书的集合。

关于这些"古文旧书"的出现与集合的过程，我们不必再做深究，因为有一点已可以肯定，这些古书的大部分在汉武帝时期已被集中到朝廷，而成为太史公的参考数据。《史记·十二诸侯年表序》中提到左丘明述《左氏春秋》的事，《封禅书》指出汉武帝时的"群儒"曾参照《周官》来设计封禅的典礼仪式，《史记·儒林列传》声称"孔氏有古文《尚书》"，《汉书·儒林传》还说，司马迁采用了《尚书》中的《尧典》《禹贡》《微子》《金縢》等篇，"多古文说"。我们知道，在秦代焚书以后，西汉初期有很长一段时间没有采取收集古书的措施，首次采取这种措施的乃是汉武帝。《汉书·艺文志序》指出："汉兴，改秦之败，大收篇籍，广开献书之路。迄孝武世，书缺简脱，礼坏乐崩，圣上喟然而称曰：'朕甚闵焉！'于是建藏书之策，置写书之官，下及诸子传说，皆充秘府。"这话表明，"藏书""写书"的措施都是汉武帝的创举，而"汉兴，……大收篇籍，广开献书之路"一节也主要是就武帝时的情况而论，这节文字实际上是从刘歆《七略》的下述文字抄来的："孝武帝敕丞相公孙弘，广开献书之路，百年之间，书如山积。"（见于《文选·为范始兴求立太宰碑表注》）萧何"收秦丞相御史律令图书"（《史记·萧何列传》），汉文帝时"天下众书往往颇出"（刘歆《移书让太常博士》），均未达到"大收篇籍，广开献书之路"的程度。东汉时的大臣瞿酺上奏说：

孝文皇帝始置一经博士，武帝大合天下之书，而孝宣论六经于石渠，学者滋盛，弟子万数。

由这一席话可以得出明确的结论：汉武帝在文化方面的主要建树是"大合天下之书"，而这建树是西汉前期高、惠、文、景诸帝所缺乏的。在"大合天下之书"的情况下，古文经典数百篇被集中到武帝的宫廷里，显然是很自然的事情。

大家知道，古文经传与古文经学完全是两回事。古文经学在汉哀帝时才开始形成，是一种有着统一的内容的学问，而古文经传不过是古文经学赖以建立的出发点，由这出发点到学说的建构，有着很长的距离。在这里，有必要对"古文"这个词加以说明。在《说文解字》及其序中，"古文"是与"籀""篆"相区别而言的，"籀""篆"均为秦文字，籀文通行于战国时期的秦国，篆文通行于秦代，而古文则是秦代以前的六国文字。《汉书》中"古文"一词所指称的经典，有可能出于不同的国家，即使这些经典全部是儒家作品，其思想内容也会有很多的出入，因为战国时期儒家已分为八派，分散在六国而互相攻讦了。

讲到这里，有必要提一下汉宣帝时河内女子的发现。《论衡·正说》篇说，汉宣帝时，有一位"河内女子"拆毁旧屋，发掘出佚失的《易》《礼》《尚书》各一篇，经过上奏和"下示博士"，分别被补入官方的《易》《礼》和《尚书》之中。在本书第五章和第六章，笔者将说明河内女子所发现的《逸易》和《逸礼》分别是《说卦》与《月令》，并以宣帝时丞相魏相"数表采《易阴阳》及《明堂月令》奏之"的事件作为证据，《易阴阳》即《说卦》，《隋志》正好有河内女子发现《说卦》的记载；《明堂月令》即《月令》，这一篇在《小戴记》中正好是晚出的。至于河内女子所发现的《逸尚书》一篇，公认是《泰誓》，只是在发现的时间问题上说法不同。

据《尚书序疏》的记载，东汉时期房宏等人说："宣帝本始元年，河内女子有坏老子屋，得古文《泰誓》三篇。"其中"本始"一年号是依据《尚书》毛本，别本多作"泰和"，有人说"本始"与"泰和"都是武帝年号"太始"的误写，然而，《尚书序疏》指出房宏说与王充《论衡》一致，而《论衡·正说》《谢短》诸篇数次提及河内女子之事，均说为"孝宣皇帝之时"，则房宏的原话应当是"本始元年"。《释文叙录》说："汉宣帝本始中，河内女子得《泰誓》一篇，献之。"亦与王充、房宏所说一致，则河内女子发现《泰誓》确实应在宣帝本始元年。然而《尚书序疏》又引刘向《别录》说："武帝末，民有得《泰誓》书于壁内者，献之，与博士，使读说之。"刘歆《移书让太常博士》也说：孝武时，"《太誓》后得，博士集而读之"。过去人们以为这两条记载与王充、房宏的说法不能兼容，其实我们只要注意一下刘向父子均未提"河内女子"四字，便可知道古文《泰誓》可能被发现了两次。《隋书·经籍志》的记载便证明了这一点："初，汉武帝时，鲁恭王坏孔子旧宅，得其末孙惠所藏之书，字皆古文。孔安国以今文校之，得二十五篇，其《泰誓》与河内女子所献不同。"这话将孔安国与鲁恭王所得的古文《尚书》说成是一种，尚有待证实，但《泰誓》出现两次这一点是合乎情理的。西汉官方对待出土文献的态度十分慎重，例如汉成帝时张霸献百两篇《尚书》，成帝命人以中秘本对校，并加以仔细的讨论。汉武帝时出现的古文《尚书》已包括《泰誓》，由于篇中的内容与今文经书稍有冲突，因而遭到官方《尚书》博士的抵制。到汉宣帝初年，《泰誓》的另一部古文写本又被河内女子发现，这种一再的发现证明《泰誓》的确有价值，才做出将它补入今文

《尚书》的决定。古文《尚书》中的逸篇多数未得到当时五经博士的承认，唯《泰誓》有此殊荣，只有从它的再次出现才可得到圆满的解释，否则我们很难理解，鲁恭王和孔安国的权威为何不如河内女子？

由河内逸书补入官方经典的情况，可以知道西汉官方对古文经典的处理方式是多种多样的。当时对经书的补充特别慎重，必须有出处不同的古文本的相互印证，并且具有浓厚的儒学色彩，才有可能补入经书当中。古文《泰誓》合乎这种条件，因而入选了。河内女子所发现的《逸礼》和《逸易》，属记、传之类，下章将说明传记博士的罢废迟在宣帝以后，河内《逸礼》《逸易》的补入传记系统，较之《泰誓》应当更顺利一些。至于古文《礼记》二百余篇得到二戴的编辑和整理，更是学界都知道的事。汉武帝时出现的古文《易经》，在成帝时藏于秘府，这一写本在刘向这位穀梁学者看来乃是《易经》的标准模板，官方的施、孟、梁丘三家《易经》若与这范本有差别，便被看作是脱讹一类的错误。而据《汉志》所说，施、孟、梁丘三家《易经》的错误不过是"或脱'无咎''悔亡'"，这微小的缺陷在刘向校书的时候可能已得到了弥补。大致上说，古文经典中《礼》《书》《易》三种，都在西汉武、宣、元、成之际得到官方经学家的吸收和利用。

《左传》和《周礼》的情况，与此颇为不同。《左传》出于先秦学者之手是可以肯定的，书中有大量的解释《春秋》经文的文字，由此可以肯定它是一部解经的作品。然而《左传》不但解释《春秋》的文字，还改正《春秋》的错误，例如《春秋》襄公二十七年："十有二月乙亥朔，日有食之"，"十有二月"在《左传》写作

"十一月"；关于晋献公杀太子申生一事，《春秋》说在鲁僖公五年春，《左传》说在僖公四年。另外，《左传》还有"无经之传"，已引起学术界广泛的注意。《公羊》《穀梁》所阐发的很多"微言大义"，往往为《左传》所不取。从各种迹象来看，《左传》的撰作不是为了阐发某种政治与宗教的原理，而是为了记述史事。很多学者已正确地指出，《左传》不是经学著作，而是史学著作。由于它不合汉哀帝以前官方经学的要求，因而在很长时间里一直遭到冷遇，直到哀帝时才受到刘歆等人的重视。

在古文经典当中，《周礼》与儒家经学的距离比《左传》还远。《周礼》的内容不但与今文《礼经》不同，与古文《礼经》和《礼记》也有很大的差异。考察西汉的各种史料，可以知道《周礼》在王莽居摄以前一直被称为《周官》，在王莽居摄以后才有所改变，荀悦《汉纪》说："刘歆以《周官》六篇为《周礼》。王莽时，歆奏以为《礼经》，置博士。"《释文叙录》也说："王莽时，刘歆为国师，始建立《周官经》，以为《周礼》。"这都证明"周礼"一名的出现不得早于王莽居摄之时，在王莽以前这书名为"周官"，以"六官"的官制为主要内容。从这书名和内容，都看不出明显的儒家特色，王莽以前的官方经学家对这部书不予理睬，看来是合乎情理的。实际上，"周官"之名已见于《史记·封禅书》，它在汉武帝时期已有流传，刘歆在哀帝时奏请将《左氏春秋》《逸礼》及《毛诗》等书立于学官，未提《周官》或《周礼》，显然也未意识到《周官》一书可以纳入儒家经书的行列。只是到王莽改制时，刘歆在学术创新方面的胆量大增，才有将《周官》改为《周礼》的创举。

总之，古文经典在西汉一代的命运是不同的，其中一部分在西汉中叶得到官方今文经学家的吸收和利用，另一部分在西汉末期与王莽时期成为古文经学的主要依据。据两《汉书》及《五经异义》的记载，可以知道在古文经典当中，《左传》和《周礼》是两汉今文经学家抨击的主要目标，这与本节的论述恰巧是相符的。

九、融汇齐鲁学说与古文礼书的后氏礼学

西汉前期经学中的齐学与鲁学的对峙，可说是先秦时期齐、鲁两国文化冲突的延续。随着时间的推移，这种根源于先秦文化地域差异的学派隔阂，应当有逐渐淡化的趋势。而在西汉中叶，齐鲁两派经学恰在礼的方面遇到很大的危机，这使齐鲁两派的学者不得不携起手来，在礼学领域实现两派学说的融合。而上节所说明的古文《礼经》和《礼记》的出现，为这种学派的融合提供了必要的条件。

齐鲁两派在礼的方面遇到危机，本是一件自然的事情。齐学理论在礼的方面是极为薄弱的，这在上文已有详细的说明。鲁学一派虽重视礼，但却主要是着眼于礼的实践，而不是着眼于礼的思想。据《史记·儒林列传》的记载，西汉早期礼学以徐生为首要代表人物，主要是一个"容礼"的体系。所谓"容礼"是一种操纵典礼仪式进行的技艺，原是礼的实践的部分，而不是理论的部分。另外，这种"容礼"一般是着眼于主持仪式时的一些细节，属于汉文帝所谓的"繁礼饰貌"之类，其中绝没有关于某种礼仪制度或祭祀制度的构想和理论阐释。徐生的技艺的承继人是徐襄和徐延，徐襄作为一个拥有礼家正宗的地位的人，竟然"不能通《礼经》"，仅凭着"天姿善为容"的专长担任礼官大夫；徐延对《礼经》虽懂得一些，

却也"未善"。到汉武帝即位时，出现了一位礼学大师，即高堂生。然而《史记》及《汉书·艺文志》《儒林传》及《礼乐志》都说，高堂生所传的《礼经》不过是以"士礼"为主，很勉强地由士礼逐步推演，在最后讲一些诸侯朝觐天子的礼节。至于天子祭祀上帝与祖宗的礼仪，例如郊祀、封禅、宗庙、明堂及巡狩等，高堂生所传的《礼经》是一概不讲的。汉昭帝时，儒生龚遂向昌邑王进言："臣请选郎通经术、有行义者，与王起居，坐则诵《诗》《书》，立则习礼容，宜有益。"这话反映出昭帝以前普遍流行的一种看法：礼是"习"的对象，不是"诵"的对象，与学术是无关的。这种侧重于实践活动而缺乏理论阐释的礼学，显然是不能满足当时朝廷的需要的。

实际上，早在汉武帝元鼎五年（公元前112年），亦即在龚遂提出建议之前，对经学的考验已来临了，当时朝廷筹划建立郊祀的设施，以便举行祭天的大典。为这朝野瞩目的典礼仪式及其设施提供方案，正是五经博士的职责所在，然而五经博士却无所作为，未担任博士的齐鲁两派儒生似也无能为力，汉武帝不得不在道家人物司马谈等人的协助下，模仿长安东南郊的太一祠坛，兴建了泰畤。《史记·封禅书》详细记载了这事的经过，指出长安东南郊的太一祠坛是由方士谬忌设计的，它以"太一"为至上神，而尊崇太一在当时乃是带有黄老色彩的思想。汉武帝元封元年（公元前110年），朝廷筹划举行规模更大的封禅仪式，齐鲁两派儒生在这次表现得颇为积极，不幸的是发生了内讧，当时传习《鲁诗》的申公弟子徐偃声称："太常诸生行礼不如鲁善！"汉武帝设计了封禅仪式所用的礼器，给齐鲁两派儒生过目，这些儒生很迂腐地声称："不与古同！"

却未说明古代的封禅礼器是什么样子（均见《史记·封禅书》）。更有甚者，传习《尚书》的齐人兒宽对汉武帝说："其封泰山，禅梁父，昭姓考瑞，帝王之盛节也。然享荐之义，不著于经，以为封禅告成，合袪于天地神祇，祇戒精专以接神明。总百官之职，各称事宜而为之节文，唯圣主所由，制定其当，非群臣之所能列。"（见《汉书·兒宽传》）这话直率地承认了制定封禅礼仪的工作不是儒者所能胜任的，劝武帝自己来承担这一重任。武帝于是"尽罢诸儒不用"，自己制定了封禅仪式。我们知道，在"国之大事，唯祀与戎"这一古老信条仍适用的时代，礼的实践乃是全部经学实践的重点，而郊祀、封禅作为祭祀天帝的典礼，在礼的实践当中又处于最重要的位置。在汉哀帝时，官方的儒家经学在礼的方面已有很多建树，刘歆还要加以抨击："信口说而背传记，是末师而非往古，至于国家将有大事，若立辟雍、封禅、巡狩之仪，则幽冥而莫知其原！"由此推想，经学齐鲁两派在汉武帝时期的郊祀封禅活动中的无所作为，在西汉后期儒者的眼里会是多么大的耻辱！

龚遂不是纯粹的学者，他在汉昭帝时所说的"坐则诵《诗》《书》，立则习礼容"，只表达了汉武帝中期以前的流行的观念，其实在汉武帝中后期乃至昭帝时期，一场龚遂所不了解的经学变革正在酝酿之中。《汉书·夏侯胜传》说："夏侯始昌，鲁人也。通五经，以《齐诗》《尚书》教授。自董仲舒、韩婴死后，武帝得始昌，甚重之。"《儒林传》说："夏侯胜，其先夏侯都尉，从济南张生受《尚书》，以传族子始昌。始昌传胜，胜又事同郡蕳卿。蕳卿者，倪宽门人。"西汉尚书学出自齐人伏生，《齐诗》出自齐人辕固生，伏生和辕固生的弟子也都是齐人，这都是上文已经讲过的。而到汉武帝中期以后，这两个齐学派系的重要代表人物夏侯始昌却是鲁人。关于夏侯始昌的姓氏和籍贯，《姓觿》引南朝何承天《姓苑》说：杞简公弟佗"奔鲁"，"以夏侯受爵为侯，因为夏侯氏"；《汉书·夏侯胜传》说："初，鲁共王分鲁西宁乡，以封子节侯，别属大河。大河后更名东平，故胜为东平人。"这些话证明夏侯始昌及其族子夏侯胜的姓氏与籍贯均属于鲁。夏侯胜一方面传习始自齐人伏生的尚书学，另一方面又坚持鲁人的立场，当汉宣帝针对是否应当设置穀梁春秋博士的问题征求大臣意见时，夏侯胜明确表示："穀梁子本鲁学，公羊氏乃齐学也，宜兴《穀梁》。"从这种立场来看，夏侯氏一族所传习的《齐诗》与《尚书》之学已不再是纯粹的齐学，而是齐学与鲁学的混合物。皮锡瑞《经学历史》指出夏侯胜《尚书说》与伏生《尚书大传》的思想观点有所不同，例如《尚书·尧典》提到尧使舜"纳于大麓"，伏生《大传》说："尧推尊舜而尚之，属诸侯焉，致天下于大麓之野。"这是将《尚书》中的"大麓"解释为山麓。《史记·五帝本纪》说："尧使舜入山林川泽"，"舜入于大麓，烈风雷雨不迷"，是将"大麓"解作山林，与伏生《大传》意思相同，当是采纳伏生后学、齐地千乘人欧阳氏的说法。《汉书·于定国传》引汉元帝说："万方之事，大录于君"，是将"大麓"解释为"大录"。汉元帝的老师孔霸乃是夏侯胜的弟子，可见夏侯胜《尚书说》有"大麓"即"大录"之义，与伏生学说背道而驰，并与继承伏生的欧阳氏尚书学相敌对。这一例子表明，夏侯氏对于齐人所传的尚书学并非原封不动地加以承袭，而是站在鲁学的立场上进行了改造。夏侯始昌传习《齐诗》，可能也是如此。他是"通五经"的全才，其所谓"通"显然就是用鲁学改造齐学，实现齐学与鲁学的沟通。

《汉书·夏侯始昌传》说："时昌邑王以少子爱，上为选师，始昌为太傅。年老，以寿终。"按武帝少子为刘髆，在武帝天汉四年（公元前 97 年）始受封为昌邑王，在武帝后元元年（公元前 88 年）去世，则夏侯始昌的去世当在后元元年以前，他受武帝赏识，当在武帝后期。而正是在这一时期，另一位沟通齐学与鲁学的人物正在成长起来，他就是传习《礼经》和《公羊春秋》的孟卿。

据《汉书·儒林传》的记载，孟卿为著名易学家孟喜之父，为东海兰陵人。上文已说明兰陵在春秋时期为鲁邑，在战国晚期春申君灭鲁时成为楚邑，则孟卿当是鲁人。孟卿的礼学传自鲁地瑕丘人萧奋，萧奋又传自鲁人徐生；孟卿的春秋学传自董仲舒的弟子嬴公，《汉书·儒林传》说嬴公为东平人，全祖望《汉书地理志稽疑》说："东平本宋地，宋亡，齐得之，本不属梁。其属梁，自封彭越始。秦属齐郡。"则嬴公本为齐人，这与他所传授的《春秋》公羊学原为齐学的情况正好是一致的。孟卿以鲁人的身份传习思想丰富、体系博大的公羊学，又传习鲁学系统的礼学，他自然有条件将齐学与鲁学融合起来，使鲁学的礼学理论得以充实。

夏侯始昌初步实现了齐诗学、尚书学与鲁学的融合，孟卿初步实现了《春秋》公羊学与鲁人礼学的融合，可想而知，假如有人将夏侯始昌与孟卿两人的学说融合起来，将是何等的学术创举！而在西汉经学史上恰有这样的一位人物，即是礼学大师后仓。《汉书·儒林传》说，后仓字近君，为东海郡郯县人。郯是春秋时期东方的小国，介于齐、鲁、楚、越之间，大致上属于鲁文化的范围，例如《水经注·沭水注》说："郯县，故旧鲁也。"《汉书·地理志》中郯县属东海郡，并且说明东海为"鲁地"，则后仓应是鲁人。《汉书·萧望之传》说后仓与兰陵人萧望之"同县"，而后仓的老师孟卿也是兰陵人，可见后仓早年可能由郯县迁徙到鲁地兰陵。据《潜夫论·志氏姓》《世本》和《元和姓纂》等书，后氏原为先秦时期鲁国的公族，"后"字或写作"厚"，或写作"郈"，这些都是后仓为鲁人的证据。班固在《汉书·艺文志》和《儒林传》中，将后仓列入礼学的传承谱系，说他是孟卿的弟子。而《儒林传》又说夏侯始昌是后仓的老师，"始昌通五经，仓亦通《诗》《礼》"，其中的"亦"字，表明后仓从夏侯始昌那里学来的知识除诗学之外，还有礼学。另外，《汉书·夏侯胜传》说，夏侯胜为夏侯始昌族子，曾向夏侯始昌学习《尚书》，并且"善说《礼服》"，这证明夏侯始昌的确精通包括《礼经》在内的五经，确有传授后仓礼学的能力。可以肯定，后氏礼学是传自夏侯始昌与孟卿两人，不是一线单传。夏侯始昌与孟卿已初步综合了齐学和鲁学，后仓又对这两位经师的学问兼收并蓄，显然具备了实现重大的学术突破的条件。《儒林传》说，后仓论说《礼经》的著作达数万言，这样丰富的著述，在西汉礼学史上是没有先例的，其作用是结束了礼学思想贫乏的局面，堪为汉代经学史上的转折点之一。

后仓担任博士是在什么时候，是经学史上的一个有争议的问题。据《汉书·百官公卿表》，在汉宣帝本始二年（公元前72年），亦即宣帝即位以后的第二年，后仓由博士之职升任少府之职。而在霍光等大臣弹劾昌邑王刘贺的奏章中，提到博士"臣仓"，亦即后仓，可见后仓在宣帝即位之前已是博士。《汉书·萧望之传》记叙萧氏早年的经历，说他从学于后仓达十年之久，然后依次从学于白奇和夏侯胜，完成学业以后才有机会得到丙吉的推荐而进入仕途。据《汉书·元帝纪》和《萧望之传》，望之死于汉元帝初元二年（公元前47年），死前自称"年逾六十"。在初元元年，郑朋称望之"至于耳顺之年"。由此可见萧望之享年六十一岁，生于汉武帝元封四年（公元前107年）。丙吉推荐萧望之的时间稍后于元凤元年（公元前80年）诛上官桀之时，那么可以推断萧望之是在三十岁以前出仕的，他开始从学于后仓的时间，最晚不过在武帝后元二年（公元前87年）。这就是说，在后元二年，亦即武帝末年，后仓肯定已有了经学大师的身份。后仓的老师孟卿，是董仲舒的再传弟子，据《史》《汉》中的《儒林传》的记载，董仲舒在汉景帝时已有很高的学术地位，"弟子传以久次相授业，或莫见其面"，则仲舒在景帝末年可能已有再传弟子。仲舒弟子褚大、吕步舒等人在汉武帝前期已担任要职，孟卿之师嬴公的年辈与褚、吕相当，那么孟卿传授后仓的时间，应当在汉武帝中期。《汉书·儒林传赞》所列举的武帝时期的五经博士，包括"《礼》后"，可见后仓自武帝末期至宣帝初期一直担任博士，历时至少有十五年。有人认为武帝时的《礼经》博士是高堂生，不是后仓，其实武帝在位五十余年，高堂生与后仓在五十余年间先后担任博士，是完全有可能的。董仲舒的三代弟子集中在这五十余年里，也是合乎情理的。

在汉武帝时期，已有古文《礼经》五十六篇和古文《礼记》二百余篇出现，并被献上朝廷。按照当时的惯例，这些古书是一定要让博士过目的，例如在汉宣帝时，曾把新出土的《逸礼》《逸易》等书"下示博士"（《论衡·谢短》），便是遵循当时官方学术的通例。刘歆《移书让太常博士》说，汉武帝时的五经博士"一人不能独尽其经，或为《雅》，或为《颂》，相合而成"，今文经学的经典系统在这时尚处于残缺不全的状态，其学说体系的不成熟也是当时公认的事实，那么古文经传的出土便不会受到敌视，而会受到欢迎。下节将说明古文经传分别出自先秦六国，学术观点并不统一，严格意义上的古文经学派系在汉哀帝时才由刘歆创始，汉哀帝以前的古文经传不过是一些散乱的、可供五经博士任意参考选用的文物数据，对官方经学的系统并不构成威胁，因而当时的五经博士也不会有后人所设想的那种敌对心理。那么，后仓在担任博士的十五年间，一定参考过古文《礼经》和古文《礼记》，他的多达数万言的礼学著作，从学统上说是融合齐学与鲁学的成果，从资料上说乃是融合今文经传与新出现的古文礼学文献的结晶。

后仓有六位著名的弟子，是戴德、戴圣、庆普、萧望之、翼奉和匡衡。戴德、戴圣又称大戴和小戴，他们和庆普分别将后氏礼学加以发展，形成相互独立的"大戴氏学""小戴氏学"与"庆氏学"。其中二戴的成就颇为显著，他们活动于西汉宣、元以至成帝之间，在后仓学术成就的基础上，分别将后仓参考过的古文《礼记》编成两个选本，加以录写，与今文《礼经》构成对应的关系，这就是著名的《大戴记》和在中国学术思想史上享有巨大权威的《小戴记》。二戴《礼记》辑本的问世，标志着由后仓所代表的、融汇齐学与鲁学的礼学趋于成熟，大大提高了儒家在国家宗教领域的发言权。不过，在西汉官方五经博士的系统中，后氏礼学的正式继承者乃是戴圣。在本书第五章将详细说明，《汉书·儒林传赞》关于汉宣帝设置大小戴《礼》博士的说法是错误的，历史的真实情况应当与东汉章帝建初四年诏书所说相合，即大小戴氏学博士原是由东汉光武帝初次设置的，西汉时期只曾有过《礼经》后氏学博士，不曾有过大小戴氏学博士。戴圣与戴德弟子徐良都有担任博士的经历，他们都是以后氏礼学代表人物的身份担任这一职务的。由此可以推测，戴圣之承袭后氏，较之大戴要多些。

与二戴及庆普不同，萧望之、翼奉和匡衡主要是后氏礼学的实行者。萧望之在石渠阁会议时已是"五经名儒"，历任御史大夫、太子太傅和前将军，在宣、元之际是举足轻重的朝廷大臣；翼奉在汉元帝时多次上疏议论朝政，对当时的政界与学界颇有影响；匡衡在汉元帝末期及成帝初期担任丞相，在西汉后期的政教历史上占有重要的地位。《汉书·儒林传》将这三人列入《齐诗》的传承谱系，但这三人真正重视的不是诗学，而是礼学，例如萧望之曾跟随夏侯胜学习《礼经》中的《丧服》（见《汉书·萧望之传》），翼奉曾在汉元帝时期对皇家宗庙及郊祀的礼仪制度提出根本性的批评（见《汉书·翼奉传》），匡衡则在汉成帝初年以《礼记》为依据，对国家宗庙、郊祀体制进行了具体的改革（见《匡衡传》）。二戴的著述活动与翼奉、匡衡的实践活动，构成了一股强大的冲击力量，其冲击的成效，是将西汉高、文、景、武、昭、宣时期的各种宗教制度及设施彻底废除，实现了国家宗庙祭祀礼仪的儒家化。这一规模庞大的宗教改革运动，完全可以说是后氏礼学的具体实践。

在本书专论西汉礼学的章节，还要就后氏礼学及翼奉、匡衡、二戴等人的活动进行详细的论述，在这里只想强调一点，即在由夏侯始昌与孟卿肇始，由后仓发扬光大并由二戴、匡衡等人承继和完成的礼学思想运动和宗教改革运动中，我们可以看到一条西汉经学史的线索：西汉前期鲁学与齐学对峙的时期，也是儒家礼学不成熟和不能满足时代需要的时期。经过夏侯始昌、孟卿、后仓等人持续不断的努力，也经过对新出现的古文礼书的吸收和整理，齐学和鲁学终于在礼的领域融合起来，形成了在国家宗教领域享有巨大权威的后氏礼学。当然，这并不意味着齐学与鲁学的分歧从此完全消失了，因为礼学只是齐学与鲁学的交叉部分，除此之外还有没有交叉的部分，即诗学、春秋学和论语学等，齐学与鲁学在这些领域仍是敌对的，直到东汉仍是如此。

后氏礼学既是齐鲁两派学说融合而成的，那么从逻辑上推论，这种礼学似应当是中国思想史上的一个高峰。然而熟悉汉代经学的人们都知道，西汉成、哀之际的文化与武帝时期的文化相比较，实际上要逊色得多。这是什么缘故呢？笔者以为原因有两个：其一，后氏礼学既然是立足于鲁学一派所重视而齐学一派所轻视的礼仪，便一定会有鲁学的思想偏向。也就是说，后氏学的理论形态更接近于道德性命和义理学的样式，不很接近于齐学那种宇宙论和系统思想的样式；后氏学所用的思维方式更接近于直觉体悟的类型，不很接近于齐学的那种分析的、逻辑的类型。后代学者在承袭后氏礼学之时，往往会阐发出二程那样的性理之学，很难推演出富于逻辑性的理论系统。西方牛顿的自然科学体系在中国迟迟不能出现，后氏礼学恐怕要为此承担一定的责任。实际上，后代有一些既讲义理又讲象数的哲人，例如朱熹，关于他们的思想渊源不仅要上溯到后氏礼学，而且也应当上溯到齐学和费氏易学。成哀之际的文化不像武帝时期的文化那么繁荣，还有一个原因，即先秦至西汉的诸子百家之书在汉武帝时期并未完全遭到罢黜，而是被归入"传说记"的系统之中，成为五经的辅助性的著作。而到汉成帝时，诸子书才从

"传说记"的系统中被排除出去。人们所常说的"罢黜百家，独尊儒术"，严格说来并不是发生于武帝时期，而是发生于成帝时期。关于这一点，本书下面将设专章加以说明，这里不再赘述。后氏礼学仅吸收了鲁学和齐学的一些引人注目的思想，并未吸收其全部的思想内容。汉武帝前后的齐鲁两派却是在与诸子百家的共处之中著书立说的，他们不断吸收各家学派中对他们来说是可取的思想，而各家学派的思想创造活动，对齐鲁两派经学来说也是一种有益的补充。汉武帝尊崇五经，以齐鲁两派儒学为主，兼容百家，这种宽容的精神适足导致文化的繁荣。汉成帝和哀平之际的官方学术政策只尊崇儒家，排斥百家，即使有后氏礼学这种颇有成就的经学体系来支撑局面，文化的繁荣还是难以实现的。正是由于后氏礼学不足以成为汉武帝时期包容诸子的"经传说记"的体系的替代物，因而新的学术流派以及进一步的学术突破仍是时代所需要的。刘歆等人在汉哀帝、平帝及王莽时期构筑古文经学的体系，乃是投合时代需要的极有魄力的创举。当然，在这里仍要提请读者注意，古文经学是根据一部分古文经典而构造的学说体系，并不是一切古文经典都能成为古文经学的依据，而古文经典的出现与古文经学的兴起，更是性质不同而且时间也不同的两件事情。

十、古文经学的兴起

上文已将西汉时期流行的古文经典分为两部分，其中一部分或多或少地得到了西汉官方经学家的吸收和利用，其中包括《礼古经》、古文《礼记》、古文《易经》等；另一部分以《左传》和《周礼》为主，在出现以后一直遭到官方经学家的排斥，而成为后来兴起的古文经学的主要依据。在西汉哀平时期，刘歆初步构筑了古文经学的系统，他所依据的经典主要是《左传》。到王莽居摄以后，一些学者又对古文经学加以发展，他们所依据的经典主要是《周礼》。王莽为居摄称帝而进行的活动，可说是古文经学形成和发展过程中的转折点。

《汉书·楚元王传》对刘歆的学术活动做了详细的介绍，其中说，刘歆跟随他的父亲刘向整理皇家秘府的藏书，见到了秘府所藏的古文《左传》，很感兴趣，遂在承袭前人"训故"知识的基础上，引述《左传》文字来解释《春秋》，构筑了一个"章句义理"的系统。这一系统的出发点，是认为左丘明"好恶与圣人同"，曾直接从学于孔子，因而《左氏春秋》的可靠性超过了在孔门七十二弟子以后成书的《公羊春秋》和《穀梁春秋》。到汉哀帝时，刘歆经大司马王莽的推荐，成为光禄大夫，得到哀帝信任，便趁机建议将《左氏春秋》以及《毛诗》、《逸礼》、古文《尚书》列于学官。哀帝未作决断，让刘歆与五经博士去进行商讨，这些博士却不肯与刘歆辩论，企图用这种消极的方式来抵制刘歆的建议，刘歆于是作了一篇著名的书信，题为《移书让太常博士》，为《左氏春秋》等书进行辩护，并对官方五经博士的保守和迂腐竭力加以抨击。这时王莽已被免职，朝廷大臣多数笃信官方的今文经学，怨恨刘歆，加之以"改乱旧章，非毁先帝所立"的罪名，刘歆赶紧离开首都去做地方官，这才避免了惩罚。考察刘歆这些经历，可以看出他在这时所坚持的学说主要是左氏学，其学说的依据主要是《左氏春秋》。他请求为之设置博士的古文经典根本未包括被后人看成"古文大宗"的《周礼》，《移书让太常博士》也对《周礼》未置一词。《汉书·儒林传》也记载了这一事件，其中说："歆白《左氏春秋》可立，哀帝纳之，以问诸儒，皆不对。"也证明刘歆所推崇的古文经典主要是《左氏春秋》，不包括《周礼》在内。

到汉哀帝去世时，王莽重新控制朝政，扶立平帝，改元为"元始"，刘歆又回到朝中做官，他的学术主张遂有机会得以实现。《汉书·王莽传》元始四年记载："征天下通一艺教授十一人以上，及有《逸礼》、《古书》、《毛诗》、《周官》、《尔雅》、天文、图谶、钟律、月令、兵法、《史篇》文字，通知其意者，皆谐公车。"①《左氏春秋》之名没有出现在这一连串的书名中间，当是由于这部书在元始初年可能已按刘歆的要求，进入经书的行列了。而《周官》出现在这些书名当中②，则是由于它还没有成为官方承认的经书。据《汉书·王莽传》的记载，直到平帝元始五年五月，张纯等九百多位朝臣还在奏疏里说："谨以六艺通义、经文所见，《周官》《礼记》，宜于今者，为九命之锡。"其中《周官》与《礼记》并列，而与"六艺""经文"分别而言，显然还属于传、记之类，而未设置专经博士。另外，《汉书·儒林传》说："平帝时，又立《左氏春秋》、《毛诗》、《逸礼》、古文《尚书》，所以网罗遗失，兼而存之"，可见平帝元始元年至五年，《左氏春秋》、《毛诗》、《礼古经》、古文

---

① 此即《汉书·平帝纪》所载："征天下通知逸经、古记、天文、历算、钟律、小学、《史篇》、方术、本草及以五经、《论语》、《孝经》、《尔雅》教授者，在所为驾一封轺传，遣至京师。至者数千人。"《平帝纪》记载此事日期为元始五年正月，《王莽传》说为元始四年。今按这一征召数千士人的措施，应当有一个很长的过程，朝廷初次公布这项决定是在元始四年，而被征的数千人抵达京师，则在元始五年正月。

② 《周官》与《古书》在这里分别而论，则这一《周官》不可能是古文《尚书》中的篇章，而是现存的《周礼》。

《尚书》已分别被纳入《春秋》《诗》《礼》《书》的系统，而《周官》则被排除在五经的系统之外。平帝元始四年征召《周官》学者，与征召月令、兵法方面的学者具有同等的性质，这一措施并不意味着当时五经博士增加了《周礼》博士。

在平帝年间，《周礼》这部书一直被称为《周官》，直到居摄年间，情况才有变化。在元始五年，平帝去世，王莽成为摄皇帝，改元为"居摄"。《王莽传》居摄三年记载，刘歆及博士儒生七十八人称颂"摄皇帝遂开秘府"，"发得《周礼》"，并称引《周礼》的文字。这意味着《周官》改名为《周礼》这件事，发生于居摄元年至三年之间。而根据荀悦《汉纪》书中"刘歆以《周官经》六篇为《周礼》"一段话，可以知道《周官》改名《周礼》乃是这部书成为经书并设置博士的标志。这就是说，《周官》博士是在居摄元年至三年之间设置的。《周官》对王莽的居摄究竟有什么帮助，以致赢得王莽如此的重视呢？这一问题可由王莽加九锡的事件而得到解释。现存《周礼·春官》说："上公九命为伯，其国家宫室车旗衣服礼仪皆以九为节。"而在平帝元始五年五月，张纯等九百余人根据《周官》的这一规定，申明"宗臣有九命上公之尊，则有九锡登等之宠"，提出加王莽以"九锡之礼"的建议："谨以六艺通义、经文所见，《周官》《礼记》宜于今者，为九命之锡。"（见《汉书·王莽传》）读者可能会进一步提问："九命之锡"对王莽的居摄究竟有何帮助呢？为说明这个问题，有必要分析一下元始四年群臣的奏议：

　　　　宰衡位宜在诸侯王上，赐以束帛加璧，大国乘车、安车各一，骊马二驷。

平帝诏文对这奏议的回答是："可！其议九锡之法。"这一奏议所说的"宰衡"是王莽的职称，在元始四年，王莽的爵位是新都侯，称号是安汉公，官职是宰衡，并兼任太傅和大司马，这就是当时王莽自己所说的"一身蒙大宠者五"。宰衡这一称号是模仿伊尹和周公，当时人们认为"伊尹为阿衡，周公为太宰"，于是"采伊尹、周公称号"，尊称王莽为宰衡。至于王莽升为摄皇帝，也是模仿周公称王的故事。然而王莽的情况与周公有一个重大的差异，周公原为诸侯当中极具威望者，地位仅次于周天子，因而在摄政时可居"天子之位"。王莽不过是侯爵，地位尚在各个诸侯王之下，与周公相比还不具备居摄称帝的资格①。"九锡"的作用是提高王莽的地位，使他"位在诸侯王上"，只有在实现"九锡之礼"的情况下，王莽的居摄称帝才是顺理成章的事。《周官》为此提供了"上公九命"的理论依据，自然会得到王莽的重视，改名为《周礼》而列于学官了。

明白了《周官》一书对王莽居摄的重要意义，便可进而辨明刘歆对《周官》的态度。《汉书·王莽传》说：

> 初，甄丰、刘歆、王舜为莽腹心，倡导在位，襃扬功德，
> "安汉""宰衡"之号及封莽母、两子、兄子，皆丰等所共谋，

---

① 按照两汉儒者的看法，汉朝的帝制应当仿照周朝的王制，汉朝的皇帝相当于周朝的王，汉朝的诸侯王相当于周朝的诸侯。王莽爵位在诸侯王以下，显然不如周公在周朝的地位。

而丰、舜、歆亦受其赐，并富贵矣，非复欲令莽居摄也。居摄之萌，出于泉陵侯刘庆、前辉光谢嚣、长安令田终术。莽羽翼已成，意欲称摄，丰等承顺其意，莽辄复封舜、歆两子及丰孙。丰等爵位已盛，心意既满，又实畏汉宗室、天下豪杰。而疏远欲进者，并作符命，莽遂据以即真，舜、歆内惧而已。

由此可以知道，刘歆仅拥护王莽成为安汉公和宰衡，并不希望王莽成为摄皇帝。既不支持王莽居摄，对"九命之锡"这一居摄的条件也就不会产生兴趣。"九锡"属于礼仪的范围，这在元始年间正是刘歆的职责所在，而《王莽传》记载群臣关于加王莽以"九锡"的数次奏议，均无刘歆之名，可见刘歆对"加九锡"一事的缺乏热情已到何等程度了。《周官》一书既是由于有助于"加九锡"才得以立于学官的，这件事怎么会是刘歆所推动的呢？凡此种种，都证明刘歆只喜好《左传》，不喜好《周官》。当然，王莽要做某件事，一般要讽示群臣来提出建议，他既有意使《周官》成为《周礼》或《礼经》，自然要通过负责文化事宜的刘歆来实现，这就是荀悦《汉纪》关于"刘歆以《周官经》六篇为《周礼》""歆奏以为《礼经》"的记载的由来。

讲到这里，可将元始五年至居摄三年这段时间当作古文经学形成过程的一个转折点，在这段时间以前，古文经学以《左氏春秋》为主要依据；在这段时间以后，古文经学始以《周礼》为主要经典之一。前者以刘歆为代表，刘歆之父刘向的治学重点在于《春秋》之学，刘歆也是如此；后者以王莽为主要代表人物，王莽的学术修养主要在于通晓《礼经》（见《王莽传》），因而对牵涉到礼学的

《周官》(《周礼》)一书有浓厚的兴趣。东汉前期，朝野学界对王莽的敌对意识很强烈，因而常表现出排斥《周官》的倾向，例如《后汉书·章帝纪》建初八年诏云："其令群儒选高才生，受学《左氏》、《穀梁春秋》、古文《尚书》、《毛诗》，以扶微学，广异义焉。"[1]诏文所表彰的古文经典以《左氏春秋》为首，而无《周官》，与刘歆在汉哀帝时提出的建议大致相合。而到东汉后期，朝野对王莽的敌对意识逐渐淡薄，名儒马融、郑玄均为《周官》做注释，使《周官》之学趋于兴盛。从这学术发展的情况来看，上述关于古文经学形成过程的分期显然是可以成立的。当然，在这整个的过程中，古文经学对《周易》一直十分重视，如扬雄有"经莫大于《易》"的名言。

十一、齐学、鲁学、后氏礼学与古文经学的分野

东汉学者许慎作《五经异义》，对西汉与东汉前期经学各派的争论做了详细的记载。此书久佚，其佚文散见于《十三经注疏》及唐宋类书，有辑本流传。这些佚文记载了春秋学公羊、穀梁、左氏三家以及礼学戴氏学说、《周礼》说、《尚书》欧阳说、夏侯说等流派的争论，初看起来有杂乱无章的感觉。但若考虑到西汉今文经学实际上分为齐、鲁两派，西汉中叶又出现融汇齐鲁学说的后氏礼学，与齐学、鲁学并行发展；再考虑西汉古文经学先以《左传》为主要依据，后以《周礼》为其主要经典，而在《周礼》之学兴盛以后，左氏学仍继续传播，那么我们便会认识到，《五经异义》的记

---

[1]　此事又见于《后汉书·儒林传》，所列古文经传之名与此相同。

载实际上是很有条理的，这部书实际上不仅是关于今古文两派争议的记录，而且是关于齐学、鲁学、后氏礼学与古文经学四派之间的争议的写照。

《五经异义》所记载的《春秋》公羊、穀梁、左氏三派的争议，乃是齐学、鲁学与古文经学三派争议的缩影。例如，《异义》说：

> 《公羊》说："臣子先死，君父犹名之，孔子曰'鲤也死'，是已死而称名。"《左氏》说："既没，称字而不名。桓二年'宋督弑其君与夷，及其大夫孔父'，先君死，故称其字。"《穀梁》同《左氏》说。（见《礼记·曲礼疏》）

在这争论当中，《穀梁》一派的观点与《左氏》一派接近，与《公羊》一派相反。东汉时期，何休撰《公羊墨守》《左氏膏肓》《穀梁废疾》，站在公羊学的立场上，对穀梁、左氏之学进行攻击，也显示出以公羊学为一方、以穀梁与左氏学为另一方的辩论的格局。有鉴于这种格局，一些学者遂说穀梁学为古文经学。然而《五经异义》又说：

> 《公羊》以为：鹳鹆，夷狄之鸟，穴居。今来至鲁，之中国，巢居。此权臣欲自下居上之象。《穀梁》亦以为夷狄之鸟来中国。《左氏》以为书所无也。（见《周礼·考工记疏》）

> 今《春秋公羊》《穀梁》说云："卿大夫世位则权并一姓，妨塞贤路，专政犯君，故经讥周尹氏、齐崔氏是也。"《左氏》

说："卿大夫皆得世禄，不得世位。父为大夫死，子得食其故采地。有贤才，则复升父故位。……"（见《诗经·文王疏》《左传·宣公十年疏》《礼记·王制疏》）

礼，约盟不？今《春秋公羊》说："古者不盟，结言而退。"故《穀梁传》云："诰誓不及五帝，盟诅不及三王，交质子不及五伯。"且盟非礼。故《春秋左氏》云："周礼有司盟之官，杀生歃血，所以盟事神明。"又云："凡国有疑，盟诅其不信者。"是知于礼得盟。（见《礼记·曲礼疏》）

在这些议论当中，《穀梁》一派又同于《公羊》，对《左氏》一派持敌对的态度。这种情况的存在，使那种以为穀梁学为古文经学的论点很难成立了。更有甚者，《五经异义》还有如下的记载：

今《春秋公羊》既说妾子立为君，母得称夫人，故上堂称妾，屈于适也；下堂称夫人，尊于国也。云：子不得爵命父妾，子为君得爵命其母者，以妾在奉授于尊者有所因缘故也。《穀梁传》曰："鲁僖公立妾母成风为夫人，是子爵于母，以妾为妻，非礼也。"故（古）《春秋左氏》说："成风妾得立为夫人，母以子贵，礼也。"……从《公羊》《左氏》之说。（见《礼记·服问疏》及《通典·嘉礼》）

在这里，公羊学说竟与左氏学说一致，与穀梁学说不同。《礼记·王制疏》引《五经异义》记载"雨不克葬"问题上的三传之说，也指出《左氏》一派反对《穀梁》，而同于《公羊》。看来，在春秋学领域，《公羊》《穀梁》《左氏》三派是相互独立的，它们分别代表着今文经学内部的齐学、鲁学以及后来兴起的古文经学。

《五经异义》所记载的"《礼》戴说"与"《左氏》说""《周礼》说""《公羊》说"等的争论，代表着后氏礼学与其他各家学派的分歧。上文已指出戴圣是以后氏礼学继承人的身份担任博士的，他的学问乃是继承后仓，参照古文《礼记》，融合齐学与鲁学，而与《公羊》之纯为齐学、《周礼》之属于古学的情况均有不同。据《五经异义》记载，"《礼》戴说"或与《公羊》说一致，而与《左氏》说相反，或与《公羊》《左氏》均有不同；或与《周礼》一派发生分歧。大致上看，《五经异义》佚文关于《公羊》说、《穀梁》说、《左氏》说、《礼》戴说、《周礼》说的记载较多，而这些记载与本章关于齐学、鲁学、后氏礼学与古义经学的区分一致，这对本章关于西汉经学流派的论断来说，具有明显的支持作用。

第三章
"罢黜百家，独尊儒术"与经学史的分期问题

一、引言

"罢黜百家，独尊儒术"，可说是经学史乃至整个中国文化史上最重要的事件。正是由于这一事件的发生，中国学术才由百家争鸣的时代过渡到独尊儒术的时代，形成一种长期延续的文化模式与思维方式。研究西汉经学历史的分期，尤要关注"罢黜百家，独尊儒术"的时间问题。自从班固《汉书》提到"孝武初立，卓然罢黜百家"以后，人们一直相信这一学术史上的巨变发生在汉武帝年间，直到近年，始有争议。《中国古代史论丛》一九八三年第一辑载有王宾如、王心恒《汉武帝"罢黜百家，独尊儒术"辨》一文，说"罢黜""独尊"的发生时间不在武帝初立之际，而是在王莽当权之时。这篇文章主要是从西汉官方学术政策与学术概况着眼，未论及官制、祭祀制度及博士人数等，尚留有商榷的余地。两年之后，《中国哲学史研究》又发表苏诚鉴《汉武帝"独尊儒术"考实》一文（见一九八五年第一期），从《春秋》公羊学的角度肯定了班固以来的传统见解。数年之后，我以《中国学术从百家争鸣时期向独

尊儒术时期的转变》为题，撰文说明"罢黜""独尊"的事件不是发生于汉武帝年间，而是发生于汉成帝年间，刊于《哲学研究》一九九〇年第一期。这篇文章很快引起反响，《哲学研究》一九九〇年第四期刊出黄开国先生的文章，题为《独尊儒术与西汉学术大势——与王葆玹先生商榷》，对我的见解做了全面的驳难。于是，我又发表《天人三策与西汉中叶的官方学术——再论"罢黜百家，独尊儒术"的时间问题》一文（刊于《哲学研究》同年第六期），举出一些新的证据，并就我的一些见解做了更加详细的论述。最近，我重读徐复观先生的名著《两汉思想史》，注意到徐先生虽沿袭"汉武帝罢黜百家，独尊儒术"的旧说，却又指出："且由《汉书·艺文志》看，西汉时学术流通的情形颇为宏富，对学术的态度也颇为公允，并未受建元五年立五经博士的影响。"（学生书局版第四二七至四二八页）可见徐先生已意识到汉武帝时的文化繁荣局面与所谓的"罢黜百家"不协调，只是一时未找到足够的证据由此展开而已。今试参考徐先生的见解以及其他一些与此有关的成果，从下述几种角度说明"罢黜百家，独尊儒术"的时间问题，并由此确定西汉经学史的分期。

首先，我们必须考察一下两汉学者关于西汉诸帝尊儒历史的评述。这些评述多与班固的说法不同，给人的印象似乎汉武帝对学术只有鼓励，未采取过压制的措施。武帝时期的社会风尚看重财富、权力、智术和胆魄，不拘泥于仁孝礼义，丝毫不像是儒家所憧憬的国度。武帝时期"悉延百端之学"，使有一技之长的士人几乎都能得到为国家效力的机会，诸子百家在这种情况下似应得到培养，而不是因窒息而趋于灭绝。武帝在西汉时期得到的正式的评价，是

"广道术之路"，这话见于宣帝颁布的诏书，是武帝被尊称为"汉世宗"的依据之一，试将这句话与汉文帝的"广游学之路"相比较，可以看出正是一脉相承的。过去人们以为，汉武帝"罢黜百家"乃是听从了董仲舒对策中的提议："诸不在六艺之科、孔子之术者，皆绝其道，勿使并进"，其实武帝对仲舒提议并不欣赏，甚至有可能根本未加注意。而且对策的时间大大晚于过去人们的估计，不但在建元五年设置五经博士之后，而且比田蚡"绌黄老刑名百家"的时间晚一些，对策所谓的"今师异道，人异论，百家殊方，指意不同"，正是设置五经博士以及"绌黄老刑名百家"以后的局面，这种类似于"百家争鸣"的局面不但延续到武帝去世之年，而且一直延续到石渠阁会议以后，贯穿于漫长的武、昭、宣、元时期。

在这里，要提请读者注意笔者的措辞：汉武帝时期的学术状况与战国百家争鸣的情况的关系只是"类似"，而不是完全相同。战国时期的学者是很自由的，他们几乎想说什么就说什么，不必对某种经典的权威有所顾忌，西汉武、昭、宣、元之际的学者却没有自由到这种地步，他们不论原来学习什么，都必须使所学的知识同五经协调起来，因为当时官方规定五经是唯一的经书系统，诸子百家的著作只能算是经书的"传"或"记"。如果说战国时期的百家争鸣是一种混乱的、缺乏统一标准的文化状态，那么西汉武、昭、宣、元之际的学界状态便是一种整齐的、有着共同权威的学派林立的局面。班固以为汉武帝采纳了董仲舒关于"诸不在六艺之科、孔子之术者，皆绝其道"的提议，这当然是错误的，然而班固说汉武帝"罢黜百家，表章六经"却并未全错，其所谓"表章六经"并不是"独尊儒术"，只是将六艺五经推举到诸子百家之上；其所谓

"罢黜百家"则可理解为贬低诸子百家的地位，使他们的著作成为五经的辅助性著作系统的组成部分。从诸子的地位上考虑，他们不如先秦时期自由了，这不能不说是一种文化上的倒退；然而若从经学的角度考虑，便又会看到一种进步，因为这时的"经传说记"乃是一种包融诸子学的系统，它不论是与先秦的《诗》《书》之学相比较，还是与"独尊儒术"以后的经学相对照，都是更为开放、更加丰富的。这种包容诸子学的经学，无疑是以儒学为主导，而这时的儒学也有一种优点，因为它的代表人物可以放心大胆地从其他各家学说当中去吸取营养，而不必像后世儒家那样将其他学派都看成异端，小心翼翼地将自己封闭起来。

汉武帝时期诸子书之归入传记这一点，是落实在博士制度上的。汉文帝时的博士定员为七十余人，以道家学者为其主流，当时尊奉《黄》《老》为经，地位比《诗经》稍高一些。汉武帝的创举，是将五经的博士设置完全，将诸子博士归入传记博士的范围之内，使传记博士的位次降到五经博士以下。至于黄、老博士，自然已丧失经书博士的地位，置身于传记博士中间了。严格说来，"罢黜百家，独尊儒术"的时间问题也就是传记博士的建置何时撤销的问题。传记博士究竟罢于何时呢？他们自然不像通常人们所说的那样是罢于武帝年间，而是罢于成帝年间。东汉人和魏初人概括西汉博士的人数，或说七十余人，或说为数十人，这种概括自然是针对武、昭、宣、元时期而论，因为汉文帝时期的博士七十余人尚处于文化制度的草创阶段，历来是不受重视的。到成帝时期，匡衡等儒臣发起一场改制的运动，将秦代建立的雍四时及高祖至宣帝时兴建的宗教设施及其祭典全部罢废，使汉成帝以前的宗教制度被彻底摧毁。为这旧制度提供理论支持的博士七十余人自然要付出代价，都免职而"归家"了。汉代博士制度的演变以此为最重要的转折点，在此以前为七十余人，在此之后大减，到王莽时增为三十人，到东汉初期又减为十四人。不过，这增至三十人与减至十四人仅以今古文经学的争论为背景，与诸子学的命运全然无关了。

西汉博士七十余人的制度是沿袭秦制而形成的，因而罢黜传记博士的措施可说是"汉承秦制"的反动。提起"汉承秦制"，人们大概都不觉得陌生，然而若问起"汉承秦制"对儒道两家有怎样的影响，便很少有人能做圆满的解释了。其实，"汉承秦制"乃是刘邦同项羽对抗的结果，刘邦为战胜项羽，不得不以关中为基地，以秦人为基本力量，因而在创建汉朝的过程中，不能不因袭秦俗，沿袭秦制，以取悦秦人。萧何等人所制定的各种制度均以秦制为蓝本，原因即在于此。黄老之学素有"因循""简易"的主张，正合汉初朝廷沿袭秦制的宗旨，自然会在当时成为官方支持的学说。儒家学派在楚汉战争中同情项羽，因为项羽曾是鲁公。项羽死后，鲁人还顽固地"为之坚守"，形成"楚地悉定，独鲁不下"的局面。当刘邦举兵围鲁的时候，城中诸儒"尚讲诵习礼乐，弦歌之音不绝"，可见鲁人支持项羽的立场与儒家的态度颇有关联。明白了这种情况，便可以理解刘邦为什么不喜欢儒者，也可以理解文景之君为什么不支持儒家了。考察《史》《汉》所载的关于反对"汉承秦制"的呼吁，多是儒者的声音，因为黄老名法各家或对"汉承秦制"予以支持，或是袖手旁观而不感兴趣。可以设想，"汉承秦制"局面被破坏的时间一定也是儒家始有独尊地位的时间。而"汉承秦制"局面的破坏，不是在武帝年间，却是在成帝年间。成帝按照儒者的要求，在宗教制度、选举制度及官制等方面，做出很多的变更，其中较为重要的一项，是初次承认孔子为"素王"，封孔子"世为殷绍嘉公"。这项改革表明西汉制度的沿革与儒家地位的改善过程乃是同步演进的，汉成帝时期既是"汉承秦制"局面趋向改变的时间，也是"独尊儒术"的起点。

综结西汉制度与学术变化的情况，可以把西汉学术的历史分为三期：第一期，自汉初始，至汉武帝建元五年止（公元前206年至公元前136年），官方的学术政策是尊崇黄老，兼容百家，当时儒家所尊崇的经书残缺不全，解释的体系也不完整，难以同黄老之学相抗衡。第二期，自汉武帝建元五年始，至汉成帝时期止，官方的学术政策是尊崇五经，兼容诸子，将诸子书纳入辅助五经的传记的范围，而在传记当中以儒家著作为其主流。当时五经博士与传记博士并存，博士人数与汉文帝时期相比未曾减少。第三期，自汉成帝始，至王莽时期止，官方的政策是取消传记博士的建置，只保留五经博士，从而形成"罢黜百家，独尊儒术"的局面。"独尊儒术"意味着"汉承秦制"的结束，怎样来评价这一事件乃是学界争论的一个问题。结束秦制的延续，本应导致政治控制的宽松以及学术上的民主，然而"独尊儒术"意味着学术趋于封闭和僵滞，对文化进步颇有妨碍。相反地，汉武帝时的尊崇五经、兼容诸子以及文景时期的尊崇黄老、兼容百家，倒意味着官方对学术的宽容和鼓励，适足以导致文化的繁荣。

二、关于"罢黜百家，独尊儒术"的文献记载

"罢黜百家，独尊儒术"两句话始见于《资治通鉴》，是司马光

根据《汉书·武帝纪赞》而做出的推测。荀悦《汉纪》卷二十五提到"董仲舒推明孔氏，抑绌百家"，也是抄录《汉书·董仲舒传》。然而考察《汉书》关于此事的记载，却是混乱不清的。而两汉时期其他一些学者的评论就更加含混，有些言论甚至与"罢黜""独尊"的说法完全相反。对这些言论试作考察，会产生一个印象，似乎汉武帝并没有结束百家争鸣的局面，而是力图使这种局面持续下去。

让我们先来看一看班固以前的文献记载。现存的《史记·孝武本纪》是后人根据《封禅书》补作的，太史公原作题为《今上本纪》，佚失已久。然而从《史记·龟策列传序》中，仍可以看到关于武帝的评论："至今上即位，博开艺能之路，悉延百端之学，通一伎之士咸得自效"，这完全是一项与"罢黜百家，独尊儒术"意思相反的记载。《史记·儒林列传序》说，武帝任命田蚡为丞相，遂"绌黄老刑名百家之言，延文学儒者数百人"，其中的"绌"字似无十分严重的意义，因为《封禅书》说，武帝在筹备封禅之际，"绌偃、霸，而尽罢诸儒不用"，其所谓"罢""绌"不过是一时未听取诸儒的意见，并不是说诸儒都被免职了。另外，田蚡的"延文学儒者"也只是一时的征用，没有到"独尊"的程度。那么便可以推断，汉武帝的"绌黄老刑名百家"和"延文学儒者"，不过是改变一下儒道两家的主从关系，将原先的尊崇黄老而以百家为辅的局面，扭转成尊崇儒家而兼容百家的局面。

汉昭帝时，举行"盐铁会议"，招来很多"贤良"和"文学"，对官方的各种政策进行批评。代表官方的御史大夫竭力贬低以公孙弘为代表的儒家的政治作用，"文学"则对武帝时期的儒者做如下的辩护："当公孙弘之时，人主方设谋垂意于四夷，故权谲之谋进，荆楚之士用。……其欲据仁义以道事君者寡，偷合取容者众。独以一公孙弘，如之何？"（见《盐铁论·刺复》）又据《汉书·贡禹传》，贡禹在汉元帝时描述武帝时的社会风尚，竟与昭帝时"文学"的说法相同："故亡义而有财者显于世，欺谩而善书者尊于朝，悖逆而勇猛者贵于官。故俗皆曰：'何以孝弟为？财多而光荣。何以礼义为？史书而仕宦。何以谨慎为？勇猛而临官。'故黥劓而髡钳者犹复攘臂为政于世，行虽犬彘，家富势足，目指气使，是为贤耳。故谓居官而置富者为雄桀，处奸而得利者为壮士，兄劝其弟，父勉其子，俗之坏败，乃至于是！"这些话虽不是直接评论武帝时期的学术，但也是与学术有关联的，因为学术对风俗有很大的影响。武帝时的风俗竟与战国时代的齐国相似，重视财富、胆识和能力，对礼义孝悌持轻蔑的态度。汉宣帝时，盖宽饶上奏说："方今圣道寖废，儒术不行，以刑余为周、召，以法律为《诗》《书》。"（见《汉书·盖诸葛刘郑孙毋将何传》）这与汉昭帝时贤良文学的批评以及贡禹对汉武帝的评论如出一辙，可见其所谓"圣道寖废，儒术不行"不仅是针对宣帝时期的情况而言，而是说武、昭、宣帝时期的情况均为如此。"儒术不行"的评语，和"独尊儒术"的意思正好是相反的。

汉宣帝即位不久，下诏称颂武帝的功德："孝武皇帝躬仁谊，厉威武，……协音律，造乐歌，荐上帝，封太山，立明堂，改正朔，易服色；明开圣绪，尊贤显功，兴灭继绝，褒周之后；备天地之礼，广道术之路。"（见《汉书·夏侯胜传》）而刘歆在汉哀帝时历举武帝功业，说法与宣帝接近："招集天下贤俊，与协心同谋，兴制度，改正朔，易服色，立天地之祠，建封禅，殊官号，存周后，定诸侯之制，永无逆争之心，至今累世赖之。"这两节颂词有一个共同点，即两者均未提"罢黜百家，独尊儒术"，却都提到了比较次要的"易服色""存周后"等，假若武帝确有"罢黜""独尊"的创举，那么宣帝与刘歆在尊儒的时代这样来称述武帝功德便显得本末倒置了。有趣的是，宣帝说武帝"广道术之路"，而这句话几乎可说是西汉人的惯用语，例如在汉哀帝时，刘歆请求将《左氏春秋》等古文经典"皆列于学官"，并对官方的五经博士极力进行抨击，师丹"大怒"，劾奏刘歆"非毁先帝所立"，哀帝遂为刘歆辩解："歆欲广道术，亦何以为非毁哉？"其中"广道术"三字与武帝的"广道术之路"意思接近，都是指拓宽官方学术研究的领域，增加官方学术政策的宽容性。具体地说，"广道术之路"意味着博士数目的增加，而不是减少。假若武帝当真取消了儒家以外的博士官的建置，宣帝诏文里便不应当出现"广道术之路"的颂词。

　　以上都是班固以前的人们的评论，如果这些评论准确无误，那么"汉武帝独尊儒术"的命题便很难成立。班固以前的桓谭说，汉武帝"兴起六艺，广进儒术"（见《艺文类聚》卷十二），所谓"广进"并不妨碍百家的争鸣，似未达到"独尊"的程度。班固以后，翟酺上奏说："孝文皇帝始置一经博士，武帝大合天下之书，而孝宣论六经于石渠，学者滋盛，弟子万数。"（见《后汉书》本传）这是东汉安帝朝臣的正式奏章，其中追述西汉诸帝尊儒的历史，只承认武帝有"大合天下之书"的贡献。所谓"大合"的意思，与"独尊"之意相去甚远。玩味翟酺此语，会联想起《汉书·艺文志序》的记载："汉兴，改秦之败，大收篇籍，广开献书之路。迄孝武世，书缺简脱，礼坏乐崩，圣上喟然而称曰：'朕甚闵焉！'于是建藏书之策，置写书之官，下及诸子传说，皆充秘府。"这段文字可能是班固从《七略》抄来的，它给人的印象，似乎武帝非但不是"罢黜百家，独尊儒术"的肇始者，反倒是诸子学的保护者。大致上可以说，在两汉典籍所载当时人物的各种议论当中，不见有"汉武帝罢黜百家，独尊儒术"的说法，与此相反的说法倒是屡见不鲜的。

那么，我们可不可以将班固所谓的"罢黜百家，表章六经"同司马光所谓的"独尊儒术"等同起来呢？恐怕不可以！首先应当指出，班固所谓的"表章六经"是指武帝建元五年设置五经博士的事，而班固提到"罢黜百家"，却不过是一种推测。其推测的依据，见于董仲舒的《天人三策》："今师异道，人异论，百家殊方，指意不同，是以上亡以持一统，法制数变，下不知所守。臣愚以为诸不在六艺之科、孔子之术者，皆绝其道，勿使并进。邪辟之说灭息，然后统纪可一，而法度可明，民知所从矣。"仲舒此议可用"罢黜百家，独尊儒术"两句来概括，而这建议的结果如何，却是一个悬案，从现存史料看不到任何迹象，表明仲舒此议曾在武帝时得到过实施。仲舒在武帝年间的政治地位远不如公孙弘，如果鉴于他有"罢黜百家，独尊儒术"的建议，便推断武帝一定有"罢黜""独尊"之举，恐怕是轻率的。然而到汉成帝即位以后，刘向提出新见："董仲舒有王佐之材，虽伊、吕亡以加。管、晏之属，伯者之佐，殆不及也。"（见《汉书·董仲舒传赞》）意即在武、昭、宣、元之时未受特殊尊崇的董仲舒，实际上是超过管仲、晏婴的"王佐之材"，比起伊尹、吕尚也毫不逊色。假如刘向的这种看法为舆论所接受，那么人们一定会想，"罢黜""独尊"一事既是出于仲舒的主张，在武帝年间一定是施行过的吧！班固就是这样想的，请看他在《董仲舒传》的陈述："及仲舒对策，推明孔氏，抑黜百家。立学校之官，州郡举茂材、孝廉，皆自仲舒发之。"再将这话与《武帝纪赞》里"卓然罢黜百家，表章六经"的话对照一下，不难看出班固所谓"罢黜百家"不过是由仲舒对策而引发的臆测之言。这种臆测肯定是不真实的，因为在依年记事的《武帝纪》中根本没有关于"罢黜""独尊"事件的记载，而且州郡举孝廉的制度也不是"自仲舒发之"（参见本章第三节）。至于班固说武帝"表章六经"，与"独尊儒术"是大为不同的，下节将说明，武帝的"尊经"有兼容百家的意味，儒家在其中只是处于主导地位，而未享受"独尊"的地位。

三、"经传说记"系统中的诸子学

《汉书·武帝纪》建元五年记载："置五经博士。"而《武帝纪赞》说："孝武初立，卓然罢黜百家，表章六经。"所谓"六经"即六艺之经，亦即五经，当时并没有《乐经》流传，因而所谓的艺能有六项，所谓的经书则只有五种。这样看来，班固说武帝"表章六经"，即指建元五年设置五经博士而言。本书首章已说明西汉儒者解经的著作形式略有传、说、记和章句四种，其中传、记两种在武、昭、宣、元之际是包括许多诸子书在内的。武帝"表章六经"必然导致传、记形式的普遍采用，而传记的蒙受重视意味着诸子学仍是官方学术的一部分。

关于传记与诸子的关系，清人赵翼已有初步的认识："《史记》列传叙事，古人所无。古人著书，凡发明义理、记载故事，皆谓之传。"（《陔余丛考》）他又说："古书凡记事立论及解经者，皆谓之传。"(《二十二史札记》)他注意到古代的"传"不一定是历史著作或经学著作，是很明智的。不过，他将"传"理解为一切古代"解经"和"立论"的著作的泛称，未免有些夸大。诚然，用"传"这个字来指称解经著作，已见于先秦；而用"传"来指称诸子书，却是汉代以前没有过的事。试看将诸子书称"传"的事例，《汉书·东方朔传》引朔著论云："传曰：'天不为人之恶寒而辍其冬，地不为人之恶险而辍其广，君子不为小人之匈匈而易其行。''天有常度，地有常形，君子有常行，君子道其常，小人计其功。'"东方朔所引述的"传"的文字，见于《荀子·天论》和《荣辱》篇，可见《荀子》在汉武帝时可以泛称为"传"。刘向《孙卿书录》说，《荀子》"其书比于记传，可以为法"，这是明确地将《荀子》纳入传、记的范围。《论衡·本性》说孔子为"诸子之中最卓者也"，则记述孔子言行的《论语》本是一部子书，而扬雄有"传莫大于《论语》"的名言（见《汉书》本传），汉武帝说："传曰：'时然后言，人不厌其言。'"其所谓"传"即指《论语》。董仲舒所作的"百二十三篇"，在《汉书·艺文志》著录于《诸子略》，而《论衡·实知》和《超奇》两篇却称其为"传记"。这些情况表明，诸子书当中的儒家著作，在西汉时期均属"传记"的范围。

在汉武帝至元帝时期，诸子书当中的非儒家的著作，也可称"传"。例如《盐铁论·未通》引文学说："传曰：'大军之后，累世不复。'"其中的两句引文原出《老子》，通行本《老子》写作"大军过后，必有凶年"，文学引作"累世不复"，或是当时的写本即是如此，或是义引而未拘泥于字句，无论如何，文学在隆重场合引述《老子》而称其为"传"，是有重要意义的，这使我们联想起《汉书·景十三王传》的著名的一段话："（河间）献王所得书皆古文先秦旧书，《周官》《尚书》《礼》《礼记》《孟子》《老子》之属，皆经、传、说、记，七十子之徒所论。"文中列举包括《老子》在内的六部书，却说它们都是"经、传、说、记"，显然像昭帝时的文学一般，将《老子》归入"传"的门类当中了。河间献王去世于武帝元光五年（公元前130年），则《老子》称"传"有可能是从建元五年（公元前136年）开始的。在建元五年设置五经博士以前，《老子》不是传，而是经，例如《汉书·艺文志》著录《老子邻氏经传》《老子傅氏经说》与《徐氏经说》，都是汉景帝时期的著作，当时尊崇黄老，将《老子》"改子为经"（《广弘明集·卷一·吴主孙权论叙佛道三宗》），于是有了《老子经》和解经的《邻氏经传》和《傅氏经说》等。到汉成帝时，刘向撰写《说老子》四篇，不但不称其为经，而且未称其为传，可见《老子》称传大约仅限于西汉武、昭、宣、元之间。

在这段时期之内，儒家以外的诸子书称传，绝不仅限于《老子》，例如汉武帝时东方朔说：

传曰："天下无害灾，虽有圣人，无所施其才；上下和同，虽有贤者，无所立功。"（见《史记·滑稽列传》）

这话将自然灾害和社会动乱归结为圣贤施展才略的前提条件，不大可能是出自儒道两家。东方朔称其为传，表明儒道以外的子书在武帝年间也属传的范围。另外，《汉书·贾山传》指出，贾山"所言涉猎书、记，不能为醇儒"。所谓"书记"亦即"传记"，"涉猎书、记"便不能算纯粹的儒者，可见贾山所读的传、记多是与儒家无关的。贾山是汉文帝时的人，班固称他所读的书为"书、记"，当是以汉武帝时的成见来进行概括，严格说来，贾山所读的诸子书可能还没有"书、记"的名目。王充《论衡·超奇》说："孔子之《春秋》，素王之业也；诸子之传书，素相之事也。"这大概要算汉代传、记包括诸子书的直接证据。当然，王充是东汉人，不过他在《论衡》中屡次表示对东汉经学章句的憎恶和对西汉学术的认同，可见他关于"诸子之传书"的提法，乃是用西汉经学的眼光来看待诸子。

西汉中叶的传记包括诸子这一情况，突出地反映在《盐铁论》书中。此书所记的盐铁会议举行于昭帝始元六年，而在始元五年，昭帝颁布诏书自述"通《保傅传》《孝经》《论语》《尚书》"的进学历程，显示出盐铁会议是在朝廷极端崇尚经学的气氛中召开的。在会上，御史大夫说："今贤良、文学臻者六十余人，怀六艺之术。"（见《刺复》篇）又说："文学祖述仲尼，称诵其德，以为自古及今未之有也。"（见《论儒》篇）可见与会的贤良文学六十余人均为五经之信徒，其中有很多人祖述孔子。然而这些人引述《老子》达四次，其中一例称"传"，已见上文；其余三例称"老子"，分别见于《本议》《世务》《周秦》三篇。《刑德》篇中文学又引述《管子》云："四维不张，虽皋陶不能为士。"笔者对这兼引诸子的情况曾感到困惑，后来辨明当时《老子》归入传记而传记则有辅经作用，才领悟到一方面尊崇六艺另一方面又称述老子，并无自相矛盾之嫌。诸子书既入传记，在武帝之后应继续流传，而事实正是如此。例如《盐铁论》诸篇中，御史大夫征引了《太公》和《管子》的文字，丞相史征引了《公孙龙》的言论，刘向《别录》则说汉宣帝重视申不害的《君臣》篇，派人加以整理，可见公孙龙和申不害所分别代表的名法两家，在昭宣之际仍是存在的。司马谈将百家归为六家，其中儒道名法四家的学说流行于西汉武帝以后，已得证实。六家中的阴阳家在西汉时期极度盛行，并且有与儒家合流的趋势，这是学界公认的事实。在西汉武、昭、宣、元之际大量出现的"方士"，颇有阴阳家的人物掺杂其间。这就是说，司马谈所说的六家，至少有五家是一直延续到武帝设置五经博士以后的。

上面没有提到的，唯有墨家。过去很多学者以为墨家学派在汉武帝"表章六经"之后便不再延续，并以为墨子后学流变为侠。今按《盐铁论》屡次以儒墨并称，例如大夫多次抨击"儒墨"，称"儒墨内贪外矜"（见《毁学》），文学则屡次为儒墨辩护，"言治则称尧舜，道行则言孔墨"（《相刺》引大夫语）。有人说"儒墨"只是泛称，然而《盐铁论·散不足》引贤良说："孔子栖栖，疾固也；墨子遑遑，闵世也。"《论衡·薄葬》说："墨家非儒，儒家非墨"，可见两汉学者对儒墨的区别很熟悉，他们绝不会泛称儒家为"儒墨"，因而盐铁会议上为墨家辩护的"文学"，很可能属于墨家学派。墨家在战国末期尚是显学，"徒属满天下"（《吕氏春秋·有度》），在西汉景武之际尚在司马谈所谓六家当中占第二位。而当淮南王、衡山王"修文学"的时候，"山东儒墨咸聚于江淮之间，讲议集论，著书数十篇"（《盐铁论·晁错》）。今存《淮南子》书中多载有墨家言论并记有墨家事迹，即为汉武帝时期淮南王门下的墨者所述。现存《墨子》书中《号令》《杂守》二篇，多言汉代官名与制度，学界公认是西汉墨家学者的作品。《史记·平津侯主父列传赞》说，"上方乡文学，招俊义，以广儒墨"，意谓汉武帝"表章六经"的措施有"广儒墨"的意义，对墨家学派有鼓励的作用。

这种对墨家的鼓励作用，自然是由于将诸子书包括在传、记当中的缘故。西汉武、昭、宣、元诸帝其所以重视传、记，是着眼于传、记的性质：它们都是五经的附属性或辅助性的作品。墨家的立场与儒家原有不少相似之处，两家都尊崇尧舜，诵读《诗》《书》，西汉中叶的传、记系统既包括了黄老名法的著作，便绝不会将墨家著作排除在外。综结这些情况，已可得出明确的结论：汉武帝"表章六经"的措施含有重视传、记的意义，而重视传记又有兼容百家的意味。当然，在传记系统里，处于主导地位的已不是黄老，而是儒家，从这一意义上说，儒家以外的其余各家的地位略有下降。如果我们夸张地描述这种下降的趋势，便可使用"绌"或"罢黜"一类的字眼。

四、"汉承秦制"与汉成帝的革新

刘邦所创立的汉初制度，如官制、刑制和礼制等，大抵是沿袭秦代。对这情况，汉初的刑名法术学者没有表示丝毫的不安，因为他们实质上是秦代官方学说的后继者；黄老学派则听任其自然发展，因为他们的主张是"以因循为用"。对秦制的延续表示愤怒的，主要是儒家。董仲舒《天人三策》在提议"诸不在六艺之科、孔子之术者，皆绝其道，勿使并进"的时候，主张对"汉承秦制"的局面进行"更化"。在他前后的另一些儒者也都严厉批评秦代制度，希望有所变革。然而汉武帝并没有满足他们的要求，昭、宣诸帝在这方面也没有建树。如果说西汉时期有过革除秦制的运动，那么这种运动是直到成帝年间才开始的。我们知道，汉代儒学的落脚点往往是在政治和宗教领域，当时的政治史、宗教史和学术史几乎可说是同步演进的。探讨一下秦制在西汉的沿革，当有助于"罢黜百家，独尊儒术"时间问题的解决。

现代一些学者注意到汉初政治控制的宽仁与秦代政治的严酷形成鲜明对照，遂对"汉承秦制"的命题产生怀疑。这些学者其实是将政策问题与制度问题混淆了，汉初百姓得以"休息"其实是由于统治者政策的变化，而不是由于制度的变更。刘邦竟能以较弱的兵力与项羽长期抗衡，并取得最终的胜利，原因在于占据了关中，可仗恃关中的险阻以及秦人的力量。刘邦由秦而向东击败项羽，实为秦人征服六国历史的重演。由于刘邦是依靠秦人，故不得不尊重秦地的现状。过去人们都注重于刘邦入关中"约法三章"及"悉除去秦法"的事，其实这只是刘邦集团初入关中所采取的措施，当时他们并不知道将同项羽进行全面的、持久的战争，因而对自己必须依赖秦人的前景估计不足。后来刘邦受项羽逼迫，去做汉王，经过艰苦的努力，方才重新入据秦地。这次入秦所实行的制度，恐怕不会是"悉除去秦法"，而应当是沿袭秦制以适应秦俗，取悦于秦人。消灭项羽以后，刘邦定都关中，建立汉朝，所实行的制度乃是与项羽对峙时期关中制度的延续和扩大。请看《史》《汉》关于汉初制度的描述。《史记·礼书》说："至于高祖，光有四海，叔孙通颇有所增益减损，大抵皆袭秦故。自天子称号下至佐僚及宫室官名，少所变改。"《汉书·百官公卿表序》说："秦兼天下，建皇帝之号，立百官之职，汉因循而不革。"这证明汉初的朝廷礼仪制度和官制都是沿袭秦代旧制。《汉书·刑法志》说，汉高祖初次入关，"约法三章"，可是经过一段时间以后，事实证明"三章之法不足以御奸"，于是由萧何"攗摭秦法"，"作律九章"，可见汉初刑法也是由秦法综结而成的。西汉文、武诸帝的郊祀设施，有渭阳五帝庙及泰畤等，其体制虽与秦代的雍五畤不同，但都是在雍五畤的基础上的综合与扩展。再说成帝以前的西汉诸帝对雍五畤奉祀如故，并未因为是秦代设施而废弃不用。考察汉初政治、宗教、刑法等各方面的制度，都与秦制有密切的承继关系。

在西汉历史上，汉武帝以热衷于改制而著称。然而武帝所改的主要是历法与服色，他在封禅大典中的做法与秦始皇极其相似，他所引为自豪的泰畤实为渭阳五帝庙的改进与扩充，他在刑法方面比汉文帝更接近于秦帝。他的推恩政策比秦始皇拒不分封诸侯的做法巧妙一些，但用意相同；而他削弱丞相的权力，使内朝凌驾外朝，更可使秦人叹服。对于"汉承秦制"这一点，他是没有从根本上加以改变的。武帝之后，昭、宣两朝都多次表现出对武帝的崇敬，宣帝声称汉家制度是"霸王道杂之"，几乎是对"汉承秦制"这一点的公然认可。元帝是尊儒的，然而不幸的是，元帝时期连年发生自然灾害，有"疾疫""大水""人相食""水溢""火灾"，竟接连不断，"令百姓远弃先祖坟墓，破业失产"，"盗贼并起"（均见《元帝纪》），无暇顾及改制的事。革除秦制的创举，只有等着成帝来完成了。

成帝在政治方面的最重要的革新，是改变选举制度。《汉书·梅福传》说，成帝"委任大将军王凤"，使王凤"专势擅朝"，梅福于是上疏，对王凤当权下的制度变更提出批评：

今不循伯者之道，乃欲以三代选举之法取当时之士，犹察伯乐之图，求骐骥于市，而不可得，亦已明矣。

"伯"即是"霸"，两字在古代常通用，春秋五霸常被称为"五伯"，因而梅福所谓的"伯者之道"亦即"霸者之道"。据梅福所说，成帝以前的选举制度原是合乎"霸者之道"的，而当成帝实行"三代选举之法"时，"霸者之道"才被放弃。将这情况与《汉书·元帝纪》的记载加以对照，竟是完全地吻合。《元帝纪》说，宣帝在选举过程专挑选"文法吏"，来充任政府的各种官职，这些"文法吏"的行政方式多是模仿宣帝，"以刑名绳下"，与儒家的主张背道而驰。元帝当时是太子，向宣帝进行规谏："陛下持刑太深，宜用儒生。"宣帝听了竟怒形于色，说："汉家自有制度，本以霸王道杂之，奈何纯任德教，用周政乎！且俗儒不达时宜，好是古非今，使人眩于名实，不知所守，何足委任！"在这里，宣帝所用的"制度"一词，主要是指选官任人的选举制度。所谓"汉家自有制度，本以霸王道杂之"，与梅福所谓的"霸者之道"相同，都是说西汉选举制度本是贯彻着"霸者"的原则。这种制度的实施，意味着儒生会遭到排斥；而这种制度的终结，则意味着儒生会得到任用。但这只是就其功效而言，不是就本质而论。从制度本身来说，"霸道"的选举制度往往是"出爵不待廉茂，庆赐不须显功"，"听言不求其能，举功不考其素"（均梅福语），也就是说，选用某人来担任何种官职以及加以何种爵禄，竟不取决于此人的日常操守及才能表现，更不取决于此人平时的成绩如何，而是看他是否有"权谲之谋"，是否有"兴利"的可能。一般来讲，这种选举制度仅适用于危机四伏、争战迭起的非常时期，不适用于和平稳定的时期，因为它的"霸道"在于高度的集权，在于君主可以任凭一时的好恶以及瞬间的直觉来选拔人才。在战国时代以及秦汉诸朝的初期，这种制度的实施是极有功效的，当时的君主都是"非常之人"，当时选用人才的办法都可说是权宜之计，而选用的结果往往是取得辉煌的胜利，有时也会导致惊心动魄的悲剧。考察汉武帝及其臣属，确实都有"非常"的性格。而秦代君主，尤其是秦始皇，更是"非常"到了极点。"霸道"的选举制度由秦代延续到西汉，可说是"汉承秦制"的具体表现。至于汉成帝所创立的"三代选举之法"，则是"王道"的制度，亦即和平稳定时期所常实行的制度，这种制度的特点不是"非常"而是"正常"，其成功的运行首先是在三代，并且以周成王及成王以后的两周时代最为突出。汉成帝实施这种制度，意味着"汉承秦制"的结束以及周制的复兴，因而得到多数儒生的赞扬。梅福反对这种革新，可能因为他不是纯粹的儒者，《汉书》本传说他"常以读书养性为事"，晚年"弃妻子，去九江"，东汉人"传以为仙"，这几乎不像是儒者而像是道家人物了。

西汉选举制度的革新有一个过程。汉元帝时，刘向上奏说："今陛下开三代之业，招文学之士，优游宽容，使得并进。"所谓"开三代之业"，是指元帝喜欢选用儒生。上文已指出元帝为太子时，已有"宜用儒生"的主张。而他即位之后确曾引用了很多儒者，例如《汉书·萧望之传》《匡衡传》都提到"宣帝不甚用儒"，元帝则反其道而行之，《匡衡传》还提到元帝"好儒术文辞，颇改宣帝之政"，儒门"言事者多进见，人人自以为得上意"，从这些记载来看，元帝的"开三代之业"和"好儒术文辞"是政策性的，而不是制度性的。其所以没有制度化，大概是由于自然灾害频繁，经济危困，穷于应付，无力在选举制度方面做出重大的改革。到成帝时，包括王凤在内的"成帝诸舅"都喜好儒术，遂造作非常。梅福说当时的变化是实施"三代选举之法"，分析这"法"字与"业"字的不同，可以知道成帝的创造是将元帝的"三代之业"推演落实为某种制度。

在中国古代政治制度中，官制与选举制度往往是并列的。凑巧的是，官制的改革也发生于成帝年间。《汉书·朱博传》说，汉朝建立以后，"兴袭"秦代官制，设置丞相、御史大夫、太尉，号称"三公"。后来，汉武帝用大司马来取代太尉，冠以大将军的称号，但没有印绶和官属。到成帝时，儒者何武位至九卿，提出建议：

> 古者民朴事约，国之辅佐必得贤圣，然犹则天三光，备三公官，各有分职。今末俗之弊，政事烦多，宰相之材不能及古，而丞相独兼三公之事，所以久废而不治也。宜建三公官，定卿大夫之任，分职授政，以考功效。

成帝就这建议去请教另一位儒者张禹，张禹"以为然"，于是成帝使大司马有了印绶和官属，将御史大夫改称大司空，使两者的俸禄如同丞相，"以备三公官焉"。何武担任大司空之时，又与丞相翟方进共同上奏说："古选诸侯贤者以为州伯，《书》曰：'咨十有二牧'，所以广聪明，烛幽隐也。今部刺史居牧伯之位，秉一州之统，选第大吏，所荐位高至九卿，所恶立退，任重职大。《春秋》之义，用贵治贱，不以卑临尊。刺史位下大夫，而临二千石，轻重不相准，失位次之序。臣请罢刺史，更置州牧，以应古制。"这建议也得到采纳。据《汉书·百官公卿表》，何武由廷尉升至御史大夫，进而升为大司空，均在成帝绥和元年（公元前8年），可见三公官名及刺史的改变，都是在绥和元年发生的。当然，这一改革的实际意义很有限，三公仅限于官名的改变，刺史改为州牧则是官名及其级别俸禄的改变，而且在哀帝年间，这些改革又被取消，恢复了旧制。但这种改革有着明显的象征意义，它表明汉朝沿袭秦代官制的历史到成帝时才出现波折。

成帝改制的最主要的一项，是郊祭制度的改革。郊祭是祭祀上帝的仪式，在各种宗庙祭祀当中最为隆重，西汉儒者甚至有"帝王之事莫大乎承天之序，承天之序莫重于郊祀"（见《汉书·郊祀志》）的名言。汉初的郊祭制度完全是沿袭秦代。《史记·封禅书》和《汉书·郊祀志》说，秦人在雍地先后修建了鄜畤、密畤、上畤和下畤，分别祭祀白帝、青帝、黄帝和炎帝，秦始皇自居水德，"色尚黑"，最尊崇黑帝。青赤黄白黑五者，即五色上帝。汉高帝初建汉朝时，不知黑帝最受秦人尊崇，遂建立北畤，祭黑帝，认为这是"待我而具五"。北畤的设立显然是对雍四畤的补充，而且北畤的祭典由"故秦祀官"安排举行，后来设置太祝、太宰，仍承袭秦代"故仪礼"。西汉高、文、景、武以至宣、元的郊祭制度的主要部分，便是按期在"雍五畤"祭祀五色上帝，在祭祀当中沿用秦代的仪式。汉文帝建立渭阳五帝庙，汉武帝建立泰畤，不过是将五色上帝的神位集中到一座庙宇之内，并在五帝之上增设"太一"，为天神的至高者。推敲"太一"的名称，与秦始皇时群臣所谓的"泰皇"很相似，而且渭阳五帝庙"祠所用及仪亦如雍五畤"，泰畤所用的祭品和仪式也是参照雍五畤的典礼安排。到汉成帝时，匡衡等儒者始倡议改革，并得到实施。其革新的内容有二：其一，认为雍四畤"本秦侯各以其意所立，非《礼》之所载术也"，北畤是"因秦故祠"，为"未定时所立"，因而将雍五畤罢废；其二，认为甘泉泰畤、汾阴后土之祠、渭阳五帝庙及西汉诸帝所修的各种畤祠都"不应《礼》"，将它们全部罢废。这次改革的规模颇大，所罢废的宗教设施达数百所，而且历经反复，持续多年，堪称中国中古时期的宗教改革运动。在本书专论礼学的章节，将对这次改革运动做详细的讨论，对渭阳五帝庙兼祭太一、后土的情况进行考辨，此处只想申明一点，即西汉宗教沿袭秦制的历史，是在汉成帝时期趋向终结的。

按照自先秦至明清的传统见解，祭祀乃是"礼"的一部分。除祭祀以外，"礼"还包括朝廷所用的礼仪。明堂、辟雍也可归入祭礼之类，但与郊祀有所不同。据《汉书·礼乐志》的记载，西汉历朝都有人主张革除叔孙通沿袭秦代而制定的礼仪，创立新的礼制，然而一一遭到失败。例如汉文帝时，贾谊建议"定制度，兴礼乐"，遭到大臣周勃、灌婴的反对，因而作罢。武帝初即位时，信任儒者，打算"立明堂，制礼服"，由于遭到窦太后压制，"其事又废"。董仲舒在对策时竭力贬低秦制，建议"更化"，由于武帝当时正在"征讨四夷，锐志武功"，对仲舒对策"不暇留意"。到宣帝时，王吉主张"延及儒生，述旧礼，明王制"，宣帝却"不纳"，于是王吉"以病去"。到成帝时，情况有了转机，当时刘向建议："宜兴辟雍，设庠序，陈礼乐，隆《雅》《颂》之声，盛揖让之容。"成帝对这建议很重视，让公卿进行商讨，丞相和大司空都奏请建立辟雍，得到实施，在成帝去世以后才完工。由这情况可引出新的结论，西汉朝廷礼制沿袭秦制的历史，是在成帝年间出现转机的。

西汉选举制度、官制、朝廷礼制及郊祀制度等，最初都是沿袭秦制，并且都在成帝年间发生了较大的变化，那么成帝时期当是西汉制度历史上的转折点，是儒家学派反对沿袭秦制的事业初次取得成功的时代。《汉书·韦贤传赞》载班彪说："自元、成后，学者蕃滋，贡禹毁宗庙，匡衡改郊兆，何武定三公。"所举三事仅"改郊兆""定三公"二事为"汉承秦制"的反动，而此二事均在成帝年间。又据《后汉纪》卷十七，汉安帝时陈忠上疏说："籍田之科起于太宗，孝廉之贡发于孝武，郊祀之礼定于元成，三雍之序备于永平。"所举四事，后三事为"汉承秦制"的反动，其中孝廉贡举制度并非起于武帝，而是起于文帝，陈忠说"发于孝武"，是沿袭班固之误；三雍包括辟雍，在汉成帝时已开始筹划兴建，在王莽时与明堂、灵台并称"三雍"，陈忠说"备于永平"，是为贬低王莽而稍作歪曲。陈忠所举四事有三件是革除秦制之举，有两件是汉成帝时的创造，实际上没有一件涉及武帝。看来，对于"汉承秦制"的局面在成帝年间始遭到破坏这一点，班彪、陈忠等东汉学者都是明白的。

关于儒家在革除秦制当中的作用，上文已简略地提到过。刘邦、萧何等人沿袭秦制，最初是为了适应秦俗，取悦秦人，借此以对抗项羽。而这种因俗立制的举动，完全合乎黄老学派的主张，司马谈《论六家要旨》说，道家的主张是"以因循为用"，"有法无法，因时为业"。而《汉书·百官公卿表序》说，汉朝对秦制"因循而不革，明简易，随时宜也"；《地理志》说："汉兴，因秦制度，崇恩德，行简易，以抚海内。"将道家黄老学派的宗旨和汉初沿袭秦制的意图加以比较，可看出明显的一致性，都着眼于"因循""因时""简易"等。又据《论六家要旨》，法家"一断于法"，使"亲亲尊尊之恩绝"；名家注重"苛察"，"专决于名而失人情"，两家的主张都与秦朝制度兼容，而且秦朝奉行申、商、韩非之学，正是法家与名家的学说，可见名、法两家对"汉承秦制"的局面也不会加以反对。墨家尊崇尧舜，重视《诗》《书》，主张兼爱，在秦代曾受到压制，因而对"汉承秦制"这一点是坚决反抗的。不过墨家轻视礼乐，对秦制的攻击不会十分有力。阴阳家在战国末期曾得到吕不韦的支持，其思想突出地表现在吕氏所编纂的《春秋》书中，而吕不韦恰是秦始皇的敌人，其政治理想与秦始皇创立的制度相去甚远。如果说阴阳家希望秦制延续到汉代，那恐怕是将事实大大地歪曲了。不过，阴阳家的理论要点不在礼乐方面，对"汉承秦制"的敌对心态不会达到十分强烈的程度。在这方面，最为激进的，要属儒家。儒家在秦代前后深受荀子的影响，极其重视礼乐，在专任刑法的秦朝制度下深受迫害，故在西汉时期将扭转"汉承秦制"的局面当成第一要务。考察自汉初至成帝时期的儒者言论，无不表现出仇视秦代制度的情绪。西汉制度的沿革与儒家地位的上升，大体上是同步演进的，既然儒家关于停止沿袭秦制的愿望到汉成帝时才得以实现，那么我们便应考虑放弃"汉武帝独尊儒术"的旧说，而斟酌一种新说的成立，即汉成帝时期才是"独尊儒术"的历史的起点。

五、从"博士七十余人"到"十四博士"的演变

"汉承秦制"的一项，即是沿袭秦代焚书以前的博士七十余人

的制度。博士七十余人所尊奉的，是《诗》《书》和诸子百家的著作，而王莽时期博士三十人以及东汉初期博士十四人所尊奉的，只有五经及其"大传"。所谓"罢黜百家，独尊儒术"，具体说来就是将博士七十余人的建置加以削减，将其中传习诸子书的博士罢黜。这种削减或罢黜，并不像人们通常所说的那样发生于汉武帝时期，而是发生于汉成帝时期。

汉初博士制度之沿袭秦制这一点，几乎是学界公认的事实，因为《汉书·百官公卿表序》已指明博士是"秦官"。而秦朝设置博士又是仿效齐国的制度，因为齐国稷下学的体制高度发达，为战国时代各国士人瞩目的文化中心，自然受到文化落后的秦人的羡慕。《史记·田完世家》说："（齐）宣王喜文学游说之士，自如邹衍、淳于髡、田骈、接予、慎到、环渊之徒七十六人，皆赐列第为上大夫，不治而议论。是以齐稷下学士复盛，且数百千人。"其中先生与学士有别，稷下先生的地位与上大夫相当，有七十六人，正相当于秦汉博士的数目；稷下学士则位在大夫以下，有"数百千人"，也与昭帝以后的博士弟子人数相仿。《史记·封禅书》说，秦始皇在称帝之后的第三年，巡至东方，"征从齐鲁之儒生博士七十人，至乎泰山下"，可见秦代博士制度乃是齐国稷下制度的延续。汉制承秦，又从齐国继承了黄老之学，汉初博士叔孙通号"稷嗣君"，即有承嗣稷下之意。淳于髡为稷下大夫，在《说苑·尊贤》篇被称为博士；稷下先生"不治而议论"，秦代博士"特备员弗用"（《史记·秦始皇本纪》），西汉文景时期的博士则"具官待问，未有进者"（《儒林列传序》）。其相似之处竟是如此之多，则人数也应接近，稷下先生有七十余人，秦代博士有七十人，汉初博士也是七十

有余，例如《艺文类聚》卷四十六引东汉卫宏《汉旧仪》说："孝
文皇帝时，博士七十余人，朝服玄端，章甫冠。"《唐六典》卷二十
一引《汉仪》说："文帝博士七十余人，为待诏博士。"田齐为七国
之一，在战争频繁的情况下尚有"不治而议论"的七十多名稷下大
夫；秦始皇重刑法而轻视学术，尚有博士七十人的建置，则汉文帝
时的博士多达七十多名，是合乎情理的。

汉初博士所传习的典籍，可能与秦代焚书以前博士所学相同。
秦始皇三十四年采纳李斯奏议：

> 臣请史官非秦记皆烧之。非博士官所职，天下敢有藏
> 《诗》、《书》、百家语者，悉诣守、尉杂烧之。……所不去者，
> 医药、卜筮、种树之书。

"《诗》、《书》、百家语"在民间私藏则烧之，在博士官所藏则
不烧，可见这些书即是秦代"博士官所职"。其中的"百家语"即
诸子书，这些书在秦代尚一度立于学官，在汉初废除挟书律以后似
不应遭到冷遇。刘歆《移书让太常博士》说，汉文帝时，"天下众
书往往颇出，皆诸子传说，犹广立于学官，为置博士"；赵岐《孟
子·题辞》说："孝文皇帝欲广游学之路，《论语》《孝经》《孟子》
《尔雅》皆置博士。后罢传记博士，独立五经而已。"这些材料表
明，汉文帝时博士七十余人所传习的典籍，的确包括诸子百家的著
作。而在当时官方尊崇的各种典籍当中，《黄帝书》和《老子》的
地位比儒家传习的经书更高些，例如《汉书·扬雄传》引桓谭说，
西汉有很多人以为《老子》"过于五经"，"自汉文景之君及司马迁

皆有是言"。这种关于《黄》《老》的看法，到景帝年间竟落实为一种制度，《广弘明集》卷一和《法苑珠林》卷六十八并引吴人阚泽语："至汉景帝，以《黄子》《老子》义体尤深，改子为经，始立道学，敕令朝野，悉讽诵之。"这"改子为经"的说法是可信的，《黄》《老》之书在文帝年间尚无"经"的权威，例如马王堆帛书《老子》乙本仅题"道""德"，甲本连"道""德"的标题也没有，而到刘向校书时，却有《老子邻氏经传》及《傅氏经说》等（见《汉书·艺文志》）；又例如马王堆帛书《黄帝书》共四篇，其中两篇称经，另外两篇的标题不见"经"字，而到刘向校书时，却有《黄帝四经》四篇（见《汉志》），意即四篇都已变成经书。《老子》由子到经的变化，以及《黄帝书》由两篇称经到四篇称经的提升，若不在景帝之时，又在何时呢？《史记·儒林列传》记载，辕固生在景帝时贬《老子》为"家人言"，遂触怒窦太后。"家人言"即《荀子·大略》所谓的"家言邪学"，亦即与官方学说相区别的私家之言。西汉人多以"官天下"和"私天下"对举，《穀梁传》又区分出"临天下之言""临一国之言""临一家之言"的等次，可见"家人言"是与"临天下"的言论相对待的。窦太后既对辕固生贬《老子》为"家人言"的论断极表愤恨，则《老子》在她做太后的时候自然已上升为官方尊崇的经书①。综结这些情况，可以把西汉文景时期立于学官的著作分为两类，一类是经，包括《黄》《老》和某些儒家尊崇的典籍；另一类是经以下的诸子和传记等。

"罢黜百家，独尊儒术"的时间问题即是何时取消诸子传记博

---

① 窦氏在文帝时为皇后，在景帝时为太后，在武帝初期为太皇太后。

士的建置的问题，亦即博士人数在何时大量削减的问题。赵岐《孟子·题辞》说，文帝设置博士七十余人是为了"广游学之路"，《汉书·夏侯胜传》引宣帝诏说，武帝的功德之一是"广道术之路"，"广游学之路"与"广道术之路"的意思几乎完全相同，那么博士总数在武帝年间似不应当减少，而应增加。《汉书·武帝纪》及《百官公卿表序》只提到武帝"置五经博士"，未提武帝在这方面有何罢黜之举，已显示出武帝"置五经博士"仅有"增置"的意思，没有"独置"的意思。《百官公卿表序》说：宣帝在五经博士的基础上"稍增员十二人"，王国维断言这话的意思是指"增至十二人"，并且认为这十二人即是东汉初期"十四博士"（见《后汉书·儒林传序》）的前身①。按这解释，汉武帝时的五经七家博士便只有七人。这一看法颇得学者信从，其实却是错误的。因为此说的前提是武、宣之际每经每家的博士只有一名，而据《汉书·儒林传》所载，参加石渠阁会议的《鲁诗》博士并非一人，而有张长安、薛广德二人；当时与会的欧阳《尚书》博士亦非一人，而有欧阳地余、林尊二人。再说，刘歆《移书让太常博士》说明武帝时"一人不能独尽其经"，也显示出武帝时的五经七家博士不可能以七人为限，那么，武、宣之际的博士人数应是多少呢？今按《王莽传》记载，平帝元始年间，在王莽主持下"立《乐经》，益博士员，经各五人"，则王莽时的博士总数为三十人，除去新立的《乐经》，则五经博士共二十五人。这里的"益"字，表明王莽以前的五经博士人数当在二十五人以下。也即是说，五经博士在武帝时的人数为七人至

---

① 见《观堂集林·卷四·汉魏博士考》。

二十五人之间，在宣帝时为十二人至二十五人之间。

将武帝博士总数归结为七人的论断既然不能成立，由此说明博士七十余人在武帝时大量减少的依据也就不存在了。对这问题，显然已不必拘于成说，可另搜求证据加以解决。《史记·儒林列传序》说："及窦太后崩，武安侯田蚡为丞相，绌黄老刑名百家之言，延文学儒者数百人。"田蚡的丞相任期见于《汉书·百官公卿表》，始于建元六年（公元前135年）六月，终于元光四年（公元前131年）三月。汉武帝置五经博士在建元五年之春，恰在窦太后去世及田蚡为相的一年以前，田蚡既有"绌黄老刑名百家"之举，则诸子传记博士在设置五经博士之际显然未遭到罢黜。至于建元元年罢黜应举贤良当中"治申、商、韩非、苏秦、张仪之言"的学者，又在设置五经博士以前，当时的诸子传记博士也未受到触动。至于田蚡"绌黄老刑名百家之言，延文学儒者数百人"，是否意味着传记博士已不存在了呢？恐怕不是。《史记·汲黯列传》说，汲黯"学黄老之言"，列于九卿，在田蚡为丞相而"方招文学儒者"的时候指责武帝："陛下内多欲而外施仁义，奈何欲效唐虞之治乎！"由此可见田蚡的"绌黄老刑名"和"延文学儒者"都是"治"的方面的变化，不是博士制度的变更。"延文学儒者"即是元光元年的诏举贤良，这些贤良乃是候补的官僚，不是候补的博士。进一步说，西汉诏举贤良文学究竟是否专招儒生，都要看每次诏举的临时规定，如果说元光元年所举的多是儒者，那么汉昭帝所诏举的便不能算是纯儒，因为这些文学在盐铁会议上广泛引述《老子》和其他子书，略有以儒家为主而兼容百家的意味。

讲到这里，有必要再分析一下《汉书·百官公卿表序》的记载："博士，秦官，掌通古今，秩比六百石，员多至数十人。武帝建元五年初置五经博士，宣帝黄龙元年稍增员十二人。"这段话可分为两部分，其中"员多至数十人"及"掌通古今，秩比六百石"三句，乃是总论，介绍了西汉一代博士制度的大概情况，包括博士的职权、级别和员数等，其中"员多至数十人"一句，表明文景时期与武昭宣元时期的博士员数大致是接近的；而"置五经博士"与"增员十二人"两句，乃是分论或各论，只介绍了西汉博士制度中五经博士这一局部，并且只提到武帝和宣帝时的情况。比较这总论和分论，可知西汉博士总数基本上保持在七十余人这一水平上，只是稍有浮动而已。在建元元年卫绾奏议罢黜"申、商、韩非"诸家学者时，博士总数可能稍有减少，在武帝"置五经博士"和宣帝"增员"时，博士总数可能又稍有增加。在这当中，博士总数是否曾超出八十或低于七十，已无法详考，因而班固只是粗略地估计："员多至数十人。"

在这方面，还有一宗材料很少受到重视，那就是曹魏受禅之际司空王朗的奏议：

> 诏问所宜损益，必谓东京之事也。若夫西京云阳、汾阴之大祭，千有五百之群，祀通天之台，入阿房之宫，斋必百日，养牺五载，牛则三千，其重玉则七千；……酿酬必贯三时而后成，乐人必三千四百而后备；内宫美人数至近千，学官博士七

十余人①；中厩则騑绿驸马六万余匹，外牧则厩养三万而马十之；……政充事猥，威仪繁富，隆于三代，近过礼中。夫所以极奢者，大抵多受之于秦余②。……岂夫当今隆兴盛明之时、祖述尧舜之际、割奢务俭之政、除繁崇省之令、详刑慎罚之教，所宜希慕哉？（《三国志·魏书·王朗传》裴松之注引《魏名臣表》）

这奏议的背景，是魏文帝"嘉汉文帝之为君"（《三国志·魏书·文帝纪》裴松之注），要对汉代制度加以"损益"。"损益"的宗旨，即王朗所说的"割奢务俭""除繁崇省"等。而王朗介绍西汉"政充事猥，威仪繁富"的详情，是向魏文帝提供反面的例证，希望魏文帝在效法汉文的时候，不要羡慕西汉制度的"繁富"。仅从这点来看，王朗所说的"学官博士七十余人"等情况，是就西汉文景之后的制度而言。再仔细考察王朗所举的事例，多在武帝元狩以后，例如"云阳、汾阴之大祭"是指西汉甘泉云阳泰畤与汾阴后土祠，前者建于武帝元鼎五年，后者建于元鼎四年；"通天之台"是指甘泉通天台，建于武帝元封二年；"乐人必三千四百"，可能更晚，因为哀帝时孔光、何武说当时乐人"大凡八百二十九人"（《汉书·礼乐志》）；"内宫美人数至近千"，也在文景之后，因为《汉书·贡禹传》引贡禹说："高祖、孝文、孝景皇帝，循古节俭，宫女不过十余"，武帝时才"多取好女至数千人，以填后宫"；"中厩则騑绿驸

---

① "学官博士七十余人"，"七十"诸本多作"七千"，唯卢弼《三国志集解》所据元本作"七十"，据以改正。"千""十"形近易混，而且西汉博士从未过百，博士弟子亦非七千，故知"七千"为"七十"之误。

② 王朗上距汉武帝已三百余年，所谓"秦余"当包括文、景、武时期。

马六万余匹",也不是文景之际所能有的,因为贡禹说高祖、文景时只有"厩马百余匹"(同上)。在这种情况下,王朗将"学官博士七十余人"当作西汉一般情况来介绍,那么我们不能不承认这七十余人的建置在景武之后仍在延续。

关于诸子传记博士遭到罢黜的具体时间,不见于现存史料,我们恐怕只能进行推测了。而推测的依据还是可以找到的,《汉书·郊祀志》关于"议罢诸祠"事件的记载,就为我们提供了一条线索:

> 是岁(成帝建始二年),(匡)衡、(张)谭复条奏:"长安厨官县官给祠郡国候神方士使者所祠,凡六百八十三所,其二百八所应礼,及疑无明文,可奉祠如故。其余四百七十五所不应礼,或复重,请皆罢。"奏可。本雍旧祠二百三所,唯山川诸星十五所为应礼云。若诸市、诸严、诸逐,皆罢。杜主有五祠,置其一。又罢高祖所立梁、晋、秦、荆巫、九天、南山、莱中之属,及孝文渭阳、孝武薄忌泰一、三一、黄帝、冥羊、马行、泰一、皋山山君、武夷、夏后启母石、万里沙、八神、延年之属,及孝宣参山、蓬山、之罘、成山、莱山、四时、蚩尤、劳谷、五床、仙人、玉女、径路、黄帝、天神、原水之属,皆罢。候神方士使者副佐本草待诏七十余人皆归家。

荀悦《汉纪》卷二十四也载有此事:

> 丞相匡衡又奏:"郡国候神方士使者所祠凡六百八十三所,

其二百八所应祀，或疑无明文，不可奉祀。其余四百七十五所不应祀，请罢之。"又奏："高帝、武帝、宣帝所立山川群祀凡百二十余所，非典，皆罢之。"候神方士使者副使待诏七十余人皆罢归。

请注意两节引文的最后一句。过去人们根据这句话，以为在这次"议罢诸祠"事件中失去职务的仅有七十余人，然而匡衡这次奏罢时祠总数至少有五百九十五所（以《汉纪》为据），其神职管理人员怎么会只有七十余人呢？这里所谓的"候神方士使者"乃是皇帝派去迎候神仙的使者，他们所以能担任这种职务，是由于当时各地的时祠都是按照他们的意见修建的，据《史记·封禅书》和《汉书·郊祀志》所说，当时的惯例是"方士所兴祠，各自主，其人终则已，祠官不主"，意即当某一方士建议在某地修造时祠时，皇帝便派这方士去安排修造事宜，并在完工后在那里替皇帝担当"候神"的工作，而官方太祝祠官对这类工作一般不过问。考虑到当时的时祠遍布全国，相隔遥远，神仙又随时可能降临，可以知道"候神方士使者"的数目与时祠总数应大致相当。被罢废的时祠既接近于六百所，则失去职务的"候神使者"至少应有百名。有趣的是，《郊祀志》和《汉纪》还提到"副佐""本草""待诏"，东汉的"待诏"据《续汉书·百官志》刘昭注所引《汉官》，数目极多，灵台有待诏四十一人，明堂丞属下有吏员四十二人，太祝有吏员四十一人，西汉的"威仪繁富"既超过东汉，"待诏""本草"等官员肯定更多。那么可以肯定，在匡衡"议罢诸祠"事件当中被免职的人数远超过七十，"归家"或"罢归"的七十余人只是当时免职人员的一部分。《郊祀志》的原文应读作：

> 候神方士使者副佐本草，待诏七十余人皆归家。

所谓"副佐本草"，是指为数众多的"候神使者"降职去做朝廷及郡国医药人员的副手。《续汉书·百官志注》引《汉官》记载，东汉太医令属下有员医二百九十三人，西汉的机构更为庞大，太医属员应当更多，匡衡所奏罢的"候神使者"恐有数百，正是西汉医务人员可能有的数目，因而这些"使者"去"副佐本草"是完全合乎情理的。至于这些"使者"以外的"待诏七十余人"，显即文帝以来的"待诏博士"。文景时期的博士"具官待问"，因而有"待诏博士"之称（见《唐六典》卷二十一引《汉仪》）。"待诏博士"七十余人的职责，主要是制定和解释朝廷礼仪和各种祭祀仪式。秦始皇组织起博士七十人是为了筹划封禅大典，西汉博士为太常属官，太常的职责恰是"掌宗庙礼仪"（《汉书·百官公卿表序》）。据刘歆《移书让太常博士》，西汉五经博士在"朝廷将有大事，若立辟雍、封禅、巡狩之仪"的时候，由于"莫知其原"而被看成是很大的耻辱。匡衡攻击甘泉泰畤的祭典不合"古制"，而博士在政教方面的职责恰是"掌通古今"。这样看来，文帝以来的博士七十余人乃是西汉文景武宣之际宗教祭祀制度的理论阐释者和负责者，这种祭祀制度既被匡衡等人彻底摧毁，博士七十余人理应"罢归"。

待诏博士"罢归"于成帝建始二年（公元前 31 年），到成帝阳朔二年（公元前 23 年），朝廷颁布了征举博士的诏书。据《成帝纪》所载，这一诏书称博士为"儒林之官"，命丞相、御史等大臣"杂举可充博士位者"，以期达到"卓然可观"的水平。我们已注意到成帝在这以前刚采取了罢免博士七十余人的措施，那么在看到这征举博士的诏书时便不能不做深思：假若成帝以前的博士合乎"儒林之官"的规范，成帝便无必要再做"使卓然可观"的努力；假如成帝在建始二年未使博士七十余人"罢归"，那么在阳朔二年便不大可能出现许多的空缺，不得不请公卿"杂举可充博士位者"。"杂举"两字表明应举人员一定很多，空缺一定不少。博士七十余人的体制一定是在成帝年间结束的，新的体制也是在成帝年间初步形成的。

西汉博士人数在文、景、武、昭、宣、元诸帝的时期均保持在七十余人的水平上，在成帝时期有所减少，改变为清一色的"儒林之官"，在王莽时期再度增加，共三十人，在东汉初期则减至"十四博士"。这种演变的步调，与上面关于西汉经学的分期大致吻合，即西汉初期的官方学术政策是尊崇黄老，兼容百家。汉武帝及昭、宣、元帝时期的政策是尊崇五经，以儒家为主导，兼容其他各家学派，将诸子书纳入辅经的"传记"的范围。从汉成帝时起，始"罢黜百家，独尊儒术"，将包括诸子的传记博士罢免，取消其建置。汉成帝以后，博士人数仍有增减，王莽增立《乐经》，"益博士员"，使"六经博士"达三十人，其中《书》类包括古文《尚书》，《诗》类包括《毛诗》，《礼》类包括《逸礼》，《春秋》类包括《左氏春秋》。到东汉初期，又排除《毛诗》《逸礼》等古文经典，只将今文经典立学官，形成"十四博士"的定制（见《后汉书·儒林传序》）。不过，汉成帝以后博士的增减都是今古文经学纷争历史中的问题，与诸子学的命运已无直接的关联。

六、《天人三策》之年问题的解决及其意义

《汉书·董仲舒传》所载武帝的三度策问和仲舒的三次对策，常被称为《天人三策》。鉴于仲舒对策曾对"百家殊方"的局面表示不满，提议"诸不在六艺之科、孔子之术者，皆绝其道，勿使并进"，则"独尊儒术"之事不得早于仲舒对策之年。然而对策究在何年，原是史学上的一大疑问。班固《武帝纪》中，仲舒应举对策一事系于元光元年五月；司马光根据武帝诏举贤良的日期，推断对策应在建元元年冬十月（见《通鉴考异》卷一）；南宋王益之根据西汉历法的改变，将班固所说的元光元年五月改为同年二月（见《西汉年纪》卷十一）；清人齐召南认为西汉设置五经博士是出自仲舒对策之议，遂说对策在建元五年（见《汉书补注》）。近年常有学者撰文支持班固的说法，例如施丁先生撰《董仲舒天人三策作于元光元年辨》（见《社会科学辑刊》一九八〇年第三期），周桂钿先生撰《对策之年》（《董学探微》第一章）均属此类。笔者以为对策一事为时较晚，故曾撰文不取建元元年、建元五年及元光元年二月说，沿袭了班固的元光元年五月说。今再考班说，感到可疑之处也有不少，例如《汉书·武帝纪》说元光元年诏问贤良时"董仲舒、公孙弘等出焉"，而《公孙弘传》记载弘等应举时间，却分别为武帝初年与元光五年；又如《董仲舒传》说贡举孝廉一事自仲舒对策"发之"，而在《武帝纪》中，诏举孝廉一事却系于元光元年五月之前。如此种种，都是自相矛盾的。对策一事不见于《史记》，班固说在元光元年实际上也是出于测度，未必有史料为依据。就连支持班说最力、考证颇为精详的《董学探微》一书，也承认班说对一些

疑难问题未能解决。在这种情况下，苏诚鉴先生《董仲舒对策在元朔五年议》一文（《中国史研究》一九八四年第三期），便有了突出的价值。岳庆平先生曾撰文驳斥苏说（《北京大学学报·哲学社会科学版》一九八六年第三期），但苏氏结论的可靠性并未为之动摇。今采苏文精华，稍做调整并补充一些证据，以说明对策一事，实发生于武帝元朔五年（公元前124年）。

董仲舒对策云："今临政而愿治七十余岁矣，不如退而更化。"由于武帝在位仅五十四年，很多人说这里的"七十余岁"应从汉初算起。今查《史记·封禅书》云："元年，汉兴已六十余岁矣。"《平准书》云："至今上即位数岁，汉兴七十余年之间。"《汉书·郊祀志》云："武帝初即位……汉兴已六十余岁矣。"《食货志》云："至武帝之初，七十年间。"《公孙弘传赞》亦云："是时，汉兴六十余载。"这些话都遵循着一种格式："至某时，汉兴已若干年。"其中"至"与"汉兴"两语，仅可省略其一。仲舒对策一事至为严肃，班固又是照录原文，不应有过多的省略。如果"七十余岁"是汉初以来的年数，则对策应说："至今临政而愿治，汉兴已七十余岁矣。"或者说："至今临政，汉兴以来愿治七十余岁矣。"今无"至""汉兴"等字，则"七十余岁"便不应从汉初算起，而应从武帝临政的时间算起。苏诚鉴先生说"七"字衍，原文应作"今临政而愿治十余岁矣"。笔者以为这里还有一种更为可能的情况："七十"的"七"字原是"也"字之误。马王堆帛书《老子》乙本写于西汉高帝与景帝之间，为早期隶书，其中"也"字与东汉时的"七"字极为相似。仲舒对策中的"七"字很可能原是"也"字，写法与帛书接近，班固由于当时常提到"汉兴七十余岁"的话，遂误抄"也"字为"七"字。由此而论，对策原文应是："今临政而愿治也，十余岁矣。"武帝临朝听政始于建元六年窦太后去世之际，他临政十余岁，当在元朔三年（公元前126年）之后。也就是说，仲舒对策不得早于武帝元朔三年。

董仲舒对策云："夜郎康居，殊方万里，说德归谊。"今按武帝建元六年始通夜郎，元朔三年张骞归国之际始通康居。对策若在元朔之前，便不应提到康居"说德归谊"。王先谦说康居使者可能在张骞之前到过中国，只是臆测而已。司马迁将康居列入《大宛列传》，指出"大宛之迹，见自张骞"，并详述张骞归国后关于康居诸国的汇报及所引起的轰动，表明在元朔三年以前，武帝朝尚不知域外有康居国。张骞这次只是经过康居，不是正式聘问，仲舒称其"归谊"，乃是当时常见的溢美之词。实际上，张骞汇报时，就很可能已夸大了康居对汉廷的友好程度。一些学者说，"夜郎康居"四字可能为后人所加，这种可能性也很小。四字之下有颜师古注："康居，西域国也。"可见唐代流传的《汉书》已有这四字。南朝梁代曾出现一部古本《汉书》，当时的学者介绍了它与梁代通行本的异同，事见《梁书·刘之遴传》，其中未提及关于对策有何异说。对策中这四字之上提到"至德昭然，施于方外"，四字之下提到"殊方万里，说德归谊"，"方外""万里"应有所指，则"夜郎康居"为衍文的推测亦难成立。凡此种种，可证对策时在元朔三年以后，正与上述结论相合。

武帝元光五年策问公孙弘时，表示要仿效"上古至治"。其所谓"上古至治"，按公孙弘对策所说，是"上古尧舜之时，不贵爵赏而民劝善，不重刑罚而民不犯"（《汉书·公孙弘传》），亦即"上古无为而治"之意。而武帝策问董仲舒时又说，虞舜"垂拱无为，而天下太平"，周文王"日昃不暇食，而宇内亦治"，不仅称慕上古圣王的无为，也肯定了后王的有为。考虑到武帝时期是从"无事"发展到"多事"，那么武帝策问董仲舒应在策问公孙弘之后，不得早于元光五年（公元前 130 年）。这也可以作为上述结论的旁证。

据《汉书》本纪所载，武帝诏举孝廉事在元朔五年以前。有人说这事出自仲舒对策中的下述提议："臣愚以为使诸列侯、郡守、二千石各择其吏民之贤者，岁贡各二人以给宿卫，且以观大臣之能，所贡贤者有赏，所贡不肖者有罚。夫如是，诸侯、吏二千石皆尽心于求贤，天下之士可得而官使也。遍得天下之贤人，则三王之盛易为，而尧舜之名可及也。"假如这是关于岁举孝廉的提议，那么笔者关于对策在元朔五年的结论便很难成立。然而推敲对策中这段文字的含义，是建议"求贤"，不是建议"举孝"。文中所谓的"岁贡"只限于"吏民之贤者"，与孝无关。所谓"岁贡各二人"，是要求郡国岁贡吏之贤者二人、民之贤者二人。在西汉选举科目中，孝廉重在德行，茂才重在才能，贤良则须兼有才德。仲舒所建议贡举的是贤良，不是孝廉或茂才。贤良之举在文帝年间和武帝初年都曾有过，但那只是临时诏举，而未形成每岁必举的制度。仲舒建议郡国岁贡贤良，是西汉一代未曾有过的，甚至在东汉也未成为事实。班固看到对策有"岁贡"之文，便联想到东汉时岁贡孝廉的定制，以为"皆自仲舒发之"（见《汉书·董仲舒传》）。这是个误会，而且这误会在东汉时期是很容易发生的。

汉武帝于元朔五年六月有诏云："今礼坏乐崩，朕甚闵焉，故详延天下方正博闻之士，咸荐诸朝。其令礼官劝学，……太常其议予博士弟子，崇乡党之化，以厉贤材焉。"① 这次诏举的"方正博闻之士"，是一个新的科目，与建元、元光年间诏举的"贤良方正直言极谏之士""孝廉""明当世之务、习先圣之术者"均不相同。而《天人三策》当中武帝第一策云："故广延四方之豪俊，郡国诸侯公选贤良修洁博习之士"，所谓"贤良修洁博习之士"就是仲舒应举的科目，而"博习之士"即元朔五年六月诏举的"博闻之士"，这是对策在元朔五年的明证。元朔五年诏举并诏问的结果，是诏使太常"议予博士弟子"，导致博士弟子员的设置。这在后人看来就是建立太学，而仲舒对策恰有"愿陛下兴太学，置明师，以养天下之士"的建议，这显然是元朔五年设置博士弟子员的来由。

有人可能会问，《汉书》明说："对既毕，天子以仲舒为江都相"，而很多材料表明仲舒在元朔五年以前已是江都相，这与对策在元朔五年的结论不是冲突了吗？这一问题可由《汉书·循吏传序》的一段话而得到解释："唯江都相董仲舒、内史公孙弘、兒宽，居官可纪。……仲舒数谢病去，弘、宽至三公。"由"数谢病去"一语可以看出，董仲舒出任江都相不止一次。《春秋繁露·止雨》载有江都易王二十一年江都相董仲舒止雨之文，证明元光二年（公元前133年）仲舒已是江都相。又据《汉书·百官公卿表序》云，汉文帝以后仅置一丞相，则诸侯国在这之后不得有左右丞相。《史

---

① 见《汉书·武帝纪》。"方正博闻之士"原作"方闻之士"，据《史记·儒林列传》所引公孙弘奏议校改。齐召南谓"方闻"误脱"正""博"二字，王念孙谓"方正博闻"是误掺入"正""博"二字，吴恂《汉书注商》则力驳王念孙说，以作"方正博闻"为是。今按王念孙称班书作"方闻"皆本《史记》，误。《史记·今上本纪》在东汉已不存，班书作"方闻之士"当是另有所本，实不如《史记》所载公孙弘奏议可靠。

记·孝景本纪》前元六年提到江都相程嘉，《汉书·百官公卿表》提到武帝建元四年江都相郑当时升任右内史，则仲舒初任江都相不得早于建元四年（公元前137年）。《史记·儒林列传》说："（董仲舒）中废为中大夫，居舍，著《灾异之记》。是时辽东高庙灾，主父偃疾之，取其书奏之天子。……于是下董仲舒吏，当死，诏赦之。"刘向也提到这件事："董仲舒坐私为灾异书，主父偃取奏之，下吏，罪至不道，幸蒙不诛，复为太中大夫、胶西相，以老病免归。"（见《汉书·楚元王传》）对照两项记载，再联系上述"仲舒数谢病去"的话，可知仲舒在元光二年以后谢病辞去江都相一职，中废为中大夫，居舍撰作《灾异之记》，后被主父偃告发，下吏遇赦，"复为太中大夫"①。据《史》《汉》本传，主父偃在元光元年始入关，先见"卫将军"，后见武帝，在元朔二年出任齐相。卫青为将军始于元光六年，则董仲舒被主父偃告发，当在元光六年至元朔二年之间（公元前129年至公元前127年）②。《汉书·吾丘寿王传》说，武帝曾诏使吾丘寿王"从中大夫董仲舒受《春秋》"，寿王入仕与朱买臣约略同时，买臣在元朔三年"筑朔方"时始为中大夫，则寿王从仲舒问学可能在元朔三年前后，当时董仲舒为中大夫，与上述仲舒"复为太中大夫"的时间是一致的。

在武帝元朔五年，诏举"贤良修洁博习之士"，董仲舒由中大夫应举对策，"对既毕，天子以仲舒为江都相"。《史记·儒林列传》说董仲舒以公孙弘为"从谀"，公孙弘遂促使仲舒改任胶西相，去

---

① 西汉太中大夫与中大夫本为两职，仲舒下吏前后可能是中大夫。

② 仲舒《灾异之记》论及建元六年的辽东高庙灾，当是追记其事，正如《记》中追述春秋灾异一样。可参见《汉书·五行志》所引仲舒说。

侍奉以陷害诸侯国相闻名的胶西于王端。《史记·平津侯主父列传》称这次改任为"徙","徙"是平行的调任。《古文苑》载有一篇《诣丞相公孙弘记室书》，起句是："江都相董仲舒叩头死罪，再拜上言"，合乎西汉上书体例。书称公孙弘"擢升三公，统理海内"，而"未有半言之教"。又引《春秋》云："近而不言为谄，远而不言为怨。"考虑到丞相距至尊为"近"，便可看出此书的本意是讥讽公孙弘为谄媚之徒，与《史》《汉》关于"仲舒以弘为从谀"的记载正好相符。又据《汉书·百官公卿表》，公孙弘任丞相始于元朔五年冬十一月（当时十月是岁首），而仲舒对策于同年六月，恰在公孙弘"擢升"之际。《汉书·儒林传》说武帝时江公治《穀梁春秋》，董仲舒治《公羊春秋》，"上使（江公）与仲舒议，不如仲舒，而丞相公孙弘本为公羊学，比辑其议，卒用董生"，可见仲舒在元朔五年为"举首"（武帝语），本是受了公孙弘的帮助，而仲舒复任江都相之后，反讥公孙弘为"从谀"，无怪乎公孙弘要报复了。仲舒徙任胶西不久便"病免"，"朝廷如有大议，使使者及廷尉张汤就其家而问之"（《汉书·公孙弘传》），事在元朔五年以后，元狩三年张汤由廷尉升为御史大夫之前。

另外，还必须澄清两种误解：一、《汉书·董仲舒传》说仲舒对策之后为江都易王之相，还记载了他与易王的一席对话，易王说"粤有三仁"篇，仲舒说"粤本无一仁"，此事亦载于《春秋繁露·对胶西王越大夫不得为仁》篇，则《董仲舒传》中的江都易王当为胶西于王之误。江都易王死于元朔元年，不可能在仲舒对策之后与他共事①。二、《史记·儒林列传》说，仲舒下吏遇赦之后，"不敢复言灾异"。人们常以此事与对策谈论灾异的情况相联系，其实仲舒《灾异之记》是借具体的灾异来讥刺具体的政事，这是仲舒下吏之后所不敢再讲的；而《天人三策》只是议论灾异的一般原则，这是当时人们谈论"天人之际"所不能回避的问题，也是仲舒下吏之后所不能不讲的。班固对仲舒对策持赞赏态度，而在《眭两夏侯京翼李传赞》中对仲舒《灾异之记》却有微词，称其下吏为"学者之大戒"，即表明对策与《灾异之记》有很大的不同。试将《汉书·五行志》所引仲舒《灾异之记》与《天人三策》比较一下，亦可看出其中的区别。

综上所述，仲舒对策一事发生于武帝元朔五年（公元前124年），可无疑义。今将仲舒对策前后的事迹顺序列表如下：

年　月	事　迹	出　处
景帝时期至建元四年	为博士	《汉书》本传、《史记·儒林列传》
建元四年至元光二年	为江都相	《汉书·百官表》《春秋繁露·止雨》
元光二年至元光六年之间	其间谢病，为中大夫，在家撰作《灾异之记》	《史记·儒林列传》、《汉书》本传
元光六年至元朔二年之间	其间被主父偃告发，下吏，遇赦，复为中大夫	《史记·儒林列传》、《主父列传》、《卫青列传》、《汉书·楚元王传》引刘向语
约自元朔二年至元朔五年六月之间	为中大夫，其间授吾丘寿王《春秋》	《汉书·吾丘寿王传》《朱买臣传》

---

① 仲舒下吏及对策之前，曾为江都易王之相，这可能是班固误以胶西于王为江都易王的原因。

年　月	事　迹	出　处
元朔五年六月	应举对策，与江生辩论，得公孙弘之助，复为江都相	《史记》、《汉书·儒林传》、《汉书》本传
元朔五年六月至元狩三年之间	上书讦公孙弘为诡，以至徙任胶西相，与胶西于王议论粤之三仁，谢病免职，在家答廷尉张汤所问	《史记·儒林列传》、《汉书》本传、《古文苑·诣丞相公孙弘记室书》、《春秋繁露·对胶西王》、《汉书·百官表》等

辨明《天人三策》是在元朔五年，对讨论"罢黜百家"的问题有重大意义。

董仲舒对策说："今师异道，人异论，百家殊方，指意不同，是以上亡以持一统，法制数变，下不知所守。臣愚以为诸不在六艺之科、孔子之术者，皆绝其道，勿使并进。邪辟之说灭息，然后统纪可一而法度可明，民知所从矣。"这话证明在元朔五年六月以前，官方学术仍是"师异道，人异论，百家殊方，指意不同"，那些"不在六艺之科、孔子之术"的学派没有遭到禁止，也就是说，当时朝廷并未实行"罢黜百家，独尊儒术"的政策。《史记·儒林列传》说田蚡曾"绌黄老刑名百家之言"，事在建元六年至元光四年他担任丞相的时间之内，远在仲舒对策之前，那么这次的"绌"与后人所谓的"罢黜"当有不同。田蚡在"绌黄老刑名百家之言"的同时，还"延文学儒者数百人"，这只是对儒家与黄老百家的关系做出有限的调整，这一调整绝没有导致黄老及诸子学在官方学术中的消失。另外，建元元年卫绾奏罢申、商、韩非、苏秦、张仪等人的后学者，建元五年置五经博士，元光年间诏举贤良文学，都由此证明是与"罢黜百家，独尊儒术"无关的。

过去有人说，武帝再三策问，表明他对仲舒提议很重视，因而仲舒关于"诸不在六艺之科、孔子之术者，皆绝其道，勿使并进"的提议会得到采纳。今按《天人三策》中武帝第二次策问说："今子大夫待诏百有余人，或道世务而未济，稽诸上古之不同，考之于今而难行，毋乃牵于文系而不得骋与？"这证明武帝再次策问非由仲舒一人所致，而是由于包括仲舒在内的"待诏百有余人"未能做出使武帝满意的回答。仲舒只是"百有余人"中的一位，他的第一轮对策显然没有收到效果。武帝第三策指责对策之人"惑乎当世之务"，"文采未极"，"条贯靡竟"，"统纪未终"，也表现出不满意、不信任的态度。仲舒在第三次对策时提出了"罢黜百家"和独尊"孔子之术"的建议，然而武帝却未做任何肯定的表示。仲舒所建议的，笼统地说乃是"更化"，《汉书·礼乐志》引述仲舒"更化"之说，说武帝"不暇留意"，亦可证明仲舒建议未见采纳。仲舒对策之后，去做诸侯国的"相"，级别在九卿之下，这职务在当时已不如刺史和郡守更有实权。这样，由仲舒对策一事的前前后后来看，可以得出明确的结论：汉武帝尚未做到"罢黜百家，独尊儒术"。

七、孔子的素王地位及其与"独尊儒术"的关系

儒家地位的升降与孔氏家族命运的浮沉，是密切相关的两件事。在西汉初期至中期，儒家尊孔子为"素王"的举动一直未能得到朝廷的认可，在孔子故里之外不得为其立庙，孔氏子孙则一直处于"不免编户"的状态。直到成帝时，始封孔子"世为殷绍嘉公"。这一变化具有明显的象征意义，有助于说明"罢黜百家，独尊儒

术"的时间问题。

首先让我们来看一看关于"素王"的各种说法。《汉书·董仲舒传》引仲舒对策说："孔子作《春秋》，先正王而系万事，见素王之文焉。"这是在隆重场合对皇帝所做的声明，在西汉儒学里颇具代表性。除此之外，"素王"之说比比皆是，连《庄子·天下》也将"素王"与"玄圣"对举，《淮南子·主术训》也有"孔子……专行孝道以成素王"的命题，可见孔子之为"素王"几乎是西汉学界所公认的。然而对这公论，西汉的朝廷却长期不肯承认。考察《史》《汉》诸纪，文、景、武、昭、宣、元诸帝绝少提到孔子，例如武帝元光元年诏书称述唐虞及周成王、康王，策问如何才能"上参尧舜，下配三王"，未提孔子。元光五年"征吏民有明当时之务，习先圣之术者"，所谓先圣指尧舜文武等，不像是指孔子。元朔元年诏书总结"五帝三王所繇昌"的教训，未引孔子之言。元朔五年诏书对"礼坏乐崩"的局面表示忧虑，倡言"劝学""兴礼"，却未将这措施与孔子直接联系起来。唯元朔六年六月诏书提到"孔子对定公"等事，却不是为了提倡仁义忠孝或复兴礼乐，而是为了奖励将士，提倡武功。考察昭、宣、元三帝诏文，也是同样的风格。这种不提孔子的情况，绝不能从文笔的简略来理解，因为当时儒者上疏都是不厌其烦地引述孔子言论，例如仲舒对策称述孔子近二十次。西汉诸帝不愿表章或称述孔子的原因，当是出于地位尊卑的考虑，他们认为孔子的身份低于王侯，当然更低于皇帝，因而只声称愿步五帝三王的后尘，羞于同孔子的后学者为伍。

进一步说，汉武帝称述"五帝三王"的做法，与当时儒者的说法有着微妙的区别。《春秋繁露·三代改制》说："故圣王生则称天子，崩迁则存为三王，绌灭则为五帝，下至附庸，绌为九皇。下极为民。"意即君主逝去愈久，权威愈低。圣王在世的时候权威最大，一旦去世便退入"三王"的行列，去世久远则又绌灭而退入"五帝"之列，再远则贬为"皇"。按这公羊家三统学说的说法，五帝实在是不如三王高贵的。而最为高贵的，在他们看来便是"当新王"的孔子。汉武帝是否同意这种论点呢？请看他在策问贤良文学时关于五帝三王的提法："夫三王之教所祖不同，而皆有失"（见《董仲舒传》），"上嘉唐虞，下悼桀纣"（同上），所谓"唐虞"即唐尧、虞舜，在当时属于五帝之列，汉武帝赞扬唐虞功德而揭露三王之失，褒贬已很明显。他在另一次策问时，称述"上古至治"，追问"禹汤水旱，厥咎何由"（见《公孙弘传》），上古为五帝时代，禹、汤为三王之二，则汉武帝称述上古而贬抑禹汤，表明他对五帝的评价比三王要高些。另外，武帝之有这种看法，叮由《封禅书》关于他崇拜黄帝的记载而再次得到证实。这种看法虽与后世古文经学的说法一致，但武帝与古文经学绝无联系，他对五帝的尊崇，是由无意识地接受黄老学说与阴阳家思想的影响所致。如果说《春秋》公羊学尊孔子为素王乃是贬低五帝、推崇新王的某种结论，那么汉武帝贬低三王而推崇五帝便也暗含着一个结论：孔子不是素王。

《春秋》公羊学的"孔子素王说"得不到西汉诸帝支持，或许是由于此说坚持"王鲁"的缘故。《春秋繁露·三代改制》说："故《春秋》应天作新王之事，时正黑统，王鲁，尚黑，绌夏，亲周，故宋。"《奉本》说："今《春秋》缘鲁以言王义，……"这话将鲁当作三代的正宗的后继者，而孔子作新王亦即"王鲁"之意。我们只要了解一下汉朝兴起的历史，便可知道公羊学的这些议论正好犯了汉帝的大忌，因为项羽在做西楚霸王之前，被楚怀王封为鲁公。项羽死后，"鲁又为之坚守"，一时形成"楚地悉定，独鲁不下"（见《汉书·高帝纪》）的局面。汉初诸帝不尚儒学，或许与此有些关联。公羊家固执地坚持"王鲁"，对于孔子的素王地位之赢得承认可能是有害无益的。再说西汉皇室已自认是五帝三王的正式接替者，这与"王鲁"的学说多少有些矛盾。时至汉元帝时，兼治齐鲁经学的匡衡可能注意到这一点，便提出一种新说：

> 《春秋》之义，诸侯不能守其社稷者绝。今宋国已不守其统而失国矣，则宜更立殷后为始封君，而上承汤统，非当继宋之绝侯也，宜明得殷后而已。今之故宋，推求其嫡，久远不可得；虽得其嫡，嫡之先已绝，不当得立。《礼记》孔子曰："丘，殷人也。"先师所共传，宜以孔子世为殷后。（见《汉书·梅福传》）

这话一改过去孔子属鲁的成说，创造性地提出孔子属于殷商的系统，并举出经典依据，做出精密的论证，将儒家在孔子问题上的理论缺陷巧妙地修补成功。元帝没有采纳这一提议，不是由于这提议的本身"不经"，而是出于另外的原因。

到汉成帝绥和元年（公元前8年），梅福又建议"宜建三统，封孔子之世以为殷后"，并再次上书说："今成汤不祀，殷人亡后，陛下继嗣久微，殆为此也。《春秋经》曰：'宋杀其大夫。'《穀梁传》曰：'其不称名姓，以其在祖位，尊之也。'此言孔子故殷后也。

……今仲尼之庙不出阙里，孔氏子孙不免编户，以圣人而歆匹夫之祀，非皇天之意也。"这话以成帝绝嗣来进行恐吓，并不高明，因为成帝以前诸帝均未解决"殷人亡后"的问题，却未绝嗣，为什么只由成帝一人来受惩罚呢？至于梅福举《穀梁传》为证，也不比匡衡以《礼》为据显得优越，因为当时礼学颇有上升趋势，而穀梁学则受公羊学牵制，不如兼综齐鲁学说的礼学容易被接受。再说，梅福不见于《儒林传》，不是重要的学者，匡衡则号称"经明，当世少双"（见《汉书》本传），"材智有余，经学绝伦"（同上），在元帝朝中位高势重。假若是在同等的情势下，应当是匡衡的提议更有影响。然而事实正相反，匡衡的奏议在元帝时遭到拒绝，梅福的奏议在成帝时却得到认真的考虑，朝廷"推迹古文"，按梅福所说，"下诏封孔子世为殷绍嘉公"（见《梅福传》）。其结果竟是如此顺畅，原因只有一个，即元、成两朝的形势有巨大的差异。

读者可能已想到，这差异不是别的，即是在汉成帝时，出现了史无前例的"罢黜百家，独尊儒术"的局面，因而使孔子的"素王"的地位赢得朝野普遍的承认。

八、王凤及其家族在"罢黜百家，独尊儒术"事件中的作用

在汉成帝年间，采取措施"罢黜百家，独尊儒术"的人物，乃是王凤。

请看《汉书·宣元六王传》所记载的一件事：

> （东平思王宇）后年来朝，上疏求诸子及《太史公书》，上以问大将军王凤，对曰："臣闻诸侯朝聘，考文章，正法度，

非礼不言。今东平王幸得来朝，不思制节谨度，以防危失，而求诸书，非朝聘之义也。诸子书或反经术，非圣人，或明鬼神，信物怪；《太史公书》有战国纵横权谲之谋，汉兴之初谋臣奇策，天官灾异，地形阸塞。皆不宜在诸侯王，不可予。不许之辞宜曰：'五经圣人所制，万事靡不毕载。王审乐道，傅相皆儒者，旦夕讲诵，足以正身虞意。夫小辩破义，小道不通，致远恐泥，皆不足以留意。诸益于经术者，不爱于王。'"对奏，天子如凤言，遂不与。

诸子书在汉昭帝时尚是贤良文学所依据的典籍，在汉宣帝时尚由于朝廷奉行"霸王道杂之"的政策而得以流行，而到汉成帝时，却成了"或反经术，非圣人，或明鬼神，信物怪"的文献，是"不宜在诸侯王"的禁书，可见当时的朝廷弥漫着"独尊儒术"的气氛，而在当时专擅朝政的大将军王凤乃是"独尊儒术"和"罢黜百家"的主持者。

据《汉书·成帝纪》和《百官公卿表》，王凤在成帝即位之日起，便担任大司马大将军，领尚书事，专擅朝政。到成帝阳朔三年（公元前22年），王凤去世，由王音接替他的大司马大将军的职位。又据《汉书·元后传》所说，王凤是元帝之后、成帝之母王政君的亲兄弟，是成帝之舅；王音是王凤从弟，成帝从舅。后来接替王音控制朝政的，依次为王商和王根，这两人也都是王凤之弟，成帝之舅。王根死后，接替他的是王莽，亦即元后与王凤之侄。这一家族自认是战国时期齐国田氏的后裔，后代史家着眼于这一点，常以王莽篡汉与田氏篡齐相比拟，而其实这一家族是以喜好儒术而著称的，例如《汉书·谷永传》说：

时上诸舅皆修经书，任政事。

其所谓"上诸舅"即成帝诸舅，包括王凤、王音、王商和王根，也包括王谭、王崇、王立等，这些人不论是否担任大将军，都是成帝一朝的显贵，他们"皆修经书"，可见王氏家族的当权，也就是一个崇尚经学的家族的专政。我们知道，西汉自武帝始，丞相一职常由儒者担任，但汉武帝以后的丞相并无实权，武帝、宣帝政由己出，昭帝时权归大将军霍光，元帝时由中书令石显掌握机要。由崇尚经学的人物控制朝政的时代，实际上是以成帝即位之时为起点的。

王凤是王莽的伯父，王莽担任大司马并篡夺政权，从某种程度上说乃是王凤专权的延续，东汉朝野普遍有强烈的贬责王莽的意向，因而对王凤也给予较低的评价。按照东汉人的看法，"罢黜百家，独尊儒术"是值得称颂的盛事，假若将这当时公认的历史功绩归于王氏名下，恐怕是东汉人所难以容忍的。《史通·古今正史》说，扬雄、刘歆等人曾补续《史记》，记述汉武帝以后的历史，班彪嫌他们"褒美伪新"，于是另作《后传》。从《史通》的措辞来考察，可以看出班彪作史的动机带有强烈的政治倾向性，他为了克服前人"褒美伪新"的弊病，达到贬责王莽、美化汉朝的鹄的，显然是不惜歪曲历史的。他如果看到前人的历史著作里有关于王凤"罢黜百家"的记载，定会努力加以掩盖或曲解。班固为班彪之子，生活在东汉明帝和章帝时期，而汉明帝曾直接地对汉史撰作事宜进行干涉。班固《典引》记载，汉明帝曾派人带着《史记·秦始皇本纪》，问班固、贾逵、傅毅等人说："太史迁下赞语中，宁有非耶？"班固等人回答："此《赞》贾谊《过秦》篇云：'向使子婴有庸主之才，仅得中佐，秦之社稷未宜绝也。'此言非是。"明帝听了很满意，又召见这些文臣，问道：这是你们原有的见解呢，还是受到皇帝提问的启发而临时有所开悟呢？班固等人回答说是原本就这样看待《史记》。明帝于是宣布了自己对《史记》的意见："司马迁著书，成一家之言，扬名后世，至以身陷刑之故，反微文刺讥，贬损当世，非谊士也。"意谓司马迁《史记》对汉朝的评价太低，是应当矫正的。班固自称"常伏刻诵"这一席"圣论"，有所领悟，于是作《典引》来"光扬大汉"（见《文选》卷四十八）。《初学记》卷二十一说，班固反对司马迁以来将汉史续在三代秦楚之后的史学传统，主张"大汉当可独立一史"，于是编撰了《汉书》。可以设想，班固若是见到关于王凤"罢黜百家，独尊儒术"的文献记载，一定不会予以重视。今存《汉书》没有王凤的传，只是在《元后传》中记述了他的一些事迹，而且所载的都是王凤的恶劣的一面。我们从现存史料竟找不到关于"罢黜百家，独尊儒术"事件的明确的记载，这种令人遗憾的局面很可能是班彪、班固父子故意造成的。

第四章
《春秋》公羊学及其与穀梁学的纷争

一、引言

提起汉代的《春秋》公羊学，很多学者恐怕要皱起眉头，因为这种学问在思想史上是以迷信和荒谬著称的。我们只要翻阅一下公羊学的典籍，不难看出那几乎是中国古代各种神秘主义思想以及专制主义思想的集成。不过我以为，认识到公羊学的这些缺陷，不应当妨碍我们对这学问发生兴趣，因为荒谬的东西往往也是有意义的。所谓"意义"是一个复杂的概念，什么有意义，什么没有意义，判别的标准有很多，在这里我只想举一个连儿童都懂得但却常常遭到学者忽视的标准，那就是有意义的东西首先必须是引起震惊或惊奇的东西。假如我们从这一评判标准出发来看待中国哲学界的各种作品，会看出很多都是缺乏意义的。这些作品用很多笔墨，将历史上的一些学说介绍给读者，这些学说往往是很中肯的，但往往也是平庸的，因为其中的哲理不但为今人所熟知，而且早已得到前人甚至古人的了解。阅读这样的学术著作，势必产生浪费时间的感觉，甚至会促使人们得出学术无用的结论。其实，真理往往隐藏在谬误之中，像西汉公羊学这种荒唐得惊人的学说，隐藏着许多今人所不熟悉的思想内容，研究和介绍这些思想定会有助于解决思想史上的一些疑难问题，甚至会使关心现实的人们得到一些启发。这就是说，研究西汉《春秋》公羊学应当是有意义的，甚至可能是极其有益的。

本书第二章已说明公羊学是齐学的一部分，而对于公羊学是如何起源于齐地的春秋学，则未做具体的论述。而在本章，笔者将说明公羊学几乎是直接起自齐国稷下阴阳家的学说，它的前身可说是邹衍后学者邹奭所编修的《春秋》。过去人们以为"大一统"只见于《公羊传》而不见于《穀梁传》和《左传》，其实邹奭所编的《春秋》已提到"大一统"，其张大"一统"的宗旨，是为战国中后期的帝制运动制造理由。如果说西汉公羊学者在"大一统"的问题上做出过贡献的话，那就是董仲舒对"大一统"所做的发挥，他将"大一统"的"大"字看作是形容词，有时甚至看作名词，将"大一"看成一种抽象的观念，意谓"至大无外"，从而将《公羊春秋》"王者无外"的命题加以放大。董仲舒认为"大一"即是"元"，因而他的公羊学的核心部分，便可说是一种带有观念论意味的元学。我们今天用"一元论""二元论""多元论"的术语来对各种哲学思想进行分类，实际上是在无意识地步董仲舒的后尘。

董仲舒的元学有观念论意味，他关于"以人随君，以君随天"的设想也是循由着形上学的思路，因为这由社会上层到社会下层的一环支配一环的链条，与"事各顺于名，名各顺于天"的链条相应合，而且这种链条完全是单向的，是不可逆的。试将董仲舒的这种思想与黑格尔哲学比较，可看出都有着"头足倒立"的特点，都具有某种理论的彻底性。董仲舒的带有观念论或形上学意味的思想，在抽象性与体系性等方面，自然是远不能与黑格尔哲学相比拟的。然而我们如果考虑到董仲舒是两千多年以前的人物，考虑到他的带有观念论意味的思想如果得到后人的继承和发挥，有可能真的在中国出现类似于黑格尔哲学的思想体系，便可以知道董仲舒的这种思想虽是荒谬的，却有着不容忽视的意义和价值。

当然，这种观念论性质的思想，在董仲舒的思想体系中只是一个很小的局部。他的思想从全局来说，乃是按照一种系统思想的模式构造出来的。而他关于天人感应的种种说法，很像是现代控制论所讲的施控系统与受控系统之间的控制和反馈。系统论与控制论都是需要继续经受考验的新学科，将这种新学问用到思想史的研究领域，已有很大的冒险性；而将这种现代的学说与两千多年以前的学说相比类，更容易给人以不严肃的印象。但是西汉公羊学的阴阳五行说以及关于"数"的很多思想，的确带有今人所看重的系统性，它不是关于某种系统模式的构想，又是什么呢？至于董仲舒所说的天人感应，若不是天的系统与人的系统之间的控制和反馈，又当做何解释呢？实际上，中国是世界上最容易产生系统思想的国家，假如我们以中原为圆心，沿着东南西北的路线绕上一圈，会感觉到地理气候的变化竟与一年四季由春到冬的气候变化十分相似。基于这样的相似性，古人便把五方（加上中央）与五季（加上季夏）配合起来，构成一个时空的系统，并将五色、五音、五帝、五神、五味、五数等一概纳入这个系统之中，用五行的术语来做总的概括。董仲舒的学说不过是关于这种五行系统思想的发展，而本书第六章所介绍的西汉易学则对这种思想有更大的发展。这种系统思想以某种模拟和联想为基础，当然是不科学的，不过研究这种思想却有助于揭示中国思想史与文化史的发展线索，无疑是可取的。

《春秋》公羊学是西汉时期儒家齐学的核心部分，而儒学在西汉中期的兴盛也就是齐学的兴盛，这一情况显示出公羊学在西汉经学史上有着怎样的地位。到汉宣帝时，《春秋》穀梁学派忽然兴起，竟在石渠阁会议上一举击败公羊学派，取得了与公羊家并立于学官的资格。穀梁学的价值当真高过公羊学吗？其实并不是。宣帝以后，公羊学再度兴盛，并且将优势一直保持到东汉。从现存史料来看，公羊学著作的思想比穀梁学著作丰富，像《春秋繁露》这样的公羊学著作，似是穀梁学派所缺乏的。那么，便必须解释一下：石渠阁会议上穀梁学派击败公羊学派的插曲究竟是怎么回事呢？这一问题可由《五经异义》的佚文而得到答案。根据这些佚文，再与公羊学的"王鲁"之说相印证，可以知道公羊学派有一个很特殊的、尚未为今人所了解的主张，即以为周代以后的"新王"应当由鲁的圣王来承当，而孔子正好具备这样的条件。《春秋》所载的"获麟"即是孔子受命王天下的符瑞，所谓"以《春秋》当新王"即是"王鲁"，与孔子受命是同一件事。这样的主张给人以野心勃勃的感觉，似乎公羊家不是一个安分守己的学派，而是一个拥戴孔氏并自有其政治抱负的集团。极具魄力与政治家度量的汉武帝对于儒者，只是听取其意见，未敢委以实权。汉昭帝时，公羊学大师眭孟由于提请汉帝禅位，竟被处死。宣帝有着强烈的专制主义倾向，一方面批评儒者"何足委任"，另一方面又组织穀梁学者对公羊学进行攻击。穀梁学派如果说有思想建树的话，那就是改造孔子"素王"的理论，放弃极度流行的"王鲁"说，提出孔子为殷王后裔的新说，并在成帝时促使朝廷正式封孔子"世为殷绍嘉公"。这些理论建树，是榖梁学一度胜过公羊学的原因。在石渠阁会议以后，公羊学派渐渐认识到"王鲁"说难以继续维持，遂将孔子受命的学说放弃，强调汉朝才是周代以后的正统，从而恢复了在春秋学领域的优势。当然，在元、成时期，经学的重点已由春秋学转移到礼学，这种形势是公羊学派难以扭转的。

西汉公羊学的内容还有很多，例如在名号问题上有"为尊者讳"说，在朝代更迭等问题上有"三统"学说，在礼的方面有"改元""考绩""学校""郊""禘祫"等学说，在人性论方面有性三品说，在伦理方面有"三纲五常"说，在政治方面有刑德说以及仁义、义利说，在"天人感应"思想方面有许多细微的、略带技术性的说法。对这些思想学说，过去已有很多的研究成果。本书没有必要对这些学界熟知的学说加以普及性的介绍，便一概从略了。

二、从《邹氏春秋》看公羊学的渊源

关于《公羊春秋》的流传，《公羊传序》徐彦疏引戴宏说："子夏传与公羊高，高传与其子平，平传与其子地，地传与其子敢，敢传与其子寿。至汉景帝时，寿乃共弟子齐人胡毋子都著于竹帛。"徐彦本人做结论说：公羊高五世相授，至胡毋生乃著竹帛，"题其亲师，故曰《公羊》"。这一传系仅公羊寿与胡毋生两代是完全可信的，上溯到公羊地和公羊敢，虽勉强可以信从，却不是十分可靠。而再上溯到公羊平、公羊高以至子夏，便是明显的假托了。《汉书·艺文志》指明《公羊传》的作者公羊子是齐人，《史》《汉》里的《儒林传》又都指出胡毋生是齐人，可见由胡毋生上溯的《公羊春秋》传系，完全是一个齐人的系统。子夏在孔子死后一直在魏国居住，在西河教授并充当魏文侯的老师。《春秋》本是鲁史，齐人治《春秋》应当到鲁国去求师，何必到远处的西河去投师于子夏呢？这样看来，由公羊寿等人上溯到子夏是不足取的，我们应当采取另一种选择，将公羊学的渊源上溯到邹衍与邹奭。

这样选择的理由，在于《邹氏春秋》与《公羊春秋》的一致性。《汉书·艺文志》著录《春秋邹氏传》十一卷，《王吉传》又指出："（王）吉兼通五经，能为《邹氏春秋》[①]，以《诗》《论语》教授，好梁丘贺说《易》。"可见王吉的学问虽渊博，对于《春秋》却只传习邹氏一家。这里的《邹氏春秋》有经有传，其中传的部分即是《汉志》所著录的《邹氏传》。《邹氏传》久佚，古书罕有提及，研究这部书的内容是一件非常困难的事，因而我们不能不珍视《王吉传》所提供的一条线索，《传》中记载，王吉在汉宣帝时曾上疏指出：

> 《春秋》所以大一统者，六合同风，九州共贯也。

他提到"大一统"，只能是以《邹氏传》为依据，因为他没有传习过《公羊传》，可见《邹氏传》竟也有"大一统"的字样。关于《邹氏传》的作者，沈钦韩在《汉书疏证》中说："齐有三邹子，莫知为谁？"其说《邹氏传》的作者当为"三邹子"之一，是很中肯的。《史记·孟子荀卿列传》说："齐有三邹子"，最早的是邹忌，

---

① "邹"，《传》中原作"驺"，而《汉书·艺文志》写作"邹"。"邹""驺"通用，今为方便读者，一概写作"邹"。

在孟子之前；其次是邹衍，在孟子之后；再后是邹奭，"颇采邹衍之术以纪文"。在这当中，邹奭是邹衍的追随者，两人的区别在于邹衍善于游说，邹奭善于著书，例如《孟荀列传》说邹衍"重于齐"，又"适梁""适赵""如燕"，都取得惊人的成功，颇受各国君主的"尊礼"；《孟荀列传》又说邹奭"著书言治乱之事"，"采邹衍之术以纪文"，是一位著作家。《传》中引齐人的颂语："谈天衍，雕龙奭"，意谓邹衍常以口述的方式谈论"天事"，邹奭则对邹衍的学说加以记述、加工或雕饰。邹衍以前的邹忌是齐国著名的政治家，不以学术著称，则《邹氏春秋》的作者只能是邹忌以后的两位邹子之一。凑巧的是，邹衍曾经置身于儒门，《盐铁论·论儒》说：

> 邹子以儒术干世主，不用，即以变化终始之论，卒以显名。

邹衍既然学习过儒家的典籍，那么这典籍便有可能是《春秋》，因为邹衍的"五德终始"学说是一种历史哲学，而《春秋》正好也有史书的性质。邹衍先学习《春秋》，未能引起列国君主的兴趣，便由《春秋》的时期上溯到西周，再上溯到唐、虞、夏、商，直至黄帝，并对黄帝到春秋的历史的周期加以诠释，形成"五德终始"的循环史观。这样来解释邹衍由儒者到阴阳家创始者的转变过程，显然是极为顺畅的。邹衍的学说里已包含了春秋学的部分，而邹奭又对邹衍的这种学说加以修订和记述，《汉志》所著录的《邹氏传》一定是这样形成的。另外，《汉志》还著录《邹奭子》十二篇，《邹子终始》五十六篇，均为邹奭所作。例如《汉志》说公梼生"传邹奭《始终》书”，就证明邹奭是《终始》五十六篇的作者。这五十六篇的书名显示出书中的主题是“五德终始”，那么《邹奭子》十二篇的内容便应当与“五德终始”有所不同，这十二篇是不是与《春秋》十二公相对应的呢？此种可能性显然是难以排除的。由此看来，《汉书》所记载的那部提到“大一统”的《邹氏春秋》，应当是邹奭的作品，并记载着邹衍的学说，《公羊春秋》的思想渊源正在这里。

考察西汉流传的《春秋》三传，《穀梁》《左氏》两书都未提到“大一统”，那么论及“大一统”的《公羊春秋》与《邹氏春秋》一定有极为密切的联系。邹衍是燕昭王时的人，邹奭则是齐襄王时期的权威学者，并在荀子“游学于齐”之前去世，这两位齐国的邹子都可能生活在公羊地之前，肯定比公羊敢、公羊寿两代早出许多。因为胡毋生在汉景帝时担任博士，公羊寿在汉文帝时一定还在世，那么公羊敢最早不过是秦代的儒者，他们参考邹衍的学说和邹奭的著作，才得撰写出《公羊传》这部带有阴阳家色彩的儒学作品。西汉公羊学往往显示出雄浑的气魄，喜欢讲阴阳五行，并对循环史观做出种种的改进，这些都正好与战国时期邹衍所开创的阴阳家学说相吻合。

三、公羊学派的构成

关于《春秋》公羊学派的传承谱系及其人物籍贯，本书第二章已做了初步的说明，指出经学中的齐学一派，乃是以公羊氏所传授的《春秋》为其主要的经书，以公羊氏所传的《公羊传》为其最重要的一部“大传”。《公羊传》由公羊氏家族陆续完成，最后由公羊寿及其弟子胡毋生写定。胡毋生是齐地春秋学的宗师，他的弟子公孙弘在武帝朝历任御史大夫和丞相，以白衣封侯，对于儒家地位的上升起了举足轻重的作用。董仲舒可能是公羊寿的弟子，并受益于胡毋生的帮助。公羊氏、胡毋生和公孙弘都是齐人，公羊学被公孙弘公然宣布是齐学。董仲舒虽是赵人，但由于具有齐学的特点而受到公孙弘的支持。仲舒弟子虽多，唯嬴公不失师法，嬴公为东平人，东平在战国时期原属宋，在齐灭宋之后又属齐国，在秦代属齐郡，则公羊学自公羊氏至嬴公的传系，几乎完全是一个齐学的传系。嬴公传授了鲁人孟卿和眭孟，眭孟的弟子有严彭祖和颜安乐，分创"严氏学"和"颜氏学"。今参照第二章，依据《汉书·儒林传》，将公羊学自公羊寿以后的传系列图如下：

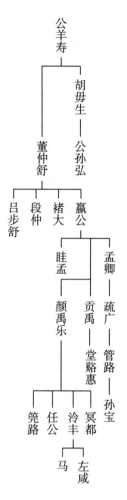

　　大家都知道公羊学虽充斥迷信思想，却有一种宏伟的气魄。这种气魄表现在学说的统绪上，便是对儒家以外的各家学说加以吸收和综合。公孙弘与董仲舒的思想倾向显然是不同的，这种不同亦首先表现在对儒家学派以外的各家学说的态度上。大致来讲，董仲舒倾向于从墨家、阴阳家和道家思想中汲取营养，公孙弘则注重于从刑名法术思想中吸取有用的成分。这种差异，即是在沿着何种方向来建构公羊学体系的问题上的分歧，亦是在如何看待"汉承秦制"的问题上的分歧。

近年学界已注意到董仲舒的思想十分博杂，对先秦各家学说几乎做到了兼收并蓄。他的"改制度""易服色"的学说主要是以"五德终始"说为依据，而"五德终始"说的创始者乃是阴阳家的祖师邹衍。董仲舒的天人感应说、政治学说及性情学说等，无不以阴阳五行的系统为基本框架，而阴阳五行思想的蔓延也主要是得力于阴阳家的宣扬。当然，阴阳家的很多概念、命题和思想框架为"学者所共术"，从战国晚期时起便已向各家学说中渗透，董仲舒接受阴阳家的影响几可说是理所当然。

使学界感到惊异而又不能不予以承认的，是董仲舒竟大量借用了墨家的概念和命题。例如《墨子》书有《天志》，大意是说上天有意志，以惩恶扬善，"天子为善，天能赏之；天子为暴，天能罚之"（《天志·中》），而董仲舒所反复申说的"天人感应"，恰是关于这种"天志"说的发挥，例如他在对策时指出："国家将有失道之败，而天乃先出灾害以谴告之。不知自省，又出怪异以警惧之。尚不知变，而伤败乃至。"其说天帝对人间祸福如此关心，虽与先秦儒家略有联系，但主要地还是沿袭墨家。董仲舒对策说："今汉继大乱之后，若宜少损周之文致，用夏之忠者。"《春秋繁露》说新王"当正黑统"，意谓应抛弃周代的"文"，发扬夏代的"质"和"忠"；不遵循周代的赤统，而应沿袭夏代的黑统。我们知道，先秦儒家"法周"而墨家"法夏"，乃是学界公认的事实，例如墨子本人曾讥刺儒者"法周而未法夏"（《公孟》），《淮南子·要略训》也有关于墨家"背周道而用夏政"的评论，这与孔子的"从周"和后儒的"宪章文武"形成鲜明对照，仲舒推崇夏道，几乎有背弃本门传统的嫌疑。在仁爱的问题上，墨家主张"兼爱"，这种否定爱有差等的学说，本与仲舒的纲常名分思想有着深刻的矛盾，然而仲舒在《仁义法》中指出："仁之法在爱人，不在爱我；义之法在正我，不在正人"，"是以知明先以仁厚远，远而愈贤、近而愈不肖者，爱也"，这种仁爱"厚远"的主张与儒家传统的"亲亲为大"的原则显然不很融洽，与墨家的"兼爱"学说倒有些接近。

《史记·老子韩非列传》说："世之学老子者则绌儒学，儒学亦绌老子，'道不同不相为谋'，岂谓是邪？"这种儒道相黜的评论适用于汉初的学术界，对于董仲舒的学说却不全适用，因为《春秋繁露·立元神》竟有这样的命题："人君者执无源之虑，行无端之事，以不求夺，以不问闻。"《保位权》说："为人君者，居无为之位。行不言之教，寂而无声，静而无形，执一无端，为国源泉。"《离合根》说："为人主者，以无为为道，以不私为宝，立无为之位，而乘备具之官。足不自动而相者导进，口不自言而摈者赞辞，心不自虑而群臣效当，故莫见其为之，而功成矣。此人主所以法天之行也。"这些话直接引用道家的命题，是否全为仲舒所说固然可以商榷，但其分散于各篇，若说全是伪造恐怕是过分的。而且这些文字虽倡言"无为""无端""不求""不问""不言""不动"等，却以"法天之行"为其落脚点，显然是董仲舒引用了道家的命题，而将其融化于"天人合一"与"天人感应"的学说体系之中。

董仲舒如此广泛地融合各家学说，以致有人怀疑他是否为纯儒。至于他所写的《春秋繁露》各篇，则受到各方面的怀疑和批评。关于《繁露》一书的可靠性，将在下节加以证实，这里只想指出，广泛吸收各家思想的做法，正是早期公羊家所特有的。司马谈《论六家要旨》说，儒、墨、名、法、阴阳五家都各有所弊，唯道家可以"因阴阳之大顺，采儒墨之善，撮名法之要"，对先秦各家学说采取了宽容的态度。然而道家所以能兼容各家，主要是由于他们在战国时期热衷于从事帝制运动，在汉初又成为统一的大帝国的统治思想，为了统一和兼并，自然要尽力将各家学说的精彩部分都网罗到"清静无为"的旗帜下。儒家由于对周文化过于尊崇，在构筑新理论以促成统一的潮流中略显得拘束，因而司马谈所了解到的儒家学说仍是"博而寡要"。大概正是这种缺陷，促使司马谈时代的儒者变得开放而进取，他们从道家的成功经验吸取了教训，也使用了"撮""取""因""采"的兼容性的办法，将气势恢宏的公羊学体系制造出来。司马谈如果在写《论六家要旨》之前见到这一体系，《论六家要旨》一定会是另一副模样。

笔者声称董仲舒对先秦各家学说采取兼容的态度，有一个证据，即是他在《天人三策》仅攻击了法家，而未批评其他各家。《三策》中的第一次对策说："天之任德不任刑也。……王者承天意以从事，故任德教而不任刑。刑者不可任以治世，犹阴之不可任以成岁也。为政而任刑，不顺于天，故先王莫之肯为也。今废先王德教之官，而独任执法之吏治民，毋乃任刑之意与?"这话将法家"任刑"的思想主张完全否定了。对策又说："秦继其后，独不能改，又益甚之，重禁文学，不得挟书，弃捐礼谊而恶闻之，……故立为天子十四岁而国破亡矣。"镇压学界、焚书与挟书律都是以法家著作为依据的，对策抨击秦代这些严酷的政策，是将法家的实践部分彻底地否定了。考察《春秋繁露》一书，间或有论及"尊君卑臣""执其权以正其臣"之类的文字，却绝不见有赞许刑法的议论，这与对策的内容正好一致。那么，《春秋繁露》书中兼容墨、道、阴阳三家而弃绝刑法的思想内容，一定是董仲舒原有的。

与董仲舒不同的是，公孙弘在对策中采取了与法家调和的立场：

> 故法不远义，则民服而不离；和不远礼，则民亲而不暴。故法之所罚，义之所去也；和之所赏，礼之所取也。礼义者，民之所服也，而赏罚顺之，则民不犯禁矣。（见《汉书·公孙弘传》）

其所谓"法之所罚"，亦即刑法，此语实以刑法与礼义并举，予以同等的重视，与董仲舒"任德不任刑"的建议已有不同。公孙弘对策又说：

> 臣闻之，仁者爱也，义者宜也，礼者所履也，智者术之原也。致利除害，兼爱无私，谓之仁；明是非，立可否，谓之义；进退有度，尊卑有分，谓之礼；擅杀生之柄，通〔壅〕塞之涂，权轻重之数，论得失之道，使远近情伪必见于上，谓之术。凡此四者，治之本、道之用也，皆当设施，不可废也。（见《汉书·公孙弘传》）

这话竟将法家所炫耀的权术说成是治国的根本，声称"皆当设施，不可废也"，与汉武帝初期的儒学通义大相径庭。在景、武之际，儒者纷纷对"汉承秦制"的状况加以非议，对秦代的法治以及与秦代政治相投合的申、商、韩非之学加以猛烈的抨击。反对刑法和权术，已是当时儒家政治学说的主要题目。道家贵因循，对"汉承秦制"并不反感。名家讲"循名责实"，亦可与法家的学说沟通。在当时激烈反对秦制与法家的，首推儒墨两家。武帝建元元年，丞相卫绾上奏："所举贤良，或治申、商、韩非、苏秦、张仪之言，乱国政，请皆罢。"这就是依从儒墨主张的反对法家的奏议，苏秦、张仪讲究权术，与法家有关，故亦在罢黜之列。公孙弘居然要融合法家的刑罚与权术的思想，在他的同门看来几乎是离经叛道了，因而董仲舒称其为"谀"。《齐诗》的大师辕固生对公孙弘说："务正学以言，无曲学以阿世！"所谓"曲学"大概主要是指融合法家思想而歪曲儒家原则，所谓"阿世"可能是指曲从当时"汉承秦制"的现实以及武帝重视刑法的倾向。这样看来，《春秋》公羊学的正宗嫡传，恐怕不能由公孙弘来代表了！

　　《春秋》公羊学自公羊寿和胡毋生以后，分为公孙弘和董仲舒两支，公孙弘既然曲从于政治而歪曲了本门宗旨，则胡毋生以后的公羊学体系实际上就是董仲舒的系统。董仲舒以后的著名的公羊学者，都是仲舒的弟子后学，这情况绝不是出于偶然的原因而形成的。后世学者往往将公羊学派与董仲舒学派不加区别，这种做法从技术上看也许不够圆满，而从学派统绪上说是可行的。

　　四、《春秋繁露》的可靠性及其与穀梁学的关系

　　《汉书·艺文志》所著录的董仲舒著作，只有《董仲舒》百二

十三篇和《公羊董仲舒治狱》十六篇，无《春秋繁露》之名，遂使这部主要的董仲舒现存著作引起学界怀疑。北宋《崇文总目》的编者认为《春秋繁露》中的篇题不可靠，有一些是后人根据《汉书》的记载加上去的。南宋程大昌声称《春秋繁露》"辞意浅薄"，"疑非董氏本书"，朱熹、陈振孙也都疑其为伪书。而楼大防则相信此书确为仲舒所作，并做了精细的考辨。近人徐复观、金德建、黄朴民等先生均力证《春秋繁露》为真书，提出了很多证据。今参照楼、徐等人的意见，探讨杨树达先生所提出的一些问题，就《春秋繁露》的可靠性再次加以论证。

关于《汉志》所著录的书名及篇数与现存《春秋繁露》的差异，我们实际上不必过于重视，因为《汉志》著录此书乃是受了刘向编校工作的影响。《汉志》沿袭《七略》，《七略》沿袭《别录》，都是众所周知的实情。而刘向在《别录》所著录的，也都是他整理过的。考察刘向的整理工作，除了校勘以外，还有重新编辑和拟定书名。例如他在《晏子书录》中说，所校《晏子》有中秘本十一篇、太史藏本五篇及臣参藏本十三篇，"除复重"之后，"定著八篇"，与原先的《晏子》各本篇数均有不同。《管子书录》说，所校《管子》有中秘本三百八十九篇，卜圭藏本二十七篇，富参存本四十一篇，太史藏本九十六篇，"除复重"之后，"定著八十六篇"，与《管子》旧本亦大有出入。《孙卿书录》说，所校《荀子》中秘本有三百二十二篇，"以相校，除复重"，整理成三十二篇。这样看来，刘向的工作不仅是校，还包括编。他所编定的辑本篇数与旧本出入颇大，故称"新书"。至于篇次，刘向也重新编排，例如《礼经》十七篇的次序，刘向本与二戴传本截然不同，即是其例。当时诸子书已无关于政治，《礼经》又是有目共睹的经书，因而刘向在整编时未做太多的变动，而对出现不久的《礼记》，由于考虑到在文化方面的重要性，遂重新分类，整理出全新的辑本。据《礼记》各篇孔颖达疏所引郑玄《目录》，可以知道刘向所辑的《礼记》分"通论""制度""明堂阴阳""丧服""祭祀""吉事""世子法"等门类，这部《礼记》在《别录》著录为二百零四篇（见引于《释文叙录》），与大小戴《记》完全是并行的辑本。《汉志》未著录《大戴记》八十五篇及《小戴记》四十九篇，却著录《记》百三十一篇、《明堂阴阳》三十三篇、《王史氏》二十一篇、《乐记》二十三篇等，正是沿袭刘歆《七略》，仅著录刘向辑本而不著录二戴辑本。本书第五章将就此做详细的论述，此处只想说明，刘向自恃为穀梁学名家及朝野公认的宿学通儒，又属刘氏宗室，借整理皇家藏书之机，以及与元、成两帝接近的便利条件，自然要在重要典籍的整理问题上自成系统，与经学其他派系分庭抗礼。他所拟定的篇次、篇数都是与旧本不同的，就连书名也要重新拟就，例如《战国策》的各种传本分别题为"国策""国事""短长""事语""长书""修书"等，他确定名称为《战国策》，并赢得了学界的承认。可想而知，对于影响深远的董仲舒著作，他怎么能不加触动呢？

　　董仲舒所传授的公羊学与刘向所传授的穀梁学本是敌对的，但这种敌对关系仅保持在宣帝以后的公、穀学者之间，对于董仲舒这位儒门的功臣，刘向等人极为尊重。例如《汉书·五行志》所引董仲舒、刘向关于历代灾异的解说，绝大多数一致。刘向甚至做出前所未有的赞扬：

董仲舒有王佐之材，虽伊、吕亡以加，管、晏之属，伯者之佐，殆不及也。（见《汉书·董仲舒传赞》）

其说仲舒超过管仲而与吕尚比肩，不但远超过武帝时公羊家的评价，即便是元成之际的公羊大师恐怕也不敢奢望，刘向定要如此，显然是采取了中古学术纷争常用的策略，推崇论敌的先师而贬斥其后学者。与本题密切相关的是，刘向这一节评语很可能是出自他为董仲舒著作撰写的书录，也就是说，刘向对董仲舒的著作一定做了改编和订正。《汉志》所著录的《董仲舒》百二十三篇和《公羊董仲舒治狱》十六篇，一定是刘向改编本。而对于公羊一派的董仲舒著作传本，《汉志》未加著录，与其未著录二戴《礼记》如同一例。《礼记》的刘向本篇数多于二戴本，则董仲舒著作刘向辑本的篇数也有可能多于公羊家的传本。由此而论，西汉公羊家所传的董仲舒著作，定是以现存的《春秋繁露》为主。《繁露》即《汉书》所提到的《蕃露》，这一篇在公羊家传本里可能居首，因而这篇名成了书名。刘向既有改变篇次的习惯，定将此篇移到后面，以致不能不把书名也重新拟定。公羊家所传的《蕃露》一篇或已失传，或已改名，遂使《春秋繁露》的书名成为一项疑问。

笔者既承认《春秋繁露》为仲舒原作，便不能不考虑一下杨树达先生所提出的问题，即《春秋繁露》为何多次沿用《穀梁》义（见《积微居小学述林》卷六）。今按杨先生举有八例，其中五例只能说明《繁露》与《穀梁》义相通，不能说明其与《公羊》义相抵触。只有三例是比较严重的。

让我们先来看一看前面的五例。第一例，《春秋》桓公十六年：

"卫侯朔出奔齐。"《公羊传》以为卫侯"属负兹舍，不即罪尔"；《穀梁传》以为"朔之名，恶也，天子召而不往也"；《繁露·王道》说："天王不养，出居于郑，杀母弟，王室乱，不能及外，分为东西周，无以先天下，召卫侯不能致，遣子突征卫不能绝，伐郑不能从，……"杨先生仅举"召卫侯不能致"一句，以为即《穀梁》"朔之名恶也"之义，其实《繁露》此处并未论及卫侯的善恶，而只是评论周王室的衰微，与《公羊传》"负兹舍，不即罪"之说并无不合。另有四例，《繁露》与《穀梁传》文字不同而意见一致，然此四例《穀梁》《公羊》并无冲突，则《繁露》与《穀梁》意见的这种吻合，并不影响其公羊学的思想立场的一贯。

意义比较严重的，是《顺命》《玉英》两篇中的三例，《繁露·顺命》大段抄录《穀梁传》的两节文字，其一见于《穀梁传·庄公元年》："人之于天也，以道受命；于人也，以言受命。不若于道者，天绝之也；不若于言者，人绝之也。臣子大受命。"其二见于《穀梁传·庄公三年》："独阴不生，独阳不生，独天不生，三合然后生。故曰：母之子也可，天之子也可，尊者取尊称焉，卑者取卑称焉。"这两节文字虽未必是《穀梁》与《公羊》的分歧所在，但《繁露·顺命》对这两节几乎是原封不动地全部抄录，仅个别字词不同，这显然不像是董仲舒的行为。有人说《穀梁传》后出，这两例不是《繁露》抄《穀梁》，而是《穀梁》抄《繁露》，然而江公传习《穀梁》并为仲舒论敌，则《穀梁》晚于仲舒之说实难成立。有人说《史记·儒林列传》所谓"江公为《穀梁春秋》"意谓《穀梁》为江公所作，然而"为"字意思含混，有时指撰作，有时指"治"，尚不足成为推翻《汉书》所载《穀梁》体系的证据。那么，《顺命》

之抄录《榖梁传》，便意味着这一篇不是仲舒原作，而是后来掺入的榖梁家作品。《顺命》提到"德侔天地者皇"，似是援引道家与阴阳家关于"皇""帝""王""霸"的理论，而董仲舒并未对这种理论表示过赞同，《繁露·三代改制质文》说："圣王生则称天子，崩迁则存为三王，绌灭则为五帝，下至附庸，绌为九皇，下极其为民。"与《顺命》"德侔天地者皇"的意思有明显的差别，则上面推断《顺命》为误掺入《繁露》的《榖梁》一派的著作，是可以成立的。

《玉英》的情况略有不同。《春秋·庄公四年》："纪侯大去其国。"《公羊传》说："大去者何？灭也。孰灭之？齐灭之。曷为不言齐灭之？为襄公讳也。《春秋》为贤者讳，何贤乎襄公？复仇也。"《榖梁传》说："大去者，不遗一人之辞也。言民之从者四年而后毕也。纪侯贤而齐侯灭之，不言灭而曰'大去其国'者，不使小人加乎君子。"对齐襄公复九世之仇而灭纪侯一事，《公羊》以齐襄公为贤，《榖梁》则以纪侯为贤而以齐襄公为小人，在这一重大问题上看法相反。《繁露·玉英》说："纪侯率一国之众以卫九世之主，襄公逐之不去，求之弗予，上下同心而俱死之，故谓之大去。《春秋》贤死义且得众心也，故为讳灭。以为之讳，见其贤之也。以其贤之也，见其中仁义也。"这一席激烈地推崇纪侯的言论，与《榖梁传》意思全同而与《公羊传》义相敌对，显然是出自榖梁家。然而《玉英》更多的是遵从《公羊》义，例如篇中说："传曰：'臧孙许与晋却克同时而聘乎齐。'"是引《公羊传》文，而《榖梁传》无此语。又《玉英》提到鲁隐公五年"公观鱼于棠"，称经文有"讥"的意思，是采用《公羊》之义："何以书？讥。何讥尔？远也。"《穀梁传》称"公观之，非正也"，未用"讥"字。《玉英》说："昏礼不称主人，经礼也；辞穷无称，称主人，变礼也。天子三年然后称王，经礼也；有故则未三年而称王，变礼也。"是分别采用《公羊·隐公二年传》《成公八年传》及《昭公二十三年传》之义，而与《穀梁》义无关。则《玉英》当为仲舒原作，称赞纪侯的一节虽沿袭《穀梁》，但处于《玉英》篇末，应是后人所附加的部分。

在这里，《春秋繁露》书中已被证实是穀梁家文字掺入的部分，仅有《顺命》一篇和《玉英》篇末尾一节，为数极少。书中绝大部分篇章都采纳公羊义，其出于仲舒之手应是可靠的。关于程大昌的怀疑，南宋的楼钥已在《春秋繁露跋》里做了有力的驳斥。程大昌说，《通典》《太平寰宇记》所引《繁露》语，均不见于当时流传的《繁露》书中，而楼钥见到当时刚开始流行的《繁露》罗氏兰堂本，发现程大昌所谓不见于《繁露》的佚文，其实都在兰堂本之中，可见"程公所见者未广"。楼氏又指出，《说文解字》"王"字所引的仲舒佚文，正在《王道通三》篇；仲舒对策的许多见解，"亦皆在其书中"，因而断定《繁露》一书"为仲舒所著无疑"。另外，徐复观先生在《两汉思想史》卷二详细论述《繁露》书中"五行"的问题，指出《盐铁论》中文学称董仲舒"推言阴阳，四时相继，父生之，子养之；母成之，子藏之"，正见于《繁露·五行对》，则五行乃是董仲舒的重要论题。徐氏又说明《繁露》各篇议论五行均循由相生或相胜的次序，其中并无不一致的地方。凡此种种，都表明关于《春秋繁露》的各种怀疑，都是不必要的。

五、公羊学"孔子王鲁"说及其与穀梁学的分歧

公羊学与穀梁学的分歧很多，而如何评价孔子，可能是他们争

论的首要问题。两派都尊崇孔子为"素王",而公羊家所谓的"素王"是指"王鲁",穀梁家所谓"素王"却是指继承殷王统绪。这一分歧又涉及孔子是不是三统中的一统,并由此影响到西汉皇帝对两家的态度,在西汉春秋学乃至整个经学史上的意义可说是至关重要的。

关于这一分歧,东汉许慎在《五经异义》里含混地提到过:

> 公羊说:哀十四年获麟,此受命之瑞,周亡失天下之异。
> 左氏说:麟是中央轩辕大角兽,孔子修《春秋》者,礼修以致其子,故麟来为孔子瑞。……许慎谨按:公议郎尹更始、待诏刘更生等议石渠,以为吉凶不并,瑞灾不兼,今麟为周亡失天下之异,则不得为瑞,以应孔子至。(见于《礼记·礼运疏》)

此处尹更始是石渠阁会议上穀梁派五人代表之首,刘更生即刘向,在穀梁派五人中居第二位。初看起来,尹、刘称麟"不得为瑞,以应孔子至",似是针对左氏一派"麟来为孔子瑞"的说法而论。然而仔细分析一下,便知道事实上不是这样,因为尹、刘的驳议是在宣帝时的石渠阁会议上提出来的,而在宣帝时左氏学派尚未形成。那么,我们只能采取另一种选择,将尹、刘驳议的对象归结为公羊家的这一命题:"哀十四年获麟,此受命之瑞,周亡失天下之异。"其中"此受命之瑞"一句显然是"孔子受命之瑞"的省略语,否则穀梁家"不得为瑞,以应孔子至"的驳议便无从讲起。左氏一派说"麟来为孔子瑞",即是沿袭公羊家"麟为孔子受命之瑞"的命题。由这争论可以知道,公羊学派原来竟有这样的思想:在王朝更迭的循环链条上，取代周朝而王天下的，本来应当是孔子！

关于公羊家"麟为孔子受命之瑞"的说法，王充《论衡·指瑞》篇做了如下的介绍：

> 《春秋》曰："西狩获死麟。"人以示孔子，孔子曰："孰为来哉？孰为来哉？"反袂拭面，泣涕沾襟。儒者说之，以为天以麟命孔子，孔子不王之圣也。

此说不见于《穀梁》与《左传》，唯见于《公羊传》。《公羊传》说："麟者，仁兽也，有王者则至，无王者则不至。有以告者，曰：'有麇而角者。'孔子曰：'孰为来哉？孰为来哉？'反袂拭面，涕沾袍。"与王充所引孔子语及孔子表现几乎完全相同。而称"有王者则至"，亦与王充所谓"儒者说之，以为天以麟命孔子"的意思接近，则王充所谓的儒者必属公羊学派。许慎年辈晚于王充，所引公羊家"受命之瑞"的说法，一定也就是王充所介绍的。

按照公羊学的理论，这种王朝的循环应遵守三统的节律，而孔子在三统中的位置是"王鲁"。《春秋繁露·三代改制质文》说："故《春秋》应天作新王之事，时正黑统。王鲁，尚黑，绌夏，亲周，故宋。"又说："《春秋》作新王之事，变周之制，当正黑统。而殷、周为王者之后，绌夏，改号禹谓之帝，录其后以小国，故曰绌夏存周，以《春秋》当新王。"参照《繁露》书中关于商汤"时正白统"和周文王"时正赤统"的规定，可以知董仲舒是以夏为正黑统，商为正白统，周为正赤统，周亡以后，鲁取代之，又为正黑统，开始新的一轮的循环。以鲁为新王的三统，是"商→周→鲁"，夏代退出三王的行列，进入五帝的层次，因而说"改号禹谓之帝"，亦即"绌夏"。所谓"亲周"，是指周为鲁的最接近的一代；所谓"故宋"，是说商宋由近代逝入较远的一代。实际上，公羊学有"王鲁"及孔子为素王之说，乃是学界所熟知的，唯"王鲁"与"素王"的关系一直不甚明朗，今由《五经异义》了解到公羊家认为周亡之际孔子始受命，便可明白所谓的"王鲁"以及"《春秋》当新王"实际上都是指孔子继周之后受命而王天下。

这样的主张给人以野心勃勃的印象，似乎儒家不是一个可以辅佐任何朝廷的学派，而是一个拥戴孔氏而自有其宗教信仰与政治抱负的集团。汉帝对于这样的势力，虽倾向于笼络和求助，但总不会十分地放心。例如武帝虽招引儒者，但未给予政治上的实权，任命公孙弘为丞相，丞相却如同虚设；任命董仲舒为诸侯国相，但诸侯国的版图已日益缩小。武帝委以重权的人物，多不具备儒门的背景。对于这种儒者得不到信任的局面，武帝以后的贡禹和盐铁会议上的文学都曾予以揭露和批评。在武帝去世以后，公羊学大师眭孟竟建议昭帝"求索贤人，禅以帝位"（见《汉书·眭孟传》），以致蒙受"大逆不道"的罪名被诛（同上）。于是到宣帝时期，公羊学派几乎处于危机状态了。宣帝声称，儒生"好是古非今"，"何足委任"（见《汉书·元帝纪》）！并极力扶植穀梁学，以与公羊学派抗衡。这就难怪穀梁家要抓住时机，否认孔子受命的符瑞了！

穀梁一派既然否定了孔子有受命作新王的资格，怎么来解释"素王"的命题呢？他们的办法是依据《穀梁传》，改变孔子在圣王系列中的位置。《穀梁传》说："孔氏父字，谥也。或曰：其不称名，盖为祖讳也。孔子，故宋也。"宋为殷后，其称孔子为宋人，如同宣布孔子为殷后。到汉成帝年间，传习《穀梁》的梅福根据这一点，提出"封孔子之世以为殷后"的建议：

> 《春秋经》曰："宋杀其大夫。"《穀梁传》曰："其不称名姓，以其在祖位，尊之也。"此言孔子故殷后也。虽不正统，封其子孙以为殷后，礼亦宜之。（见《汉书》本传）

此处应注意承认孔子为殷人与承认孔子为殷王嫡系是有区别的。既非嫡系，自然无权继承殷宋的爵位。梅福声称"礼亦宜之"，可见褒封孔子为殷后仍需要礼学的支持。当时后氏、戴氏礼学融合齐鲁学说，造成礼学的扩大与革新，提出一些前所未有的见解（参见第五章），以致使孔子后人十足地具备了继承殷朝统绪的资格。不过，穀梁学能与二戴礼学配合，致使成帝"下诏封孔子世为殷绍嘉公"，已可说是很大的成就，足令公羊家嫉妒了。

孔子既"世为殷绍嘉公"，"王鲁"之说便难以维持，于是公羊家不得不加以修正。《春秋左氏经》"获麟"句下有孔颖达疏说：

> 说《公羊》者云：麟是汉将受命之瑞，周亡天下之异。夫子知其将有六国争强，秦项交战，然后刘氏乃立。夫子深闵民之离害，故为之陨泣。麟者，太平之符，圣人之类。又云：麟得而死，此亦天告夫子将没之征也。

此处公羊家说与王充所介绍的公羊说有巨大歧异，绝非出自王充、许慎所见的公羊学著作。现今流行王复所辑、武亿所校的《驳五经异义》，载许慎引公羊说："哀十四年获麟，此汉将受命之瑞"，"汉将"二字即是武亿等依据《春秋左氏经疏》所引的公羊家说而误补。今取何休《春秋公羊解诂》与《春秋左氏经疏》所引的公羊家说相对照，竟一一相符，例如在《公羊传》"反袂拭面涕沾袍"句下，何休《解诂》云："夫子知其将有六国争强、从横相灭之败，秦项驱除、积骨流血之虞，然后刘氏乃帝。深闵民之离害甚久，故豫泣也。"在传文"吾道穷矣"句下，何休《解诂》云："得麟而死，此亦天告夫子将没之征。"《左氏经疏》所引的公羊家说显然就是何休这两段文字，只是略变词句而已。何休为东汉人，其说"获麟"为"汉将受命之瑞"，究竟是自创新义，还是沿袭前人旧说，尚无法论定。在这里只可推断，将公羊家"麟为孔子受命之瑞"的命题改成"麟为汉将受命之瑞"的命题，乃是石渠阁会议以后的公羊学者的创造。

至此已可明白，石渠阁会议以前的《春秋》公羊学派乃是一个极具雄心与魄力的学派，其所谓孔子为素王，是指孔子"王鲁"，代表着周朝以后的圣王的正统。穀梁学派在石渠阁会议上的胜利，并非由于理论上有何重大突破，而不过是由于迎合汉宣帝的专制主义的意向，将孔子归入殷的系统。石渠阁会议之后，公羊家渐渐放弃孔子"王鲁"的旧说，则可看作是根据社会政治现状而做的理论调整。公羊学的"大一统""天人相应"等说法，对于汉帝国的形成与扩展具有莫大的价值，这一学派所受的挫折，大概只能从他们的孔子"王鲁"的学说来加以解释。

六、大一统与元学

《春秋》公羊学之义，首推"大一统"。而当代学界关于"大一统"的解释，颇多分歧。有人说"大一统"便是政治上的受命和创制，有人说为政治统一，有人说"大一统"只在于统一思想，最近又有人说"大一统"的"大"字乃是动词，意谓张大或推崇"一统"。由于"大一"两字与"元"的概念相联系，因而"大一统"又涉及"元"的问题，亦即公羊学的哲学思想的最根本的概念问题。有人说"元"即元气，又有人说"元"只是元，与"气"无关。笔者以为董仲舒所谓"大一统"即大一之统，大一既非道家所尊崇的"太一"，亦非武帝所祭祀的"太一"，而是惠施所说的"至大无外，谓之大一"。仲舒为避免误会，多称"大一"为"元"，意指推演至极的一种绝对观念。从政治上说，"大一统"是从"以《春秋》当新王"的思想引申出来的，由此可以说明穀梁一派的议论何以没有提到"大一统"三个字。

首先，让我们看看西汉公羊学"大一统"思想的来由。《春秋》公羊、穀梁两家传本的第一句话，都是"元年春王正月"，《公羊传》释云：

> 元年者何？君之始年也。春者何？岁之始也。王者孰谓？谓文王也。曷为先言王而后言正月？王正月也。何言乎王正月？大一统也。

所谓"元年者何？君之始年也"，合乎三代的通例，《尚书》与金文纪年，君主即位之年多称"元年""元祀"。至于说"王正月"即指文王而言，有"大一统"之义，却是《公羊传》的发挥，因为金文多提到"王正月"，《春秋经》"王正月"三字绝没有特殊的含义。《公羊传》认为经文其所以将"正月"系于"王"字之下，是由于"大一统"。看来传文的这个"大"字的确可以看作是动词，意谓关于"一统"的强调、张大或发扬。今人称其为尊崇"一统"，与《公羊传》原义颇一致。

但如果这样来解释董仲舒的学说，却是难以成立的。《春秋繁露·三代改制》说："《春秋》曰王正月。《传》曰：'王者孰谓？谓文王也。曷为先言王而后言正月？王正月也。'何以谓之王正月？曰：王者必受命而后王。王者必改正朔，易服色，制礼乐，一统于天下。……王者受命而王，制此月以应变，故作科以奉天地，故谓之王正月也。"《公羊传》称"王正月"谓周文王，本是指鲁公奉周王正朔，将鲁置于周的"一统"之下，而董仲舒将"王正月"解释为"受命而后王，制此月以应变"，意谓受命的新王改正朔，而产生这一"正月"，从而形成了"以《春秋》当新王"的学说。按这学说，《春秋》不应当是奉周王正朔的鲁国史书，而应当是取代周朝的"新王"之史。所谓"王鲁"，就是这个意思。董仲舒关于"大一统"的理解，也是以这种"王鲁"的学说为其基点。《穀梁传》无"大一统"三字，西汉穀梁家自江公以下，均与董仲舒公羊学持分庭抗礼的态度，他们看到董仲舒所谓的"大一统"竟和"王鲁"有关，便对这三个字绝口不提了。

董仲舒既然不承认"王正月"的王是周文王，主张此"文王"乃是受命创制的"新王"，便应当为新王的权威寻找依据，这依据便是"元年"两字。《春秋繁露·玉英》说："谓一（为）元者，大始也。"《王道》说："《春秋》何贵乎元而言之？……言本正也。"《重政》说："唯圣人能属万物于一，而系之元也。不及本所从来而承之，不能遂其功，是以《春秋》变一谓之元。"《二端》说："是故《春秋》之道，以元之深，正天之端。以天之端，正王之政。"这些话的意思都是故意曲解古书纪年的常例，认为君之始年应当称"一年"，《春秋》称"元年"是"变一谓之元"，非同寻常，寓含深意，堪为新王改命创制的理由。

"元"的含义究竟深到何种程度呢？请看董仲舒在《对策》中的解释：

> 臣谨案《春秋》谓一元之意，一者万物之所从始也，元者辞之所谓大也。谓一为元者，视大始而欲正本也。

这一解释与《繁露·玉英》所谓"谓一（为）元者，大始也"的意思相合，可看作是董仲舒关于"元"字的标准诂训。文中的"视"意即"示"，"示大始而欲正本"中的"大"肯定是名词，因为上文指出："元者辞之所谓大也。"其中"元"为名词，"大"自然也是名词，而且《深察名号》说过："治天下之端，在审辨大。"另外，"元"字又有"始"义，否则"谓一为元"便不可能。那么，仲舒所谓"元"乃兼有两种意思，一是指"大"，一是指"始"，合起来便是"大始"。"谓一为元者，视大始而欲正本也"，意谓《春秋》将"一"字改为"元"字，是想将"元"这个"大始"显示出来，当作新王改命创制的依据或根本。

《公羊传》称元年为"君之始年"，董仲舒说这是"变一谓之元"，可见"一""始"两字在仲舒著作里的含义是相同的。那么，他所谓的"大始"，亦即"大一"。由于此处"大"字是与"小"字对待而论的，因而这"大一"稍不同于《楚辞》里的"东皇太一"，亦非道家"主之以太一"之意。汉武帝将天神当中最高的一位称作"太一"，加以奉祀，似与道家、阴阳家的学说有关，而与董仲舒所谓的"大始"不同。董仲舒的"大一"也许可由惠施的下述命题而得到较好的理解：

　　　　至大无外，谓之大一；至小无内，谓之小一。（见《庄子·天下》）

　　"大"字在《繁露》书中虽常作名词使用，但终究不离其形容词的本义，因而董仲舒所谓"大始"或"大一"，应与惠施所谓的"大一"意思接近。惠施称"大一"即"至大无外"，《公羊传》则于隐公元年、桓公八年及僖公二十四年三次提到"王者无外"，《春秋繁露·深察名号》进而声称"天覆无外"。仲舒所谓"大始"或"大一"与天无疑是密切相关的，自然有"至大无外"的品格。这种"大一"纯粹是某种标志理念的术语，或者说仅有观念性而无物质性。董仲舒可能是想与道家"主之以太一"的思想保持距离，一般不提"大一"两字，只用"元"字来表示"至大无外，谓之大一"的意思，那么"元"也应当是标志理念的名词。

　　董仲舒颇注重于"尊天""法天"等，历来为学界所公认。"元"与"天"究竟哪一个重要呢？《春秋繁露·重政》说："元者为万物之本，而人之元在焉。安在乎？乃在乎天地之前。"《二端》说："《春秋》之道，以元之深正天之端，以天之端正王之政，以王之政正诸侯之即位，〔以诸侯之即位，正竟内之治〕①，五者俱正而化大行。"其称"元"在天地之前，而且"元"之"正天"犹如"天"之"正王"，则"元"实为董仲舒心目中的宇宙本原。很多学者以为"元"即"元气"，恐怕不对，因为董仲舒以元正天的意思只能说是上天遵从着"元"的法则，如果解释为"以元气正天"，便很勉强。再说，仲舒说"变一谓之元"，意即将"一"这个概念扩充为整个公羊哲学的根本性的概念，这个"一"的原义不过是指开始，由"始"扩充为最高法则是可以的，由"始"扩充为"元气"却是不伦不类的。《繁露·王道》说："王正则元气和顺，风雨时，景星见，黄龙下。"则"元气"在公羊哲学概念系列中的位次尚不如天地，更何况是高于天地的"元"呢！《春秋繁露》除"元气"之外，还提到"元士""元科"等，推敲这类词汇的结构，可以知道"元"一旦加于某种事物之上，便成为这种事物的某种修饰语，意谓此种事物之首要者，只有独立的"元"才是绝对的或极度抽象的。董仲舒哲学有注重三纲五常的倾向，并以"元"来概括纲常伦理的出发点。可以设想，"元"只有在绝对的独立和抽象的情况下，才会成为纲常伦理的依据，若是元气便起不到这种作用了。

"元"既然是理念、法则之类，它与天地的关系便只能是逻辑的关系，不会是宇宙发生或构成的关系。当董仲舒强调指出"（元）乃在乎天地之前"的时候，他的意思一定是指"元"是天地"正王之政"的逻辑依据或准则。很多学者认为这种将天地本原归结为某种法则的哲学是由魏人王弼创始的，这种看法其实不够精确，确切

---

① "即位"之"即"字，以及"以诸侯之即位正竟内之治"一句，原缺，从四库馆臣说，据《公羊传》隐公元年何注补。

地说，王弼的贡献不仅仅是将天地的本原归结为理则之类，而且还包括另外两种创造：其一，是说明这种理则"无形无名"，属形上的范围；其二，是说明这种理则与天地万物的"体用如一"或"本末不二"的关系。这后面的两种创造都是董仲舒所没有的。与其说董仲舒的哲学是本体论，不如说他的哲学是金字塔形的系统思想。在这系统里，"元"处于塔尖的位置，其他各阶层同"元"的关系有远近的不同，除天以外，各阶层只是间接地与"元"发生联系，他们在具体行为上乃是遵守天的旨意和规范，"元"对他们的约束，不过是要他们尊天、法天罢了。

讲到这里，可以明白公羊家"大一统"的意义所在了。《公羊传》说："何言乎王正月？大一统也。"这话原意只是要张大一统，而在董仲舒及其后学者来看却是指强调"元"或"大一"之统，全句在他们看来是这样的："为何要提王之正月呢？因为这是元或大一所决定的啊！"由于"王正月"的广义是指"以王之政正诸侯之即位，以诸侯之即位正竟内之治"，狭义是指新王改正朔而创立新制，那么"何言乎王正月？大一统也"两句又可以进一步地翻译成这样："为什么诸侯以下均要听从新王的改命创制呢？因为这种改命和创制终归是由元的法则规定的啊！"在董仲舒的学说里，"元"对天以下的各阶层并无具体的规范，它只是要求王必须听从于天，诸侯必须听命于王，四境之民必须听命于诸侯，此即《繁露·玉杯》所云："《春秋》之法，以人随君，以君随天。……故屈民而伸君，屈君而伸天。"亦即《为人者天》所云："唯天子受命于天，天下受命于天子，一国则受命于君。"如果说"元"是某种规范的话，那么这种规范不过是关于专制社会等级关系的最一般的规定。至于诸侯怎样做才算是服从了天子，天子怎样做才算是服从上天，都要听凭天子和上天的意旨来确定，已经与"元"无关了。

关于"大一统"，西汉人有两起议论，极为重要，第一次是董仲舒对策所说的：

> 《春秋》大一统者，天地之常经，古今之通谊也。今师异道，人异论，百家殊方，指意不同，是以上亡以持一统；法制数变，下不知所守。臣愚以为诸不在六艺之科、孔子之术者，皆绝其道，勿使并进。邪辟之说灭息，然后统纪可一而法度可明，民知所从矣。（见《汉书·董仲舒传》）

假若我们像过去通常理解的那样，将"大一统"看作是"一统"或"统一"，便产生了一个问题，即这一建议与秦代李斯关于焚书的建议竟极为相似，至少在形式上都提议对妨碍统一和法度的"百家争鸣"予以镇压和限制，只是在镇压的具体对象方面略有出入。然而仲舒对策既已抨击秦朝的"重禁文学，不得挟书"，则在形式上不应主张镇压学术以维持法制的统纪。今按"大一统"即"元"之统，亦即"以元之深正天之端，以天之端正王之政，以王之政正诸侯之即位，以诸侯之即位正竟内之治"，反过来说便是"屈民而伸君，屈君而伸天"。这种连锁性的决定论，应当由君主负责维持。因而仲舒所谓的"上亡以持一统"，实指"百家争鸣"妨碍王政与诸侯四境之治的"正"，以致破坏了由"元"到天再由天到王的一贯性，天子无法对"元、天、王、诸侯、民"的系统加以维持，这便是"上亡以持一统"。一旦结束"百家殊方"之局，使元正天、天正王、王正诸侯、诸侯正民的链条保持完好，此即"统纪可一"。"罢黜百家"自然是一件很坏的事，但最初提这建议的董仲舒并未以单纯地维持法度为理由，而是以他的"大一统论"或元学为出发点的。

在汉宣帝时，王吉也上疏提到"大一统"，他说：

> 《春秋》所以大一统者，六合同风，九州同贯也。今俗吏所以牧民者，非有礼义科指可世世通行者也，独设刑法以守之。其欲治者，不知所繇，以意穿凿，各取一切，权谲自在，故一变之后不可复修也。是以百里不同风，千里不同俗，户异政，人殊服，诈伪萌生，刑罚亡极，质朴日销，恩爱寝薄。（见《汉书·王吉传》）

从文中"所以牧民者"的句式来看，"所以"是"所用来"的意思，与当今白话中的"所以"大为不同。其称"《春秋》所以大一统者，六合同风，九州同贯也"，是说《春秋》用"大一"或"元"来统贯，是为了实现风俗的合同与和谐。俗吏的刑法之治竟使"百里不同风，千里不同俗"，便背离了"大一统"的初衷。王吉此疏与董仲舒对策有一个共同之处，即两者都将"以元正天，以天正王，以王正诸侯，以诸侯正民"的法则看作是金科玉律，而且都明白皇帝对这科律一定会认可。他们的逻辑都是：一切妨碍这科律的事物和思想，都是应当排除的。

假若用当代的术语来表达，"大一统论"即是"元决定论"，亦即"一元论"。董仲舒关于"元"的论述已有"一元论"之义，我们现在用这术语来指称很多学说，应当感谢董仲舒，因为这个术语几乎可说是由他发明的。

七、关于宇宙系统模式的构想及其感应

以董仲舒为首要代表人物的西汉公羊学，从整体上看主要是一种系统思想。过去学界谈论哲学史，常喜欢使用文德班《哲学史教程》里的分类方法，将中国古代的一些哲学流派区分为宇宙论的派别和本体论的派别。这种划分当然是可取的，例如汤用彤先生采用这样的划分标准来看待魏晋玄学，已取得极大的学术成就。然而当我们使用"宇宙构成论"的术语时，应注意这是指那些研究宇宙万物是由何种质料构成的学说，不是指中国古代的以五行、五帝分布于四时四方的学说。考察董仲舒《春秋繁露》一书以及西汉其他学者的著作，却可以看出这些著作正是以五行、五帝之类的分布与配合为其主要内容。当然，董仲舒等人并非不讲宇宙构成论，不过，他们在偶然地探讨万物的构成以及宇宙的构成问题时，往往显得缺乏兴致。确切说来，他们关于宇宙构成问题的论述，不过是为五行、五帝的分布理论及其配合理论做铺垫。在这种情况下，我们不能不将公羊学思想与当代系统论做一比较。系统论是一种现代学科，并且正处于继续完善的过程中，西汉公羊家当然不可能提出"系统论"，但他们却可能提出关于系统模式的种种构想。公羊学里的五行说、十端等，其实正是典型的系统思想。董仲舒所推崇的"元"既不是宇宙构成要素，亦非现象界背后的本体，只有将它看作某种系统的核心，才是合乎情理的。

从《春秋繁露》书中，可找出一些带有宇宙构成论意味的命

题，例如《五行相生》说："天地之气，合而为一，分为阴阳，判为四时，列为五行。"应注意这里的"天地之气"是与"天地之体"相区别的，其所谓"气"乃是天地所施放的东西，天气与地气混合起来，可能就是"元气"。两种气分开，便是阴气和阳气。由阴阳二气的运转变化，便有了四时和五行的不同。这种宇宙构成的说法乃是战国秦汉之际的老生常谈，董仲舒期望骇人听闻的效果，自然不会停留在由元气到阴阳再到四时五行的古代常识上。他由这种常识推到中国古代更复杂的一种认识，即"四时"也是有阴阳之分的，意即《阴阳出入上下》所云："春，出阳而入阴；秋，出阴而入阳；夏，右阳而左阴；冬，右阴而左阳。"这说法只是将古代的常识稍加引申，古人所谓阴阳最初是指山之南北，山的北面背向阳光，阴暗寒冷，故称"阴"；山的南面正对阳光，明亮温暖，故称"阳"。阴阳本有冷暖之义，故可用于季节的划分，春夏属阳，秋冬属阴，于是《暖燠孰多》继续甄别，将阴阳分为少阴、太阴、少阳、太阳，少阳为春，太阳为夏，少阴为秋，太阴为冬。五行按相胜的次序排列是"土木金火水"，按相生的次序排列是"木火土金水"，其相生次序与四时之序正好有共同点，木正象征着春季草木的初生，火代表夏季的炎热，金代表秋天的肃杀，水代表冬天的寒冷，土在中央，配季夏，于是五行和四时竟一一对应起来了。《五行对》说："水为冬，金为秋，土为季夏，火为夏，木为春。"所讲的正好是这种对应关系。中国气候正好是东温，南热，西凉，北寒，即五行、四时又可与东西南北中相配。《吕氏春秋》十二纪首章讲一种五行、五季、五方、五色、五味、五脏、五帝、五神、五音、五数、五虫、五祀等的配合系统。董仲舒大致上接受了这一系统，并在《阳尊阴卑》《阴阳终始》《阴阳出入上下》《天地阴阳》《五行对》《五行之义》《五行相生》《五行顺逆》等篇对这系统做了很多带有发挥的论述，他所做的发挥，不是将这系统加以无限地扩充，而是不厌其烦地探讨系统内各种元素的运转趋向和相互影响。这种影响归根结底，即是"天人感应"。

我们且将"天人感应"的问题放在一边，先来看一看董仲舒是怎样来安置"元"在宇宙系统中的位置的。在他所提到的自然界与人类的高低等次中间，最高的是"元"，其次是"天"，其次是"王"，其次是诸侯，其次是百官与百姓。仲舒对于"元"只用"大""一""始"三字来限定，未做过多的形容，而他所谓的"天"就要复杂得多了。《繁露·官制象天》说，天有十端，即天地阴阳五行与人，其中总括十端的"天"是广义的，竟包括"人"在内；十端之一的天是狭义的，竟将阴阳五行排除在外，这两种"天"显然都不是与人对待而又为"元"所统摄的天。一般来说，董仲舒所谓"天"是包括阴阳五行的，例如《五行对》说："天有五行，木火土金水是也。"《阳尊阴卑》说："天以阴为权，以阳为经。"都将阴阳五行的各种表现包括在"天"的范畴里。至于日月、五星、九曜、二十八宿等，当然更是"天"的内容。由于五行与五季配合，阴阳与寒温配合，气候的冷暖寒热便可说是上天意志与情感的表现。这样，日月五星、阴阳五行、四季气候等，便都是天的系统的元素。所谓天的系统是指整个宇宙系统的子系统，另一个子系统是人的系统，就阶层而言依次有王、诸侯、百官、民等，就行政而论则有刑德等，就伦理而言又有三纲五常等。所谓天人合一，即是指天的系统与人的系统有相似的结构，可一一对应；所谓天人感应，即是指天的系统与人的系统可以相感、沟通，相互发生影响。这两个系统构成了宇宙的庞大的复合系统，而这大系统有一个中心，即是"至大无外"的"元"。其所谓"无外"不是说"元"与宇宙系统可完全地重合，而是说"元"作为一种法则乃是宇宙万物的根基所在，没有一件事物不是由"元"最终地决定着的。

现代系统论有所谓"定中心系统"的概念，意谓此类系统有一个中心，系统中的各种元素都与这中心直接联系，接受这中心的控制或规定。魏人王弼的"大衍之数"理论与这种"定中心系统"的思想有相似之处，而董仲舒的系统思想则与此不同，因为仲舒所谓"元"只对天有直接的作用，对王、诸侯等的影响都是间接的。在董仲舒的学说中，"元"与其他的部分略嫌脱节，因为除了支持天的权威以外，"元"的作用很不显著。在董仲舒描绘的世界图式当中，社会政治主要是受上天的操纵，天的系统和人的系统的相互对待及其作用，构成了董仲舒学说的主题。人们有时说他的哲学即是天人合一、天人感应的哲学，甚至说是天的哲学，正道出了他的哲学的主要缺陷。

董仲舒所讲的天人感应，即是天的系统与人的系统之间的控制和反馈。现代哲学控制论主要研究这样一种系统，它至少含有两个子系统，即施控系统与受控系统，前者对后者进行控制，后者对前者产生反应。前者根据这种反应的信息，对它的控制加以调整，以便维持控制并保持整个系统的稳定。这种反应与调整乃是受控系统对施控系统的反作用，一般称为"反馈"。董仲舒所谓"天人感应"即是天系统与人系统的相互作用，正是控制和反馈。《春秋繁露·官制象天》说："求天数之微，莫若于人。人身有四肢，每肢有三节，三四十二，十二节相持而形体立矣。天有四时，每一时有三月，三四十二，十二月相受而岁数终矣。"《阳尊阴卑》说："天之大数毕于十，……人亦十月而生，合于天数也。"《人副天数》说："天以终岁之数成人之身，故小节三百六十六，副日数也。大节十二分，副月数也。内有五脏，副五行数也。外有四肢，副四时数也。"这是从生理上论证天数与人数合一。《官制象天》说："王者制官，三公、九卿、二十七大夫、八十一元士。……三人而为一选，仪于三月而为一时也。四选而止，仪于四时而终也。……天有四时，时三月；王有四选，选三臣。是故有孟有仲有季，一时之情也；有上有下有中，一选之情也。……天有四时，每一时有三月，三四十二，十二月相受，而岁数终矣；官有四选，每一选有三人，三四十二，十二臣相参，而事治行矣。"这是从官制上论证天数与人数合一。在董仲舒眼里，天数与人数相合是正常的，不合是反常的，保持正常的办法是人仿效天并接受天的操纵，此即《为人者天》所说的："人之形体，化天数而成；人之血气，化天志而仁；人之德行，化天理而义；人之好恶，化天之暖清；人之喜怒，化天之寒暑；人之受命，化天之四时。"人的一切都是模仿天而形成，故人的系统应接受天的系统的控制。如果人的系统在受控过程中表现得不够协调，天的系统就会做出不利于人的种种反应，"先出灾害以谴告之"。假如人系统的君主"不知自省"，天系统"又出怪异以警惧之"。若是人的系统"尚不知变"，于是"伤败乃至"（见《天人三策》）。在这里，天的系统对人的系统的干涉，即施控系统对受控系统的控制；人的系统的失常及其对天的影响，是受控系统对施控系统的反馈；天的谴告与警惧使人的系统恢复正常，是施控系统根据反馈信息而做出的再控制。

这种系统与控制的学说，当然不是科学，因为天系统与人系统的对应与吻合，在这里并未经过严肃的论证，而不过是根据一些"数"的偶合。当董仲舒多方罗列天人感应的事例时，他所依赖的也不是经验或逻辑上的证明，而是借助于社会上人们对上天的习惯上的敬畏。如果说这种天人之间的契合与感应有理论依据的话，这依据便是"元"。而"元"不过是出自直觉的判断，从"元"出发来说明天人感应的合理性，几乎可说是一种硬性的或武断的规定。不过，历史上荒谬的东西往往有其特殊的价值。董仲舒不厌其烦地谈论上天的谴告，意在恐吓皇帝，使他们在权力无限膨胀的境况之下有所节制，并促使他们对政治上的各种弊端加以注意和纠治。在中古专制主义时期，君主很少受到约束，能使他们感到畏惧的，不过是上天的权威。《汉书·五行志》多载有董仲舒《灾异之记》的文字，大致是将春秋以来的各种灾异与当时统治者的各种劣迹相联系，希望以此引起汉帝对灾异的恐怖感。推敲董仲舒及其弟子后学的动机与效果，均有可称赞的一面。不过到东汉时期，这种灾异理论已演变到极荒唐的地步，例如《论衡·寒温》引述东汉"说寒温者"的言论："人君喜则温，怒则寒。"这话过分夸大人对天的反作用，竟使君主变成施控的一方，使气候变成受控的一方！事已至此，董仲舒所传授的公羊学显然不再有希望赢得朝野学界的支持了。

八、带有形上学倾向的思想方法

上面已说过，西汉《春秋》公羊学从整体来看是一种关于天人系统模式的构想，从局部来看有着形上学的思想内容，例如董仲舒将一种相当于绝对观念的"元"置于天人大系统的中心位置，便是形上学思想与系统思想的混合。这种混合究竟是精致的还是荒唐的，在哲学史上究竟是可敬佩的还是可笑的，暂可不论，而对于这种混合背后的思路或思想方法，却不能抱着轻视或漠视的态度。董仲舒的思想方法有两种，一种是系统论的方法，即不论对于何种事物，都要将它分解成许多因素，然后着眼于这些因素的平行的关系，视为某种系统。不论对天，还是对人，不论是研究政治，还是议论心性，董仲舒都是沿着这种注重于系统性的思路来考虑问题。不过前人对这种思想方法已做过很多探讨，而且这种方法的特点清晰明白，故不准备在这里做多余的介绍。董仲舒的另一种方法，是按着形上学的思路来讨论名号问题及法则问题，这种方法对后世思想的发展颇有影响，而在现今的哲学史界尚未引起足够的重视，却是不可以忽略的。

董仲舒《春秋繁露》有《深察名号》一篇，专门探讨名号的依据及其意义。其所谓"名"相当于《荀子》所说的"别名"，其所谓"号"，相当于《荀子》所谓的"共名"。《深察名号》中说："名众于号，号其大全。名也者，名其别离分散也。"在这里，"全"与"散"是相互对待的，《深察名号》中有"散名"的字样，未使用"全名"的术语，不过为方便计，称"名"为"散名"，称"号"为"全名"，亦无不可。例如，祭有四时之祭，春祭曰祠，夏祭曰礿，秋祭曰尝，冬祭曰烝，其中的"祭"是"号"，亦即"全名"；"祠"、"礿"、"尝"、"烝"是"名"，亦即"散名"。

"名号"与"形"或"实"的关系问题，在中国古代逻辑学里处于重要的位置。按照今天的观点来看，名号当然是由"实"决定的。在名、实之间，又有现象与感知的问题，现象可以用"形"字来指称，因而"形"在时间顺序上也应当排在"名"的前面。但在董仲舒的学说里，形名、名实的关系不是这样的。在他看来，"名号"不是由"实"决定的，而是由"天"决定的，用《深察名号》的话来表达，就是"名发天意"。天意难测，唯有圣人才能了解，因而上天所规定的名号，唯有通过圣人的宣示才能受到人们的尊重，董仲舒着眼于这一点，便在《深察名号》中将"名发天意"的命题推演成"名则圣人所发天意"的命题。至于"形""象""实""事"之类，在因果的链条上都列到"名号"的后面，这一链条用《深察名号》中的语言来表达，便是："事各顺于名，名各顺于天。"

这种关于"名号"的理论，是由先秦儒家的"正名"思想发展来的。儒家的"正名"，是先由圣王来"制名""正名"，然后"以名正实"或"循名责实"。此说的初衷不过是想使后代的礼法遵从周代的礼制，或者说是使后代的"实"服从先代的"名"。而前代圣王制名的依据是什么？后代圣人"正名"的前提是什么呢？孔子对这问题未提出明确的意见，为后儒留有发挥的余地，例如，后儒可以将"正名"的依据归结为禀自上天的"良知"，亦可归结为社会政治的现实。董仲舒的名号理论乃是循由"良知"的思路，将这种头足倒立的逻辑思想推演到极致。

在董仲舒的学说里，有两个因果的链条，一是实在的，一是概念的。在实在的链条中间，"元"支配着"天"，"天"支配着"君"，"君"支配着诸侯臣民。在概念的链条中，天决定着名号，名号决定着情态的"逆顺"，情态的"逆顺"决定着关于事物价值判断的

"是非"。如果"是非之正，取之逆顺。逆顺之正，取之名号。名号之正，取之天地"，这也就是"事各顺于名，名各顺于天"。在这两个因果链条里，一环决定一环，沿着由"元"到"天"、由"天"到民的自上而下的顺序单向递进，绝对是不可逆的。先秦儒者在强调"正名"和"循名责实"的同时，往往还有"以民为本"的思想，而董仲舒将这种可逆的因素完全地排除了，他只主张"屈民而伸君，屈君而伸天"，只承认君是民的根本，天是君的根本。也就是说，支配的、决定的方向永远是自上而下，就政治而论是上层决定下层，就哲学而言是形上决定形下。

上面已指出董仲舒认为名号是"圣人所发天意"，而圣人在上述因果链条里，即处于"君"的位置上。例如，在董仲舒所提到过的圣人当中，尧、舜、禹等都是古代帝王，称其为"圣王"更贴切一些。周公曾摄政而履天子之位，一度称王，也可进入"圣王"的行列。孔子本为"不王之圣"，但公羊家给孔子加上了"素王"的名分，因而孔子也勉强可说是圣王中的一员。这样，在公羊学者所承认的圣人统绪当中，不享有君主地位或君主名分的竟是完全不存在的。所谓圣人代发天意，实际上就是天授意给君，君授意给诸侯以至臣民。有趣的是，董仲舒认为圣王或君主所发天意不但包括"名号"，还包括各种"法"。"法"即法则，包括政治法则、伦理法则等。例如《春秋》这部书，在董仲舒看来就是孔子代天所颁布的一部大法。

长期以来，人们对董仲舒设计的这一套自上而下的名号法则的系统，进行了许多的贬责，或称其为名实颠倒，或说为专制主义思想。就实而论，董仲舒这套理论的确是出自思想家的独断，而他关于圣王代天发意或代天立法的学说则是为某种独断制造理由。然而，我们既然对黑格尔的"头足倒立"的思想体系极尽赞颂之能事，为什么对两千多年以前的"头足倒立"的思想却要极力抨击呢？我们透过董仲舒的公羊学的荒谬的外表，可以看出这种学说带有一种理论的彻底性，由上层到下层的一环支配一环的不可逆的链条，无疑是极其严密的，因而也是精致的。黑格尔的那种博大精深的观念论体系，在中国思想史上极为罕见，而董仲舒的学说竟暗含着一种构造此种观念论体系的趋势，他所讲的由天到君再到臣民的链条，乃是循由着从形上到形下的顺序，显示出他所用的思想方法与形上学有着关联。或者说，他的思想方法之一，带有形上学的倾向。如果循由他的这种思路继续推演下去，黑格尔的那种逻辑学在中国是有可能出现的。从这一点来看，我们对董仲舒的名号法则的理论应给以积极的评价。

第五章
与国家宗教并行演进的西汉礼学

一、引言

在中国传统文化中,"礼"的概念的外延通常可以分为两个部分,其一是实践的部分,这在西汉时代便是政治与宗教等方面的礼制;其二是理论的部分,这在西汉时代便主要是官方学术中的礼学。礼制与礼学的关系是十分密切的,就其横向的结构而论,西汉礼制的部类往往也就是当时礼学的门类;就其纵向的历史而论,西汉礼制的分期与礼学的分期也在大体上相互吻合。

让我们先从横向的角度来看一看。原始的"礼"字通常可代表两种关系,一种是人与人的关系,一种是人与神的关系,前者是世俗的,后者是宗教的。对于西汉礼制和礼学,也可以这样分类。西汉有所谓的"朝仪",亦即朝廷君臣之间的礼节和典礼仪式,这种礼仪在西汉初期由叔孙通创始,在西汉武帝时期发生了很大的变化。《史记·礼书》和《汉书·礼乐志》都对西汉朝廷礼仪制度做了简要的介绍,而《汉书·律历志》所讲的"历法"涉及"服色",也与朝廷礼仪有关。朝廷礼仪所反映的是君臣关系,亦即中古时期最重要的一种社会关系，因而"朝仪"在世俗礼仪当中应处于最重要的位置。《礼经》十七篇有《觐礼》一篇，专讲四方诸侯进京朝觐天子的礼节仪式，但这只是"朝仪"的一部分，关于"朝仪"的大部分内容，《礼经》实际上并没有记载。《史记·礼书》和《汉书·礼乐志》记述了西汉一代朝廷礼制的沿革情况，说汉初的"朝仪"是由叔孙通制定的，而叔孙通的办法不过是对秦制加以"增益减损"，大抵是沿袭"秦故"。汉文帝时，有人要求重新制定"朝仪"，但汉文帝崇尚黄老，认为"繁礼饰貌，无益于治"，将这要求拒绝了。汉武帝时，招引许多儒生，请他们制定"朝仪"，这些儒生竟"十余年不就"，甚至推托说"古者太平"的时候才有"定制作"的创举，现在还不是时候！武帝下诏谴责说："议者咸称太古，百姓何望？汉亦一家之事，典法不传，谓子孙何？"于是"改正朔，易服色"，"定宗庙百官之仪"，但这制作活动是缺乏文献依据的，假如有这种依据的话，群儒也不会面临"十余年不就"的窘境，因而武帝以后的儒者不肯承认武帝制定的朝廷礼制是合理的，认为那仍是秦制的残余。《汉书·礼乐志》声称武帝"不暇留意礼文之事"，竟将武帝"改制度，易服色"的功劳一笔抹杀了。大致上看，从汉初到武帝年间，儒家礼学极其贫乏，在"朝仪"方面竟不具备可供参考的文献和思想系统。直到武帝后期，情况才开始改变。

这情况变化的契机，在于河间献王和鲁恭王所收集的古文献被送到了朝廷。河间献王得到古文《礼经》和《礼记》的很多篇章，他又组织儒者，"稍稍增辑"，数量当有很多，在礼乐方面的建树远为武帝所不及。河间献王去世于武帝元光五年，在他去世前后，他所收集的礼文献多被送到武帝那里，成为五经博士可以参考的数据。鲁恭王只比河间献王多活了两年，他在扩建王宫时获得的古文经传，也都献予朝廷。在制定礼仪"十余年不就"的失败的刺激下，在新出现的大量古文礼书的影响下，儒家齐鲁两派遂表现出融合的趋势，开始弥补自己在"朝仪"方面的缺陷。

西汉礼制除世俗礼仪之外，还有宗教方面的各种祭祀制度。其祭祀的对象有时分为天神、地示、人鬼等，有时被列举为皇天上帝、后土、山川群神及祖宗神灵等。这种鬼神的系统，乃是中国传统宗教中的自然崇拜观念与祖先崇拜观念的混合物，按照现代的观点，可将这一系统的群神区分为自然神的部分和祖先神的部分，管辖日月、山川、土地等的是自然神，管辖家族后代的是祖先神，皇天上帝则兼有自然神和祖先神两种性格。在关于各种神灵的祭祀当中，祭天和祭祖最为隆重。而在西汉一代，最重要的祭天仪式是郊祀和封禅，最重要的祭祖仪式是皇家宗庙的祭典，《史记·封禅书》和《汉书·郊祀志》有对西汉郊祀、封禅制度的详细记载，《汉书·韦玄成传》则有关于西汉宗庙制度的简单介绍。与这些宗教制度相应合的宗教学说，主要见于戴德与戴圣分别编纂的《礼记》以及西汉经学家的"礼说"。下面将说明，二戴《礼记》主要是根据汉武帝时出现的古文《礼记》二百余篇编纂而成的，编纂的时间可能是在宣帝中期以后，成帝即位以前。也就是说，在西汉宣帝中期以前，儒家礼学关于郊祀、封禅及宗庙制度的理论阐释极为贫乏，当时朝廷在这些方面的宗教活动或是沿袭秦代的先例，或是听从黄老学派或其他学派的意见，采纳儒家学者意见的情况颇为罕见。只是到宣帝中期以后，儒家齐鲁两派才在礼学的领域融合起来，制造出关于郊祀、封禅与宗庙制度的理论体系，并使这些理论在国家宗教领域逐步地得到实施。

　　笔者已提到四种礼仪制度，即朝仪、郊祀、封禅和宗庙的制度。在这里需要进一步指出，西汉官方礼学家比较重视的，主要是宗教领域里的郊祀、封禅和宗庙的祭典，而不是世俗领域里的朝廷礼仪。关于西汉礼学的这一特点，很多学者都注意到了。长期以来，人们一直谈论着汉代《春秋》公羊学和齐诗学的宗教迷信色彩，原属史学的春秋学和原属文学的诗经学尚且如此，那么对包括祭祀理论在内的西汉礼学就更不必多说。不过，很多学者认为这不过是中国文化史上的一个特殊的黑暗时期，他们以为先秦儒家本是不相信鬼神的，汉代以后的魏晋玄学和宋明理学也都有人本主义的思想倾向，唯独汉代经学有感生帝说、谴告说等极具神秘色彩并且是荒唐的宗教思想。从表面看来，这种说法似乎道出了汉代经学的特征，但若做一番仔细的考察和思索，便会看出他们实际上犯了两个错误：第一，他们没有注意到礼学来源于原始宗教的事实，对孔子与早期儒学中的宗教思想因素没有予以足够的重视；第二，他们以现代的某些价值尺度去衡量古代的宗教，没有认识到这种宗教在古代文化中往往处于核心的位置，其作用有时是消极的，有时则带有一些积极意义。实际上，先秦儒家的进取向上的精神以及人本主义精神不仅来自他们关于仁义的政治学说与人性学说，也来自他们关于祭礼的宗教学说。早期儒家处于旧的政治制度与宗教制度趋于瓦解的时代，他们以复古的形式，对古代宗教思想进行了总结和改造，这种努力有助于维持文化演进的连续性，从某种角度上看实际上是积极进取的。从事中西比较的学者可能已注意到，西方各国在某种政治体系崩溃的历史时期，仍能维持比较稳定的社会道德生活，而中国近代时期某种政治体系的瓦解，往往导致社会道德的沦丧和全面的社会混乱，其中的原因不仅在于政治专制抑或民主的方面，而且也存在于宗教的方面，西方的基督教在任何情况下几乎都可起到维持社会道德生活的作用，而中国传统的宗教在近代却已很少有人信从。明白了这一点，便可清楚地了解到，我们对于热衷于宗教理论建构的西汉经学家实在是无可厚非的，他们的处境与早期儒家十分相似，实际上也是处于旧的宗教体制趋于瓦解的时代。当时需要建立一种新型的、对君主和臣民都有约束作用的国家宗教，来对国家权力过分集中和君权无限扩充的偏向加以某种程度的纠正。董仲舒、京房、翼奉等儒者不断用灾异和谴告的宗教学说威吓皇帝、限制皇帝，便是这方面的典型例证。西汉经学家其所以不厌其烦地谈论天人感应的各种形式，并以极其认真的态度来谈论那些在今天看来完全是荒唐的神话，实际是在尽最大的努力，冒着极大的风险，来完成他们在君权极度膨胀的恶劣的历史条件下的使命。总的看来，西汉礼学的宗教内容不过是将先秦儒家礼学原有的宗教思想加以发扬罢了，从先秦到西汉的儒家礼学史是一个连续的历史，不是断裂的历史。我们若要追究西汉礼学的来源，必须上溯到孔子甚至更早的时期。

从这种基点来观察，可以看出西汉礼学的演变过程也就是改造和发扬先秦礼学的过程。汉初流传的《礼经》十七篇不能满足汉武帝时期的需要，因而新出现的《礼古经》和古文《礼记》受到重视，儒家齐鲁两派在综结新数据的基础上融合起来，构成了以后仓和二戴为主要代表人物的新型礼学。这种学说的出现又对国家宗教发生作用，于是在西汉元、成之际先后发生了宗庙制度与郊祀制度的改革。这些改革经过多次反复，直到王莽时期才落实下来，并延续到东汉。

二、以郊禘为核心的礼学的形成

（一）礼的起源与宗教

在中国传统文化里，"礼"的概念有广义和狭义之分。就其广义而论，"礼"可说是中国传统文化的总名，中国古代的一切制度都可说是礼制，中国古代一切法定的社会关系都可说是礼的关系。就其狭义而论，"礼"仅仅指某种仪式，而且主要指宗教的或带有宗教色彩的仪式。笔者以为，这里所说的狭义乃是"礼"的本义，这里所说的广义乃是"礼"的引申义。周代的礼起源于原始社会的宗教，或者说，原始的礼是一种宗教仪式。

今文《尚书》二十八篇关于"礼"的各种说法，在古代礼文献当中是比较早的。其中的《尧典》说，舜"修五礼"，马融注说："五礼，吉、凶、军、宾、嘉也。"意即舜所修持的五礼乃是吉礼、凶礼、军礼、宾礼和嘉礼五种仪式。《尧典》还说舜"至于南岳，如岱礼"；"至于北岳，如西礼"，其中的"礼"字是指祭祀名山神灵的各种仪式。《尧典》又引舜说："咨，四岳！有能典朕三礼？"所谓"三礼"指三种祭祀仪式。《金縢》引周王说："今天动威，以彰周公之德，惟朕小子其新逆，我国家礼亦宜之。"其所谓"礼"乃是周王迎接周公时所遵守的礼仪规定。《雒诰》引周公说："王肇称殷礼，祀于新邑"，意即周王开始袭用殷代的仪式，在新城举行祭祀的典礼。《雒诰》引周王言论提到"宗礼"，又说："惇宗将礼，称秩元祀"，意即隆重举行典礼，安排首次的祭祀。《君奭》引周公说："故殷礼陟配天"，意即殷代祭礼是将死去的君主与天相配，加以祭祀。这些文献所说的礼，多数是指祭祀的典礼仪式，少数是世俗交往的礼节仪式。那种将全部社会政治制度归结为礼的思想倾向，在今文《尚书》当中是不明显的。

有人可能会问：周公制定的周礼，难道不是政治法律制度的总名吗？今按关于"周公制礼"的较早的记载，见于《左传·文公十八年》：

> 季文子使大史克对曰："先大夫臧文仲，教行父事君之礼，行父奉以周旋，弗敢失队，曰：见有礼于其君者事之，如孝子之养父母也；见无礼于其君者诛之，如鹰鹯之逐鸟雀也。先君周公制周礼曰：'则以观德，德以处事，事以度功，功以食民。'作《誓命》曰：'毁则为贼，掩贼为藏，窃贿为盗，盗器为奸。'主藏之名，赖奸之用，为大凶德，有常无赦，在九刑不忘。"

对照前后文，可以看出周公所制的"礼"乃是与"刑"相区别的，这种"礼"显然不是一切社会政治制度的总名。推敲这里周公的议论，"守礼"的目的不过是"观德"，而"处事""度功"不过是守礼的间接的效果。这种礼制的宗旨，是使臣子像服侍父亲一样地去侍奉君主，由此可以推测周公之礼还有一项内容，即是促使君主像侍奉父亲一样地去供奉天帝。如果说前者是君臣之礼或世俗之礼，那么后者便是祭祀之礼。在这里，"制礼"与创立政治制度的意思似是有区别的。《史记·周本纪》记述周公的业绩："既黜殷命，袭淮夷，归在丰，作《周官》。兴正礼乐，度制于是改，而民和睦，颂声兴。"在这里，"作《周官》"和"兴正礼乐"似是不同的事件，而"度制于是改"也不过是说政治制度在"兴正礼乐"之际有所改变，"礼乐"和"度制"似是不同的东西。《史记·礼书》所说的"礼"不过是礼官的职责所在，只是整个政治制度的一个很小的组成部分，而这一部分在司马迁的眼里，却应当是周公所创立的礼制的延续。《史记》所说的《周官》，不大可能是得到王莽尊崇并流传至今的《周礼》一书。关于这部《周礼》，王莽以前的人们都称其为《周官》，将《周官》改名为《周礼》乃是王莽和刘歆的杜撰，这并不能证明当时的《周官》即是战国秦汉学者心目中的礼书。《周官》一书的内容涉及社会制度的一切方面，将这些制度统称为"周礼"也是王莽和刘歆的创造，并不能代表战国秦汉多数学者的意见。

《礼记·曲礼》说："礼尚往来，往而不来非礼也，来而不往亦非礼也。"杨向奎先生从这一命题出发，撰成《礼的起源》一文（载于《孔子研究》一九八六年创刊号），文中对杨树达、唐兰、郭沫若等人关于原始物物交换及土地买卖的研究成果进行了总结和考辨，认为原始社会的"礼尚往来"实际上是货物交易，封建社会初期的货物交换也带有浓厚的礼仪的性质。周公和孔子都是因往日的礼俗而加工，经过周公的加工，礼仪中减少了商业的性质；经过孔子的加工，礼仪不再有商业性质。孔子所谓"礼云，礼云，玉帛云乎哉"，意义在于宣告礼仪不再是商业。这一研究成果对于解释东亚礼俗对工商业的促进作用有莫大的参考价值，在强调礼的世俗性质的各种意见当中是比较突出的。不过，杨向奎在将原始社会中的

"礼尚往来"归结为商业交易的同时，承认这种往来就是"报"，并引述《礼记·祭义》"礼得其报则乐"，以及《乐记》"礼也者，报也"。这种与"往来"同义的"报"是不是一种商业上的行为呢？杨向奎并未完全予以肯定的回答，他指出，古礼的对象一是天，一是人。对于天、自然和上帝，因为他们给予人类的东西太多，所以人们要还报，《礼记·礼器》所谓"礼也者反本修古"，"礼也者反其所自生"，都是对于上帝或自然界的"报"。杨氏认为这是原始的礼，亦即"第一次敬礼"和"第一次还报"。按照这样的解释，礼的起源便不是一个，而是两个。一方面，礼是天与人之间的往来或人对天帝的"报"，礼的起源即是原始社会的宗教；另一方面，礼是人与人之间的往来或人对他人的"报"，礼的起源是原始社会的商业。人对上帝的"报"既然是"第一次还报"或"第一次敬礼"，那么在礼的两个起源当中，应承认宗教这个起源更为原始。

统计早期儒家文献关于礼的起源的论述，最早不过上溯到夏代。有的古书提到"黄帝垂衣裳而天下治"，可能与礼有关，然而黄帝的时代已进入父系氏族公社的时代，宗教的起源却可上溯到母系氏族公社的时代。例如吕大吉先生所主编的《宗教学通论》指出："早期母系社会的原始人把氏族的祖先与自然物混为一谈，这就产生了最早的图腾崇拜和半人半图腾的女始祖崇拜。"（中国社会科学出版社，一九八九年版）《文物》一九八六年第八期发表《辽宁牛河梁红山文化"女神庙"与积石冢群发掘简报》和《牛河梁红山文化女神头像的发现与研究》两文，指出在辽宁牛河梁地区发现了一座女神庙，属于五千多年以前的红山文化晚期。庙中有泥塑的女神群像以及一些被神化的动物的塑像。在庙中主室西侧发现一尊彩塑女神头像，大小与真人接近。在主室中央发现了耳、鼻残块，相当于真人器官的三倍，说明在这神庙的中央部位原有一尊更大的主神塑像。这一组神像，当是该地区母系氏族公社晚期的女始祖崇拜的宗教遗迹。另外，有些学者认为，在旧石器时代，已有原始的宗教意识存在。从这些情况来看，中国历史上最早的礼仪，大概只能是宗教的仪式。

"禮"字在甲骨文和金文中多写作"豊"，按照王国维的解释，"豊"字结构中的两个"丰"，是当作祭品用的"玉"，"豊"字中的"豆"和"凵"都指盛放祭品的器皿，其中"凵"是象形，"豆"是会意，亦即"俎豆"的"豆"字。从字形来看，"豊"即宗教中的祭祀，后人加上"示"旁，便成"禮"字。《说文解字》说："禮，履也，所以事神致福也。从示，从豊，豊亦声。"又说："豊，行礼之器也，从豆，象形。"段玉裁解释说："礼有五经，莫重于祭，故礼字从示。"这样看来，代表祭品的"豊"字加上"示"旁，便构成宗教意味更为浓厚的"禮"字，"禮"字本义是指宗教仪式这一点，看来是可以成立的。

（二）孔子礼学中的鬼神问题

按照上文所提到的杨向奎先生的说法，孔子所谓"礼云，礼云，玉帛云乎哉"的意义，在于清除掉礼仪的商业性质，那么，起源于原始宗教的礼，在孔子学说中应当具有更浓厚的宗教色彩。然而，由于孔子有"祭神如神在""敬鬼神而远之"一类的议论，很多学者误以为孔子在宗教方面是一位怀疑论者或无神论者。这种误会对于我们研究西汉礼学颇有妨碍，在这里有必要加以澄清。

1. 论"祭神如神在"

《论语·八佾》中"祭如在，祭神如神在"两句话，现在常被引用。有人说这话表明孔子祭神完全是做给人看的一种姿态，有人说这是愚民政策的表现，有人将这话与《易传》中"神道设教"的话相比拟，认为是宗教与政治相结合的基本形式之一。这些看法有一个共同点，即认为"祭神如神在"的话含有无神论或怀疑论因素。而笔者以为，恰恰是在这一点上，人们误解了《论语》的原意。

"如在""如神在"是什么意思呢？清人刘宝楠据《礼记·祭义》，认为"如在"是说犹如"见乎其位""闻乎其叹息之声"（见《论语正义》）。杨树达引《礼记·玉藻》"凡祭，容貌颜色，如见所祭者"，作为"祭神如神在"句下的疏证（见《论语疏证》）。吴康据《礼记·中庸》，断言"祭如在"两句"指出祭祀是致自己诚敬之心，恍若有神临于其上，而实际即未尝有人格化客观的神之存在"（《孔子之宗教思想》，载于《孔子思想研究论集》第二集）。杨伯峻说："从'祭如在，祭神如神在'的两个'如'字看来，孔子未必真的相信鬼神的实有"（《论语译注》）。这些学者都相信，"如在"的"在"字与今人所用的"在"字含义相同，然而这其实是非常可疑的。《尔雅·释诂》云："徂、在，存也。"《说文》云："在，存也。"又查《仪礼》郑注、《左传》杜注、《国语》韦注、《淮南子》高注，"在"都训"存"。而在《墨子》《庄子》《荀子》等先秦典籍当中，"存"字一般与"亡"字对待。这情况提醒我们，《论语》中"祭如在"一章的上文恰有这样一段话："子曰：父在，观其志；父没，观其行。"其中"在""没"两字对举，与"存""亡"对待的情况相吻合。由此可见，"祭如在，祭神如神在"中的两个"在"字是指生存，乃是死亡或亡殁的反义词。"如在"就是"如生"或"如存"，用现在的白话来说就是"如在人世"。

如果仔细玩味一下"鬼神如生""鬼神如在人世"这一命题的含义，便可体会到这里的鬼神应是死亡的产物。而在事实上孔子和他的弟子正是这样认识的，如《论语·先进》记载："季路问事鬼神，子曰：'未能事人，焉能事鬼？'曰：'敢问死？'曰：'未知生，焉知死？'"《礼记·祭义》引孔子云："众生必死，死必归土，此之谓鬼……其气发扬于上为昭明，焄蒿凄怆，此百物之精也，神之著也。"鬼神属于死后的世界，而"如在"是说"如在世俗的世界"，从这生死的对照中可以看出，"祭如在"是说祭祀那些死后之鬼犹如鬼还活着，"祭神如神在"是说祭祀那些死后之神犹如神还活着。明白了这一点，便可知道古人的训解原是不错的，例如《论语》"祭如在"句下何晏《集解》引孔安国云："事死如事生也。"这一训解恰与西汉董仲舒的解释相合：

孔子曰："吾不与祭，如不祭。"祭神如神在，重祭事如事生。（《春秋繁露·祭义》）

而这说法的渊源又可上溯到《礼记》和《荀子》：

事死如事生，事亡如事存，孝之至也。（《礼记·中庸》）

事死如事生，事亡如事存，状乎无形影，然而成文。（《荀子·礼论》）

"祭如在，祭神如神在"显然就是《礼记》和《荀子》讲的"事死如事生，事亡如事存"，也就是董仲舒所讲的"重祭事如事生"。

　　在这里，我们还应注意一件事，即在《论语·八佾》中，"祭如在"句前并无"子"或"子曰"的字样。它的原文是："祭如在，祭神如神在。子曰：'吾不与祭，如不祭。'"根据《论语》的行文格式，可以肯定"祭如在"两句不是孔子的话。日本竹添光鸿《论语会笺》说："此将欲记孔子语，故先述古语，为之张本也。"今按《论语》中"先述古语"的章节，以《子罕》第三十一章最为典型："'唐棣之华，偏其反而。岂不尔思？室是远而。'子曰：'未之思也，夫何远之有？'"其中的古语是春秋战国时代家喻户晓的诗句，即便不言出处，当时的读者也不会发生误会，而"祭如在"两句显然不具备这样的条件。朱熹《集注》说："愚谓此门人记孔子祭祀之诚意。"而王熙元表示反对："如果依朱子的说法，是门人记孔子，照《论语》的文例，应该做'子祭如在，祭神如神在'。"（《论语通释》）今按"子"字并不是非加不可，如《卫灵公》云："在陈绝粮，从者病，莫能兴"；《乡党》云："朝，与下大夫言，侃侃如也"；又云："入公门，鞠躬如也"；又云："祭于公，不宿肉"，章首记述孔子的行为遭遇均无"子"字，可见王熙元的驳议是难以成立的。《八佾》中"祭神如神在"的下文是："子曰：'吾不与祭，如不祭。'"这话其实就是关于"祭如在"两句的解释，而其中的"吾"字表明，孔子就是"祭如在，祭神如神在"的行为的主体。另外，《春秋繁露·祭义》的写作时间距孔子不远，篇中"祭神如神在"句附于孔子"吾不与祭，如不祭"两句之后，无疑是"祭如在"一节记录的翻版，也证明"祭如在，祭神如神在"是孔子的行为表现。当然，孔子这种行为不是没有先例可循的，如《礼记·祭义》说，周文王在祭祀当中"事死者如事生"，与"事亡如事存"意思相同，可说是孔子"祭如在，祭神如神在"的历史根据。

在春秋战国时期，人们讨论世界上有没有鬼神的问题，多称"有""无"，如《墨子·明鬼》说："今执无鬼者曰：'鬼神者，固无有。'旦暮以为教诲乎天下，疑天下之众，使天下之众皆疑惑乎鬼神有无之别，是以天下乱。是故子墨子曰：'今天下之王公大人士君子实将欲求兴天下之利，除天下之害，故当鬼神之有与无之别，以为将不可以不明察此者也。'"又说："自古以及今，生民以来者，亦有尝见鬼神之物，闻鬼神之声，则鬼神何谓无乎？若莫闻莫见，则鬼神可谓有乎？"其称"鬼神有无之别"，未称"鬼神在与不在之别"。又《诗经·大雅·文王之什》："文王在上，于昭于天。……文王陟降，在帝左右。"墨子将这话当作"鬼神之有"的证据："若鬼神无有，则文王既死，彼岂能在帝之左右哉？"（《明鬼》）这命题显然是不可逆的，"在帝左右"可证明"鬼神之有"，"不在帝左右"却不能证明"鬼神无有"，其中"有"字与"在"字的含义截然不同。这里的"在"字是有状语的，若无状语，则只能与"父在"的"在"字同解。简单地说，春秋时期人们若说鬼神不在，意思只是说鬼神属于死后的世界；若说鬼在、神在，便意味着鬼神仍属于活人的世界。孔子"祭如在，祭神如神在"，恰表明他信仰的虔诚，因为他不仅相信鬼神之有，还在祭祀之时将鬼神当作有血肉之躯的活人看待。

2. 论"敬鬼神而远之"

孔子为何让弟子"敬鬼神而远之",为何有"未能事人,焉能事鬼"的主张,这个问题也是必须加以澄清的。

《论语·雍也》记载:"樊迟问知。子曰:'务民之义,敬鬼神而远之。'"原来孔子所讲的"敬鬼神而远之"只是针对"务民之义"而发。或者说,他只有在世俗的活动中,才会与鬼神疏远。人们常将"敬鬼神而远之"的话与《礼记·表记》的记载相联系,《表记》云:"子曰:夏道尊命,事鬼敬神而远之,近人而忠焉。先禄而后威,先赏而后罚,亲而不尊。……殷人尊神,率民以事神,先鬼而后礼,先罚而后赏,尊而不亲。……周人尊礼尚施,事鬼敬神而远之,近人而忠焉。其赏罚用爵列,亲而不尊。"在三代之道当中,应该何去何从呢?据《表记》所载,孔子对虞夏的称赞虽稍多些,但承认夏道与殷周之道都有弊病。他的结论是:"虞夏之质,殷周之文,至矣!"意即最好的路线应当是虞夏之道与殷周之道的结合。这一结合的契机就是要在鬼神与民人之间取其中道,达到"无害乎鬼神,无怨乎百姓"(《表记》引孔子语)的双重目的。具体地说,就是要在"务民"的世俗活动中与鬼神尽可能地"远之",在宗教祭祀活动中对鬼神尽可能地保持虔诚。《礼记·中庸》引孔子说:"鬼神之为德,其盛矣乎!视之而弗见,听之而弗闻,体物而不可遗,使天下之人齐明盛服,以承祭祀,洋洋乎如在其上,如在其左右。"祭祀场合中人与鬼神的距离不应"远之",而应当是异乎寻常地接近的。

《论语》中与"敬鬼神而远之"类似的话,还有两节。其中一节见于《先进》:"季路问事鬼神。子曰:'未能事人,焉能事鬼?'"考虑到子路所问的是"鬼神",可见孔子所说的"焉能事鬼"是

"焉能事鬼神"的省略语。然而孔子声称"吾不与祭，如不祭"，不是奉事鬼神是什么？究其矛盾的原因，在于谈话对象与场合的不同，"吾不与祭，如不祭"是在祭祀场合讲的，而"焉能事鬼"的话是对子路讲的。《先进》中孔门弟子分为德行、言语、政事、文学四科，子路是政事一科的代表人物。孔子善于因材施教，他面对将要从政的弟子，自然要强调世俗的准则，告诫对方要专注于"事人"，而不要忙于"事鬼"。可想而知，他如果离开子路而面对志在"宗庙之事"的弟子，绝不会有"焉能事鬼"的表示，定要恢复对鬼神的虔诚与热忱。另外还有一节类似的记载，见于《述而》："子不语怪力乱神。"这话常被当作孔子为怀疑论者的证据，然而上文引述孔子谈论鬼神的话已不算少，而且《八佾》还说："子入太庙，每事问。"他在太庙显然很难坚持不讲鬼神的原则。《淮南子·主术训》说，孔子"作为《春秋》，不道鬼神"，《春秋》是一部政治史著作，书中不讲鬼神恰与孔子处理政治问题的原则相合。因而可以推测："不语怪力乱神"的原则只有在政治活动中才会生效。这里也不排除一种可能，即"怪力乱神"不属于殷周宗教的正统，而是民间传说的神怪之类。《礼记·中庸》引孔子云："素隐行怪，后世有述焉，吾弗为之矣。"他以东周宗教正统的继承者自居，对民间传说的"怪力乱神"自然不屑谈论了。

以上的论述表明，孔子认为那种"务民"的政治活动不应受宗教的干扰。当然，如果有人为了世俗的权益而干扰宗教活动，孔子也要表示反对，如《论语·八佾》记载："子贡欲去告朔之饩羊，子曰：'赐也，尔爱其羊，我爱其礼！'"《阳货》记载：宰予嫌三年丧期对礼乐与世俗生活有害，说服丧一年就可以了，孔子便加以指责："予之不仁也！"孔子认为，在天子以下的诸侯、卿士、庶人当中，政治与宗教应当分离。不论是从宗教立场出发去扰乱世俗政务的运转程序，还是为世俗权益去破坏宗教典礼的完整性，在他看来都应当是坚决反对的。

这种关于政教关系的理论，是就全部社会生活而论的。假若将论题局限于礼的领域，应当承认孔子仍是虔信鬼神的，他绝不是一个怀疑论者或无神论者。也就是说，孔子的礼学的宗教色彩，是极为浓厚的。

（三）禘祭与郊祭

西汉时期，祭礼一直是国家礼仪中的最重要的部分。当时的祭礼可分为内祭和外祭，内祭限于皇族的内部，具有祖先崇拜的性质，祭祀的对象包括皇室的祖先以及历代的先帝，祭祀的形式主要是禘祭；外祭则在皇族之外，具有上帝崇拜与自然崇拜的性质，祭祀的对象包括上帝、后土和山川百神，祭祀的形式主要是郊祭。如果说关于郊禘的学问是西汉礼学的主要内容，是绝不过分的。这种礼学有一个从酝酿到成熟的过程，孔子曾指出禘礼是治国的根本所在，荀子认为郊祭应当是最为隆重的，而在二戴《礼记》当中，禘礼和郊礼被联系起来，构成一个完整的礼学系统。

"禘"是一个形声字，《说文解字》说："禘，谛祭也。从示，帝声。"其中"示"为"神事"，与宗教祭祀有关的字多在"示"部。殷周甲骨卜辞中的"帝"字，一般指主宰人间祸福、司掌雷电风雨的天神。从这情况来看，"帝"字的原始含义应当指对天帝的祭祀，正如朱芳圃《殷周文字释丛》所说："天神谓之帝，因之祭祀天神谓之禘。"这种关于天帝的祭祀最初可能属于自然崇拜的范围，随着时代的推移，祖先崇拜的观念日渐流行，统治者遂使祖先的神位与天帝一同受祭，借以提高祖先的身份，这就是先秦两汉祭典中的"配"或"配享"。《礼记·大传》和《丧服小记》都说："王者禘其祖之所自出，以其祖配之。"郑玄等人认为这里的"祖"是王室的始祖或太祖，崔述等人则认为"祖之所自出"才是始祖或太祖。今按《礼记》一书罕有"始祖"一词，书中《王制》提到"受命于祖"，《郊特牲》提到"人本乎祖"，"祖"字均有"始祖"之义。再说古书行文简洁，"祖之所自出"若为"始祖"，《礼记》为何不说"王者禘其始祖"呢？《仪礼·丧服》说：

　　传曰：……诸侯及其太祖，天子及其始祖之所自出。

　　《礼记》所谓"祖之所自出"，显然即是此处"始祖之所自出"的省文，"祖之所自出"显然不是始祖，而是天帝。《礼记》所谓"王者禘其祖之所自出"，意即天子用禘礼的仪式，来祭祀他的始祖之所由来的天帝。在这一点上，朱芳圃《殷周文字释丛》又说对了："王者推其始祖所自出，以为天帝所生，即天帝之子，故大祭时以其祖配之。……盖王者为欲巩固其统治地位，故尊崇其祖，与天相配，以示其权力之有所授，使臣民慑服，毋敢作非份之思。"这种祭天而以始祖配享的做法，古书经常提起，《孝经·圣治章》提到："周公郊祀后稷以配天，宗祀文王于明堂以配上帝。"周代的大丰毁提到："衣祀于王丕显考文王，事熹上帝。"这种配享的做法与殷周之际的祖先神灵观念有关，当时的统治者往往幻想他的祖先死后成为天神，陪伴在上帝的左右，《诗经·大雅·文王之什》所谓"文王陟降，在帝左右"，即是这种幻想的典型例证。本来是以祭天为主的禘礼，由于"配享"，便逐渐演变成以祭祖为主的典礼仪式，成为宗庙祭礼中的最为隆重的一种。春秋战国以至秦汉的禘祀，不但以统治者的始祖与天相配，而且把历代先君列入配祭的范围。

自殷周至西汉，祭天的仪式一般由天子主持。禘祀既有祭天的内容，便无例外地应归属于天子礼仪的范围。这一原则用《礼记·丧服小记》和《大传》的话来表示，便是"不王不禘"。有些学者鉴于春秋时期鲁国以及其他一些诸侯国均曾举行禘礼的事实，对"不王不禘"的说法表示怀疑。其实这种怀疑的根据是不能成立的。鲁国有举行禘礼的特权，是因周公的特殊地位所致。《礼记·祭统》说，周成王和康王追念周公的"勋劳"，赐鲁国以"重祭"；《明堂位》说，周成王"命鲁公世世祀周公以天子之礼乐"，其中包括禘礼。实际上，周公享受禘祭可能是由于他一度称王，《荀子·儒效》和《韩非子·难二》都有关于周公旦执政称王的记载。周公既有称王的经历，他和他的子孙享受禘祭便不能说违背了"不王不禘"的原则。在这里，大概只有一个例外，就是《左传》襄公十六年所记载的："冬，穆叔如晋聘，且言齐故。晋人曰：'以寡君之未禘祀，与民之未息，不然，不敢忘。'"崔述据此证明春秋诸侯均行禘礼，然而这事发生在鲁襄公十六年，而在鲁襄公十年，发生了另一件事：

宋公享晋侯于楚丘，请以桑林。荀罃辞。荀偃、士丐曰："诸侯宋、鲁，于是观礼。鲁有禘乐，宾祭用之。宋以桑林享

君，不亦可乎！”（见《左传》）

这里的“桑林”公认是殷代天子之乐，宋为殷后，故用桑林。其中禘乐与桑林相提并论，可见禘乐也是天子之礼所专用的音乐。孔颖达疏引刘炫说：“宾礼既轻，必异于禘。鲁以享宾，当时之失，用之已久，遂以为常。荀偃、士匄引过谬之事，以诒晋侯，使听宋耳。”杨伯峻注说：“宾能观鲁之禘乐，则晋侯亦能享宋之桑林。”刘、杨两说实际上都未排除一种可能：“鲁有禘乐，宾祭用之”可能是说鲁君已请晋君在宾祭场合主持禘礼的仪式，这与宋君奉请桑林一事的性质相同，故可成为晋君接受桑林的理由。不论这解释能否成立，至少有一点是可以肯定的，即在鲁襄公十年宋君奉桑林之前，大国君主的僭越趋向已在禘礼的实行方面有所表现，鲁襄公十六年晋行禘礼乃是这种僭越趋向的发展。殷周至春秋确曾有过“不王不禘”的原则，晋行禘礼不过是这原则遭到破坏的结果。

《论语·八佾》有一节著名的记载：“或问禘之说。子曰：‘不知也。知其说者之于天下也，其如示诸斯乎？’指其掌。”按照“不王不禘”的原则，孔子所极其重视的禘礼无疑是只有天子才能举行的大典。应当注意，孔子所谓“天”是有灵智的，《八佾》载有孔子关于天的议论，其中说：“王孙贾问曰：‘与其媚于奥，宁媚于灶，何谓也？’子曰：‘不然，获罪于天，无所祷也。’”孔子的意思是说，天帝是可以决定一切的，如果得罪了上帝，祈祷奥、灶一类的小神有什么用呢？这种道理正如《春秋繁露·郊语》所说：“天者，百神之大君也。事天不备，虽百神犹无益也。何以言其然也？不祭天而祭地神者，《春秋》讥之。孔子曰：‘获罪于天，无所祷也。'是其法也。"这样看来，孔子所谓的"天"就是稍带人格意味的上帝。《礼记·表记》引孔子说："天子亲耕，粢盛秬鬯，以事上帝。"这一"上帝"和《论语》里孔子所谓的"天"是相同的。

与禘祭相类似，郊祭也是以上帝为祭祀的对象，并以统治者的祖先配享。例如《礼记·郊特牲》说："万物本乎天，人本乎祖，此所以配上帝也。郊之祭也，大报本反始也。"这是郊祭上帝而以祖先配享的理论依据。据《汉书·郊祀志》，王莽在平帝元始五年上奏追述西汉历朝郊祀的历史，指出汉文帝所兴建的渭阳五帝庙"祭泰一、地祇，以太祖高皇帝配"；汉武帝在甘泉泰畤祭天，"亦以高祖配"。可见郊祭上帝而以皇室祖先配享，乃是西汉通例。禘祭和郊祭都以皇室祖先配享，其中的区别在哪里呢？笔者以为，这区别主要在于配祭的对象有所不同，禘祀的对象主要是天子的始祖，也常包括天子的历代祖先，而郊祭则以祭天为主，配享的皇室祖先只限于始祖一位，例如在西汉郊祭上帝的仪式中，配天受祭的只有太祖高皇帝，高帝以下的惠、文、景、武诸帝均不在配享之列。而且西汉宗庙尚包括"世世不毁"的太宗（文帝）庙与世宗（武帝）庙，庙中的太宗神位与世宗神位似乎不是配享，而是受祭的主神位。至于"迭毁"之列的孝惠庙、孝景庙等，似乎更没有配天受享的资格。这与郊祭的情况是完全不同的。

《荀子·礼论》说："郊者，并百王于上天而祭祀之也。"杨倞注说："百王，百神也。或'神'字误为'王'。"清人郝懿行对这解释持有异议："百王，百世之王，皆前世之君也。杨注欲改'王'为'神'，则谬矣。"刘师培支持杨倞的意见，认为荀子的话类似于《礼记·礼运》的话："礼行于郊，而百神受职焉。"如果考虑到战国秦汉之际的英雄崇拜往往与自然崇拜结合，这一分歧即可化解。在战国秦汉之际，人们相信历代贤王（百王）死后便可加入群神的行列，日月之神、众星之神以及山川之神等，都有可能是百王的灵魂转变而成的。《荀子》所谓的"并百王于上天而祭祀之"，实际上就是祭天而兼祭百神之意。按照中国古代多神宗教的观念，上帝并不是"天"的全部，而仅仅是众多的天神中的最高贵的一位，在上帝之下尚有日月之神、群星之神、四方之神、山川之神等，这就是由"百王"演化成的"百神"。上帝与百神的关系，犹如人间皇帝与公卿诸侯的关系，这种以上帝为首、以百神为辅的神仙系统，实际上是按照人类社会秩序而构造成的理想图景。汉武帝时的泰畤是当时主要的郊祭设施，在里面除泰一神位之外，还有供奉五帝神位的五帝坛，并且有供奉百神的"群神之坛"（见《汉书·郊祀志》所载匡衡奏疏）。而在汉平帝元始五年改定的郊祭场所，采取"天地合祭"的办法，主神号称皇天上帝泰一，此外还有"皇墬后祇"，"分群神以类相从为五部"。如果说宗庙禘祀是以祖先崇拜为主，并将祖先崇拜与上帝崇拜相沟通的话，那么郊祭便可说是上帝崇拜、自然崇拜与英雄崇拜的混合。

郊祭和禘祭既然都很隆重，那么两者之间哪一个更重要一些，便成为经学史上的一个问题。董仲舒《春秋繁露·郊事对》说："礼，三年丧不祭其先，而不敢废郊，郊重于宗庙，天尊于人也。"《郊祭》说："《春秋》之义，国有大丧者止宗庙之祭，而不止郊祭，不敢以父母之丧，废事天地之礼也。"这话证明汉代《春秋》公羊学乃至整个今文经学的看法，是认为郊祭的重要性远超过宗庙祭，亦即"郊大于禘"。在西汉文、景、武、昭、宣、元时期，郊祭是每三年一次，宗庙祭是一年数次，有人以为这证明当时祭祀的周期与其隆重程度成正比，周期越长，就越重要。其实这种看法乃是颠倒了祭祀的隆重程度与其周期的关系。西汉文、景、武、宣诸帝并非不想多举行几次郊祭的典礼，无奈这种典礼的规模太大，耗费太多，每年举行便会超出国家财力所能负担的程度，例如《三国志·魏书·王朗传注》引《魏名臣奏》说，王朗在曹丕称帝以后上奏指出，西汉云阳甘泉的郊祭仪式以及在汾阴举行的祭地仪式，达到"千有五百之群"的规模，"斋必百日，养牺五载"，这样的祭典每三年举行一次，已经有奢侈和浪费的嫌疑，怎么可能每年举行呢？在汉成帝以后，经匡衡以及王莽等人的努力，郊祭改为一年一次，宗庙的禘祭则改为三年一次，有人囿于祭典周期越长就越隆重的成见，以为这证明成帝以后的郊祭已不如禘祭隆重，甚至由此得出古文经学以为"禘大于郊"的结论。其实王莽对郊祭的重视程度并未减少，他在元始五年攻击汉武帝每三年郊祭一次的做法是"不岁事天"，"未应古制"，意即对天帝的祭祀越频繁，态度便越虔诚。由此而论，王莽所支持的古文经学似未主张"禘大于郊"，西汉经学不论其派系如何，似都承认郊祭比禘祭重要，是各种祭典当中最神圣的部分。

郊祭与禘祭合起来，便构成了西汉国家宗教的基本框架。西汉学者戴圣所编定的《礼记·仲尼燕居》说："明乎郊社之义，禘尝之礼，治国其如指诸掌而已乎！"《中庸》也说："明乎郊社之礼，禘尝之义，治国其如示诸掌乎！"这话将孔子的"禘之说"扩大为郊社禘尝之义，当是出自战国秦汉之际的学者的夸张。将这夸张性的论断与孔子"敬鬼神而远之"的命题相对照，可以知道在那种由孔子创始并由西汉学者补充加工而成的理想社会图式中，宗教与政治呈现一种复杂的关系，在社会的最高层次，政治与宗教是相互结合的，其中宗教的郊祭与禘祭是治国的根本，只要认真地、准确地安排这两种祭典，天下便如同置于掌中了。而在社会的其他层次，政治与宗教却是分离的，在这些领域奉行着"敬鬼神而远之"的原则，意即世俗生活不应受到宗教的干预，而宗教祭祀活动也不应由于世俗利益需要而受到限制或废止。

三、今文《礼经》的篇目及其内容的局限性

孔子在礼学方面的最大贡献，即是将当时各种关于礼的规定和文献加以总结，编纂出《士丧礼》。《礼记·杂记下》说："恤由之丧，哀公使孺悲之孔子学士丧礼，《士丧礼》于是乎书。"这段话是《士丧礼》成书于孔子之手的证据。《士丧礼》是现存《仪礼》的重要篇章，《仪礼》在西汉时期名为"礼经"，是今文礼学的主要经典。经过秦代焚书与秦末战乱，《礼经》在西汉时期仅存十七篇，而且存在很多问题，其中包括篇次问题及是否在宣帝时得到补充的问题，以及《礼经》是否讲天子礼的问题。

首先，让我们来看一看西汉今文《礼经》的篇名与篇次。这部书在西汉时期有三种传本，即戴德本、戴圣本和刘向《别录》本。今据贾公彦疏所引郑玄《目录》，将三种传本的篇次列表如下：

戴德本	戴圣本	刘向《别录》本
士冠礼第一	士冠礼第一	士冠礼第一
士昏礼第二	士昏礼第二	士昏礼第二
士相见礼第三	士相见礼第三	士相见礼第三

戴德本	戴圣本	刘向《别录》本
士丧礼第四	乡饮酒礼第四	乡饮酒礼第四
既夕礼第五	乡射礼第五	乡射礼第五
士虞礼第六	燕礼第六	燕礼第六
特牲馈食礼第七	大射第七	大射礼第七
少牢馈食礼第八	士虞礼第八	聘礼第八
有司彻第九	丧服第九	公食大夫礼第九
乡饮酒礼第十	特牲馈食礼第十	觐礼第十
乡射礼第十一	少牢馈食礼第十一	丧服第十一
燕礼第十二	有司彻第十二	士丧礼第十二
大射礼第十三	士丧礼第十三	既夕礼第十三
聘礼第十四	既夕礼第十四	士虞礼第十四
公食大夫礼第十五	聘礼第十五	特牲馈食礼第十五
觐礼第十六	公食大夫礼第十六	少牢馈食礼第十六
丧服第十七	觐礼第十七	有司彻第十七

　　三种传本的篇次都有规律可循，戴德本的篇次显然遵循着冠昏、丧祭、乡射、朝聘的次序，刘向《别录》本则循由着人生由成人到成婚再到社交而最后到死亡的历程。至于戴圣本，前人认为"最为凌乱，殆无条理可寻焉"（蒋伯潜《十三经概论》），然而如果仔细考察一下，可以看出戴圣所定的篇次大致上是按照社会阶层而定的，下层贵族的礼仪在前，上层贵族在后，天子礼在最后。其中虽有凌乱之处，但这种缺点在戴德本里面也是存在的，戴德将《丧服》一篇排在最末，系属于朝聘一类而未归入丧祭之类，便没有什么道理可讲。过去有些学者称赞戴德本，认为这一传本的篇次合乎

《礼记·昏义》的论述："夫礼始于冠，本于昏，重于丧祭，尊于朝聘，和于乡射，此礼之大体也。"然而戴德将朝聘一类放到乡射一类的后面，却是与《礼记》的说法有差别的。有的学者说，《丧服》一篇有子夏传，与其他各篇不同，所以在戴德本当中列在末尾。然而《礼经》其余十六篇是否全为孔子手定这一点既是一件无法证实的事，那么《丧服》中有子夏文字便不能说是缺点。总而言之，对以上这三种传本的篇次厚此薄彼，是没有意义的。

真正有意义的工作，应当是探讨一下三种传本当中的哪一种是西汉官方所通用的。一九五九年，甘肃武威县汉墓出土了《仪礼》木简本，其中有《士相见礼》第三、《服传》第八、《特牲》第十、《少牢》第十一、《有司》第十二、《燕礼》第十三和《大射》第十四，可能是庆氏所传的《礼经》残本。其中有五篇的篇次与戴圣所定篇次相同或相近，有三篇与戴德本接近，似是对戴圣本有利的一个证据。罗振玉《汉熹平石经残字集录》著录一《礼经》残石，为《乡饮酒》第十，与戴德本篇次相同。然而熹平石经建立于东汉晚期，当时官方《礼经》博士的建置情况已与西汉不同。

在这里，有一个情况是必须申明的，即那些重视戴德本的意见，有一个不可缺少的前提，即戴德礼学必须在西汉时期立于学官，而这一点的依据只有一条，即是《汉书·儒林传赞》所说的："至孝宣世，复立大小夏侯《尚书》、大小戴《礼》、施、孟、梁丘《易》、《穀梁春秋》。"其实这段话提及大小戴《礼》是很不精确的，因为《后汉书·章帝纪》载有章帝建初四年诏书，其中提到："孝宣皇帝以为去圣久远，学不厌博，故遂立大小夏侯《尚书》。后又立京氏《易》。至建武中，复置颜氏、严氏《春秋》、大小戴《礼》

博士。"这段文字证明戴德与戴圣礼学得以并立于学官，乃是东汉光武帝的创举，并且是西汉时期没有过的事情。刘歆《移书让太常博士》列举宣元诸帝所立的博士，也未提到大小戴《礼》，与章帝诏书相合。那么，西汉礼学博士究竟是哪一家呢？考虑到《汉书·儒林传赞》说汉武帝所立的五经博士包括"《礼》后"，而霍光等人弹奏昌邑王的奏章又有"博士……臣仓"的字样，可以肯定汉武帝后期至昭帝时期的礼学博士是由后仓担任的。在汉宣帝本始元年，后仓由博士之职升任少府之职，接替他担任礼学博士的应当是戴圣。《汉书·儒林传》说后仓将礼学传授给戴德、戴圣、庆普三人，三人中只有戴圣"以博士论石渠"，戴德、庆普二人没有担任博士的经历，可见戴圣乃是后氏礼学的正式继承人，而且他担任博士所凭借的正是这种后氏学继承人的身份。到东汉光武帝建武年间，官方后氏礼学才呈现分裂的局面，二戴之学并立于学官。明白了这一点，便可肯定《礼经》戴圣传本即是西汉官方礼学的传本，并且是直接以后氏学为依据的传本。戴圣本的编次不论有什么缺点，都不应妨碍这一篇次最接近于后氏篇次的结论的成立，因为在历史上，不合理的东西往往是更为原始的。

过去有一种可疑的说法，认为《礼经》十七篇中的《丧服》是在宣帝年间补入的，其依据是王充《论衡》关于河内女子发现《逸礼》的记载，《论衡·正说》篇说，在汉宣帝时，河内有位女子拆毁"老屋"，得到《逸礼》一篇，被补入官方礼书之中；《谢短》篇还问道："宣帝时河内女子坏老屋，得《佚礼》一篇，十六篇中，是何篇者？"其中"十六"原作"六十"，鉴于《谢短》篇提到"今《礼经》十六"，又说"复定《仪礼》，见在十六篇，秦火之余也"，可见王充素以十六篇为《礼经》补辑之后的篇数。其数较少的缘由，当是《有司彻》本为《少牢馈食礼》之下篇，故而并为十六篇了。王充认为十六篇中有一篇是由河内女子发现并在宣帝年间补入的，很多学者以为这一篇是《丧服》，因为现存十七篇的郑玄注文多注明今古文字之异，唯《丧服》一篇没有这类注释，这在人们看来意味着《礼经》唯《丧服》仅有一种传本，其余各篇则兼有今古文本。不难看出，以此证明河内《逸礼》为《丧服》，必须以《逸礼》为西汉人作品为前提。假若这篇《逸礼》产生于先秦，则应包括在《礼古经》五十六篇中，补入今文《礼经》之后已是经过隶写的今文本。也就是说，河内《逸礼》若为古文，补入之后便会有两种传本，便不会是只有一种传本的《丧服》篇。然而能说明河内《逸礼》为西汉人作品的证据，恰是不存在的。关于河内女子发掘出《逸礼》的事，王充提到多次，而且这类发现古书的事件在景、武、昭、宣之际屡见不鲜，没有理由加以怀疑。河内《逸礼》既是出土文物，自然是"先秦旧书"，它经过隶写便一定会有两种传本，怎么会是只有一种传本的《丧服》呢？

我们不能不相信王充关于河内女子发掘出《逸礼》的记载，又不能不排除其为《丧服》的可能，便陷入了一种窘境，因为在《礼经》十七篇中，几乎很难找到后来补入的痕迹。不过，如果设想这篇《逸礼》不是被补入《礼经》，而是被补入《礼记》，便会出现另一种光景，《汉书·魏相传》正好有发现《礼记》一篇的记载：

（魏相）数表采《易阴阳》及《明堂月令》奏之。

魏相在宣帝地节三年始为丞相，上距宣帝本始元年仅有六年。《尚书序疏》引房宏等说，本始元年河内女子发现了《泰誓》，《释文叙录》所说亦同，《隋书·经籍志》说河内女子发现了《说卦》。《说卦》《逸礼》和《泰誓》，正是河内女子所得的"逸《易》、《礼》、《尚书》各一篇"（《论衡·正说》）。而汲冢竹书有"似《说卦》而异"的一篇（见《晋书·束晰传》），附于《易繇阴阳卦》二篇之下，杜预《春秋经传集解后序》称其为"阴阳说"，全名似是"易繇阴阳卦说"或"易繇阴阳说卦"，简称则为"易阴阳""阴阳说"或"说卦"。由此而论，魏相所采集上献的《易阴阳》，即是河内女子所发现的《说卦传》。而魏相所献的《明堂月令》，显然应当是河内女子所发现的《逸礼》。

　　王充说河内女子所发现的古书被上奏以后，"然后《易》《礼》《尚书》各益一篇"（《正说》），其中的《礼》可能是《礼记》，因为在宣、元之际，辅经的传、记两类书籍仍列于学官。《礼记》所补入的一篇即是魏相所奏的《明堂月令》。魏相的"采"即"采诗"之采，意即"采集"；"奏"即奏献，例如《汉书·艺文志》著录《雅琴赵氏》，为"宣帝时丞相魏相所奏"，可见魏相"采《易阴阳》及《明堂月令》奏之"，即是将河内女子发现的《说卦传》与《明堂月令》采集上来，上奏献给皇帝。魏相奏表见载于《汉书》本传，大意是将太昊、炎帝、少昊、颛顼、黄帝分布于东南西北中，管理四季气候，与《礼记·月令》的内容相合，则《明堂月令》即《礼记·月令》。《月令》的文字与《吕氏春秋》十二纪首章相同，为战国晚期著作。吕不韦死后，他的书可能遭到禁锢，于是有人将十二纪首章摘录出来，辑成一篇，改题"月令"，以利流传。编辑的时间可能在焚书令颁布以前，因而在焚书之后，《月令》一度失传，只是在河内女子拆毁旧屋时才得重见光明。在刘向所编辑的《礼记》二百余篇里，《月令》被归入《明堂阴阳》的部类，事见《月令疏》所引的郑玄《目录》。《汉书·艺文志》将《明堂阴阳》同《礼古经》相提并论，认为两者都胜过《士礼》，则包括《月令》在内的《明堂阴阳》绝不是隶写本。《隋志》说《月令》补入《小戴记》是为东汉马融所增益，其说《月令》后出正合王充等人的记载，只是在补入的时间问题上稍有误会。

辨明河内《逸礼》即《月令》，则可明白通行于汉以后各个朝代的《仪礼》十七篇即是高堂生所传的《礼经》十七篇，这十七篇一直没有得到补充，在汉代公认有内容贫乏的缺陷。例如刘歆攻击说：

今……有乡礼二、士礼七、大夫礼二、诸侯礼四、诸公礼一，而天子之礼无一传者。（见《汉书艺文志考证》卷十及《玉海》卷五十二）

王充《论衡·谢短》也说：

案今《礼》不见六典，无三百六十官，又不见天子。天子《礼》废何时？岂秦灭之哉？

对这指责，今人多不以为然，理由是《仪礼》十七篇多有"天子"二字，《觐礼》一篇又讲诸侯觐见天子的礼仪，这些难道不是

"天子礼"吗？然而我们知道，刘歆、王充所痛心疾首的，是西汉朝野瞩目的郊祀、封禅、宗庙、巡狩之礼为今文《礼经》所不载，其所谓"天子礼"乃是天子侍奉祖宗和天帝的仪式，这些仪式确实不见于今文《礼经》。至于《觐礼》一篇，今人多以为是"天子礼"，刘歆则称其为"诸公礼"，意谓此乃诸公侍奉天子的仪式，不是天子侍奉祖宗及上帝的仪式。例如《汉书·兒宽传》引兒宽对汉武帝说，封禅告成的典礼仪式"不著于经"，劝武帝"自制仪"；《史记·封禅书》记载，西汉文、武诸帝的郊祀活动都是听从方士的建议，这些方士与儒家多是无关的。刘歆认为这种局面是儒家的耻辱，遂在《移书让太常博士》文中愤慨地指出，当朝廷将有建立辟雍、封禅及巡狩等"大事"的时候，官方学者"幽冥而莫知其原"。其所以竟致"幽冥""莫知"，自然是由于《礼经》佚失大半，"天子之礼无一传者"，五经博士又"保残守缺"，不肯承认新出土的古文经典的价值。刘歆、王充声称《礼经》不存天子礼的意义，即在于此。

班固在《汉书·艺文志》中沿袭刘歆，对今文《礼经》的情况做了更全面的概括："《礼古经》者，出于鲁淹中及孔氏，与十七篇文相似，多三十九篇，及《明堂阴阳》《王史氏记》所见，多天子诸侯卿大夫之制，虽不能备，犹愈仓等推《士礼》而致于天子之说。"这段话没有笼统地指责今文《礼经》不讲天子礼，而是承认后仓等人传授的《礼经》由《士礼》的部分推演到天子礼的层次。上文已指出戴圣本《礼经》篇次是接于后仓所传的篇次，其次序是依次讲士礼、乡礼、大夫礼、诸侯礼和觐礼，一步步向天子礼推进，确如《汉志》所说，是"推《士礼》而致于天子"。然而《汉志》也承认，这种"推致"的办法并不能将"天子诸侯卿大夫之制"显示出来，人们要想了解这些古代制度，必须借助于新出现的古书，这就是下文要论述的《礼古经》以及包括《明堂阴阳》在内的《礼记》。

四、《礼古经》和《礼记》的三种辑本

班固说古文礼书"犹愈仓等推《士礼》而致于天子之说"，乃是沿袭刘歆的《七略》，站在古文经学的立场上来看待今文经学。这样看待今文《礼经》十七篇，是公允的，因为这十七篇的确没有讲天子侍奉上帝祖宗的各种礼制；而班固这样来看待后仓等人的整个礼学，则稍嫌片面，因为后仓及其弟子戴德、戴圣等人乃是古文礼书的积极的整理者。在汉武帝时期，出现了《礼古经》五十六篇和古文《礼记》二百余篇。前者有十七篇与今文《礼经》的文字相似，其余三十九篇是当时人们未曾看过的文献，称为《逸礼》。后者是二戴编纂《礼记》的材料来源，戴德编成八十五篇，号称《大戴记》；戴圣编成四十九篇，号称《小戴记》。班固在《汉书·艺文志》中沿袭《七略》，仅著录刘向所编校的《礼记》一百三十一篇及《明堂阴阳》三十三篇等，未提二戴之名，这种做法与《汉志》小序关于"仓等"的评论相类似，都是出自古文经学家对后仓礼学的敌意与偏见。清代与近现代学者对其中的敌意估计不足，没有注意到《汉志》所著录的《礼记》辑本与二戴辑本的敌对关系，从而发生了种种的争议，产生了必须加以解释的一些误会和疑难问题。

论及《礼古经》和古文《礼记》出处的文献有很多，其中包括刘歆《移书让太常博士》《汉书·艺文志》《景十三王传》《说文解

字序》及《释文叙录》所引郑玄《六艺论》等。根据这些文献的记载，可以知道礼类的古文经、记有两个共同的出处：第一，由鲁恭王掘得于孔宅壁中；第二，由河间献王得自民间。《汉书·艺文志》说《礼古经》"出于鲁淹中及孔氏"，是一种特殊的说法。关于各处所得的篇数，说法不一，刘歆说《礼古经》中的《逸礼》三十九篇全部为鲁恭王所得；班固则说《礼古经》五十六篇全部得于孔氏及鲁淹，古文《礼记》部分出于孔壁，部分出于河间献王的收集；郑玄则只提到鲁恭王与河间献王两大出处，未提鲁淹。今按鲁恭王去世于武帝元朔元年（公元前128年），河间献王去世于武帝元光六年（公元前129年），上述古文经传不论是鲁恭王所得多些，还是河间献王所收集得多些，结果都是一样的，即这些礼文献都在武帝时期被集中在皇家秘府里，其总数是：《礼古经》共有五十六篇，古文《礼记》共有二百零四篇。官方礼学大师孟卿与后仓等人都已见过这些文献，例如《汉书·儒林传》说："孟卿以《礼经》多，《春秋》烦杂"，于是让他的儿子去学习《周易》。试问，官方今文《礼经》不超过十七篇，怎么能算是"多"？假若他所见到的《礼经》不包括《古经》五十六篇，这"多"字是无从讲起的。

《汉书·艺文志》礼类著录《记》一百三十一篇，附于今古文《礼经》之下。钱大昕《二十二史考异》说："此云百三十一篇者，合大小戴所传而言也。《小戴记》四十九篇，《曲礼》《檀弓》《杂记》皆以简策重多，分为上下，实止四十六篇。合大戴之八十五篇，正协百三十一篇之数。"所说简洁而精巧，为多数学者所接受，亦曾为笔者所信从。然而有人提出过怀疑，指出二戴《记》的一些篇章是重合的，另有一些篇章则分别采自《礼古经》以及《子思子》等书，两《记》的总和怎么会是一百三十一篇呢？面对这种情况，钱大昕说实际上已很难成立，而圆满的解释尚未产生，便形成经学史上的一宗疑案。笔者经过一番思索，觉得大家也许是过于重视二戴早于刘向的情况了，甚至小戴的弟子桥仁所撰的《礼记章句》，也被认作是一定会得到刘向尊重的权威著作。实际上，刘向编纂礼书，颇有独创性，二戴《记》只能算是他的参考资料，而不能算是他的依据。为说明这一点，有必要对二戴与刘向的关系做一简单的论述。

据《汉书·儒林传》的记载，戴德曾担任信都王的太傅，戴圣曾参加宣帝甘露三年的石渠阁会议。在甘露三年，戴圣已是官方后氏礼学的博士，戴德的年龄既超过戴圣，那么在石渠阁会议时可能已有相当多的学术成果。又据《何武传》所载，戴圣在博士任期之后，担任九江太守，"行事多不法"，在扬州刺史何武的监督之下被迫辞职，再度成为博士。何武担任扬州刺史是由于受到太仆王音的提拔，王音担任太仆是在成帝河平三年至阳朔二年（公元前26年至公元前23年）之间。何武在扬州刺史任期结束之后，成为丞相薛宣属下的司直，薛宣的丞相任期是在成帝鸿嘉元年至永始二年（公元前20年至公元前15年）之间。由于何武的扬州刺史任期仅五年，可以推断戴圣第二次担任博士是在成帝河平三年（公元前26年）以后，鸿嘉三年（公元前18年）以前。大致上说，戴德的学术成果多出于汉宣帝时期，戴圣的学术成果多出于元帝时期。

关于二戴《记》的成书时间，可由《汉书·韦玄成传》来进行推测。在元帝永光四年（公元前40年），韦玄成等七十人上奏说："《春秋》之义，父不祭于支庶之宅，君不祭于臣仆之家，王不祭于下土诸侯。"这三个命题都见于《小戴礼记》，例如《小戴记·郊特牲》说："诸侯不敢祖天子，大夫不敢祖诸侯，而公庙之设于私家，非礼也，由三桓始也。"《丧服小记》说："庶子不祭祖者，明其宗也。"均与韦玄成等七十人所说相同，而这七十人称其为"《春秋》之义"，不称《礼记》，可见《小戴记》在这时尚未成书。在永光四年，韦玄成又率领四十多位朝臣上奏说："《祭义》曰：王者禘其祖自出，以其祖配之，而立四庙。"这几句话见于《小戴记·丧服小记》，不见于《祭义》，则四十余人所称引的《祭义》，当是《大戴记》篇名。《大戴记·曾子大孝》与《小戴记·祭义》大致相同，则《大戴记·祭义》当与《小戴记·祭义》不同，是淹没已久的礼书逸篇。韦玄成等四十四人又说："《礼》：王者始受命，诸侯始封之君，皆为太祖。以下，五庙而迭毁，毁庙之主臧乎太祖，五年而再殷祭。"后两句见于《公羊传》与《穀梁传》文公二年，两《传》为汉元帝时朝野儒生熟读之书，而韦玄成等四十四人却称其为《礼》，可见这是《大戴记》逸篇的内容。比较韦玄成等人的奏疏，可以知道这些朝臣在永光四年已读过《大戴记》，却未见过《小戴记》。这意味着《大戴记》成书于元帝永光四年以前，《小戴记》成书于永光四年以后。

到永光五年（公元前39年），又有朝臣上奏："'祭不欲数，数则渎，渎则不敬'，宜复古礼，……"颜师古说这是称引《小戴记·祭法》的文字。而在汉成帝"初即位"时，匡衡、王商等人先后上疏，称引《礼记》的文字，与现存《小戴记》大同小异。从这些情况来看，《小戴记》正好成书于永光四年至永光五年之间。戴圣在宣帝甘露年间担任博士，已是重要学者，拥有众多的弟子，他在元帝永光四年至五年之间编成《礼记》四十九篇，从时间上看完全是合乎情理的。永光四年，韦玄成等七十人建议罢废各郡、各诸侯国的先皇庙宇，这建议在永光四年十月付诸实施。在同年十一月，韦玄成等四十四人建议实行"宗庙迭毁"制度，将"亲尽"的诸庙一律作废。这建议引起争议，致使朝野学界大为震动，于是"依违者一年"，在永光五年十二月付诸实施。就在永光五年十二月下旬，有人又援引《小戴记》"祭不欲数"一节文字，建议"罢孝文太后，孝昭太后寝园"，这建议在元帝建昭元年（公元前38年）冬季得到实施。在韦玄成等"议罢郡国庙"的时候，戴圣编纂《礼记》的工作可能已完成大半。而到朝野就"宗庙迭毁"问题展开争论的时候，戴圣一定受到很大的刺激和鼓舞，将《礼记》迅即完稿并公之于众，为韦玄成等人提供依据，力图在宗庙制度改革的潮流中建立功勋。这样看来，笔者的推断应是准确的，即《小戴记》定是完成于"依违者一年"的期间，在永光四年（公元前40年）十一月以后，永光五年（公元前39年）十二月以前。

让我们再来看看刘向的情况。他在汉成帝河平三年（公元前26年）受诏校理皇家的藏书，在这之后编纂出新的《礼记》辑本。从这时间上看，刘向编校《礼记》的时间比小戴晚了十几年。但这时间上的先后关系并不意味着刘向对二戴的辑本会有很大的尊重，因为刘向的年辈与二戴相比是绝不逊色的。据《汉书·楚元王传》的介绍，刘向在汉宣帝时先后担任辇郎和谏大夫，在这之后学习《穀梁春秋》。据《汉书·儒林传》，刘向在甘露元年以前已成为重要的《穀梁》学者。在甘露三年的石渠阁会议上，刘向成为参加辩论的《穀梁春秋》六人代表之一，在六人当中居第二位，仅次于尹更始，其学术地位之显赫，无论如何要胜过"以博士论石渠"的小戴。在元帝时期，刘向位至九卿，极度热情地参与了萧望之与石显的纷争，同萧望之一起受到陷害。在成帝时，刘向又成为大将军王凤的政敌，一直受到压制。从在政界的资历来看，刘向明显地超过小戴，甚至可以说不次于大戴。古文《礼记》二百余篇既为刘向所亲见，他一定会重新加以整理，而不必受二戴辑本的限制。陆德明《释文叙录》说：

> 刘向《别录》有四十九篇，其篇次与今《礼记》同，名为"他家书拾撰所取"，不可谓之《小戴礼》。

文中唯"他家书拾撰所取"一句为《别录》原话，其余都是陆德明的叙述。所谓"篇次与今《礼记》同"，是说《别录》依次列举了四十九篇的标题，与小戴所定的篇次相同。《礼记·乐记疏》说："《别录》：《礼记》四十九篇，《乐记》第十九"，与陆德明所说一致。刘向所著录的四十九篇的篇名和篇次既然同于《小戴记》，应即《小戴记》一书。陆德明声称"不可谓之《小戴礼》"，是由于对《别录》中"他家书拾撰所取"一句话发生了误会。陆氏一定是以《小戴记》为本位，以为"他家书"是相对小戴而言。其实刘向《别录》著录礼类著作绝非以小戴为本位，而是以他自己整理的《礼经》和《礼记》为本位，这两部书是他整理皇家藏书的重要成果，是他引以为骄傲的东西。至于小戴，正是他努力排斥的对象，自然要不客气地称其为"他家"。据郑玄《目录》，刘向在《别录》中将《礼记》分成许多的部类，例如有"通论""制度""明堂阴阳""祭祀"等，都是刘向自己的《礼记》辑本的门类，不是二戴辑本的门类。这种分门别类的做法既为二戴所不及，则上述那种以为刘向定以小戴为本位的成见完全是不合情理的。刘歆为维护其父，便在《七略》中只对刘向的《礼记》辑本加以著录，对已见于《别录》的小戴辑本竟全然不载，对大戴辑本也只字未提。班固既是沿袭《七略》，对大小戴辑本自然也不会著录。这就是说，《汉书·艺文志》所著录的《礼记》类的典籍，均属刘向辑本，与大小戴并无直接的关联。

据《释文叙录》所记载，刘向《别录》著录"古文《记》二百四篇"，这大概就是刘向辑本的总篇数。《汉书·艺文志》著录《记》百三十一篇，郑玄《六艺论》称其为"古文"，可见这一百三十一篇是刘向所编古文《礼记》的一部分。《汉志》礼类有《明堂阴阳》三十三篇、《王史氏》二十一篇，并在小序中指出这些都属于古文礼书的范围，可见这两部分也都是出自刘向的古文《礼记》辑本。《汉书·艺文志》乐类有《乐记》二十三篇，其书名与刘向辑本中"乐记"的部类名称相同，也被大家认作是古文《记》二百零四篇所包括的。《汉书·艺文志》中的《论语》类著录《孔子三朝》七篇，《七略》说："孔子三见哀公，作《三朝记》七篇，今在《大戴礼》。"①其称"今在《大戴》"而不提《别录》本，是由于刘歆著录《三朝记》七篇原本是以刘向辑本为本位，故不需要特别指出。将《记》一百三十一篇及《明堂阴阳》等书的篇数加起来，共

---

① 见《艺文类聚》卷五十五。《类聚》原称引为"刘向《七略》"，以致后人多以为这是《别录》之文。其实古书称《七略》之名一般不会错，而对刘向父子多称为"刘向、歆"，此处仅称"刘向"，是误脱"歆"字。

有二百一十五篇，比刘向著录的二百零四篇多出十一篇，这应当如何解释呢？笔者以为，刘向所辑的二百零四篇乃是清一色的古文《记》，而《乐记》二十三篇却掺有今文《记》在内。《汉书·艺文志》说，《乐记》原为河间献王所作，由献王属下的内史丞王定传授给王禹，便是《汉志》乐类著录的《王禹记》二十四篇。《汉书·艺文志》说刘向所辑《乐记》二十三篇"与禹不同"，当是由于献王《乐记》有两个写本，其一由献王在"献所集雅乐"（《汉书·礼乐志》）的时候献给了朝廷，成为刘向所校理的素材；其二则留在献王的宫廷，流传到王禹的手里。献王属下有专人负责书籍的抄写工作，"从民得善书，必为好写与之，留其真"，因而《乐记》有两个传本是合乎情理的。《乐记》二十三篇当中，有十一篇被编入《小戴记》，这十一篇的内容与《荀子·乐论》接近，当是献王属下的儒者根据《荀子》编撰而成的①。既是西汉人所编撰，自然是用"今文"抄写，不会被刘向包括在古文《记》当中。除去这十一篇，《汉书·艺文志》所著录的《记》《乐记》《王史氏》《明堂阴阳》及《孔子三朝》的篇数之和，正是二百零四篇，亦即刘向所辑古文《礼记》的篇数。

比较大小戴与刘向三家整合《礼记》的做法，可以看出其中的分歧不是今古文经学的分歧，而是当时官方今文经学内部的分歧。当时官方经学各派对新出现的古文礼书，并未排斥，而是争相加以参考、编纂和校理。这种热情的态度和他们对《左传》《周官》的冷漠态度形成对照，其原因不过在于古文《礼经》《礼记》具有明

---

① 参见孙尧年《乐记作者问题考辨》，载于《文史》第十辑。

显的儒学特色，而《左传》和《周官》是否为儒家著作则是有争议的问题。对于古文《礼记》的吸收，刘向最为积极，戴德稍次，戴圣则仅从古《记》二百余篇中选取了四十余篇。然而在这里显得最不开放的戴圣，对古文礼书也是极其重视的，例如据郑玄《目录》所说，《小戴记》中的《奔丧》《投壶》都是古文《逸礼》的正篇，表明戴圣之吸取古文礼书不仅限于"记"的范围，而且涉及"经"的范围。《大戴记》的篇数大大超过《小戴记》，可能是由于戴圣以后氏学继承人的身份担任博士，在选取古《记》方面不得不严谨一些；戴德礼学在西汉时期是以私学的形式传授，在选取古《记》方面便可以自由一些。二戴所属的学派有融合齐学与鲁学的宗旨，刘向则为穀梁学者，纯属鲁学一系。有人可能会问，刘向在经学方面既不如二戴能兼容各派，为何选取的古《记》反而最多呢？这一问题可由刘向的特殊经历而得到解释，刘向学习《穀梁春秋》乃是按皇帝的诏命行事，他早年的兴趣本在于"神仙方术之事"（《汉书·楚元王传》）。《汉书·艺文志》又著录刘向《说老子》四篇，可见刘向还有道家的思想倾向。这样一位以儒家鲁学为本位而又贯通道家与阴阳家思想的学者，对新出现的古文《礼记》自然会抱着来者不拒的态度。当然，像宣帝时出土的河内《逸礼》一样，古文《礼记》有可能逐渐被改写成隶书本，与官方经学关系最密切的《小戴记》尤其会如此。到东汉晚期，郑玄为三《礼》作注，对于"经"则沿袭刘向的编次，对于"记"则采用小戴的辑本，造成极大的影响，致使《大戴记》部分佚失，刘向所编的古文《礼记》则全部失传了。古文《礼经》和《礼记》被参考、整合与流传的过程，大致是如此。

五、后氏礼学和西汉郊祀制度的沿革

郊祭在西汉礼制所规定的各种仪式当中，一直是最为隆重的。而关于郊祭的理论，也一直是西汉儒家礼学中的最重要的内容。在汉武帝时期，董仲舒已提出郊祭比宗庙祭更为重要的见解。在汉成帝时期，匡衡等儒者又强调郊祭在各种"帝王之事"当中应处首位。考察西汉郊祭制度的演变过程，可以看出有一个引人注目的转折点，即是在西汉成帝时期，匡衡等儒者所进行的议罢诸祠和设置南北郊的改革。在这次改革以前，西汉郊祭体制主要是出自黄老学派的设计，以"主之以太一"的学说为其指导思想。到西汉中叶，官方的后氏学派参考新出现的古文礼书，对其中的《礼记》加以选择和整理，从而结束了儒家礼学内容贫乏的局面。汉成帝时的郊祀制度的改革，实现了这种制度的儒家化，可说是后氏礼学的具体实践。

（一）西汉文景时期郊祭太一的体制

西汉文帝和景帝崇尚黄老，老子学派则"主之以太一"，这都是公认的。然而长期以来，人们一直以《史记·封禅书》为依据，将文景时期的郊祭体制看成是一种尊奉五帝的体制，而不是尊崇太一的体制。倒是那位以尊儒著称的汉武帝，才开始尊奉太一为至上神。这种见解实际上歪曲了西汉宗教与学术的关系，是不合史实的。我们只要将《封禅书》与《汉书·王莽传》所载王莽奏表对照一下，便可看出《封禅书》的记载过于简略，竟遗漏了一件重要的事，即文景时期国家宗教的至上神并非五帝，而是太一。

汉初的郊祭制度，是由秦代演变来的。据《史记·封禅书》所说，秦人在雍地先后建立了鄜畤、密畤、上畤和下畤，分别供奉白、青、黄、炎四帝，被称为"雍四畤"。后来汉高祖增设北畤，供奉黑帝，以便应合"天有五帝"的传说，凑足了"雍五畤"之数。西汉惠帝及高后时期的郊祭，一直沿袭着"雍五畤"的体制。这种体制的缺陷是显而易见的，它所奉祀的最高神灵竟有五位，以致未能实现神界的统一。到汉文帝前元十五年（公元前165年），朝廷采纳赵人新垣平之议，在长安东北郊建立了渭阳五帝庙。《封禅书》介绍这庙宇的建筑格式，是"同宇，帝一殿"，张守节《正义》引《宫殿疏》说，五帝庙"一宇五殿"，分别供奉五色上帝的神位。由于《封禅书》未提到五帝庙是否还供奉高于五帝的天神，因而后人以为，汉文帝所崇拜的天神以五帝最为重要。

然而，汉文帝既然把五帝的神位集中在一起，自然应当在五帝中间设置一个中心。《吕氏春秋》和《淮南子》都讲一种五帝的系统，以黄帝位居中央，青、赤、白、黑四帝分在四方。渭阳五帝庙是否也以黄帝居中呢？答案应当是否定的。《史记·封禅书》这样写道："于是作渭阳五帝庙，同宇，帝一殿，面各五门，各如其帝色。"其说五帝庙"面各五门"，意谓全庙当有二十门或二十五门，这在中国古代建筑史上颇为罕见，再说汉初的建筑技术尚不发达，汉文帝又很节俭，当时能否造出这样的庙宇来，是十分可疑的。东汉荀悦在《汉纪》卷八中说："于是始作渭阳五帝庙，同宇五殿，五门各如其帝色。"由此可知五帝庙仅有五门，每一面仅有一门，而非每面各有五门。班固在《汉书·郊祀志》中抄录《封禅书》这段文字，缺一"各"字，全句可读作："同宇，帝一殿，面五，门各如其帝色。"意思与荀悦的说法一致，则《史记》中的"各"字当为衍文。不过在这里还有一种可能，张守节《史记正义》说："按，一宇之内而设五帝，各依其方帝别为一殿，而门各如帝色也。"试将这话与荀悦"五门各如其帝色"一语相对照，可知今本《封禅书》中的"面"字当为"而"字之误，荀悦与张守节所见的《封禅书》原文可能是这样的：

　　　　同宇，帝一殿，而五门各如其帝色。

　　其中"五门各如其帝色"一句与《封禅书》下文"五帝各如其色"句式相仿，极似太史公原来的手笔。不论上述两种推测当中哪一种是真实的，据班固、荀悦、张守节等人所说，都可得出明确的结论：五帝庙并非每面五门，而是共有五面，每面一门。也就是说，此庙共有五面，而非四面。其中青、赤、白、黑四帝分别在东、南、西、北，多出一个黄帝，位居西南，不在中央，与《吕氏春秋》等书的说法不合。汉武帝时建立的泰畤以黄帝位居西南，当是沿袭五帝庙的先例。五帝庙既未采用黄帝居中的格局，那么庙里的中央位置自然应当由一位更高的神来占据，这神便是太一。

　　凑巧的是，在西汉平帝元始五年（公元5年），王莽曾上奏追述渭阳五帝庙的情况：

　　　　高皇帝受命，因雍四畤起北畤，而备五帝，未共天地之祀。孝文十六年①用新垣平，初起渭阳五帝庙，祭泰一②、地

---

① 五帝庙本是建于文帝前元十五年，而在此庙首次举行祭祀典礼则在文帝前元十六年。

② "泰一"，即太一。"泰""太"两字古通用。

祇，以太祖高皇帝配。日冬至祠泰一，夏至祠地祇，皆并祠五帝，而共一牲，上亲郊拜。后平伏诛，乃不复自亲，而使有司行事。（见《汉书·郊祀志》）

王莽追述西汉高、武诸帝的郊祀活动，多与《封禅书》相合，唯称渭阳五帝庙奉祀太一、地祇，为《封禅书》所不载。关于这一点，有两种可能：其一，《封禅书》可能原有关于文帝祭祀太一的记录，后来佚失了，王莽所依据的乃是《史记》原本。其二，《史记》对当时人们所熟知的事件和著作往往从略，例如在管、晏、申、韩、孙、吴等传中声明，这些人的著作世人"多有"，故而"不论"，即是一例。他对五帝庙可能只注重于"五帝同宇"这一特点，而忽略了今人所关心的太一至上神的问题。王莽对宗教祭祀问题极为关注，曾"开秘府，会群儒"（《汉书·王莽传》），专门研究典礼仪式的程序，他对五帝庙的了解绝不会少于太史公。当然，王莽出于改制的需要，有时会作伪，但他对渭阳五帝庙的看法与匡衡相似，倾向于持否定的态度，似无必要对这庙中的情况加以美化或夸张。过去学界罕见有人重视王莽这段话，大概是由于汉武帝时期谬忌曾提出"天神贵者太一，太一佐曰五帝"的郊祀方案，人们以为谬忌的事意味着祭祀太一自武帝始，因而王莽关于文帝祭太一的说明便不大可能受到学界的重视。然而据《封禅书》所说，武帝在长安东南郊筹建祭天的设施，本已采用谬忌关于"天神贵者太一"的建议。后来，武帝到甘泉筹建泰畤，有人提议："五帝，太一之佐也，宜立太一。"这与谬忌之议完全相同，武帝却"疑未定"，只是在经过一番讨论之后，才在甘泉搬用了谬忌的"祠太一方"。这事显示出武帝乃是喜欢革新的人，他即便是采用已实施过的方案，也需要有人重新提议并反复讨论。那么，谬忌曾向武帝建议郊祀太一的事，绝不意味着类似的方案没有在文帝年间实行过。我们绝不应当根据谬忌之议，来怀疑王莽关于文帝郊祭太一的说法。

《史》《汉》所记文帝十五年及十六年两次郊祭日期均为"夏四月"，王莽元始五年奏疏却说文帝"日冬至祠泰一"，这日期的出入太大，不能不加以解释。《春秋繁露·郊事对》说："郊常以正月上辛者，所以先百神而最居前。"《郊祭》篇说："天子每至岁首，必先郊祭以享天，乃敢为地，行子礼也。"其称郊祭天帝必在岁首，正合秦汉通例。《史记·封禅书》说："秦以冬十月为岁首，故常以十月上宿郊见"，这是秦代郊祭日期为岁首的证据。在汉武帝太初改历以前，一直沿袭秦制，以十月为岁首，而《史》《汉》景、武诸纪所载太初以前的郊祭日期多为十月，仅文帝十五年、十六年两次郊祭日期是例外。汉武帝太初元年改以正月为岁首，而《汉书》所载太初以后的郊祭日期均为正月。在这种情况下，文帝十五年、十六年两次郊祭在"夏四月"举行，便显得十分奇怪。《汉书·郊祀志》赞说："至于孝文，始以夏郊，而张仓据水德，公孙臣、贾谊更以为土德，卒不能明。"其中的"夏郊"的"夏"字似乎不是指季节，而是指朝代。秦汉流行"三正"说，认为夏、商、周三代的岁首不同，汉文帝"夏郊"之意是指沿袭夏代之例，将郊祭日期定于夏代的岁首。《史》《汉》说文帝郊祭于"夏四月"，"四"字在古书中与"正"字形近易混，故"夏四月"可能是"夏正月"的误写。"夏正月"是哪一个月呢？《春秋繁露》等书都说，周为天统，尚赤，以十一月为正；殷为地统，尚白，以十二月为正；夏为人统，尚黑，以正月为正。这种三统和三正的体系，历来被看作是今文经学的主张。而《左传·昭公十七年》却载有另一种说法：

火出于夏为三月，于商为四月，于周为五月。夏数得天。

这段话在那些热衷于构筑三正系统的汉代学者看来，有一个明显的含义，即夏代为天统，尚赤，以十一月为岁首；商代为地统，尚白，以十二月为岁首；周代为人统，尚黑，以正月为岁首。《汉书·律历志》所载刘歆"三统"说即是以此为据，以致这一说法被后人当成古文经学特有的主张。然而，《左传》原是先秦史书，本不属于经学的范围。这部书的有些思想与道家或阴阳家的思想相通，也不能算是纯粹的儒学。《汉书·儒林传》说，张苍与贾谊等人"皆修《春秋左氏传》"，张苍在汉文帝时期担任丞相，可能根据《左传》使朝廷接受了夏得天统的意见。《封禅书》说文帝十五年、十六年郊祭五帝时服色尚赤，是很值得注意的。当时朝廷已采纳公孙臣关于汉属土德的主张，服色应当尚黄，为何尚赤呢？答案只有一个，即文帝郊祭时的服色并非依据"五德终始说"而定，而是依据三统说来规定的，而依据《左传》"夏数得天"之文，夏代应得天统，尚赤，以十一月为岁首。文帝采用"夏郊"，服色尚赤，均与《左传》相合，则渭阳五帝庙的郊祭日期一定同于刘歆所讲的夏正，而在十一月。冬至正在十一月，这就是王莽所谓文帝"冬至祠泰一"的由来。王莽以后的今文经学家不了解《左传》曾在文帝时期受到重视的历史，遂将《史》《汉》中的"夏正月"误抄为"夏四月", 造成一个长期未得澄清的误会①。

以上情况表明, 汉文帝曾在渭阳五帝庙奉祀太一是可以肯定的。到汉景帝时期, 五帝庙仍是最重要的宗教设施, 那么可以推断, 在崇尚黄老的文景时期, 国家宗教以太一为至上神, 以五帝为太一之佐。建议修建此庙的新垣平是赵人, 在景帝时期干预朝政并尊崇黄老的窦太后也是赵人。《史记·孟荀列传》说赵人慎到"学黄老道德之术", 在齐国为稷下先生。《乐毅列传》说久居赵国的乐瑕公和乐臣公都传习黄老之学, 乐臣公曾到齐国传授盖公, 盖公即是在汉初推行黄老之治的曹参的老师。新垣平既是赵人, 又与儒家学派没有明显的关联, 便有可能属于黄老学派或受黄老思想的影响, 由他建议修建的渭阳五帝庙则可说是合乎黄老学派意见的宗教设施。

(二)汉武帝时期祭祀太一的体制

汉武帝时, 郊祭天帝的典礼仪式一般是三年举行一次, 地点是在甘泉的泰畤。这种设施及其典礼仪式与渭阳五帝庙的祭典很相似, 也与黄老学派有密切的关联。另外, 武帝时期的谬忌太一坛、封禅大典以及明堂祭祀, 也都有蒙受黄老思想影响的痕迹。

据《史记·封禅书》说, 在武帝元朔五年(公元前124年), 亳人谬忌奏上"祠太一方", 主要内容是: "天神贵者太一, 太一佐曰五帝。古者天子以春秋祭太一东南郊, 用太牢, 七日, 为坛开八通之鬼道。"这一建议得到了采纳, 于是"薄忌太一坛"便在长安东

---

① 汉文帝的官员上奏说: "古者天子夏亲郊祀上帝于郊, 故曰郊。"(《史记·封禅书》)其中的"夏"字可理解为朝代名。当时人们常用这样的句式: "古者天子夏如何, 殷如何, 周如何。"

南郊修建起来。其中的"薄"字与"亳"通用，即因谬忌而得名。这一祠坛与渭阳五帝庙有很多的共同点，都以太一为至上神，以五帝为辅佐太一的神灵，其中的区别大概仅在于建筑的具体样式及其地点上。到武帝元鼎五年（公元前112年），经过一番讨论和筹备，仿照谬忌太一坛的样式，在长安以北的甘泉修建了规模更为宏伟的泰畤，把它当作郊祭天帝的正式的设施来使用。与谬忌坛相比，泰畤与渭阳五帝庙更为接近，两者都将太一的神位供奉在中央的位置，以五帝的神位环绕在太一的周围，而且泰畤位于长安以北，与五帝庙位于长安东北这一点存在着一致性。泰畤初成，武帝便在这里举行了祭祀太一的仪式，"列火满坛"，夜空中现出"美光"，到白天则出现"黄气"，于是引起热烈的反应，太史令司马谈和祠官宽舒奏议："神灵之休，佑福兆祥，宜因此地光域，立太畤坛以明应。令太祝领，秋及腊间祠。三岁天子一郊见。"司马谈等人建议在出现"美光""黄气"之地再建太畤坛，与汉文帝在修建五帝庙之后再建长门五帝坛的宗旨相同。由此可以看出，司马谈对于泰畤的建立以及在泰畤举行的郊祭典礼曾极表赞扬，并试图加以发扬光大。司马谈是西汉黄老学派的著名代表人物，他对泰畤的称赞可以代表当时整个黄老学派的意见。再说，汉代的天文学家普遍认为北极星便是太一神的居住之地，黄老学派也是这样看的，泰畤位于首都的北方，与北极星的位置有着明显的相似之处，而与《礼记》关于南郊祭天的理论相冲突。从这一意义上讲，也可以肯定泰畤的设立与道家思想相契合。

在泰畤建立的前后，武帝一直在为封禅大典进行筹备。当时群儒"莫知其仪礼"，"不能辨明封禅事"（《封禅书》），武帝于是"尽罢诸儒不用"（同上），将"郊祀太一之礼"用到了登封泰山的典礼之中。武帝还按照公玉带所献的"黄帝时明堂图"，在泰山东北某地修建了明堂，"祠太一、五帝于明堂上坐"（同上），"拜明堂如郊礼"（同上）。可见武帝时的封禅祭和明堂祭仍以太一为至上神，认为五帝位于太一之下。公玉带是齐地济南人，有可能是战国时代齐愍王臣属公玉丹的后裔，他所献的"黄帝时明堂图"，可能是出自田齐黄老学派的杜撰。

　　根据《史》《汉》所载武帝在郊祀典礼上的祝文和诏文，可以知道西汉文、景、武帝时期国家宗教至上神的全称即是"太一"。而在汉成帝时，匡衡等人不再满足于"太一"这一名称，他们关于至上神的称谓可能与王莽相同，为"皇天上帝泰一"（见《汉书·郊祀志》）。而在东汉诸帝的祭天典礼当中，至上神仅称"皇天上帝"，"太一"两字被除掉了。有人可能会说，武帝所祭的"太一"乃是天帝的别名，与道家"主之以太一"的主张不是一回事。然而考察武帝祭祀太一的诏文和祝文，并没有将"太一"与天帝等同。《汉书·礼乐志》说，汉武帝组织学者撰写了《郊祀歌》十九章，用于甘泉的郊祀仪式，"使童男女七十人俱歌，昏祠至明"，十九章的第七章说："惟泰元尊，媪神蕃厘，经纬天地，作成四时，精建日月，星辰度理，阴阳五行，周而复始。"颜注称"泰元"为天，似误，因为《歌》中明说泰元可以"经纬天地"，意即泰元比天地更加神圣。西汉人多以为"元"即是"一"，则"泰元"即"太一"。这表明武帝所郊祭的太一，乃是高于天地的至上神。这与道家老子一派"主之以太一"的思想接近，与《礼记》所表述的儒家郊祀理论是不同的。

（三）后氏礼学与郊祀制度的改革

在西汉元成之际，国家经济恶化，郊祀与宗庙的祭祀典礼耗费过多，在这时已成为一种不堪忍受的经济负担。而且这种典礼与董仲舒以来的儒学不合，这在儒家地位日益上升的情况下已成为朝野公认的缺点。在武帝至成帝时期，后仓、戴德、戴圣等人参照古文礼书，融合齐学与鲁学，编出两个内容丰富的《礼记》辑本，形成了比较完整的礼学体系。在元帝时，后仓的弟子翼奉以及传习公羊学的御史大夫贡禹，先后对文、景、武、宣时期的郊祀制度进行抨击，建议改革。而到成帝即位以后，熟悉后氏礼学的匡衡等人就此提出了具体的改革建议，从而发起了一场关于郊祀制度的改革运动。

笔者称其为"运动"，是着眼于这样的几点：第一，这次改革几乎波及除宗庙以外的一切的宗教领域，是整个国家宗教的规模空前的大变革；第二，这次改革几乎牵涉到统治阶层的大多数的重要人物，上至皇帝和太后，下至博士儒生，中间则有三公九卿，无不对改革的事予以关注并表明态度，在一次辩论中的参加人数竟多达五十八人；第三，这次改革经过多次反复，时至平帝元始五年才暂告结束，历时数十年之久。这样的变化，称其为"运动"是一点也不算过分的。

《汉书·郊祀志》记述了这次宗教改革运动的反复过程及其辩论的详情，《成帝纪》则记载了这次运动中的重要事件的年月。在汉成帝即位之初，担任丞相的匡衡和御史大夫张谭上奏说，甘泉泰畤和汾阴后土祠不合儒家的礼典，建议将它们作废，在长安南北郊另修建祭祀天地的设施。在建议得到采纳并将要付诸实施的时候，匡衡又就其设计方案中的文质问题提出了具体的意见。在汉成帝建始元年十二月（公元前31年1月），完全按照匡衡意见而修造的两座宗教设施终于竣工了，其中一座位于长安以南，是祭天用的，在历史上一般称为"南郊"；另一座位于长安以北，是祭地用的，在历史上一般称为"北郊"。两座合起来，便是汉代学者所常说的"南北郊"。在筹建南北郊的时候，匡衡等人又对"雍五畤"发起攻击，声称其中建于秦代的鄜、密、上、下四畤都是秦侯之所"妄造"，北畤则是秦制的延续，都应当作废。于是汉成帝在建始二年正月，宣布"雍五畤"的祭典不再举行，并在新建成的"南郊"举行了首次的祭天仪式。同年，匡衡和张谭再接再厉，将攻击的锋芒指向一切旧的宗教设施及其祭典，其中包括汉文帝所建立的渭阳五帝庙，包括汉武帝时期修建的薄忌太一坛、三一祠、万里沙祠以及黄帝、冥羊、马行、皋山山君、武夷、夏后启母石、八神、延年诸设施，还包括汉宣帝时修建的参山祠、蓬山祠、成山祠、莱山祠、四时祠、蚩尤祠及劳谷、五床、仙人、玉女、径路、天神、原水诸祠。匡衡未攻击宗庙制度，是由于宗庙制度已按照儒者的要求有所变更。匡衡这些摧毁性的建议竟全部得到了采纳，于是西汉高祖以后、成帝以前的一切宗教设施都作废了，这一时期的一切祭典都宣布永不举行了。将《郊祀志》与《汉纪》对照，可以知道经匡衡第三次动议而作废的宗教设施，竟多达五百九十五所！

这种革新妨害了大量政府官员及神职人员的利益，朝野的反对言论十分激烈，"多言不当变动祭祀"。他们用当时的一次风灾来做反对的理由，说这是甘泉泰畤及雍五畤的神灵的愤怒的表示。正巧成帝不生儿子，这也被看作是因宗教改革而受到的惩罚。著名学者刘向加入了反对的人流，他竟用"诬神者殃及三世"这样危言耸听的话来恐吓皇帝。于是在永始二年（公元前15年）十一月，成帝恢复了雍五畤的祭祀活动。在永始三年十月，成帝借重皇太后的威信，宣布"复甘泉泰畤、汾阴后土如故"，并宣布将已废畤祠的半数恢复其祭典，声称这是"《春秋》大复古"。复旧措施又引起主张革新的儒生的强烈反应，例如杜邺说，当时有"疾风""大雨""电灾"发生，都是神灵对复旧措施所显示的"咎征"。成帝直到去世，仍未得子，于是皇太后诏命"复南北郊长安如故"。哀帝即位，"寝疾"，也以为是受到神灵的惩罚，于是又"复甘泉泰畤，汾阴后土祠"，并"尽复前世所常兴诸神祠、官"，共达七百余所，一年要举行三万七千次祭祀典礼。直到平帝元始五年（公元5年），专擅朝政的王莽凭借他的权威，将匡衡的改革措施重做了一遍，使南北郊的宗教体制确定下来，并得到了东汉魏晋等朝代的沿袭。

在这种大变革与"大复古"两股潮流的背后，是后氏礼学与黄老等学派的宗教思想的碰撞。匡衡与张谭说：

帝王之事莫大乎承天之序，承天之序莫重于郊祀，故圣王尽心极虑，以建其制。祭地于南郊，就阳之义也；瘗地于北郊，即阴之象也。天之于天子也，因其所都而各飨焉。往者，孝武皇帝居甘泉宫，即于云阳立泰畤，祭于宫南。今行常幸长安，郊见皇天反北之泰阴，祠后土反东之少阳，事与古制殊。……昔者周文武郊于丰鄗，成王郊于雒邑。由此观之，天随王者所居而飨之。可见也。甘泉泰畤、河东后土之祠宜可徙置长安，合于古帝王。（见《汉书·郊祀志》）

王商、师丹、翟方进等五十人说：

> 《礼记》曰："燔柴于太坛，祭天也；瘗薶于大折，祭地也。"兆于南郊，所以定天位也；祭地于大折，在北郊，就阴位也。郊处各在圣王所都之南北。……天地以王者为主，故圣王制祭天地之礼必于国郊。长安，圣主之居，皇天所观视也。甘泉、河东之祠非神灵所飨，宜徙就正阳、大阴之处。违俗复古，循圣制，定天位，如礼便。（同上）

在这里，有几种说法乃是当时各家学派的共识：第一，首都的四郊有阴阳之分，东为少阳，南为太阳，西为少阴，北为太阴，这是公认的；第二，祭祀天地的场所必须在"国郊"，亦即首都的近郊，这也是公认的，因为当时人们都用"郊"字来指称祭祀天地的典礼。至于南郊为"太阳"或"正阳"之地，是恰当的祭天场所，这在当时的舆论当中似也都视其为理所当然。匡衡说：汉武帝因为居住在甘泉宫，便在"宫南"立泰畤，以祭祀天帝，这完全是按照儒家的眼光来揣测汉武帝的动机，其实汉武帝及其群臣都明白"郊"字的含义，这个字当然是指首都长安的近郊，怎么会是甘泉宫的南郊呢？再说，对于武帝在甘泉宫南祭天这一点如果按"南郊祭天"的观念来理解，那么对汉武帝到汾阴祭地的情况便无法解释了，因为这祭祀后土的地点不在长安以北，而在长安以东，是少阳之地而不是太阴之地。根据《史记·封禅书》所记载的谬忌奏议和当时人们关于祭祀"三一"的奏议，可以知道武帝所祭的"太一"，乃是与"天一"和"地一"相区别的。上文已指出武帝《郊祀歌》

认为"泰元"可以"经纬天地"，意即太一比天地更为神圣。那么，可以肯定武帝祭太一的活动，是有意抑或无意地沿袭着老子学派"主之以太一"的思想传统，其所谓太一乃是高于天地的至上神，太一的居住地即在北极星的位置，武帝到长安以北去祭祀太一的理由，就在这里。不过，武帝是一位精于权术的统治者，儒家学者认为祭祀太一即是祭天，武帝对这种看法似是有意识地未置可否；道家认为祭祀太一和祭天不同，武帝对这种意见也未明白地加以肯定。在这种高明的策略之下，儒道两家暂可相安无事。然而到汉成帝时，儒家的势力急剧增长，在礼学方面渐趋成熟，于是进行清算的时刻便已来临。这时的儒者可能意识到，假如泰畤所供奉的太一即是天帝，那么祭祀的地点便应当是"正阳"或"太阳"的长安南郊。泰畤既然不在长安以南，那么太一是不是天帝这一点便显得十分可疑。既然在泰畤举行的祭礼耗费惊人，给国家经济造成了负担，为什么不趁机加以改变呢？

由此而论，匡衡等人发起的郊祀制度的改革首先是祭祀对象的改变，也就是国家宗教的至上神的改变。关于这一点，还可以找到一个重要的证据，那就是王莽在平帝元始五年所说的："谨与太师光、大司徒宫、羲和歆等八十九人议，皆曰天子父事天，母事墬（地），今称天神曰皇天上帝泰一，兆曰泰畤，而称地祇曰后土，与中央黄灵同，又兆北郊未有尊称。宜令地祇称皇墬（地）后祇，兆曰广畤。"（见《汉书·郊祀志》）由这段文字可以知道，王莽、孔光、马宫、刘歆等八十九人有一项创造，即改变地祇的名称，将"后土"之名改为"皇墬（地）后祇"，以与"皇天上帝泰一"之名相对应。至于"皇天上帝泰一"这一名称的由来，则与王莽等人无关。上文已根据《史》《汉》所载武帝的祝文、诏文，指出武帝时期国家宗教的至上神仅称"太一"或"泰一"，无"皇天""上帝"一类的字样。如果在"泰一"之前添加"皇天上帝"四字不是王莽等人的杜撰，那么是出自何人呢？一个明显的答案已经摆在这里，即"皇天上帝泰一"之名是由匡衡等人在汉成帝时期拟定的。匡衡等人既然有祭天不能不在长安南郊的成见，对长安以北的泰畤自然会产生怀疑，认为泰畤所供奉的"太一"并不是儒家所崇拜的天帝，而与道家"主之以太一"的思想有着联系。长安南郊的祭天设施既已按照匡衡等人的愿望修建起来，那么这设施中的神位自然会被添上一笔，即在"泰一"之上加上"皇天上帝"四字，以表示同道家思想的决裂。"泰一"两字在这时没有被删除，可能是为了保持传统宗教演变过程中的连续性。到东汉光武帝的时候，"皇天上帝泰一"的名称已显得有些陈旧，进一步的改变不会给人以过分激进的感觉，于是"泰一"两字不见了，在"南郊"的神位上只写着"皇天上帝"四字。以"皇天上帝"为至上神的中国传统国家宗教，就是这样形成的。

匡衡等人所发起的变革，还有一项重要的意义，即实现了多神教当中的神位的集中以及祭祀设施的集中。在汉成帝以前，全国各地的庙宇近千所。匡衡等人有计划地将其中半数的庙宇变成了两所，一是"南郊"或"天郊"，一是"北郊"或"地郊"。当然，宗庙设施应当另外计算。这种使宗教设施合并的宗旨，表现在匡衡的奏疏里："王者各以其礼制事天地，非因异世所立而继之。今雍鄜、密、上、下畤，本秦侯各以其意所立，非《礼》之所载术也。汉兴之初，仪制未及定，即且因秦故祠，复立北畤。今既稽古，建定天地之大礼，郊见上帝，青赤白黄黑五方之帝皆毕陈，各有位馔，祭祀备具。诸侯所妄造，王者不当长遵。及北畤，未定时所立，不宜复修。"（见《汉书·郊祀志》）这段话当然有反对沿袭秦代宗教体制的意义，不过其中的意义还不限于此。疏中"王者各以其礼制事天地，非因异世所立而继之"两句，指出宗教祭祀应当有一种系统性，不应当是散乱的。宗教祭祀的依据应当是某种理论及其制度，不应当是前代的先例。敏感的读者可能会注意到这种主张的破坏性而感到震惊，因为宗教及其设施往往是传统的，是因袭历史先例的。某些宗教设施所显示出来的神圣感，往往来自它的古老，得自它经历时代的长久。匡衡声称这种历时的长久不值得尊重，只有他的同学所编定的《礼记》以及他的老师所传授的《礼经》才是最具权威的，那么除了"应《礼》"的少数设施以外，绝大多数的宗教设施及其祭典便都失去了存在的依据。匡衡等人在奏罢泰畤、后土祠、雍五畤及陈宝祠之后，又抨击宗教旧设施五百九十余所，使它们全部作废，其思想出发点便是这种只尊重礼学系统性而不尊重历时性的理论。应当承认，将一切重要神灵的主位都集中在一所庙宇里，这种做法从汉文帝修建渭阳五帝庙的时候已经开始，在汉武帝所建立的薄忌太一坛和泰畤当中已发挥得淋漓尽致，如果将泰畤看成是与古罗马的万神庙相类似的庙宇，绝不会显得过分。不过，在汉武帝以及昭、宣、元帝时期，泰畤所供奉的神灵，在全国各地为数众多的庙宇当中也都分别供奉着，这种情况意味着祭祀的重复、仪式程序的不统一以及国家宗教体制的混乱。匡衡等人将多余的五百余所庙宇及其祭典全部废除，只保留有限的皇室宗庙和南北郊，使南郊的以皇天上帝泰一为核心的多神祭祀体制显得格外突出。这种改革的直接效果是减少了"烦费",更有意义的成效是有助于实现孔子所向往的理想图景:政治与宗教的结合只限于最高的社会阶层,在这阶层以下,一切与政治相关联的宗教设施及其祭仪活动都是非法的。

发起这次改革的翼奉和匡衡,都是后仓的弟子,并且是大小戴的同学。匡衡说:"祭天于南郊,就阳之义也;瘗地于北郊,即阴之象也。"这是义引《小戴记·郊特牲》中的文字:"兆于南郊,就阳位也。埽地而祭,于其质也。"王商、师丹等五十人支持匡衡奏议,声称《礼记》有明文指出:"燔柴于太坛,祭天也;瘗薶于大折,祭地也。"(见《汉书·郊祀志》)他们所依据的《礼记》文字,见于《小戴记·祭法》。值得注意的是,师丹其人乃是匡衡的弟子。从这一连串的关系来看,可以肯定西汉后期郊祀制度改革运动主要是由后氏学派发起并推动的,这次运动完全是后氏礼学的具体实践。

六、西汉宗庙禘祫制度的沿革及其礼学依据

在西汉时期,皇家宗庙祭祀制度堪与郊祀制度并列,构成当时礼制的核心部分。而在宗庙祭祀的各种仪式当中,又以禘、祫两种仪式最为隆重。《汉书·韦玄成传》记载了西汉宗庙制度的沿革情况,并引述了元、成、哀、平之际的儒臣关于宗庙问题的很多议论。仔细研究《韦玄成传》的记载,可以看出,在西汉宗庙制度的演变过程中有一个极大的转折点,那就是在元、成之际发生了废除郡国宗庙制度的改革以及贯彻"宗庙迭毁"原则的改革。过去人们常说这两项改革的意义在于减少"烦费",这是正确的,但这解释

尚不足使关心宗教史的人们感到满意。元、成之际宗庙制度的两项改革的主要意义，在于实现先秦儒家所向往的理想社会图式，使宗教与政治达成一种既分离又结合的关系：在社会的最高层次，政治与宗教是密切结合的，其中宗教是根本；而在社会的其他层次，政教却是分离的，其中政治不应受到宗教的干预，宗教也不应受到世俗权益的干扰。让我们来看一看，西汉宗庙制度的改革是怎样试图实现这种理想图式的。

关于西汉宗庙祭祀的情况，《汉书·韦玄成传》有详细的介绍，《史》《汉》诸帝《纪》中也有零星的记载。西汉宗庙的第一个庙宇，是由高帝刘邦主持兴建的。刘邦为他的父亲拟定了"太上皇"的尊号，在太上皇去世以后，命首都长安以及各诸侯国分别建立太上皇庙。高帝去世以后被尊称为"太祖"，惠帝命长安及各郡、各诸侯国分别建立太祖庙。惠帝去世以后，在长安增加了孝惠庙。文帝去世后被尊称为"太宗"，景帝规定长安及各郡国必须增设太宗庙。景帝去世后，长安增加了孝景庙，以后又陆续增加孝武庙、孝昭庙。宣帝即位以后，为表示对武帝的崇敬，规定武帝庙号为世宗，命武帝曾到过的各郡、国分别建立世宗庙。另外，宣帝还为他的父亲史皇孙订立尊号为"悼皇考"，在长安兴建了皇考庙。到元帝即位时，首都长安已有了九座重要的庙宇，依次为：

太上皇庙

太祖庙（高帝庙）

孝惠庙

太宗庙（孝文庙）

孝景庙

世宗庙（孝武庙）

孝昭庙

皇考庙

孝宣庙

　　加上各郡、各诸侯国的庙，共达一百七十六所。各庙的陵园还设有寝殿和便殿，昭灵后、武哀王、昭哀后、孝文太后、孝昭太后、卫思后、戾太子、戾后也都各有寝园。对诸帝之庙，每年祭祀二十五次；对诸帝便殿，每年祭四次；对诸帝寝殿，每日加上四次祭品。各庙及寝园的每年祭祀次数之总和，竟达二万四千四百五十五次之多。所用卫士有四万五千多人，专职的祭祀人员有一万二千多名。假如不加改革的话，宗庙的数目、祭祀的次数以及专职祭祀人员的数额还会增加，因为汉朝的寿祚到元帝时尚未完结。当时宗庙增多的方式大致是沿着两个方向，在时间上是逐代递增，每死一位皇帝，便增加一批庙宇和陵园；在空间上是逐步扩散，长安每增设一座新庙，各郡、各诸侯国便有可能增设大量的新庙。这种逐代增加的趋势不但造成沉重的财政负担，而且产生可怕的精神压力，因为它给人以无秩序的恶性膨胀的感觉，与世俗政治的关系逐渐失去平衡，宗庙祭祀似已不再有利于政治秩序的维持，而起到一种消极的、破坏性的作用。

　　汉元帝及其朝臣面对这种情况，不能再无所作为了。在永光四年（公元前40年），元帝组织廷臣"议罢郡国庙"，然后又订立"宗庙迭毁"制度。罢废郡国庙的改革很快地落实了，而"宗庙迭毁"

制度则经过多次的讨论和反复，在平帝时期才落实下来。关于这项改革，汉代学者议论纷纭，直到近现代仍有人加以评论和争辩。这种改革究竟有怎样的意义，竟引起学界长期的骚动呢？为解决这一问题，不能不对这改革的过程以及争论的内容做一具体的分析。

关于各郡、各诸侯国的宗庙改革建议，是由翼奉首先提出来的。约在元帝初元三年（公元前46年），翼奉上疏指责："汉家郊兆寝庙祭祀之礼多不应古"（见《汉书·翼奉传》）。到初元四年（公元前45年），贡禹又上奏说："郡国庙不应古礼"（见《汉书·韦玄成传》）。贡禹是御史大夫，地位比翼奉高得多，他的奏议很快引起元帝的重视。永光四年，汉元帝下诏组织群臣"议罢郡国庙"，并在诏书里对各郡、各诸侯国分别建有先皇庙的情况做了两点批评：第一，郡国设庙意味着"令疏远卑贱共承尊祀"；第二，引述孔子关于"吾不与祭，如不祭"的名言，意谓皇帝本人既然不能参加各郡、各诸侯国的宗庙祭祀，这种祭祀便如同没有举行一样。以丞相韦玄成为首的七十人支持元帝的意见，并加以发挥："臣闻祭，非自外至者也。繇中出，生于心也。故唯圣人为能飨帝，孝子为能飨亲。立庙京师之居，躬亲承事，四海之内各以其职来助祭，尊亲之大义，五帝三王所共，不易之道也。"这一席话意在响应元帝关于"吾不与祭，如不祭"的意见，暗示出只有皇帝亲自参与的长安宗庙祭祀是真诚的，各郡、各诸侯国的皇家宗庙祭祀都是徒具形式的。韦玄成等七十人又说：

> 《春秋》之义，父不祭于支庶之宅，君不祭于臣仆之家，王不祭于下土诸侯。臣等愚以为宗庙在郡国，宜无修，臣请勿

复修。（见《汉书·韦玄成传》）

意思是说，庶子无权祭奠亡父，因为这是嫡子才有的特权；臣仆无权祭祀先君，因为这是在位国君的特权；诸侯无权祭祀前代天子，因为这是在位天子的特权。各郡、各诸侯国设庙祭祀先帝，意味着他们以"支庶"的身份祭奠亡父，以"下土"的地位祭祀先皇，以臣仆的身份祭祀先君，均属"疏远卑贱共承尊祀"之列，是不合乎礼的传统的。韦玄成等人从《春秋》发挥出这种原则，而未引述《小戴记》，是由于《小戴记》尚未完稿。然而在七十人奏议之后，永光五年十二月之前，《小戴记》便已编纂完毕并公之于众（见上文），则戴圣在接近完稿之际，有可能对这七十位朝臣施加了影响。笔者这样来推断，有两个理由：第一，《小戴记·郊特牲》说："诸侯不敢祖天子，大夫不敢祖诸侯，而公庙之设于私家，非礼也，由三桓始也。"这话的意思与七十人奏议的宗旨竟完全相同，可见七十人的意见可能与戴圣有关，假若我们推测戴圣即是七十人的一员，也绝不是过分的。第二，即使这七十人不包括戴圣，也一定包括戴圣的同学匡衡。匡衡像戴圣一样，也是后仓的弟子，他在韦玄成等七十人上奏之际担任太子少傅，而且有"支庶不敢荐其祢，下土诸侯不得专祖于王"（见《礼记·郊特牲疏》引《五经异义》）的论断，与七十人所说的"父不祭于支庶之宅"以及"王不祭于下土诸侯"两句极其相似，因而七十人奏议中的这两句话很可能是出自匡衡的构思。韦玄成在上奏之后两年便去世了，匡衡继任丞相，并出面为"议罢郡国庙"的事进行辩解，声称"庙宜一居京师，天子亲奉，郡国庙可止毋修"，又说"上世帝王承祖祢之大礼，皆不敢不自亲。郡国吏卑贱，不可使独承"，看这些话的内容，可以知道匡衡此时已成为上述七十人的领袖。由此可以肯定，匡衡在七十人上奏之际，一定是其中的举足轻重的人物，正是通过这位沟通政界与学界的人物，后氏礼学对"议罢郡国庙"的事件产生了决定性的影响。当然，这里所说的后氏礼学，在当时主要是由戴圣以及戴德等人来代表的。

从表面上看，韦玄成、匡衡等人所谓的"父不祭于支庶之宅，君不祭于臣仆之家"，有浓厚的维护宗法等级制度的色彩，然而我们如果深入地考察一下，会看出这种理论还有一种更重要的意义：使郡、国的世俗政治生活与宗教分离，减少宗教对世俗政治的干扰。最隆重的祭祀皇室祖先的活动只能在首都举行并由天子主持，这意味着政治与宗教只有在社会最高层次上才是密切结合的。

关于"宗庙迭毁"，争论要多些。这种制度有一个先例，那就是《史记·秦始皇本纪》所记载的：

> 二世下诏，……令群臣议尊始皇庙。群臣皆顿首言："古者天子七庙，诸侯五，大夫三，虽万世世不轶毁。……天子仪，当独奉酌祀始皇庙。自襄公以下轶毁，所置凡七庙。"

文中"轶"即"迭"之借字，"轶毁"即"迭毁"。到西汉中期，"宗庙迭毁"渐成为公认的法则，而在这法则下面，则有"天子五庙""天子六庙""天子七庙""天子多于七庙"四种不同的见解。

"天子五庙"的见解，是在汉元帝永光四年（公元前 40 年）十一月提出来的。据《韦玄成传》及《元帝纪》的记载，当时以丞相韦玄成为首的四十四人联名提出建议，主张将太上皇庙、孝惠庙、孝文庙、孝景庙废弃，理由是太上皇等四位先帝与在位皇帝"亲尽"。他们所依据的法则，是天子的宗庙不能超过五座，其中之一是"世世不毁"的祖庙，在汉代便是太祖高皇帝之庙。其余四座是与在位天子的血缘关系最接近的"亲庙"，"立亲庙四，亲亲也"。每去世一位皇帝，便会增加一座亲庙，使宗庙增加到五座，这样就必须废弃五座当中最早的一座，亦即"五庙而迭毁"。祖庙以下、亲庙以上的被废毁的庙称为"毁庙"，毁庙中的灵位应当迁移到太祖庙中，陪太祖之灵一同受祭，这就是"祫祭"，亦即"毁庙之主藏乎太祖"。按照韦玄成等四十四人的建议，元帝时期的"毁庙"包括太上皇以及惠、文、景四庙，"亲庙"则包括武帝庙、孝昭庙、皇考庙和孝宣庙，加上太祖高帝庙一共是五座。刘歆在汉哀帝时称其为"天子五庙"之说，乃是此说名称的依据之一。

这种"五庙"的主张本来很有影响，然而大家不能接受孝文庙被毁的事实，于是经过一年的讨论，决定实行"天子六庙"的制度，所谓六庙是上述的五庙加上太宗庙，太宗是汉文帝的庙号。这种制度规定太祖只有高帝一位，"宗"只有文帝一位，自文帝以下，便没有"祖""宗"了，都要"迭毁"。后来，元帝又发生思想波动，在建昭五年沿袭宣帝，尊奉武帝为"世宗"，使世宗庙也加入"世世不毁"的行列，形成"天子七庙"的体制。在这时，"宗"已增加到两个，在以后会不会继续增加呢？哀帝时的朝臣考虑到这一问题，产生了分歧。当时的丞相孔光、大司空何武声称："迭毁之次，当以时定。"彭宣、左咸等五十三人主张："继祖宗以下，五庙而迭毁，后虽有贤君，犹不得与祖宗并列。"意即应恢复"天子六庙"的制度，"祖宗"以下的汉武帝不得称"宗"，应属"迭毁"之列。王舜、刘歆对此表示了激烈的反对，他们主张每朝必须有一座祖庙、六座亲庙，还必须有太宗庙和世宗庙，这已经是九庙了。不但如此，刘歆等人还认为"宗"的数目可以继续增加，"苟有功德则宗之，不可预为设数"。这种主张可用"天子多于七庙"的命题来概括，稍具古文经学的思想倾向。

追究以上"五庙""六庙""七庙"诸说的来源，可以溯之于二戴《礼记》。在永光四年十一月，韦玄成等四十四人引述经典当中"太祖以下，五庙而迭毁"一节不见于现存三《礼》的文字，而称其为《礼》，此《礼》自然是《大戴记》之逸篇。四十四人又引述"王者禘其祖自出，以其祖配之，而立四庙"一节，称其为"祭义"，这一《祭义》既与小戴编定的《祭义》不同，自然也是《大戴记》的篇名（均见上文）。在永光五年，有人建议废止寝园的祭祀，以《小戴记·祭法》"祭不欲数"一节为其依据。王舜与刘歆建言"天子多于七庙"，是依据《小戴记·王制》所说的"三昭三穆，与太祖之庙而七"。比较"五庙""七庙"诸说，可知"五庙"之说最为激烈而彻底，而《五经异义》恰好也介绍了"五庙"说与其余诸说的分歧：

> 《诗》鲁说：丞相匡衡以为殷中宗、周成、宣王皆以时毁。
> 古文《尚书》说：经称"中宗"，明其庙"宗"而不毁。谨案：
> 《春秋公羊》御史大夫贡禹说：王者宗有德，庙不毁。"宗"而

复毁，非尊德之义。（见《诗经·商颂·烈祖》疏）①

郑玄《驳五经异义》对这段文字"从而不驳"，可见是非常可靠的。由这段文字可以知道，传习公羊学的贡禹虽主张"宗庙迭毁"，但却认为在"迭毁"的范围之外，还应当有"世世不毁"的"祖庙"和"宗庙"②。匡衡则只承认"祖庙"与"亲庙"的合理性，是"天子五庙"说的代表人物。匡衡既是后仓弟子及二戴同学，他的议论便意味着"天子五庙"一说是后氏礼学的主要见解。

经学史上有"禘大于郊"抑或"郊大于禘"的争论。《礼记》说"禘"为时祭之名，或说"春禘"，或说"夏禘"，给人的印象似乎"禘"的周期很短。《尔雅》则说"禘"是"大祭"之名，五年举行一次，给人的印象似乎"禘"的周期很长。小戴为今文经学家，《尔雅》不分今古，其所谓"禘，大祭也"既与今文说大相径庭，似有偏向于古文的嫌疑，于是，有人认为"禘为时祭"为今文家说，"禘为大祭"为古文家说。由于古人多以为祭祀的周期越长就越隆重，因而又有"古文经学主张禘大于郊"的说法流行。今按"时祭"与"大祭"本是相通的，《续汉书·祭祀志》提到"三年冬祫，五年夏禘"，可见禘为时祭并不妨碍"禘为大祭"一说的成立。韦玄成、匡衡等人将"五年而再殷祭"解释为"壹禘壹祫"，意谓

---

① 此处"《诗》鲁说：丞相匡衡……"一语，似与匡衡传习《齐诗》的情况相冲突。然而匡衡在礼学方面沿袭后氏，综合齐学与鲁学，他究竟属于哪一个派系，在东汉人眼里颇不明朗。许慎已指出齐学一派的贡禹的见解与匡衡相敌对，为突出齐、鲁两派的对立关系，遂将匡衡纳入鲁学的系统。这种做法在东汉经学领域，是容易得到理解的。

② 请注意这"宗庙"乃是狭义的，与通常所谓的宗庙不同。此处的"宗"仅就"太宗庙""世宗庙"等而论。

禘祭与祫祭每过五年各举行一次，这是今文经学主张禘为"大祭"的证据之一。然而匡衡等人究竟是主张五年举行一次禘祫，还是主张三年一次，《韦玄成传》未加说明。《后汉书·张纯传》引东汉初期的张纯说："汉旧制，三年一祫，毁庙主合食高庙，存庙主未尝合祭。元始五年，诸王公列侯庙会，始为禘祭。"李贤注说："平帝元始五年春祫祭明堂，……今纯及司马彪书并云'禘祭'，盖禘祫俱是大祭，名可通也。"张纯所谓"汉旧制"，即是平帝元始五年以前的制度，亦即经过匡衡等人反复讨论之后实行的宗庙制度。张纯明说这一制度规定三年一祫，而他所说的"祫""禘"两名在当时又可以通用，那么可以肯定，匡衡等人奠定的宗庙制度是每过三年在太祖高庙举行一次禘祫的大典。每过三年举行一次，正合情理，因为汉武帝及昭、宣、元、成诸帝时期在泰畤的祭天典礼，正是"三年亲郊祀"。元帝君臣大概注意到祭天和祭祖有着某种对应关系，因而认为郊、禘的周期应当相等，这就是张纯所谓"汉旧制，三年一祫"的由来。

总结西汉皇家庙宇的类别及其立庙的理由，可以看出有很强的系统性。庙分"祖庙""宗庙"和"亲庙"，立庙的理由则有"祖有功""宗有德"和"亲亲"三种。汉元帝永光五年诏称："盖闻王者祖有功而宗有德，尊尊之大义也；存亲庙四，亲亲之至恩也。"（见《韦玄成传》）这是关于庙的类别及其依据的极好的概括。具体地说，汉高帝"功莫大焉"，为"汉太祖"，这是"祖有功"；汉文帝"德莫盛焉"，为"汉太宗"，这是"宗有德"（元帝语）；汉武帝"功德皆兼而有焉"（刘歆语），为"武世宗"（同上），这就是"尊德贵功"（同上）；其余诸帝功德不显，徒以血统关系而立庙，这就是

"亲亲"。亲庙在四世以上，便要毁弃，这就是"亲尽"。在这里，"亲亲"完全是宗法的观念，有宗教的意味；"功德"完全是政治观念，属世俗的范围。建立亲庙是祖先崇拜，建立"配天"的祖庙是祖先崇拜与上帝崇拜的结合，"祖有功而宗有德"则是英雄崇拜。比较之下，似乎亲庙的宗法色彩强烈一些，"祖有功而宗有德"开明一些，然而若考虑到这正是宗法性的宗教，不是自然崇拜的宗教，更不是世俗政治，便可知道排除功德因素有利于保持这种宗教的单纯性与统一性，对于限制宗教规模的恶性膨胀反倒是有益的。相反地，"尊德贵功"的做法会导致宗庙的数目无限增加，是颇为有害的。匡衡及二戴等后氏学代表人物力图突出宗庙制度的"亲亲"原则，排除"尊德贵功"的原则，在这场宗庙制度改革的潮流中起着明显的推动作用；而强调"尊德贵功"的人物则对这次改革起着牵制的、守旧的作用。这次改革过程中的分歧点，主要在这里。

由后氏学派推动的"议罢郡国庙"和"宗庙迭毁"的改革，有利于达到一个目的，即是把宗教与政治的结合限制在最小的范围。这种制度规定，宗庙祭祀只有在皇帝的主持下才能举行，只有在首都才能有这类的设施，而且数目很有限。除"祖""宗"之外，后来的皇帝不论在政治上有何建树，都不能永久地立庙。于是，宗教与政治的结合只保持在最高的层次上：在历史的方面，"亲亲"的宗法因素与"功德"的政治因素只在最早的祖、宗那里才是结合的或同时受到尊崇的，而在祖、宗以下的历代皇帝那里都是分离的，亦即仅取宗法的一面而弃其政治的一面；在社会的平面上，由政府首脑主持的宗庙祭祀活动只在最高的层次才能进行，在天子以下的各个层次都是非法的。这种改革的意义在于，社会最高层次上的"政教合一"使皇朝的延续有了理论依据，社会其他层次上的政教分离使世俗生活免受严重的干扰，既减轻了国家的经济负担，又因排除世俗内容而保持了宗法性宗教的单纯性与严肃性。

第六章
学院派易学的形成和演变

一、引言

提起《周易》，往往使人有矛盾的联想，有时会想到江湖上的算命先生，有时又会联想起博大精深的中国古代哲学。实际上，《周易》一书原本就有这样的两面性格，而中国历代关于《周易》的解释性著作，也可以按照这样的观念区分为两个系统。在二十五史的"艺文志""经籍志"以及历代的私家目录里，凡讲哲学或与哲学有关的易学典籍，一般著录于经部或六艺的门类；而专讲占筮的易学书籍，则往往著录于子部数术五行等门类。经部的著作多数是官方博士所依据的，并且往往是他们传授弟子或在太学所用的课本，因而这些著作所属的学派可以笼统地称为"学院派"；子部数术类的易学著作往往是在民间流传，私下传授，则可说是属于"非学院派"。现在流行"江湖'易'""科学'易'"等名目，均属"非学院派"的范围。学院派易学以讲哲学以及政治、历史等为主，非学院派易学以讲占筮为主，这样的分限绝不是偶然形成的。历代官方设置《周易》博士，最初可能是期望他们能为国事活动的占筮预测提供诠释，在诠释过程中自然要涉及人文学术的各方面，而归结于某种哲理。假如民间私授的易学有哲学成就，那么在流传一段时期以后很可能会上升为官方学说，例如费氏易学即是如此。一般说来，民间私传的易学多数讲占筮，因为不这样就无以生存。当然，单纯讲哲学的易学在官方学术里也是不存在的，学院派易学多少混杂一些占筮的内容。

大约在秦以后，易学里的学院派与非学院派一直是这样地各成系统，而在秦代以前却不是如此。在战国时期，儒家与其他各家自由争鸣，可以任意地构筑其哲理的网络，随便创造新说，不能设想他们讨论哲学问题必须采用易学的形式。儒家虽重视经书，但他们在战国中期还只是重视《诗》《书》，在战国晚期开始注重《礼经》和《春秋》，从未听说哪一位儒者在先秦时代提出过某种易学思想。到秦代焚书的时候，一种严酷的局面忽然形成，当时儒家的《诗》《书》《礼》和《春秋》都被焚烧，并且禁止传授，其他各家学派的遭遇也不比儒家好些。在这种形势下，采用解释《诗》《书》等经书的形式来阐发思想，固然是犯了死罪；即便是凭空提出某种见解，也都是严重地触犯了刑律。有些勇敢的儒者抱着成堆的竹简避入山泽，但这终究不是长久之计，况且用竹简书写的典籍往往要用车来搬运，除了就地掩藏之外恐怕别无良策。那么，一种别开生面的办法被想到了，人们普遍地用解《易》的方式来传述其学说，阐发其思想，因为《周易》在秦代是没有遭到焚烧和禁止的。原本是占筮书的《周易》，到这时竟成为各家学派共同尊崇的典籍，成为很多哲学体系及政治学体系的主要依据，这恐怕是作《易》的人始料不及的。至于孔子，大概也未想到会被学院派易学的儒家一派奉为祖师。

当说起易学儒家一派的时候，自然应当想到其他学派的易学在秦代的存在。从"《易》以道阴阳"的名言来看，阴阳家借助《周易》来阐发思想应当是顺理成章的。从泰否剥复的易卦法则来看，道家将"反者道之动"的命题变换为"原始反终"的易学命题也没有什么困难。当然，易卦中的爻位及中爻的性格同儒家的礼义及中庸思想可以沟通，因而将全部的先秦儒学装扮成易学从技术上说极有可行性，现存的秦汉易学典籍多是儒者所作，绝非偶然。不过我们一旦放弃传统的"独尊儒术"的主张，抛却"儒学越纯越好"的成见，便可以看出一些过去公认是出自儒门的易学作品，其实与道家有着关联。在这方面最典型的，要数马王堆帛书中的《系辞》。

从通行本《系辞》，本可找出许多富于道家色彩的命题，例如"简易""无思""无为""形上"等，比比皆是。然而《系辞下传》提到周文王的"盛德"和"颜氏之子"，使人以为《传》中接连不断的"子曰"都是孔子所说。而在帛书当中，这些与儒家有关的段落都出现在《系辞》后面的一篇，这一篇的篇首有墨丁，三分之二的内容为通行本《系辞》所无，且多与《系辞上传》相冲突，因而不应当看作是《系辞下传》，而应当看作是一篇独立的佚书，命名为"易之义"较为恰当。《易之义》与帛书中的《要》《二三子问》诸篇均为儒家作品，而帛书《系辞》则为道家作品。这些作品都是层累地形成，其雏形在战国时期可能已出现，而在秦代肯定经过了大量的补充、修改、润色和加工。到汉文帝时，一些儒者将帛书《系辞》与《易之义》及《要》的一些章节合并，造成通行本《系辞》的祖本。将《系辞》这部为历代儒家引以为荣的典籍解释为儒道著作的综合，将"太极""形上之道"等解释为原本是道家的范畴，可能使很多学者反感，但这种做法其实对儒家毫无损害，因为历史上伟大的哲学体系总是尽可能地多吸收前人成果，历史上成功的学派总是开放的。反过来说，那种严厉的排他性的、党性很强的学派，总是缺乏生命力的。

上述改造《系辞》的人，是汉初田何学派的人物，甚至不排除即是田何本人。田何学派即是易学领域里的齐学一派，他们所传习的典籍除了卦序同于《序卦》的《易经》之外，还有经过改造的《系辞》以及《象》《彖》《文言》等，当然还包括《序卦》。这一学派由于精于占筮，因而垄断了官方易学的位置。这一学派也善于阐发象数，构筑"数"的系统模式，并将当时的灾异说、谴告说与象数学结合起来。在宣帝初年，《说卦传》以出土文物的面貌问世，被补入这一学派的经传之中，使这一学派的理论创造活动再度推进，孟喜在宣帝时提出了十二月卦说，京房在元帝年间提出了十二辟卦说、方伯八卦说与六日七分说，使西汉易学齐学一派的理论达到了高峰。这一学派由于热衷于通过占筮来过问政治，富于迷信色彩，并且由于缺乏内省精神而不具备思想境界的深度。然而他们的理论造诣仍是令人敬畏的，他们所构造的系统模式庞大而精致，与极具魄力的政治大一统思想正好适应；他们的占筮预测活动旨在以灾异、谴告之类来规劝皇帝甚至恐吓皇帝，对政治的运转颇有影响；他们的谏书以及各种言论往往表现出进取精神，表现出一种试图改革政治制度的冲动。如果将这一学派归结为后世那种江湖算命之类，恐怕是不精确的。

过去人们只注意到西汉易学有田何一派以及费直、高相等民间学派，没有注意到这种学科里面的鲁学。最近见到即将发表的马王堆帛书《易之义》《要》《二三子问》以及《缪和》的释文手稿，觉察一种学术上的突破就要发生，因为"缪和"明显与荀子弟子穆生有关，这几篇显然是以兰陵为中心地域的鲁学一派的代表作。关于鲁学的地域及其特点，本书第二章已有论述，这里不再重复，而只想指出一点，即鲁学一派由于重礼，因而向内省的方向努力，试图在"德义"的阐扬方面有所作为，与齐学的注重政治因而外向的特点正好形成对照。《易之义》和《要》都在"德"的问题上反复申说，《要》还提出一种"观其德义"的宗旨和程序，认为易学家研究象是为了"明数"，"明数"是为了阐扬"德义"，只有达到"德义"的境界才算是贤人，否则便只能算是"巫"或者"史"！这种关于易学"德义"的理论，显然是费氏易学以及魏晋玄学的思想渊源。附带指出，这种在近期缺乏影响而在遥远的将来却不乏后继者的情况，在易学鲁学这种注重向内追求"德义"境界的学派是经常出现的。

二、秦代焚书事件与学院派各家易学的形成

秦代的"焚书坑儒"可说是中国文化史上最为恶劣的事件，儒家所传习的诗学、书学、礼学及春秋学，无不在焚书之际遭到摧残。而在这里有一个例外，即是易学没有受到触动。先秦易学本是关于占筮的学问，在学界的地位几乎是无足轻重的。到秦朝颁布焚书令与挟书律的时候，各家著作都成为禁书，易学却未遭到禁止。各家学者遂不得不采用易学的著述形式，来使自己的学说流传下去。中国的学院派易学就是这样形成的，中国哲学多采用易学形式

的局面就是这样开始的。

所谓学院派易学即是中国历代官方的易学，人们经常谈论的汉学、宋学、义理学等，均属学院派易学的范围。至于象数学，则看具体情况而定，凡与前代官方易学有承继关系或直接立于学官的，均为学院派，否则便是民间私学，略有"江湖易学"的味道。大致上看，学院派与非学院派都讲占筮，其中的区别在于，非学院派几乎仅限于占筮预测之法，学院派则往往在占筮的基础上，引申出关于整个自然界与社会的某种认识。在《汉书·艺文志》，学院派易学著作均著录于《六艺略》，其作者均为田何传系中的人物，受到西汉官方的支持。非学院派易学的著作则都贬入《数术略》，有"蓍龟十五家""杂占十八家"；又有星占、堪舆、丛辰之类，归入《数术略》中的"天文""五行"两篇。这些非学院派著作有两个明显的特点：第一，其与田何传系的关系不明朗，可能都是西汉官方易学所排斥的；第二，这些著作都以占筮为主要内容，似不注重于天道与社会法则的归纳。在《隋书·经籍志》，学院派易学著作都在经部，其作者或沿袭王弼，或承继郑玄，并上承汉代今古文两派，正合乎魏晋时期玄学与传统儒学对峙的局面，亦体现出南朝玄学与儒学"并建"的格局；非学院派易学著作则见于子部五行篇，有风角、五行、太一、九宫、黄帝、遁甲、鸟情、六壬、飞候、堪余、望气等占筮门类，与玄、儒无关。有趣的是，京房一人的著作竟分别著录于经部和子部，经部有他的《周易章句》，这部书可勉强地归入田何的系统；另有《周易占》十二卷、《周易飞候》九卷等，也题京房撰，著录于子部五行篇，从书名中的"占""飞候"等字来看，都是专讲占筮的著作。从《隋志》开始，历代史志书目著录易学典籍，都分在经部和子部。这经学、子学的区分，也就是学院派与非学院派的区别。

先秦易学主要是占筮学，与后代非学院派易学大致相似。当然，先秦已有讨论形上学的易学作品产生，如《系辞传》即是其一，但这不是先秦易学的主流。关于先秦易学的这种性格，可由焚书事件看出大概。《史记·秦始皇本纪》说，秦代焚书令规定，"所不去者，医药、卜筮、种树之书"，意即卜筮之书是不加烧毁和禁止的。卜筮之书分占筮和龟卜两类，占筮书主要是《周易》。焚书令不称《周易》而称"卜筮"，是为了同龟卜之书合计。《汉书·艺文志》说："及秦燔书，而《易》为筮卜之事，传者不绝。"《儒林传》也说："及秦禁学，《易》为筮卜之书，独不禁，故传受者不绝也。"《周易》由于是占筮书，才得免受焚烧的劫难；易学由于是占筮学，才能在焚书之后继续流传。在这里，秦代以前的易学的占筮学性格，已昭然可见了。西汉官方易学虽讲哲理，仍以占筮学为其重要内容，例如《儒林传》记载，孟喜的学术创新是受了一部《易家候阴阳灾变书》的启发，书中的"阴阳"和"灾变"都与占筮有密切的联系；梁丘贺通过占筮预测出"有兵谋"，"繇是近幸"；费直"长于卦筮"；高相"专说阴阳灾异"，其子高康曾通过占筮预言翟义的起兵。至于京房，更以精于占筮而闻名于史。考察西汉易学各派，不论是今文经学中的施、孟、梁丘三家，还是被古文易学奉为始祖的费直，不论是专讲象数的大师，还是注重义理的学者，对占筮都是不敢忽略的。过去有人说先秦易学原是重视义理的，认为西汉易学注重象数占筮乃是背离了早先的易学传统，这种看法实在是过分地夸大了先秦易学的义理方面的内容。现在我们见到先秦易学文献的一些关涉哲理的文字，在先秦《易》著当中只占据很小的比重，而且这些文字还有一部分是秦汉学者添加的。从秦代前后学术的大势来看，"先秦易学以占筮学为主"的命题是可以成立的。

这种易学以讲占筮为主的局面，到焚书之际始有变化。为说明这一点，让我们先来考察一下秦朝焚禁的是哪些著作。《史记·秦始皇本纪》说，在始皇三十四年（公元前213年），朝廷采纳了丞相李斯的下述建议：

> 臣请史官非秦记皆烧之。非博士官所职，天下敢有藏《诗》、《书》、百家语者，悉诣守尉杂烧之。有敢偶语《诗》《书》者弃市。以古非今者族。吏见知不举者与同罪。令下三十日不烧，黥为城旦。所不去者，医药卜筮种树之书。若欲有学法令，以吏为师。

除了在任何情况下都予焚禁的六国史记之外，焚禁的对象主要有两类，一类是儒家学派所传习的《诗》《书》等，另一类是各家学派的著作，即诸子书，亦即"百家语"。《史记·儒林列传》说，秦代以后，《礼经》"散亡益多"，《尚书》由于"壁藏"始得有残本，《诗经》由于"讽诵"才得完整，都是秦代焚烧《诗》《书》等经书的证据。关于诸子书在秦代是否在焚烧之列，曾有争议，东汉王充及赵岐等人都说秦代"不燔诸子"，东汉以后刘勰等人沿袭了这种说法，然而焚书令明确规定"百家语"不准私藏，一概焚毁，而且李斯也指出焚书的宗旨在于禁止"私学"，《李斯列传》则称始皇"收去《诗》、《书》、百家之语以愚百姓"，可见诸子书都在焚烧之列。《汉书·惠帝纪注》引张晏说："秦律：敢有挟书者，族。"其所谓"书"的范围颇广，定有诸子书在其中。汉初贾谊《过秦论》提到"燔百家之言"，可靠性显然要超过东汉人所说的"不燔诸子"。焚烧便意味着禁止传播，在这一点上也有争论。《秦始皇本纪》有"若欲有学法令，以吏为师"一句，其中"法令"二字为古代某传本所无，而《李斯列传》此句写作："若有欲学者，以吏为师。"康有为及崔适等人遂以为"学"的对象包括"《诗》、《书》、百家语"，认为"吏"指博士，声称秦代"欲学《诗》、《书》六艺者，诣博士受业则可矣"（《新学伪经考》）。今按秦律规定对于"《诗》、《书》、百家语"不准私藏和挟带，否则便处重刑，哪里会允许人们向博士学习这些书呢！《韩非子·和氏》篇说，商君教秦孝公"燔《诗》《书》而明法令"，堪为焚书事件之渊源，可见秦人素以《诗》《书》与法令有敌对关系，焚书令原文当是"若欲有学法令，以吏为师"，意在禁止民间传习六艺诸子，鼓励学习法令，以利于专制集权。总而言之，六艺群书和诸子书的私藏、挟带、传习和讨论，在秦代都是严厉禁止的。

在这种严酷的形势下，儒家与其他各家学派为求得生存和延续，便采取了两个办法，一是抱着成堆的竹简逃到深山，以使本学派的典籍和统绪免于灭绝，但这做法未免有些费力而且危险，于是聪明的学者用了另一个办法，即采用解释易卦的方式，变相地使本学派的学说得以流传。马王堆帛书《要》引孔子说："《尚书》多勿矣，《周易》未失也，且又古之遗言焉，予非安其用也，而〔乐其辞也〕。"子赣问："夫子今不安其用，而乐其辞，则是用倚于人也，而可乎？"孔子针对这问题做出一系列的解释，其中之一是：

"《易》，我后其祝卜矣。我观其德义耳也。……吾求其德而已，吾与史巫同涂而殊归者也。君子德行，焉求福？故祭祀而寡也；仁义，焉求吉？故卜筮而希也。祝巫卜筮，其后乎！"这一席话是否当真出自孔子本人，是大有疑问的。《论语》只用一段话来显示孔子与《易》的关系："子曰：加我数年，五十以学《易》，可以无大过矣。"其中"易"字在《鲁论语》作"亦"，属下读，可见孔子与《易》是否有关本是个有争议的问题。《要》的出土，可证明孔子的确与《易》有关，孔子的确谈论过《周易》，战国儒家亦有根据《周易》来阐发道德义理的尝试，但孔子和战国儒者不大可能如此鲜明地举起《周易》义理之学的旗帜，他们论学的依据不是《周易》，而是《诗》《书》《礼》和《春秋》。战国时期孟子最喜欢引用的是《诗》《书》，荀子最喜欢的活动是"读《礼》"和"论礼"，《要》篇即使是先秦儒者的作品，篇中关于"德义"的阐发也很可能是出自秦代儒者的润色和添加。篇中"《尚书》多勿矣，《周易》未失也"两句意思含混，考虑到秦代严酷的背景，可以知道这两句的原义是说，《尚书》等经典虽遭到禁止，但我们对这些经典已很熟悉，而《周易》一书还保存着并且可以流传，我们不必拘泥于易卦之"用"，而可通过解释其中的"辞"来宣扬《尚书》的学说。或者说，当时的儒者可以将《易》的占筮丢在一边，而通过阐发卦爻辞来使《诗》《书》的"德义"精神得以长存。

道家由于与秦代奉行的申韩之学关系密切，在秦代的处境可能不像儒家那样艰难。然而《史记·日者列传》载有司马季主的很多言论，其中详论《易》理，然后又引述《老子》和《庄子》。司马季主较贾谊年长，可能亲身经历过秦朝的压迫。当然，他作为道家的学者，引述《周易》是很自然的事，因为先秦道家原有重《易》的传统，例如齐宣王时有一位道家学者颜斶，就曾引述《易传》和《老子》，见于《战国策·齐策》。道家主张因循现状，对命运的态度是逆来顺受，故对占筮可能持尊重的态度，不过司马季主将占筮学夸张到前所未有的程度："昔先王之定国家，必先龟策日月，而后乃敢代；正时日，乃后人家"，并将文王之治与句践之霸，都归结为关于易卦原理的实践，这却是先秦道家很少谈到的。其所以有如此的发挥，可能也是由于在秦代受到压制而不得不采用易学形式的缘故。

　　这种各家学派不得不采用易学形式的情况，可由《日者列传》所引贾谊的话而得到确切的证实："吾闻古之圣人，不居朝廷，必在卜医之中。"这话的武断未免惊人，因为从孔子开始，圣贤野处或是隐居山林，或是从事教学，卜医当中的圣贤极为罕见。贾谊称圣人不居朝廷则为卜医，显然是说秦代的情况，秦朝禁止各家学说流传，却不禁止"医药、卜筮、种树之书"，这就无怪乎圣人要隐处于"卜医之中"了。仅由此一事，已可推断，秦代的焚书事件乃是学院派易学的起点。

三、帛书《周易》的价值及其所属的文化地域

　　研究西汉易学，必须先对西汉时期流行的《易经》和《易传》有所认识。大约在汉文帝时，官方易学已有了初具规模的经传系统，这一系统即是现在通行的《周易》一书的雏形。然而自从马王堆汉墓出土帛书《周易》以后，情况变得复杂起来，帛书《周易》与通行本的关系究竟是怎样的呢？两者之间哪一种更早些呢？这两

个编纂本所属的文化地域在哪里呢？我们显然必须正视这些问题。

一九七三年底，湖南长沙马王堆三号汉墓出土了大量的帛书，包括《周易》，以及《黄帝书》《老子》等，其中《黄》《老》等书早已整理发表，唯《周易》因破损严重，拼接困难，发表较迟。《文物》一九七四年第九期刊出晓函《长沙马王堆汉墓帛书概述》及唐兰、裘锡圭、张政烺等先生关于帛书的座谈纪要，使学界初次得知帛书《周易》的情况。一九八四年，《文物》公布了马王堆汉墓帛书整理小组的《马王堆帛书六十四卦释文》，以及于豪亮《帛书周易》一文（见该年第三期）。一九八八年，《孔子研究》刊出韩仲民《帛书"系辞"浅说兼论易传的编纂》一文（见该年第四期），于、韩两先生的文章对帛书《易经》卷后的《系辞》及其他几篇佚书做了较详细的介绍。在一九九二年五月，湖南出版社出版《马王堆汉墓文物》一书，首次公布了帛书《系辞》的照片和陈松长先生的释文。最近，廖明春先生又在学友之间对帛书《周易》中的佚书《易之义》《要》和《二三子问》等做了迄今最详细的介绍，欣闻他所整理的这几篇的释文即将发表。根据这些数据，可以知道帛书《六十四卦》的卦名多用假借字，其中八卦掺杂在各卦之间，依次为键（乾）、根（艮）、习赣（坎）、辰（震）、川（坤）、夺（兑）、罗（离）、筭（巽），上卦次序亦如此，下卦次序则为键（乾）、川（坤）、根（艮）、夺（兑）、赣（坎）、罗（离）、辰（震）、筭（巽）。《六十四卦》卷后为《二三子问》，《系辞》之后则有《易之义》《要》《缪和》及《昭力》。各篇字体相似，卦名多相同，多出现"盈"字、"雄"字、"正"字等，触秦始皇、汉惠帝及高后讳；各篇似未出现"邦"字，有可能是避汉高帝讳，因而可以推测帛书《六十四卦》《系辞》及其他各篇佚书都抄写于刘邦称帝以后、惠帝即位以前，并且是由同一个人抄写的。

帛书《周易》各篇既是用西汉早期隶书抄写，便可说是较早出现的今文经传写本。而现存的通行本《周易》，却可溯源于西汉皇家秘府所藏的古文《易经》，这部《易经》在汉成帝时为刘向所参校，见于《汉书·艺文志》。另外，西晋汲郡战国魏王墓出土的《易经》科斗文本，与西晋人所通用的《易经》"正同"，而西晋《易经》即是现在通行本的前身。从这情况来看，通行本《易经》有战国时期的古文写本为依据，帛书本却没有这种依据，论其可靠性似以通行本为优。然而这种优劣的观念，乃是建立在今古文差异的成见上的，意即秦代焚书以后，民间私藏的"《诗》、《书》、百家语"多被焚烧；项羽进兵咸阳时，焚秦宫室，秦朝博士官所藏的"《诗》、《书》、百家语"也焚毁殆尽。时至汉初，《尚书》《礼经》等已残缺不全，当时的经师凭借记忆加以补充、整理并抄写，形成今文经，这样的今文写本当然不如古文写本更接近其原貌。而易类书籍在秦代却未受任何触动，既未焚烧，亦未禁止，民间藏本颇多，那么这就是说，汉初的《周易》写本，不论是帛书本还是田何学派所用的写本，都是古文经的忠实抄本。仅根据两者有无古文写本做依据，是无从判断其先后与优劣的。再说，《说文解字》所谓"古文"是指六国文字，而六国文字并非只有一种。考虑到《易》的占筮在战国时代是一种略带技术性的、文化层次较低的学问，而文化层次越低就越加普及，因而战国时期一定会有各色各样的古文写本，帛书本与通行本《周易》的关系大致上是平行的，而不像是先后的。有趣的是，这两种传本的渊源均可溯于战国中期，通行本可能来源于战国中期的汲冢竹书本，帛书本的八卦次序略同于《说卦传》中乾生三男、坤生三女之序，而汲冢竹书有"似《说卦》而异"的《阴阳说》，则帛书本的来源亦不得迟于汲冢竹书本的编纂时代。附带指出，这只是从今古文的角度来考察，如果从卦序的角度来看，则帛书本应在通行本之先，因为帛书本的卦序同于《说卦》，通行本的卦序却同于《序卦》，《说卦》早于《序卦》乃是公认的。

《说卦》中的乾生三男、坤生三女，即是帛书本与通行本《系辞》所谓的"乾道成男，坤道成女"，可见《系辞》与《说卦》乾坤生男女一章应属同一个系统。帛书《易经》的八卦之序既与乾坤生男女的次序大致相同，通行本《易经》则不同，可见帛书《系辞》在成书之际便是帛书本《易经》的附属部分，不是通行本《易经》的"辅翼"。不过，与帛书《易经》相比较，帛书《系辞》有着更高的价值，这主要表现在以下的几个方面。

首先，战国时期流行的各种《周易》写本，多数不包括《系辞》在内。例如，据杜预《春秋经传集解后序》所说，汲冢出土的先秦《易经》仅附有《阴阳说》，而"无《彖》《象》《文言》《系辞》"。阜阳汉墓出土的竹简本《周易》仅附有卜筮之辞，无《系辞》以及《彖》《象》《文言》等。至于西汉秘府所藏的古文《易经》，也是如此。《汉书·艺文志》说：

> 刘向以中古文《易经》校施、孟、梁丘经，或脱去"无咎"、"悔亡"，唯费氏经与古文同。

其中三个"经"字，在西汉时期都与"传""记"之类区别而言，例如《汉书·景十三王传》说，河间献王所得的古文先秦旧书"皆经、传、说、记"；《扬雄传》说，扬雄以为"经莫大于《易》"，"传莫大于《论语》"，都对经、传加以严格区分。《汉志》关于刘向校古文及三家《易经》的记载，是抄自刘歆《七略》，刘歆为刘向之子及扬雄之友，则扬雄区分经传的观念，一定也是刘向、刘歆父子所坚持的。仅此一事，已可证明刘向所参校的中秘古文《易经》只有经，没有传。《汉志》提到《易经》十二篇，似将十翼看作经书，但这书名和篇数乃是班固根据东汉博士官所用的《易经》更定的，因为扬雄还曾根据一部《易序》，声称"《易》损其一"，意即在刘向之后、刘歆之时，《易传》还缺一篇，《易经》十二篇的编纂本尚未形成。刘向所见的古文《易经》只有经文而不包括《系辞》，汲冢本及阜阳简本亦无《系辞》，则帛书《系辞》的价值远胜于通行本。

比较《系辞》帛书本与通行本的文字，可以支持这一结论。例如关于通行本"易有太极"一句，帛书本写作"易有太恒"，有的学者说"恒"字系因与"极"字形近而致误，但这说法难以成立，因为帛书"系辞"另有"三极"字样，未误写为"恒"字。有的学者说，《庄子》已提到"太极"，故帛本"恒"字当为"极"字。然而《庄子·大宗师》的原话，是说"在太极之先而不为高，在六极之下而不为深"，其中的"太极"应当写作"六极"才对，"大""太"两字古通用，根据马王堆帛书各篇，"大""六"两字在用西汉早期隶书抄写时很难区分，可见《大宗师》的原文应当是："在

六极之先而不为高，在六极之下而不为深。"① 《庄子》既未提到
"太极"，则帛书本写作"太恒"便不大可能是错误。"太恒"即是
帛书《老子》所谓的"恒道"，亦即帛书《系辞》所说的"刑而上
者胃之道"。通行本改"太恒"为"太极"，显然是避汉文帝刘恒
讳。《汉书·文帝纪注》引荀悦说："讳恒之字曰常。"有的学者试
图根据这句话来证明汉人避"恒"为"极"之不可能。然而汉武帝
名彻，荀悦说："讳彻之字曰通。"汉代政界、学界却将"彻侯"改
为"列侯"与"通侯"，可见当时人们用来取代"彻"字的不一定
是"通"字。同样道理，"恒"字也不一定非改为"常"字不可，
西汉人将"太恒"改为"太极"，完全是合乎情理的行为。

《系辞》通行本说："乾坤毁则无以见易，易不可见，则乾坤或
几乎息矣。"这三句话在帛书本写作：

> 键（乾）川（坤）毁，则无以见易矣。易不可见，则键
> （乾）川（坤）不可见。键（乾）川（坤）不可见，则键（乾）
> 川（坤）或几乎息矣。

在这里，通行本与帛书本的文义接近，若论文辞的精练程度，
甚至可以承认通行本胜过了帛书本。然而帛书本为何多出"则键川
不可见。键川不可见"两句话？这两句话不像是掺入正文的注文，
显然不是后加的，而应当是通行本的编纂者故意删去的。

《系辞》通行本又说：

---

① 此处"高""深"都是用空间的尺度来衡量时间。

显诸仁，藏诸用，鼓万物而不与圣人同忧，盛德大业至矣哉！

这几句话与通行本《系辞》的另一些说法似难兼容，通行本《系辞》屡次称赞圣人功德，提到古代圣人"始作八卦""观象系辞"，声称"圣人之情见乎辞"，指出阴爻与阳爻的交感运动体现着《周易》的"情伪相感而利害生"的道理，暗示出爻的"情伪"与"圣人之情"有一定的关联，这些话表明《系辞》的作者认为圣人之德与易道相通，这位作者怎么会又说易道"不与圣人同忧"呢？看一看帛书本，问题便可迎刃而解了，因为"显诸仁"一节在帛书本写作：

耵（圣）者仁，壮者勇，鼓万物而不与众人同忧，盛德大业至矣几（哉）！

其说圣人"不与众人同忧"，与《系辞》关于圣人的各种议论相合，显然是原文如此。后人在改编抄写之际误写为"不与圣人同忧"，以致出现疑点。另外，通行本《系辞》"圣人之大宝曰位，何以守位曰仁"，"仁"字帛书本写作"人"，鉴于下句为"何以聚人曰财"，可见帛书本"何以守位曰人"句优于通行本。通行本"圣人以此洗心"句，帛书本写作"耵（圣）人以此佚心"，"洗"显为"佚"字之误。

在修辞方面，《系辞》帛书本行文古朴，通行本则经过了修饰和加工。例如，帛书本说："是故耵（圣）人以达天下之志，以达

〔天下之业〕"，通行本改作："是故圣人以通天下之志，以定天下之业"；帛书本说："见之胃（谓）之马（象），形胃（谓）之〔器〕"，通行本改作："见乃谓之象，形乃谓之器"；帛书本说："卬（仰）以观于天文，頫（俯）以观于地理，是故知幽明之故。观始反冬（终），故知死生之说。"文中连续出现三个"观"字，这三个"观"字在通行本分别写作"观""察""原"三字，全句改为："仰以观于天文，俯以察于地理，是故知幽明之故。原始反终，故知死生之说。"帛书本在修辞方面尚有战国时期文章的特色，通行本则照顾到行文的对偶平衡及错综变化，略有西汉文章的特点。

讲到这里，已可断言《系辞》帛书本是现存最早的、与其原貌最为接近的写本。这一写本包括在帛书《周易》当中，使我们对帛书《周易》的价值可以做出更加乐观的估计。在战国时期以至汉初，解《易》作品通称为"易传"，帛书《系辞》《二三子问》《要》及《易之义》等，即是与十翼不同的《易传》编纂本。这些《易传》都是层累地形成，都在秦代得到补充、整理和润色。探讨其具体的作者是无意义的，而探讨其产生的地域并由此推测其编者，则是可行的。而探讨帛书《易传》编纂本所属的文化地域，大概只能由研究其墓主人的籍贯入手。这些帛书都出于马王堆三号汉墓，墓主人是轪侯利苍之子、利豨之弟，入葬于汉文帝前元十二年（公元前 168 年）。马王堆二号墓中出土"长沙丞相""轪侯""利苍"三印，是《史记》关于利苍的记载的见证。据《史记·惠景闲侯者年表》，利苍于汉惠帝二年（公元前 193 年）四月始受封为轪侯。《汉书·高惠高后文功臣表》还提到他封侯的原因："以长沙相侯，七百户。"可见在汉惠帝二年以前，利苍已是长沙国的丞相。长沙国建立于汉高帝四年九月，正好是刘邦称帝的前一个月，而且《史》《汉》诸《表》没有提到利苍以前的长沙国丞相，那么可以肯定，利苍担任长沙丞相是从刘邦称帝的前一个月开始的。帛书《系辞》等书既是刘邦称帝以后、惠帝即位以前的抄本，那它的抄写时间自然是在利苍为长沙国丞相的任期之内。可以推测，这抄写工作是由利苍安排的，而将帛本《系辞》《二三子问》《易之义》《要》等著作附于《六十四卦》之后，接连抄写下来，也可能是出自利苍的意愿。利苍死后，这抄本由其次子继承，因而成为三号汉墓的随葬品。这样看来，帛书《周易》的形成，与利苍其人有很大的关系。在《史》《汉》书中，利苍仅载入诸表，未载入列传，除了他的姓名、爵位、受封年、卒年及职位之外，唯一可以推究的，便是他的籍贯问题。

在中国历史上，"利"是稀姓，而在汉代，姓利的人物却有三位，即是利几、利仓和利干（利苍子孙未计算在内）。据《史记·高祖本纪》，利几原是项羽部下，被项羽封为陈公，在项羽败亡之前投靠刘邦，被刘邦封为颍川侯。在高帝五年秋季，利几反叛，失败后不知所终。又据《元和姓纂》等书所引《风俗通》佚文，汉代又有利干，为中山国相，年代与生平不详，其为西汉人还是东汉人，亦不可考。假若利干为东汉人，便有可能是利苍的后裔，那么可确定为西汉利氏的，便仅有利几、利苍二人。笔者在《从马王堆帛书本看"系辞"与老子学派的关系》一文中，曾推断利苍籍贯与利几相同，都在春秋陈国故地。而王利器先生在这之前已发表《试论轪侯利苍的籍贯》一文（见《中国文化》第四期），推断利苍籍贯在江夏郡竟陵县。王先生的这篇文章的确有一些精辟的见解，例如说："在姓氏作为氏族社会标识的最初发展和形成的过程中，其定居是比较集中的"，因而承认利几和利苍有可能是同族或同乡，这无疑是正确的。又例如说，西汉列侯夺爵以后，"除因其情节严重，特别注明其为迁徙某地者而外，在当时的具体安置是：一，停留原国；二，徙居三辅；三，徙居诸侯王国；四，放回原籍"。这也是可以成立的。但王利器先生在此基础上，根据利苍六世孙利汉由竟陵复家的情况，断定利苍后人利扶①夺爵以后即被安置在竟陵，属于"放回原籍"之类，这却有些勉强。《汉书·高惠高后文功臣表》说，利苍以后的第三世轪侯利扶在汉武帝元封元年（公元前110年）夺爵失侯，其后人利汉在汉宣帝元康四年（公元前62年）以竟陵县簪裹的身份受诏"复家"②。从夺爵到复家，前后相距五十八年之久，轪与竟陵又都在江夏郡之内，位置接近，利扶夺爵之后的安置办法显然是"停留原国"，亦即留在原来的轪国之内。经过五十多年，利扶的后人移居轪地附近的竟陵，乃是情理中的事，因而利汉在复家时已是竟陵县的簪裹了。这里问题的症结，在于王利器先生相信利苍受封轪侯乃是"衣锦还乡"，认为"这是汉家对利苍的特意安排"。其实西汉初期的分封制与当时的公卿制度是一样的，汉初的公卿制度是以"布衣卿相"的新格局来取代贵族专权的旧格局，而汉初的分封制度也是以布衣封侯的新局面来取代七国公侯世袭的旧的局面。既是以布衣的身份封侯，封地便必须远离其原籍所在地，否则其布衣的身份将受到封国内臣民的耻笑，难于达到

---

① "扶"，《史记》作"秩"。
② "簪裹"，是西汉时期民爵中的一种，为二十等爵中的第三等。"裹"字又写作"袅"。

控制侯国的目的。再说，除被削平的异姓王之外，刘邦属下的萧何、曹参、王陵、周勃、樊哙、夏侯婴、周绁、任敖等功臣均为沛人，封地与其原籍的一致性显然是很难实现的。陈平与张苍为陈留郡阳武县人，但两人的封地却都在中山国之内；灌婴为梁国睢阳县人，他的封地却在颍川郡颍阴县。利苍既为轪侯，他的籍贯便不大可能在轪国或轪国附近的地区，也就是说，不大可能在与轪地同郡的竟陵县。在这种情况下，最好的选择便是承认利苍的籍贯与利几相同。利几既被项羽封为陈公，籍贯便应当在陈国故地，因为项羽所封的王公多数是战国时代王公的后裔，至少封地与其籍贯应保持一致。利苍为陈人，他一定知道战国秦汉之际广泛流传的老子生于陈地的传说，这种情况使《路史》的一句话有了特殊的意义："老子之后有利氏。"这话当然不足凭信，但至少能证明历史上的利氏家族曾有意识地攀附老子为祖先。这种攀附的做法很可能与利苍家族有关，因为这一族出生于陈地并生活于举朝尊崇黄老的时代，极有可能成为老子学派的成员或支持者。下文将说明帛书《系辞》为道家著作而与通行本不同，帛书《周易》是以道家著作为核心部分的编纂本。制造出这一编纂本并与《黄》《老》帛书安放在一处，正是在利苍一族影响下的可能有的行为。

将帛书《周易》所隶属的文化地域限定在陈地，是一种很灵活的做法，因为这与那种认为帛书《周易》属于齐文化的说法并无很大的矛盾。战国时期齐国的王族即是春秋时期陈国公族的后裔，而战国中期齐国稷下的老子之学，原本也是发源于陈地。很多学者坚持帛书《周易》属于南方楚文化的系统，这与笔者的意见也可以兼容，因为陈国在战国时期以前已被楚国吞并。时至战国晚期，楚国不断遭受秦军的逼迫，政治文化中心逐渐东移。《史记·楚世家》说，楚国郢都被白起攻破以后，楚顷襄王遂"东北保于陈城"；《白起列传》也说，郢都被攻破以后，楚王"亡去郢，东去徙陈"；《汉书·地理志》"寿春"之下说："楚考烈王自陈徙此。"可见自楚顷襄王二十一年至考烈王二十二年（公元前 278 年至公元前 241 年），亦即在郢都陷落以后，迁往寿春以前，陈国原来的都邑一时成为楚国的首都，而且在迁往寿春以后仍是楚文化的重要地域。那种认为帛书属楚文化的意见，与帛书属陈文化的意见是十分接近的。

陈是道家思想流行的地域，不是儒学兴盛的地域。帛书《周易》中的《易之义》《要》和《二三子问》都有儒学色彩，这几篇为陈人所收录，可能是由于陈人受道家影响，有司马谈所谓的兼综儒墨的道家精神。帛书《周易》的价值略优于通行本，书中《系辞》一篇早于通行本《系辞》，这对笔者的一个看法极有鼓励作用，即西汉前期至中期的经学是以儒家为主而兼综各家，帛书《周易》中的《系辞》等篇章，便得到了这一时期的经学的吸收和利用。

四、帛书《系辞》与《易之义》的区分及其意义

帛书《系辞》与《易之义》的关系如何，当是帛书《周易》中最重要的问题，亦可说是整个易学史研究领域的最尖锐的问题。帛书《系辞》与其卷后佚书抄写在一张高约四十八厘米的帛上，《系辞》第一行顶端涂有墨丁，是篇首的标志。全篇行文顺序与孔颖达疏本大体相同，包括孔疏本《系辞上传》第一至第七章，第九至第十二章，以及《下传》第一至第三章，和第四、七、九章的部分文字。孔疏本《下传》的最后一句，出现在帛书《系辞》第四十七

行，然后换行，在第四十八行的顶端也有墨丁，从"子曰易之义"一句开始，篇中的一些文字分别与孔疏本《系辞下传》的部分章节以及《说卦》前三章相似，而大部分文字则是通行本《易传》十篇所未包括的佚文。"子曰易之义"句之上的墨丁显然是篇首的标志，墨丁以前的一篇有三千三百余字，墨丁以后的一篇有三千五百字左右。这后面的一篇究竟是《系辞下传》呢？还是与《系辞》不同的另一部著作呢？一些学者认为帛书《系辞》分上下篇，共六千七百余字，从而否定了"易之义"句以后的一篇为十翼之外的古佚书的可能性；另一些学者则认为帛书《系辞》不分篇，仅三千余字，"易之义"句为一篇古佚书的起始，应由此确定其篇名为《易之义》。笔者曾两度撰文支持第二种说法，今再补充证据，加以全面说明，并由此论证战国秦汉道家易学的存在及其与儒家易学的对峙情形，当时道家易学以帛书《系辞》为其主要经典，而儒家鲁学的易学作品则有《易之义》及《要》《二三子问》等。

区分帛书《系辞》与《易之义》的直接证据，当在于帛书《易经》不分篇。帛书《系辞》既然是帛书《易经》的附属部分（见上节），便没有分篇的理由，因而"子曰易之义"句前面的墨丁便不会是区分《系辞》上下篇的标志，而只能是区分《系辞》与另一部佚书的标志，称此佚书为《易之义》，是很恰当的。有一种情况可以支持这一论断，即是通行本《系辞》关于重卦问题的自相矛盾的说法，可由此获得圆满的解释。

通行本《系辞》提到伏羲"始作八卦"，使后人相信易卦的产生有一个从"画卦"到"重卦"的过程，"画卦"是指由伏羲画出八个三画的卦，"重卦"是指将八卦两两相重，构成六十四个六画的卦。然而关于"重卦"的时间，通行本《系辞》讲得非常含混，例如《下传》第二章说：

> 古者包牺氏之王天下也，……于是始作八卦，以通神明之德，以类万物之情，作结绳而为罔罟，以佃以渔，盖取诸离。包牺氏没，神农氏作，斫木为耜，揉木为耒，耒耨之利，以教天下，盖取诸益。

假如伏羲（包牺）所取的"离"是六画的离卦，那么重卦的工作便应当是由伏羲完成的，汉代以后王弼、孔颖达等人均持"伏羲重卦"之说，便是以此为依据的。假如伏羲所取法的"离"是三画的离卦，那么重卦的工作便有可能是由神农完成的，因为神农所取法的益卦肯定是六画而不是三画。西汉以后的郑玄、淳于俊、皇甫谧、司马贞等人均持"神农重卦"之说，即是根源于此。通行本《系辞》另有两节文字也与"重卦"问题有关："易之兴也，其当殷之末世、周之盛德邪？当文王与纣之事邪？"另一节说："易之兴也，其于中古乎！作《易》者其有忧患乎！"这两段话明确指出周文王参与了《周易》的制作过程，而他的参与只能被理解为"重卦"，司马迁、扬雄、王充、班固及后代史家大多坚持"文王重卦"说，也都是根源于《系辞》。人们依据同一部《系辞下传》通行本，竟在"重卦"问题上得出三种不同的结论，无怪乎欧阳修等人要对《系辞》提出怀疑了。

有趣的是，我们一旦把帛书中"子曰易之义"句以下的一篇看作是与《系辞》不同的著作，上述的自相矛盾之处就不复存在了，因为通行本《系辞下传》"易之兴也其于中古乎"一节与"易之兴也，其当殷之末世、周之盛德"一节，均不见于"易之义"句以前的帛书《系辞》，仅见"易之义"句以后的一篇，这一篇已被命名为"易之义"。通行本《系辞》包括论及文王的两节，显然是战国以后的学者补充进去的。面对这样的情况，恐怕人们不会再同意"易之义"句以下的一篇是《系辞下传》，而承认这是另一部著作。

试将帛书《系辞》与《易之义》的内容加以对照，可以使我们对这两篇原为不同著作的结论确信不疑，因为帛书《系辞》有着道家思想的倾向，《易之义》则有儒学的特色。

大家知道，战国秦汉儒道两家的旨趣几乎是相反的，道家治学力图超乎形名，务在"简""易"和贯通；儒家则试图全面解释周代文献，治学不免于博杂。考察帛书《系辞》与《易之义》的论题，恰有这样的差别。帛书《系辞》旨在论述六十四卦通义，全篇仅第六、第七两章（按孔疏本分章）论述了七个卦的爻辞，然而未举卦名，未论及七卦之间的联系，其议论宗旨似不在于释卦或释爻，而在于通过举例以显示易卦通义。至于《易之义》全篇的内容，则在于反复解释乾坤两卦以及师、比等二十余卦的卦爻辞。通行本《系辞下传》说："是故履，德之基也；谦，德之柄也；复，德之本也；恒，德之固也；损，德之修也；益，德之裕也；困，德之辨也；井，德之地也；巽，德之制也。履和而生，谦尊而光，复小而辨于物，恒杂而不厌，损先难而后易，益长裕而不设，困穷而通，井居其所而迁，巽称而隐。履以和行，谦以制礼，复以自知，恒以一德，损以远害，益以兴利，困以寡怨，井以辨义，巽以行权。"此即所谓"三陈九卦"。《系辞下传》为何单单论述这九个卦，是个长期争论的问题。今考帛书《周易》，"三陈九卦"一章不见于其中的《系辞》，仅见于《易之义》篇，而且《易之义》中"三陈九卦"章前尚有数句："作《易》者其又（有）患忧与！上卦九者，赞以德而占以义者也。"意即这九卦都与作《易》者的忧患相关联。进一步说，这一章在《易之义》篇中不是一个孤立的章节，而是掺杂在其他的释卦章节中间。"三陈九卦"当中"履，德之基也"的句式，在《易之义》篇中得到了普遍的使用，例如对于师、比、小畜、家人、丰等卦，均用"得之……"的句式来解说①，这表明"三陈九卦"一章原是《易之义》的一部分，它孤立地出现在通行本《系辞下传》里，是不伦不类的。帛书《系辞》专论六十四卦通义，全篇贯穿着"易""简""通"的风格，正是黄老之学的特点。《易之义》分论二十余卦的性德，反复申说，正好体现出儒学的"博"。

关于乾坤两卦的性质，帛书《系辞》与《易之义》的解说也是决然不同的。帛书《系辞》反复强调乾坤的性德在于"易简"，例如说："键（乾）以易，川（坤）以闲（简）能，易则傷知，闲（简）则易从。"又说乾卦"德行恒易"，坤卦"德行恒闲（简）"。而《易之义》则认为乾坤两卦之德分别在于"文""武"，例如说乾卦"六刚能方"，代表"汤武之德"，六爻"刚而不折"，以致能做到"武而能安"；坤卦"六柔相从"，达到了"文之至"的地步，六爻"柔而不狂"，才能做到"文而能朕（胜）"。帛书《系辞》所强调的"易简"，正是司马谈所称道家"指约而易操"的原则；《易之义》

---

① "得"，通"德"，两字同出现于《易之义》篇中。这种本字与借字同时出现的例子，在帛书《周易》中是屡见不鲜的。

所强调的"文武"与文王、汤、武有关，完全合乎儒家"宪章文武"的传统。

通行本《系辞》和《说卦》都有关于"三才"的议论，前者指出："《易》之为书也，广大悉备，有天道焉，有人道焉，有地道焉，兼三才而两之，故六。六者非它，三才之道也。"后者指出："立天之道曰阴与阳，立地之道曰柔与刚，立人之道曰仁与义。兼三才而两之，故易六画而成卦。"这两个章节不见于帛书《系辞》，却在《易之义》中出现了。今按《易之义》与申述孔子之道的《要》思想接近，《要》说明对于天道"不可以日月生（星）辰尽称也，故为之以阴阳"；对于地道"不可以水火金土木尽称也，故律之以柔刚"，这实际上就是《易之义》称天道为阴阳、地道为柔刚的主要理由。而这种思想的痕迹在帛书《系辞》当中是找不到的，帛书《系辞》虽提到"三极之道"，却一直声称天道刚，地道柔；天道阳，地道阴，绝没有"天道为阴阳，地道为柔刚"的见解，更没有那种对于地道可否"以水火金土木尽称"的说法。《易之义》以三才观念解释六爻，重在仁义，而帛书《系辞》则未将"仁义"这一对儒学范畴放到突出位置上。

战国晚期儒道两家所尊崇的圣王系统有所不同，儒家尊崇尧、舜、禹、汤、文、武，道家则尊崇伏羲、神农和黄帝。帛书《系辞》未提禹、汤、文、武，仅提羲、农、黄、尧、舜，而对羲、农、黄三位尤为崇敬。《易之义》则以虔敬语气提到"周之盛德"、"汤武之德"，对羲、农、黄等一律不提。儒道的区别在这里是非常显著的。

帛书《系辞》和《易之义》之间最大的问题，可能要算"二与四同功异位"句的引用。通行本《系辞下传》第八章说："二与四同功而异位，其善不同，二多誉，四多惧，近也。柔之为道不利远者，其要无咎，其用柔中也。三与五同功而异位，三多凶，五多功，贵贱之等也。其柔危，其刚胜邪？"帛书《易之义》篇末也引述了这段话里的部分文字，而称其为"《易》曰"，意即这些文字不是出自《易之义》的作者本人，而是出自另一部易著。这另一部易著初看起来很像是通行本《系辞》，但如果仔细分析一下，可以看出这"《易》曰"可能比我们最初所设想的更为复杂。因为在《易之义》所说的"〔《易》〕曰：三与五同功异立〔位〕"一句之后，"〔三〕多凶，五多功，〔贵贱〕之等"三句之前，尚有不见于通行本的"其过……"等四字，这四字不像是后加的，也就是说，通行本《系辞》缺少这四个字是一种遗漏，它的写定的时间可能晚于《易之义》的撰作时间。另外，在通行本中，"其要无咎，其用柔中也"两句与"三与五同功而异位"一节本是前后衔接的，《易之义》的作者在"三与五"句前加上"《易》曰"两字，显示出"其要无咎，其用柔中也"两句绝不是《易之义》所引《易》的原文，而是《易之义》的作者对引文的解释。通行本《系辞》竟对《易之义》的这两句加以抄录，足证《易之义》乃是通行本《系辞》的来源之一。至于《易之义》所引"二与四""三与五"的话，既不见于帛书《系辞》，一定是出自帛书《周易》所未包括的一部佚书。帛书《周易》有数篇儒家色彩浓厚的著作没有被收录在通行本十翼当中，显示出西汉以前的儒家易学作品有很多没有流传下来，假若我们断言有一部既未包括在十翼之中亦未包括在马王堆帛书之中的先秦儒家易学作品曾经流传过，并且拥有很高的权威因而得到《易之义》

的引用，那绝对不能说是冒险的推测。《易之义》对于《系辞》的大量的名言警句均未引用，却引述不甚重要的"二与四同功异位"一节，亦可证明"二与四"一节另有出处，而且所属的学派与帛书《系辞》有着敌对的关系。

帛书《系辞》《易之义》以及《要》《二三子问》等，可能产生于战国时期，在秦代经过了润色、加工、补充和修改。这些著作彼此之间有儒道的区别，意味着战国至汉初易学有儒道两派的对立。关于战国秦汉有儒家易学这一点，已得公认，不必再做多余的论述。而笔者声称战国至汉初有道家易学流派存在，则是容易引起争议的新说。而这说法是有历史事实为依据的，例如《史记·日者列传》所记述的司马季主，活动于汉文帝年间，"通《易经》，术黄帝、老子"，根据《老子》《庄子》提出一些新颖的见解，使贾谊为之折服。司马季主是楚人，其生地可能在陈，与帛书《系辞》等书的编纂者有可能是同乡。即使司马季主不生于陈地，对陈人编纂的帛书也会有所了解。《史记》引司马季主提到"周文王演三百八十四爻"，与通行本《系辞》相合，这可能是由于帛书《系辞》和《易之义》在文帝初年已被合并。另外，由于齐国田氏的祖先是陈人，帛书《系辞》与齐文化可能也有些关系，而《战国策·齐策》恰恰载有齐人颜斶的议论：

> 是故《易传》不云乎："居上位未得其实，以喜其为名者，必以骄奢为行，据慢骄奢，则凶从之。"……故曰：无形者形之君也，无端者事之本也。夫上见其原，下通其流，至圣人明学，何不吉之有哉！《老子》曰："虽贵必以贱为本，虽高必以

下为基，是以侯王称孤、寡、不谷，是其贱之本与！"夫孤寡者，人之困贱下位也，而侯王以自谓，岂非下人而尊贵士与！

颜斶先引述一部《易传》，后引述《老子》，以"无形者形之君也"为基本原则，以"贵必以贱为本"为其议论的落脚点，显然是兼通《易》《老》而以《老》为主。颜斶在这段话的上文指出："当今之世，南面称寡者乃二十四。"我们如果注意到他所说的"称寡"与"称王"有所不同，便可知道他的话正好合乎齐宣王时期的情况。在齐宣王时期，宋国与中山国尚是较强的国家，卫、郯等中小国家尚未灭亡，而在齐宣王以后的齐湣王时期，还存在"泗上诸侯、邹、鲁之君"（见《史记·田完世家》），这些国家加上七雄，与颜斶所谓"南面称寡者乃二十四"大致相合。我们完全可以相信《战国策》的记载，将颜斶认作齐宣王时代的人物，他所从事的学问包括易学和老学，他所属的学派即是道家老子一派。关于战国中期儒门易学的代表人物，史书罕有记载，因而《战国策》所记颜斶的议论极为可贵，可视为证明战国道家从事易学因而易学不限于儒学的重要史料。

在战国秦之际道家易学之中，帛书《系辞》一定十分重要，因为这部著作被编入帛《易》乃是出于陈人之手，陈人是齐、楚之间的连接点，亦即颜斶与司马季主的中间环节。在战国秦汉儒家易学之中，帛书《易之义》《要》和《二三子问》一定也十分重要，这几篇论及圣王则称述汤、文、武，论及经典则称述《诗》《书》，论及哲理则标榜仁义，较之通行本《易传》中的《彖》《象》诸篇更富于儒学特色。帛书《系辞》与《易之义》以及《要》和《二三子问》的对立，实为战国至汉初儒道两家易学对峙局面的缩影。

五、西汉易学中的鲁学与齐学

本书第二章已辨明，战国晚期至西汉初期的易学的确可分为齐鲁两派，齐学传系即是《汉书·儒林传》所记载的田何传承谱系，他们所传习的经典包括《彖》《象》《文言》《序卦》以及经过改编的《系辞》，这些著作编在一起，正是通行本《易传》十篇的雏形；鲁学一派所传习的典籍包括帛书《易之义》《要》《二三子问》及《缪和》等，《缪和》是以人名篇，即是鲁学宗师荀子的再传弟子，亦即《汉书·楚元王传》所提到的兰陵人穆生。关于齐鲁两派易学的差别，第二章也做了初步的概括。这里所要做的，是将通行本《易传》与帛书《易之义》《要》等篇进行比较，全面阐述齐鲁两派易学的分歧。

齐鲁两派的最突出的差别，是鲁学作为儒学要纯一些，齐学则由于长期在稷下传授，受到稷下黄老之学的很多影响。这种影响反映在《易传》，即是齐学一派将原属道家的《系辞》搬过来，补入一些富于儒学特色的章节。例如"《易》之兴也，其于中古乎"一节和"《易》之兴也，其当殷之末世，周之盛德邪？当文王与纣之事邪？"一节，均出于《易之义》，田何学派将这两节掺入《系辞》，从而突出了周文王在六十四卦形成历史上的作用，构造出一个综合儒道的圣王系统，依次为羲、农、黄、尧、舜、禹、汤、文、武。《易之义》中只提商汤、周文王、周武王，纯粹是儒家所推崇的圣王。又例如"危者安其位者也，亡者保其存者也"一节，出于帛书《要》，田何学派将此节掺入《系辞》，与《系辞》原有的

"无思""无为"之义相结合，给人一个印象，似乎"无思无为"的意义在于儒家所谓的"安不忘危""存不忘亡"，然而改造之后仍留下一些道家无为思想的痕迹，这种痕迹在《易之义》《要》等篇中是看不到的。

大家都注意到帛书《系辞》没有"大衍之数五十"一章，亦即孔疏本的第八章。帛本缺这一章不像是遗漏，因为篇中综论六十四卦通义，虽多有论及占筮的文字，也不过是对占筮的意义和价值做一些肯定性的论述，对于全篇的主题来说，讨论筮法似是不必要的。有的学者说，帛书《系辞》提到"天一，地二，天三，地四，天五，地六，天七，地八，天九，地十"，故而也应当讨论筮法。然而"天一，地二"等不过是指出数的阴阳奇偶，与筮法并无必然的联系，而且"天一地二"一节在通行本中的位置，与"大衍之数"一章并未衔接，则"大衍"一章不见于帛书本，当是原文如此，不会是抄写的遗漏。田何学派将这一章补入《系辞》，遂使《系辞》原有的重视占筮的思想得到加强，使筮数的讨论在《系辞》全篇几乎处于核心的位置。孔颖达疏引有京房关于"大衍之数五十"的解释，是此章在西汉前期已补入的证据。有趣的是，《易之义》《要》和《二三子问》都没有关于筮数的议论，而且《要》还有一节与注重占筮的倾向相反的论述：

> 夫子老而好《易》，居则在席，行则在囊。……子赣曰："夫子亦信其筮乎？"子曰："吾百占而七十当，唯周梁山之占也，亦必从其多者而已矣。"子曰："《易》，我后其祝卜矣，我观其德义耳也。幽赞而达乎数，明数而达乎德。……赞而不达

于数，则其为之巫；数而不达于德，则其为之史。史巫之筮，
乡之而未也，好之而非也。后世之士疑丘者，或以《易》乎！
吾求其德而已，吾与史巫同涂而殊归者也。君子德行，焉求
福？故祭祀而寡也；仁义，焉求吉？故卜筮而希也。祝巫卜
筮，其后乎！"

　　这里的孔子对于占筮，如同儿戏一般，竟称"百占而七十当"！
须知《易经·蒙卦》有"初筮告，再三渎，渎则不告"的规定，意
谓占筮超过两次就是亵渎神灵，孔子竟"百占"而取七十，哪里像
一个虔信占筮的人呢？而且孔子也确实表明一种轻视占筮的态度：
"贤人德行，焉求福？故祭祀而寡也；仁义，焉求吉？故卜筮而希
也。"意即自私的人做尽坏事，却要通过祭祀来祈求福祉，通过卜
筮来祈求吉祥，这不是很卑鄙吗？贤人推行道德仁义，于心无愧，
假若神有灵知，自然会加以保佑，哪里用得着去祭祀和卜筮呢！在
这里，从价值取向的角度上，孔子已将卜筮否定了。不过孔子并没
有完全取消卜筮，在他看来，贤人还是要举行祭祀的，只是次数要
"寡"；还是要进行龟卜和占筮的，只是次数要"稀"。其所以没有
完全地废绝，是由于占筮有助于"德义"的阐发。阐发的程序是：
"幽赞而达乎数，明数而达乎德。"其中的"赞"字或说为佐、助，
或训为告、白，《说文解字》释之为"见"，最为精确。而根据《系
辞》"见乃谓之象"的定义，可以知道《要》中的"幽赞"即是神
秘的"象"的显示，由象而达乎数，由数而达乎德，正是《周易》
义理之学的典型命题。《要》称孔子提出这一命题，当然不能理解
为孔子真这样讲过，孔子有只言词组是有可能的，后儒在传述的过

程中不断润色，使孔子的言论显得愈益生动。时至秦代，《诗》《书》遭到焚禁，儒家鲁学一派便由此夸张，贴枝加叶，借孔子名义构筑了象、数、德的理论系统，其概念关系当如下图：

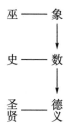

巫 —— 象
史 —— 数
圣贤 —— 德义

　　按照这样的理论系统，田何学派将"大衍之数五十"一章补入《系辞》，乃是沦落到巫史的等次了。

　　上文已指出通行本《系辞》中的"大极"，在帛书本写作"太恒"。由于帛本另有"极"字，则"太恒"不会是"太极"的误写，而一定是原文如此。通行本的早期抄写者避汉文帝讳，改为"太极"。其改动的时间，可能在汉文帝初年，当时田何可能还在世，以他为代表的学派改编《系辞》，遂有"文王重卦"及"知几其神"等说流行于世，汉文帝时司马季主提到"周文王演三百八十四爻"（见《史记·日者列传》），穆生引述"知几其神"一节（见《汉书·楚元王传》），都是在文帝初年《系辞》被改编以后。田何学派为什么没有将"太恒"改为"太常"，而定要改为"太极"呢？其原因之一可能是由于"太常"是当时的官名，而且正好是博士的上司；如果还有其他的原因，可能即是出于义理方面的考虑。帛书《系辞》所谓"太恒"即是"恒道"，"恒道"生两仪再生四象，由此产生八卦和六十四卦，这固然是一个时间过程，但亦有义理关系包含于其中，即八卦取法四象，四象依据两仪，而所有这些都是建立在

"恒道"的基础上的。以田何为代表人物的齐学既然注重象数，自然看重时间上的化生以及数的推演，故改"太恒"为"太极"，意谓化生天地的某种实物，在两仪四象的宇宙生成论中处于至高无上的位置。而帛书《要》篇没有这种思想，《要》篇借孔子之口，声称对《周易》"观其德义耳也"，"求其德而已"，所谓"德义"既非道家所谓"恒道"，亦非"太极"，而是对儒家仁义等范畴的总的概括。从这一意义上说，《要》篇所代表的《周易》鲁学在最高范畴问题上，可能是与齐学大不相同的。

关于阴阳、柔刚、八卦，《要》提出一种足令学界惊异的解释：

> 故易，又（有）天道焉，而不可以日月生（星）辰尽称也，故为之以阴阳；又（有）地道焉，不可以水火金土木尽称也，故律之以柔刚；又（有）人道焉，不可以父子君臣夫妇先后尽称也，故要之以上下；又（有）四时之变焉，不可以万勿（物）尽称也，故为之以八卦。

过去人们所习惯的那种将阴阳、八卦当作宇宙构成的要素的思想，在汉代极为兴盛，在这里却一扫而光。这里所谓"阴阳"不再是构成万物的质料，而是对天的各种事物的概括。具体地说，天上有日月星辰，对这些天体我们很难一个一个地计算，很难一下子把它们的名称全部举出来，因而用"阴阳"两字来概括它们的性质和类别。其所谓阴阳不再有质料或物质的意味，而是上天星宿所遵行的某种"德义"，故称"天道"。同样道理，柔刚是对地上的金木水火土的性类的概括，故称"地道"；八卦是对万物品性的概括，亦有律则之义。这些论述与魏晋玄学易学颇接近，与西汉官方那种宇宙构成论模式的易学大不相同。《史记·自序》中司马迁对壶遂说："《易》著天地阴阳四时五行，故长于变。"意谓阴阳当分属天地，不知《要》以阴阳为天道之理；更将"四时""五行"并列，亦不知《要》以柔刚代表五行义。迁父司马谈"受《易》于杨何"（《自序》），杨何为田何再传弟子，则司马迁所谓的"《易》著天地阴阳四时五行"即为田何学派之说。

比较通行本《易传》与帛书《易之义》《要》，可以知道战国晚期至汉初儒家易学的大概情形，当时儒家鲁学一派专注于《易》中阐发德义，开《周易》义理之学的先河；齐学一派则重视占筮以及同占筮联系密切的象数，成为西汉官方经学的阴阳五行及天人感应学说的一部分。

六、河内女子发现《说卦》的事件

在西汉中叶，发生了一件经学史上的大事，即河内有一位女子拆毁旧屋，掘得《逸易》《逸礼》和《逸尚书》各一篇，经过上献和讨论，这三篇分别被补入官方的《周易》《礼经》和《尚书》中。在本书第二章第八节，已就河内逸书问题做了初步的探讨，在这里想进一步说明，河内《逸易》即《说卦传》，它的出现使官方易经博士所用的《易传》更趋丰富，在当时经学思想体系的建构过程中具有很大的意义。

河内女子发现逸书的事，见于王充《论衡·正说》："至孝宣皇帝之时，河内女子发老屋，得逸《易》《礼》《尚书》各一篇，奏之。宣帝下示博士，然后《易》《礼》《尚书》各益一篇，而《尚书》

二十九篇始定矣。"其中的《逸尚书》多说为《泰誓》，例如《尚书序疏》引《论衡》及房宏等人之说云："宣帝本始元年，河内女子有坏老屋，得古文《泰誓》三篇。"（参见第二章）又引刘向说《泰誓》得于武帝末年。刘歆在《移书让太常博士》中提及此事，沿袭刘向，也说在武帝年间。笔者曾以为河内逸书从发现到补入五经有一个很长的过程，因而两汉人追述此事或说在武帝之末，或说在宣帝之初。然而若对当时古文经典出现的时间做一全面的考察，就知道事情要复杂得多。武帝时已有古文《尚书》出现，并被送到皇家秘府，其中可能包括《泰誓》，因而刘向父子说《泰誓》出于武帝末年。到宣帝本始元年，河内女子又发现了《泰誓》，因而又有王充和房宏等人的记载。古文《尚书》篇数很多，唯《泰誓》得到当时官方的承认，原因即在于它被发现了两次。这样看来，河内女子发现《逸易》的事件，确实是在汉宣帝本始元年（公元前73年）。

这篇《逸易》究竟是"十翼"的哪一篇呢？它肯定不是《彖》《象》《文言》《系辞》或《序卦》。《荀子·大略》说："《易》之咸，见夫妇。……咸，感也，以高下下，以男下女，柔上而刚下。"与《咸卦·彖传》文字相似。《韩诗外传》说："天道亏盈而益谦，地道变盈而流谦，鬼神害盈而福谦，人道恶盈而好谦。"与《谦卦·彖传》文字相同，则《彖传》肯定是西汉前期流行的著作。《礼记·深衣》和《史记·楚元王世家赞》分别引述《象传》文字，则《象传》也已流行于西汉中叶。《春秋繁露·基义》引有《坤·文言》"履霜坚冰"之语，《史记·伯夷列传》引有《乾·文言》"云从龙，风从虎，圣人作而万物睹"一节，则武帝中期人们已见到《文言》。《系辞》则见引于《新语》及司马谈《论六家要旨》，又有别本出于马王堆三号汉墓，显然在汉初已广泛流行。《淮南子·缪称训》引《易》云："剥之不可遂尽也，故受之以复"，略同于《序卦》，则《序卦》至迟在武帝初期已有流传。十翼中的《彖》《象》《文言》《系辞》和《序卦》都不会是河内《逸易》，那么可供选择的便只有《说卦》和《杂卦》了。

考察现存的汉初典籍以及东汉典籍所引汉初人的议论，均无引述《说卦》与《杂卦》之例。据《晋书·束晳传》及杜预《春秋经传集解后序》，汲冢竹书有《阴阳说》一篇，"似《说卦》而异"，可见《说卦》在战国时期已产生，只是文字与后来的传本有所不同。古书失而复得的情况屡见不鲜，《说卦》即是如此，它在西汉前期不曾得到人们的引用，可能是暂时佚失了。马王堆帛书中只有《说卦》的前三章，而且是混杂在《易之义》篇内，即是汉初无完整的、与通行本面貌相同的《说卦》的见证。《史记·孔子世家》提到《说卦》之名，可能是根据一部《易序》，这部《易序》到西汉晚期还存在，扬雄在《法言》中还曾加以讨论（见下文）。我们今天有幸得见《说卦》全文，当是由于它在西汉中叶又以出土文物的面貌再度出现。它是出现于《杂卦》之前还是《杂卦》之后呢？考虑到汲冢竹书及马王堆帛书均不包括《杂卦》，而且先秦汉初典籍均无引述《杂卦》之例，可以估计它的问世要比《说卦》晚一些，凑巧的是，在河内《逸易》补入《周易》之后，《周易》并未完备，因为西汉晚期扬雄在《法言·问神》中仍这样说：

或曰：《易》损其一也，虽蠢知阙焉。至《书》之不备过半矣，而习者不知。惜乎《书序》之不如《易》也！

其中"《书序》之不如《易》"一句，当为"《书序》之不如《易序》"之省。原文的意思是说："《周易》缺少一篇，连愚蠢的人都知道。至于《尚书》亡佚过半，而传习它的人们却不了解，可惜《书序》不如《易序》啊！"这话表明西汉流行的《周易》是有序目的，根据这部序目可知道《周易》在西汉末期仍缺少一篇。很多学者以为这一篇即是河内女子所发现的《逸易》，乃是误会，因为河内《逸易》在宣帝时已补入《周易》书中了。那么在西汉末期仍缺少的，自然是《杂卦》了。也就是说，《周易》在西汉景帝以后曾两度得到增补，一篇是在宣帝初年补入的，另一篇是在扬雄《法言》问世之后补入的。在宣帝初年补入的一篇显然是《说卦》而不是《杂卦》。

《隋书·经籍志》说："及秦焚书，《周易》独以卜筮得存，唯失《说卦》三篇，后河内女子得之。"说为三篇，实乃历史的误会。按照《汉书·艺文志》"孔氏为之《彖》《象》《系辞》《文言》《序卦》之属十篇"的提法，西汉《周易》的编次应是《系辞》在《文言》之前，《说卦》在《序卦》之后。《周易·说卦传疏》说："先儒以孔子十翼之次，乾坤《文言》在二《系》之后、《说卦》之前，以《彖》《象》附上下二经为六卷，则《上系》第七、《下系》第八、《文言》第九、《说卦》第十。辅嗣之《文言》分附《乾》《坤》二卦，故《说卦》为第九。"其所谓"先儒"即东汉郑玄，所谓"以《彖》《象》附上下二经"，即《魏书·少帝纪》高贵乡公所云，意谓郑氏以《彖》《象》附经而又未"与经文相连"。由此可见先《说卦》、后《序卦》的编次为郑玄所拟定，这一编次得到韩康伯等人的沿袭，到唐初魏徵等人修撰《隋书·经籍志》时已延续了四个世纪，魏徵等人在这种情况下不能不发生误会，将《说卦》《杂卦》两传的后得说成是《说》《序》《杂》三传的晚出。明白了这段历史，便可知道《隋书·经籍志》"唯失《说卦》三篇，后河内女子得之"两句话，乃是河内《逸易》为《说卦传》的极好的证据。

西汉宣帝时还有一件事，与河内《逸易》颇有关联，这就是《汉书·魏相传》所说的："（魏相）数表采《易阴阳》及《明堂月令》奏之"，并且在奏文里根据《易阴阳》与《明堂月令》做出如下的论述：

> 东方之神太昊，乘震执规司春；南方之神炎帝，乘离执衡司夏；西方之神少昊，乘兑执矩司秋；北方之神颛顼，乘坎执权司冬；中央之神黄帝，乘坤艮执绳司下土。兹五帝所司，各有时也，东方之卦不可以治西方，南方之卦不可以治北方。春兴兑治则饥，秋兴震治则华，冬兴离治则泄，夏兴坎治则雹。

这篇议论的依据，似来自《说卦传》与《月令》。《说卦》云："万物出乎震，震，东方也"；"离为火"，"南方之卦也"；"兑，正秋也"；"坎者水也，正北方之卦也"。所说卦位与魏相所奏完全一致。不难看出，魏相采而奏之的《易阴阳》即《说卦传》。实际上，《说卦》别名《易阴阳》是由来已久的，杜预《春秋经传集解后序》提到《阴阳说》，即《晋书·束晳传》所提到的"似《说卦》而异"的《易经》一篇，这一篇附于《易繇阴阳卦》的下面，是关于《阴阳卦》的解说，因而又称"阴阳说"。不过"阴阳说"只是省称，全称应当是"易繇阴阳卦说"或"易繇阴阳说卦"，经过省略，便有"易阴阳""阴阳说"和"说卦"三个名称。至于魏相奏文所举的五方四时神名，与《礼记·月令》相合。《月令》又称《明堂月令》，因为它在刘向《别录》中被归入《明堂阴阳记》的门类。《明堂阴阳记》是刘向所编辑的古文《礼记》二百余篇的一部分，其中《月令》一篇在汉宣帝时出现，被魏相采集而献于朝廷，是很正常的，因为河内女子所发现的《逸礼》正是《月令》，读者可参见本书第五章。魏相将河内女子所发现的《说卦》与《月令》一并奏献，可能是出于某种兴趣，希望将五方、四时、五行、五帝和八卦构筑成一个庞大的系统。

这一系统的臻于完备，即是河内女子发现《说卦》的意义所在。在汉宣帝以前，人们还没有将五行与八卦直接地配合起来。《要》篇声称"阴阳"是对日月星辰的概括，"柔刚"是对金木水火土的概括，"八卦"是对万物的概括，八卦与五行尚未形成一一对应的关系。自河内女子发现"说卦"之始，人们才注意到八卦方位说的存在，并将这种方位与五行方位相比附。京房称坎、离、震、兑四卦为"方伯"，即可说是河内《逸易》问世的直接结果。

七、梁丘氏易学的兴盛

过去人们谈论西汉易学，常以孟喜、京房的学说为例，其实西汉易学以梁丘氏一派最具代表性。

请看《汉书·儒林传》关于梁丘氏易学的介绍：

> 梁丘贺字长翁，琅邪诸人也。以能心计，为武骑。从太中大夫京房受《易》。房者，淄川杨何弟子也。房出为齐郡太守，

贺更事田王孙。宣帝时，闻京房为《易》明，求其门人，得
贺。……贺以筮有应，繇是近幸，为太中大夫、给事中，至少
府。为人小心周密，上信重之。年老终官。传子临，亦入说，
为黄门郎。甘露中，奉使问诸儒于石渠。临学精孰，专行京房
法。琅邪王吉通五经，闻临说，善之。时宣帝选高材郎十人从
临讲，吉乃使其子郎中骏上疏从临受《易》。

梁丘贺、梁丘临父子两人都是易学大师，梁丘贺的学问具有一
定程度的包容性，因为他先后以京房、田王孙为老师（应注意此京
房早于以讲六日七分著称的京房），京、田分别为杨何、丁宽的弟
子，其中杨何所传习的纯粹是汉初田何之学，丁宽则兼习田何之学
与某种"古义"，杨何与丁宽的学问可能有所不同，而这两种学问
竟首次由梁丘贺结合了起来。

梁丘临的学问之广博，又胜过乃父。上面的引文已说明梁丘临
得到其父梁丘贺的传授，精通杨何、京房一脉的易学，而《儒林
传》又说，梁丘贺与施雠、孟喜同为田王孙的门人，其中施雠专攻
学问，梁丘贺则担任少府，由于少府为九卿之一，事务繁多，梁丘
贺"乃遣子临分将门人张禹等从雠问"。施雠"不得已"，遂将自己
的学问传授给了梁丘临等人。这样，梁丘临一身竟兼备三家易学，
即田何、杨何之学、丁宽及田王孙之学与施雠之学。当时经学各家
的竞争十分激烈，这种身兼数家之学的人，在竞争当中无疑会占有
很大的优势。

在西汉立于学官的梁丘氏易学的第一任博士，即是梁丘临。刘
歆《移书让太常博士》说：

往者博士《书》有欧阳，《春秋》公羊，《易》则施、孟，然孝宣皇帝犹复广立《穀梁春秋》、梁丘《易》、大小夏侯《尚书》，义虽相反，犹并置之。

由此可见梁丘氏《易》之立于学官，在孟氏《易》之后，并且不得早于《穀梁春秋》。穀梁博士是在宣帝甘露三年（公元前51年）的石渠阁会议上设置的，梁丘易博士的设置也应当是在此时，《汉书·宣帝纪》说，在石渠阁会议上，宣帝"称制临决"，"乃立梁丘易、大小夏侯尚书、穀梁春秋博士"，亦表明梁丘易博士立于甘露三年。《儒林传》说梁丘临"奉使问诸儒于石渠"，"宣帝选高材郎十人从临讲"，即是他在当时初任博士的证据。

梁丘氏易学在西汉一代的影响，可由《汉书·朱云传》的一节文字得到说明：

是时，少府五鹿充宗贵幸，为梁丘《易》。自宣帝时善梁丘氏说，元帝好之，欲考其异同，令充宗与诸易家论。充宗乘贵辩口，诸儒莫能与抗，皆称疾不敢会。有荐（朱）云者，召入，摄齐登堂，抗首而请，音动左右。既论难，连拄五鹿君，故诸儒为之语曰："五鹿岳岳，朱云折其角。"繇是为博士。

由此可见梁丘氏《易》为宣帝所"善"、元帝所"好"。施、孟、梁丘三家博士均立于宣帝年间，京氏《易》立于元帝年间，则梁丘氏学之赢得宣元两帝的青睐，显示出它是西汉中期易学的最重要的流派。五鹿充宗是梁丘氏《易》的继承者，在元帝年间依附石显，颇有权势，曾参与迫害京房。朱云虽在辩论中偶然取胜，却不能对五鹿充宗构成致命的打击。直到元帝去世、成帝即位之时，王凤专权，才夺取了石显的权柄，使五鹿充宗随之失势。然而这情况并不意味着梁丘氏学失去了影响，因为成帝的老师张禹做了丞相，张禹原是梁丘贺的弟子，后来按照梁丘贺的意旨去向施雠求学，成为施氏易学的后继者。其实，张禹的经历与梁丘临几乎完全相同，他对成帝时期的梁丘氏学肯定会抱着支持的态度。

由于史料缺乏，我们对梁丘氏学的具体内容已无从了解，只是从《汉书·儒林传》的记载中得出一个印象，即梁丘贺父子也是注重占筮的，并且在占筮的基础上构造出一个颇具魅力的理论系统，这种理论不仅使宣元两帝受到吸引，而且使著名儒者王吉为之倾倒。

八、孟、京卦气说

梁丘氏以及施氏的易学是否受到上述河内女子发现《说卦》的事件的影响，尚不得而知，不过有一点是可以肯定的，即这事件对另外两个学派有所帮助，促进了孟喜、京房卦气学说的形成。提起"卦气"，一般读者可能都不觉得陌生。大家都知道，秦汉以来的学院派易学有两个支系，即是义理学派与象数学派。著名的玄学代表人物王弼和理学创始者程颐，都被看作义理学派的代表人物；而西汉孟喜、京房等人的卦气学说，则被公认是象数学说的核心部分。从学派的分野可以看出，卦气说在中国思想史上的地位是极为重要的。什么是卦气呢？按《易纬稽览图》郑注的解释，其所谓"卦"是指六十四卦，"气"是与卦对应的季节气候。卦气这名称显示出它的宗旨，是要将易卦与气候历法相配合。其配合的方法有很多，最常见的是将坎、离、震、兑配于四方、四时，称为"四正卦"或"四方伯"；将四卦的二十四爻配于二十四气，四卦初爻则分主冬至、夏至、春分、秋分；以复（☷☳）、临（☷☱）、泰（☷☰）、大壮（☳☰）、夬（☱☰）、乾（☰☰）、姤（☰☴）、遁（☰☶）、否（☰☷）、观（☴☷）、剥（☶☷）、坤（☷☷）十二卦配十二月，称为十二消息卦、十二卦或十二辟卦；十二月卦共七十二爻，配七十二候，因而卦气之学有时又称为卦候或易候之学；《周易》的六十四卦除去四正，便是杂卦，六十杂卦共三百六十爻，配一岁三百六十五又四分之一日（$365\frac{1}{4}$日），每卦主六又八十分之七日（$6\frac{7}{80}$日），一般称为六日七分。不过这只是泛泛而论，如果进行深入的研究，便会看出这学说当中有着不少的疑点。例如，假若有人问：卦气说是在怎样的思想背景下出现的？它的庞大体系是一下子形成的，还是逐渐地、层累地形成的？它的内部有多少派系？包括孟、京在内的各派说法有同有异，其中的共同点在哪里？差异点在哪里？这些问题在现今学术界恐怕一时还得不到圆满的解决。下面就此做一粗浅的考辨。

（一）孟喜、京房的生平与学术渊源

关于西汉官方易学的传承谱系，本书第二章已做了初步的考辨，说明这是一个齐学的系统。田何是跨越秦代的人物，在这一系统里起着承前启后的关键作用。田何本人和他以前的两代传人都是齐人，田何弟子王同与服生也都是齐人。田何另有两位弟子，一是雒阳人周王孙，一是梁人丁宽。王同在这四人当中可能是最重要的，因为他的弟子杨何在汉武帝时历任《易经》博士、太中大夫、即墨相等，杨何也出生于齐地，他成为武帝时期官方易学的代表人物，标志着齐学在易学领域的兴盛。在杨何升迁之后，接替他担任博士的，是丁宽弟子田王孙。田王孙是梁人，传授了三名弟子，即施雠、孟喜和梁丘贺，其中施雠是沛人，孟喜是鲁地兰陵人，梁丘贺是齐地琅邪人。当这三人登上学术的舞台的时候，已进入宣帝时期，经学已进入齐学与鲁学融合的阶段。

说起齐学与鲁学的融合，不能不提一下后仓，上文已指出后仓曾在礼学领域兼综齐鲁，他的弟子戴德与戴圣则分别将后氏礼学发扬光大，为宗教制度的变革奠定了基础。后仓的老师是谁呢？他就是孟喜的父亲孟卿。《汉书·儒林传》说："孟卿以《礼经》多，《春秋》烦杂，乃使喜从田王孙受《易》。"今古文《礼经》加起来的确很多，《春秋》涉及三统、三世、三正、阴阳五行、天人感应等，确实"烦杂"，但这却不能构成孟喜放弃家学而另投师门的理由。在孟卿之前，夏侯始昌以鲁人的身份去学习《齐诗》和原本为齐学所尊崇的《尚书》，从而导致齐学与鲁学的合流，这一学术突破的先例定使孟卿受到启发，因而才有特殊的举动，让孟喜投到易学大师田王孙的门下。而到田王孙死后，施雠和梁丘贺都恪守师门，与他们同学的孟喜却暴露出异端的性格，不知从哪里得来一部"《易》家候阴阳灾变书"，造谣说是田王孙临死时枕在他的膝上，而传授给他的。其所以如此编造，自然是为了抬高身价，同时也是为了填补这部灾变书为施雠、梁丘贺两人所未见过的漏洞。然而梁丘贺还是将他的诈伪揭露出来："田生绝于施雠手中，时喜归东海，安得此事？"这简直是铁证，不由得大家不信。因而当博士官出现空缺的时候，宣帝没有委任"改师法"的孟喜。其实，孟喜的家学本与师门不同，他本来就是个异端，投师的初衷便是要取得学术上的突破或革新，因而他的"改师法"与造谣从整个学术史的发展需要来看，算不上是严重的缺点。再说孟喜在易学上的创造颇有价值，这在经学兴盛的时代终会赢得社会的承认，因而到宣帝后期，他的弟子白光和翟牧先后成为易学博士，形成易学领域有施、孟、梁丘三家之学并立学官的局面。

孟喜虽改师法，但他毕竟出身于经学大师的家庭。而京房连这种资本也不具备，他本姓李，吹律自定为京氏，假若是出身名门，恐怕不会有这种轻易改变姓氏的举动。据《汉书·京房传》和《儒林传》的记载，京房从学于梁人焦延寿，延寿为小黄令，以"先知奸邪""爱养吏民"著称，但官卑职小，无权势可言。延寿易学造诣颇深，但由于是私学，很少有扩大影响的可能。京房的出身与师门均如此卑微，其早年处境之窘困是可想而知的。然而，当孟喜去世的时候，他想起焦延寿曾提到过"尝从孟喜问《易》"，便意识到幸运之神就要降临了。他宣布："延寿《易》即孟氏学"，遂在学界引起轰动，孟喜的弟子翟牧和白生自然不肯承认这位闯入者，施氏、梁丘氏两派对他的敌意自然更大。但京房有一个优点，他精于占筮之法，这在当时属于易学的应用之列，并且是非常可怕的政治武器。在元帝永光、建昭年间，京房数次上疏，对即将发生的灾异——进行预测，居然"屡中"，于是成为皇帝的近臣，他的易学便也立于学官，设置了博士。当时石显专权，其友人五鹿充宗传习梁丘氏《易》，是京房在学术上的竞争对手，两人"论议相非"，于是京房又成为石显的政敌，几经争斗，终遭迫害致死。在西汉武昭宣元时期，虽尊崇五经而兼容各家，但官方对学术的控制仍是比较严密的，在当时从事学术创新，不仅要摆脱传统观念的限制，亦须突破师承关系的束缚，为此需要有巨大的勇气和魄力，有时恐怕不得不做出违背当时伦理规范的事情。孟喜关于师传的捏造以及京房关于师门的伪托，按今日的标准看可能略嫌卑鄙，但在中古的环境里，却往往是思想勇士不得不做出的举动。

田王孙死于宣帝年间，宣帝初年正好出现了《说卦传》，亦即《易阴阳》或《阴阳说》（见上节）。孟喜所得的"《易》家候阴阳灾变书"可能是关于《易阴阳》的解释性著作，这部书或是孟喜本人的作品，或是其父孟卿的众多的弟子的作品，孟喜对这部书竟如此重视，不惜捏造是得自亲师，可见他在卦气方面的学术贡献与《易阴阳》或《说卦传》有关。至于京房同《易阴阳》的关系，则更为密切。《汉书·宣元六王传》说："是时（张）博女婿京房，以明《易阴阳》得幸于上，数召见言事。"其所谓《易阴阳》即是由河内女子发现并由魏相奏于朝廷的《说卦传》一篇，由于是新出现的古书，在宣元之际被看作是奥秘难解的珍奇之物，因而京房的精通此书便被当作特殊的优点，竟由此"得幸于上"，获"数召见言事"的机遇。下文将介绍京房的四方伯说，四方伯即是布于四方的坎、离、震、兑四卦，关于这四卦的方位，《易传》十篇里只有《说卦》明确地讲过。那么，不论从孟、京的学说来看，还是从他们所依据的典籍来看，都可以肯定他们的创新乃是河内《逸易》问世一事所引起的结果。

孟喜和京房都以今文经学的宗师而闻名于史，而《说文解字序》却有一节令人疑惑的话："其称《易》孟氏、《书》孔氏、《诗》毛氏、《礼周官》、《春秋》左氏、《论语》、《孝经》，皆古文也。"其称孟喜所传授的《易经》为古文写本，与传统的说法有很大的冲突，是一件必须加以解释的事情。今按《汉书·艺文志》说："刘向以中古文《易经》校施、孟、梁丘经，或脱去'无咎''悔亡'，唯费氏经与古文同。"可见孟喜所传的《易经》与施雠、梁丘贺相类似，都与中秘古文《易经》有区别。孟喜所传授的是不是古文别本呢？恐怕也不是，因为《汉书·儒林传》有明确的记载："至成帝时，刘向校书，考《易》说，以为诸家说皆祖田何、杨叔（元）、丁将军，大谊略同，唯京氏为异，党焦延寿独得隐士之说，托之孟氏，不相与同。"包括孟喜在内的诸家《易》说"皆祖田何"，可见孟喜虽根据"《易》家候阴阳灾变书"创立新说，但始终没有脱离田何学派的基本思想。他既然一直依附于田何学派，所学的《易经》又是田王孙传下来的，是田何学派的文本，怎么能设想他竟会改用古文写本，而丢掉田何、田王孙门户的标志呢？在这里，孟喜传授今文经是可以肯定的，值得怀疑的应当是京房。《儒林传》指出，在施、孟、梁丘、京氏四家当中，只有京房的学说不属于田何学派的系统，那么京房所用的《易经》文本也就不可能是田何学派的今文写本。再说京房的授业亲师本是焦延寿，他的《易经》文本原是得自焦氏的传授，与田何学派的传本完全没有联系。在这种情况下，可以推测《说文后序》所谓的孟氏古文《易》，实际上是指京氏《易》，由于京氏自始至终"托之孟氏"，《说文后序》遂有孟氏《易》为古文的论断。《崇文总目序》说："以《彖》《象》《文言》杂入卦中，自费氏始，而京氏已然。"其说京、费将《彖》《象》附经，自然是误会，不过古人的错误记载往往包含着一些真实的内容，此说以为费氏承袭京氏，即是一例。费氏在唐宋时期公认是古文经学宗师，《崇文总目序》认为京、费有共同点，显示出京氏《易》为古文的可能性确实存在。当然，假如断定京房所传授的《周易》经传完全用古文书写，是难以成立的，但至少可以肯定，京氏《易》有部分文字是古文，这一部分即是《周易》经传十二篇中的《说卦传》，亦即《易阴阳》。《说卦》既然是河内女子拆毁旧屋而发现的珍贵文物，自然应当是古文。施、孟、梁丘三家《易经》所包括的《说卦》，一定是隶写本，亦即今文本；而京房既以精通《易阴阳》或《说卦》著称，可能未加隶写，仍是古文写本。本书第二章已说明古文经传与古文经学并不是完全对等的，京房《易》包括古文的部分，绝不意味着他属于古文经学的系统。由其学说内容及其影响来看，他是纯粹的今文经学家，而且是西汉今文易学流派当中最杰出的人物。

（二）十二月卦与分卦值日之法

唐以后的多数学者认为，卦气学说中的四正卦说、十二消息卦说及六日七分说都是孟喜创立的，京房只是"用之尤精"而已。在清代近代，只有个别学者持有异议，例如吴翊寅在《易汉学考》中力证孟喜只讲四正卦与十二月卦，不讲六日七分。但这说法的影响不大，现代学者仍多相信孟喜是六日七分学说的创始者，理由是唐代一行《卦议》提到"当据孟氏，日冬至初，中孚用事"。笔者以为，唐代去汉久远，根据一行的只言词组来判断孟京同异，似难成为定论。如果将班固的《汉书》当作主要的依据，可以看出吴说基本上符合历史的真实情况。不过应注意一点：每卦六日七分在古代易学中常被称作"分卦值日"，而在孟、京之间还曾有过一种与六日七分不同的"分卦值日之法"，就是焦延寿所使用的方法。如果将孟、京异同的问题化为孟、焦、京三家异同的问题，也许会使孟喜是否讲六日七分的难题获得更好的解决。

《汉书·京房传》说："延寿字赣，……其说长于灾变，分六十四卦更直（值）日用事，以风雨寒温为候，各有占验。房用之尤精。"在"风雨寒温为候"句下，颜注引孟康说：

> 分卦直日之法，一爻主一日，六十卦①为三百六十日。余四卦，震、离、兑、坎，为方伯监司之官。所以用震、离、兑、坎者，是二至二分用事之日，又是四时各专王之气。各卦主时，其占法各以其日观其善恶也。

其中"各卦主时"一句，似指震、离、兑、坎分主四时。但这规定使易卦与历法的配合有失完美，因为在这里配口的只有六十杂卦，所配日数只有三百六十，与一年日数的差距很大。察宋本《易林》卷首序文也载有这段文字，不作"各卦主时"，而作"各卦主一日"，胜过颜注所引，当是孟康原文。由此可知焦延寿与孟康的"分卦直日"原是这样的：一方面将震、离、兑、坎分布于春分、夏至、秋分、冬至之首，一卦主一日；另一方面将其余六十杂卦的三百六十爻配三百六十日，一爻主一日。四正卦与六十杂卦配日数之和为三百六十四，与一年日数已非常接近了。根据《汉书·京房传》的记载，这种"分卦直日之法"，乃是焦氏易学的核心内容，并且是焦氏易学不同于孟氏易学的主要特点所在。

---

① "六十卦"，原作"六十四卦"，今从张文虎与杨树达说，据宋本《焦氏易林序》所引孟康说删去"四"字。

孟喜不曾讲过上述这种"分卦直日之法",已是可以肯定的了。但他是否讲过六日七分的"分卦直日之法"呢?恐怕更不可能!《周易·复卦》"七日来复"句下,孔疏引《易纬稽览图》云:"卦气起中孚,故离、坎、震、兑各主其一方。其余六十卦,卦有六爻,爻别主一日,凡主三百六十日。余有五日四分日之一者,每日分为八十分,五日分为四百分,四分日之一又为二十分,是四百二十分。六十卦分之,六七四十二,卦别各得七分,是每卦得六日七分也。"由这叙述可以看出,六日七分的法则在古代数学中是比较复杂的,不像焦延寿的"一卦主一日""一爻主一日"那么简单。按照六日七分的法则,六十四卦配三百六十五又四分之一日(365 $\frac{1}{4}$ 日),正是一年的日数;而按照焦延寿的法则,六十四卦只配三百六十四日,与一年日数尚有一又四分之一日(1 $\frac{1}{4}$ 日)的差额。如果我们承认,某一时代的、不曾发生断裂的思想变化过程总是从简单到复杂、从粗糙到精致,那么六日七分学说便只能在焦延寿的学说之后出现。或者说,六日七分学说的创始人不会是孟喜,而只能是孟喜和焦延寿的晚辈。

　　这一焦、孟的晚辈人物,很容易使我们联想到京房。凑巧的是,后代学者议论六日七分一般只提京房,不提焦、孟。如《后汉书·郎顗传》说:"顗父宗,字仲绥,学京氏《易》,善风角、星算、六日七分";《崔瑗传》说:"(崔瑗)明天官、历数、京房《易传》、六日七分。"吴翊寅注意到这些情况,断定"两汉皆以六日七分为京氏学,非孟氏之说甚明"。今按这方面最有效的证据,也许是王充《论衡·寒温》的记载："《易》京氏布六十卦①于一岁中，六日七分，一卦用事。"王充与孟、京相距不过百余年，当时孟、京两家易学都立于学官，他在这种情况下议论六日七分而归之京氏，足证六日七分说的创始者是京房而不是孟喜。时至唐代，孟、京易学已"有书无师"（《隋书·经籍志》），而《新唐书·历志》所载唐代一行《卦议》仍这样说："十二月卦出于孟氏章句，其说《易》本于气，而后以人事明之。京氏又以卦爻配期之日"，这也是孟喜不讲六日七分的证据之一。《卦议》下文说："当据孟氏，自冬至初，中孚用事，一月之策，九、六、七、八，是为三十。而卦以地六，候以天五，五六相乘，消息一变。十有二变，而岁复初。坎、震、离、兑，二十四气，次主一爻，其初则二至、二分也。……"这里所讲的都是孟喜关于十二月卦与四正卦的理论，"卦以地六"是说十二月卦中每卦或每月有六候，六在天地之数当中属阴，故称"地六"；"候以天五"是说一候有五日，五在天地之数当中属阳，故称"天五"。《黄帝内经·六节藏象论》说："五日谓之候"，即是"候以天五"一说的来历。有的学者说，"卦以地六"是指一卦主六日七分，这解释肯定不对，因为每月的六候乘每候的五日，正是《卦议》下文所说的"五六相乘，消息一变"。假如"地六"是六日七分，怎么能与每候的五日相乘呢？至于这里提到六日七分学说中的"中孚用事"，大概是由于西汉以后孟、京著作通常是合编的（详见下节），而《易纬稽览图》所讲的"卦气起中孚"已成为隋唐时期历法气象中的常识。一行所谓的"中孚用事"不过是指一岁之

① 六十卦，原作"六十四卦"，据上下文义改。

初，根据这话便断定孟喜讲六日七分，是靠不住的。

实际上，孟喜的十二月卦说如果不经过改造，恐怕很难与六日七分的体系相容。根据一行的介绍，可以知道孟喜是以复、临、泰、大壮等十二卦配十二月，每卦主一月三十日；而在京房六日七分的体系中，复、临等十二卦每卦只配六又八十分之七日（$6\frac{7}{80}$日），与其余杂卦所配的日数相等。其中的差距是如此之大，孟喜怎么会将十二月卦与六日七分容纳在一个理论体系中呢？由于在十二卦所配日数的问题上说法不同，孟、京为十二卦拟定了各有特色的名称，一称"月卦"，一称"辟卦"。一行《卦议》说："十二月卦出于孟氏章句"，可见"月卦"一词出自孟喜的杜撰。《汉书·京房传注》引孟康说："（京）房以消息卦为辟。辟，君也。息卦曰太阴，消卦曰太阳，其余卦曰少阴少阳，谓臣下也。"可见"辟卦"一词出自京房的发明。辟就是君，与臣对待。京房将十二消息卦与其余杂卦同列，每卦用事日数相等，不称"辟卦"便不能显示出它的重要性。至于"月卦"一词，京房大概不会使用，因为十二卦在他的体系中是配日而不是配月。从这名称的差别也可看出，十二月卦理论体系的创始者是孟喜，十二辟卦与六日七分理论体系的创始者是京房。而焦延寿的"分卦直日之法"，则是由孟喜易学向京房易学过渡的中间环节。

（三）六日七分与方伯八卦

在《说卦》规定的八卦方位当中，震、离、兑、坎分处于东、南、西、北，历史上一般称其为"四正"；乾、艮、巽、坤分处于西北、东北、东南、西南，历史上通常称其为"四隅"。一行《卦议》说，孟喜的卦气理论是将坎、离、震、兑的二十四爻配二十四气，"次主一爻"，四卦的初爻分别在"二至二分"，亦即冬至、夏至、春分、秋分。《卦议》又说，京房的理论是将坎、离、震、兑配于"二至二分"的首日，四卦，"皆得八十分日之七十三（$\frac{73}{80}$日）"；这些日数是从颐、晋、井、大畜四卦日数中扣除的，因而颐、晋等四卦"皆五日十四分（$5\frac{14}{80}$日）"；其余五十六卦，"皆六日七分（$6\frac{7}{80}$日）"。《卦议》关于京房理论的介绍，可用下面的等式表示：

$$365\frac{1}{4}\text{日} \div 60\text{（卦）} = 6\frac{7}{80}\text{日}$$

$$6\frac{7}{80}\text{日} - \frac{73}{80}\text{日} = 5\frac{14}{80}\text{日}$$

不过这里有一个疑点：京房既已"托之孟氏"，他便只能在孟喜理论的基础上增添内容，不应当同孟喜的理论发生明显的、直接的抵触。坎、离、震、兑每卦用事的时间在孟喜的理论体系中长达一个季节，在京房的理论体系中却不足一日。这差距未免太大，京房在这种情况下竟敢冒充孟氏学，实在令人难以置信。那么，我们便有理由推测：一行《卦议》关于京房卦气说的介绍会不会是错误的？京房理论中四正卦所配日期是否可能不限于八十分之七十三日，而是更多呢？

唐宋类书引有一些京房《易占》的佚文，迄今尚未引起人们的注意，而这些佚文恰好论及四正卦的"用事"问题，今举数例如下：

> 立冬①乾王，不周风用事，人君当兴边兵，治城郭，行刑，断狱讼，缮宫殿。（见《艺文类聚》卷三）

> 立秋坤王，凉风用事。（见《初学记》卷三）

> 夏至离王，景风用事，人君当爵有德，封有功。（同上）

> 冬至坎王，广莫风用事。（见《太平御览》卷二十五）

其中坎、离在八卦属于四正，乾、坤在八卦属于四隅，京房以这四卦配于冬至、夏至、立春、立秋，恰与汉唐时期流行的八卦配八节八风的说法相合。例如隋萧吉《五行大义》卷四引《易纬通卦验》说："艮东北主立春，震东方主春分，巽东南主立夏，离南方主夏至，坤西南主立秋，兑西方主秋分，乾西北主立冬，坎北方主冬至。"京房《易占》所采用的正是这种说法，显然是以八卦分主冬至、夏至、春分、秋分、立春、立夏、立秋、立冬，每卦主一节十五日。又察今存《乙巳占》一书题为唐代李淳风撰，书中卷十有《八方暴风占》一节，沿袭了京房的学说，今摘录如下：

> 北方坎风，名曰广莫风，主冬至四十五日。京房云："四时暴风起于北方，主盗贼起，天下兵皆动，令人病湿饮带下，

---

① 《类聚》上文引《通卦验》云："立冬不周风至"，可见此处"春冬"当为"立冬"之误。

难以起居。"

　　东北艮，曰条风，主立春四十五日。……

　　东方震，曰明庶风，亦名究风，主春分四十五日。京房云："人流，盗起相攻，风发天下，旱冥霜起，岁大饥，令人病变节四肢不可动摇。"

　　东南巽，曰清明风，主立夏四十五日。京房云："民多泄痢，乳妇暴病死丧。"

　　南方离，曰景风，主夏至四十五日。……

　　西南坤，曰凉风，一作谏（风），主立秋四十五日。……

　　西方兑，曰阊阖风，亦名飘风，主秋分四十五日。京房曰："秋旱霜，主天下兵动，日月蚀，令人患疥癣疮。"

　　西北乾，曰不周风，主立冬四十五日。……京房云："有盗贼相攻，人多疽疾，人流亡疾疫，多死丧。……"

　　右八节，但暴风起其方即占。京房云："八方暴风之候，及八卦风别名。春白、夏黑、秋赤、冬黄，皆为凶，下逆上，兵革四动。各随其部日辰占之。"

　　《乙巳占》的作者是否真为李淳风，也许可以商榷，不过这书出于宋以前是无疑的。其中所引京房关于灾异的议论，在文字风格与思想内容上都与《汉书·五行志》所引京房《易传》相似，当是京房《易传》的佚文。《乙巳占》说八卦分主八节，又说八卦分别用事四十五日，似有矛盾。《周礼·春官·保章氏疏》引《易纬通卦验》说:"三月、六月、九月、十二月,皆不见风。〔风〕①惟有八,以当八卦、八节。"可见汉唐八风说中每卦只配一节十五日,《乙巳占》中"四十五日"均为十五日之误。根据这段记载,可以得出与上文相同的结论:京房卦气说中有八卦配八节的图式,其中坎、离、震、兑每卦用事的时间应是一节十五日,而不是八十分之七十三日($\frac{73}{80}$日)。一行说京房以四正卦分主"八十分日之七十三",肯定是错误的。

不过在这里需要解释一下,隋唐时期京房著作尚有流行,一行不是没有查阅的机会,他介绍京房的四正卦说怎么会发生错误呢?为说明这个问题,有必要将京房著作流传的情况搞清楚。《汉书·艺文志》著录《孟氏京房》十一篇、《灾异孟氏京房》六十六篇、《京氏段嘉》十二篇,其中京房的著作都不单行,而与孟喜或段嘉等人的著作合编在一起②。段嘉即《汉书·儒林传》所提到的殷嘉,为京房弟子。顾实《汉书艺文志讲疏》说:"京房之学,出于孟喜。段嘉之学,出于京房。故曰《孟氏京房》《京氏段嘉》。"这说法是正确的。在汉武帝尊儒之后,学者著述常用"拉大旗作虎皮"的方式。京房成名晚于孟喜,他为使自己的著作得官方的承认和舆论的支持,遂"托之孟氏",将自己的著作附于当时已立学官的孟喜著作之后。在段嘉等京氏弟子著述的时候,京房的名声已经很大,于

---

① "风"字因重叠而脱,今据文义补。
② 这里说是合编,可能会引起争议。但《汉志》还著录《易经》十二篇,施、孟、梁丘三家;《章句》施、孟、梁丘各二篇,可见若不是合编为一部书,《汉志》一般要指明为不同"家",或用"各"字标出。《孟氏京房》《京氏段嘉》不属于这一类,其为合编是无疑的。

是也用合编的办法，从而有了《京氏段嘉》十二篇的产生。到了隋唐时代，这种合编的情况似已不大为人所知，《隋书·经籍志》著录《周易》十卷、《风角要占》三卷、《周易占》十二卷、《周易守林》三卷、《周易集林》十二卷、《周易飞候》六卷、《周易错卦》七卷、《周易混沌》四卷、《逆刺占灾异》十二卷等，都说是京房一人所撰。这些书中肯定掺有京房弟子段嘉等人的作品，但在唐代已无法甄别了。《隋志》还说："梁有《周易飞候六日七分》八卷，亡。"这书本未著明撰人名氏，但后人常常将它看作京房的作品，也是将段嘉等人的著作与京房著作混淆了。一行《卦议》断言京房以四正卦分主八十分日之七十三（$\frac{73}{80}$日），定是误将段嘉等人的说法当成了京房的原话。推究段嘉等人违背京说的原因，应上溯到焦延寿。京房以八卦配八节，四正配四节，乃是引用孟说来修正焦说，并以此作为"托之孟氏"的理由。当京氏易学立学官之后，孟、京两派矛盾激烈，"托之孟氏"已无必要，段嘉等人遂又引用焦说来订正京说，并将焦氏关于四正卦一卦主一日的说法改为一卦主八十分日之七十三（$\frac{73}{80}$日），从而导致了一行的误解。

　　基于以上的分析和考辨，可将西汉易学卦气说的源流做一简单的概括。卦气说不是一下子全部完成的，而是逐渐形成的。它的形成过程至少可分为五个阶段：第一阶段，魏相对河内女子发现的《月令》和《说卦》加以综结，将坎、离、震、兑配于四时，坤、艮配于中土，可说是四正卦说的雏形，为卦气说的起源。第二阶段，孟喜沿袭了魏相关于坎、离、震、兑配四时的理论，又进一步，将四卦的二十四爻配二十四气，并放弃了坤艮配中央的说法，提出

"十二月卦"的概念，以包括坤卦在内的十二卦配十二月，以十二卦的七十二爻配七十二候，使卦气理论初具规模。第三阶段，焦延寿以六十四卦配三百六十四日，其中坎、离、震、兑一卦主一日，其余六十卦共三百六十爻，一爻主一日。第四阶段，京房对孟、焦两说进行了综合改造，以八卦配八节，其中四正分主冬至、夏至、春分、秋分；以四正之外的六十卦配一年三百六十五又四分之一日（$365\frac{1}{4}$ 日），每卦六又八十分之七日（$6\frac{7}{80}$ 日），亦即六日七分；改称十二月卦为十二辟卦，每卦六日七分，只是在名称等方面强调它的重要性。第五阶段，京房弟子段嘉等人又以焦说订正京说，以坎、离、震、兑各主八十分之七十三日（$\frac{73}{80}$ 日），颐、晋、井、大畜各主五日十四分（$5\frac{14}{80}$ 日），其余五十六卦，每卦六日七分（$6\frac{7}{80}$ 日）。在这发展过程中，旧的理论未因新理论的出现而消失，而是与新的理论并行，于是五个阶段的学说又代表着卦气学说中的五个流派。东汉以至隋唐人们议论卦气往往相互矛盾，这种混乱局面都是由上述五种学说的对峙与发展造成的。

九、费氏易学的兴起

约在西汉元成之际，民间出现了一位《周易》学者，虽为私学，却有学院派的气质，这就是费直。关于费直的易学，史料很少，问题却很多，有人说他所用的《周易》是用古文抄写的，有人说是用今文抄写的。自魏晋时起，人们都说东汉马融、荀爽所传习的是古文易学，并将他们的学说渊源上溯到费直。现在一些学者认为费氏《易》既是今文，则为今文经学而非古文易学。下面就这些问题做一分析，并将费氏易学与汉初易学中的鲁学相比较。

《汉书·儒林传》说："费直字长翁，东莱人也，治《易》为郎，至单父令。"这话虽未指出费直生于何时，但下文说高相"与费公同时"，相子高康在王莽居摄时被处死刑，则费直大约活动于成帝年间。《隋书·经籍志》说费直为汉初人，误。刘向在汉成帝时校理中秘藏书，已见过费直所传习的《周易》写本，《汉书·艺文志》提到过这件事，却未著录费氏《易经》，仅著录施、孟、梁丘三家经。推敲未著录的原因，可能是由于费氏经原是民间传本，不是秘府藏本，而刘向《别录》乃是皇家秘府藏书的目录，对中秘以外的书籍不加著录。所谓《别录》乃是《书录》的集合，而刘向的每部《书录》都是附于原书，中秘既然未藏有费氏写本，则《别录》自然不会有费氏之名，沿袭《别录》的《七略》和《汉志》自然不会著录民间私传的费氏《易经》写本。《汉书·艺文志》说：

> 刘向以中古文《易经》校施、孟、梁丘经，或脱去"无咎"、"悔亡"，唯费氏经与古文同。

玩其文意，似仅以施、孟、梁丘三家博士所用的《易经》写本为勘正对象。古文本既为秘府所藏，本应在勘正之列，但因古文本颇受刘向尊重，故不存在勘正的问题。"费氏经"只是刘向借来参校的本子，其说"与古文同"，自然是当时公认的优点。不过，即便没有这优点，刘向恐怕也不会对费氏经加以勘正或撰写书录。

刘向说"费氏经与古文同"，意思颇含混，其所谓"古文"自然不是泛指，而是专指中秘古文写本。所谓"同"不是字体之同，而是文字内容的一致，亦即费氏经没有脱去"无咎""悔亡"一类的错误。从这"同"或不同的比较来看，费氏经与中秘古文经乃是来历不同的传本。考虑到《汉志》对当时稀见的古文经典一般要特别指出，而对一般的今文经典则不加说明，不加"今"字。《汉志》既未指出费氏经是否为古文，又以"古文"二字来做中秘本的简称，比较其与费氏经的同异，可见费氏经不是用古文书写，而是用今文书写的。

那么，便必须解释一下《后汉书·儒林传》的一段话："又有东莱费直传《易》，……本以古字，号'古文易'。"这话虽不合费氏《易》的原貌，却也不是凭空捏造，而是以当时流传的费氏《章句》为其依据的。《经典释文·叙录》著录费直《章句》四卷，说已残缺，并在《叙》中引《七录》云："《费易章句》四卷，残缺。"《七录》作者阮孝绪为南朝梁人，当时《费易章句》既已残缺，则在南朝宋代肯定已有流传，《后汉书》作者范晔正好是南朝宋人，其说费氏《易》"本以古字"，定是以这部《费易章句》为其见证。《汉书》已说明费直"亡章句"，《费易章句》肯定不是费直原书。而从《费易章句》的名称来看，这部书也不是伪托，它显然是东汉的古文学者为《费易》而作的"章句"。由于《费易》已残缺不全，这些东汉古文学者便依据其他古文经典上的文字对费氏《易》进行了补正，来与当时关于费氏《易》为古文的传说相投合。

在一些文献里，常出现"费氏易学"四字，这实际上是个意义含混的术语，当我们使用它时，必须说明究竟是指西汉费直的学说，还是东汉魏晋南朝学者关于《费易章句》的学问。费直原书为今文，《费易章句》却是古文，这使"费氏古文易学"的概念也发生了动摇。笔者以为，当我们议论汉代学术时，应对传本和学说加以严格的区分，即便是古文的典籍，也未必属于古文经学的范围，例如刘向所说的古文《礼记》二百余篇，其中有很多是二戴《礼记》包括的，并被改写成今文，成为今文经学的重要依据。同样的道理，原是用今文书写的典籍，却未必属于今文经学的范围，因为这些典籍可以为东汉古文学家所利用，成为古文经学所依据的数据。我们区分某部书应属于哪一学派的时候，首先着眼的不是它的文字为古文抑或今文，而是它的内容是否与西汉官方今文经典相冲突。古文《尚书》与《左传》的内容与官方今文经典大相径庭，因而受到刘歆等人的重视；古文《礼记》的一些篇章与官方经学可以兼容，因而得到二戴的编纂和整理。东汉出现的《费易章句》，是在费直《易》写本的基础上编撰而成的，虽不是费氏原书，却也是以费氏《易》为其祖本。这部《费易章句》成为东汉古文经学家所依据的重要经典，而用今文书写的费氏《周易》也与西汉中秘古文《易经》的文字内容相同，显然是某一部古文《易经》的忠实抄本。在这种情况下，我们对长期流传的"费氏《易》为古文《易》"的成说似没有理由加以非议。再说，由于《周易》在秦代没有遭到禁止与焚烧，西汉的《周易》传本不论是今文抑或古文，都与先秦古文《易》有极其密切的联系，从文字上区分今文《易》与古文《易》其实是没有意义的，只有从内容上的鉴别才是可取的。那么，对于受到东汉古文学派支持而与两汉官方今文经学相敌对的费氏易学，应当坚决地视其为古文经学的一部分。

　　西汉末期的古文经学，与鲁学有着千丝万缕的联系。《汉书·儒林传》说，在"平《公羊》、《穀梁》同异"的石渠阁会议上，尹更始与刘向是穀梁一派最具代表性的人物，无疑属于鲁学的范围。而尹更始"又受《左氏传》，取其变理合者以为章句"，传授给尹咸、翟方进、房凤和胡常，并间接地影响了刘歆；刘向虽"自持其穀梁义"，却未阻止刘歆治《左传》，从而导致古文经学的形成。房凤以治穀梁学为主，兼治《左氏》，并支持刘歆关于增立左氏春秋博士的请求，失败后又与刘歆"共移书责让太常博士"。古文的左氏春秋学派，几乎可说是从鲁学一派分衍出来的。那么，易学中的古文学派也应受过鲁学的影响。东汉马融、荀爽上承费氏，阐发出一种《周易》义理之学，呈现出与官方《易》象数学分庭抗礼的态势，这种思想倾向明显的是沿袭马王堆帛书《要》。《要》借孔子名义，提出"观其德义"的易学宗旨，指出"观其德义"的程序是"幽赞而达乎数，明数而达乎德"，亦即由象观数，由数明德。这种学说不但是马融易学的渊源，而且极强烈地影响了王肃、王弼的《周易》义理学，王弼《周易略例·明象章》说："象者所以存意，得意而忘象。"《周易大演论》说："不用而用以之通，非数而数以之成，斯易之太极也。"意即"象"是用来显示义理的，数是用来显示太极至理的，因而义理是象数的根本。这些理论不过是对《要》的理论的概括和发扬。上文已指出马王堆帛书《要》是战国秦汉易学中鲁学一派的代表作，王弼则是直接沿袭马融，间接承袭费氏，则费氏易学之承袭鲁学，是无可置疑的了。

　　《汉书·儒林传》说，费直"徒以《彖》、《象》、《系辞》十篇、《文言》解说上下经"，其说《文言》在十篇之外，一直使人困惑。有人说"文言"是"之言"的误写，但缺乏版本上的依据。其实，《易传》十篇在汉成帝时尚不完整，扬雄《法言·问神》指出

"《易》损其一"，意即在当时的《易序》篇目中，有一篇只有其名，而无其文。费直在这种情况下依据"十篇"来解经，所谓"十篇"当然不是"十翼"，《文言》在十篇之外，丝毫不值得奇怪。扬雄所说的"损其一"，乃是十翼当中晚出的《杂卦》，则费直所用的"十篇"至少有两篇是十翼所不包括的，这两篇如果有一篇是帛书《要》，当是极近情理的事，否则我们很难解释费氏学派的思想为何与《要》篇如此近。

当我们推论至此，会意识到已走过了一个圆圈。《要》篇代表着学院派易学的早期思想，到汉文帝时，这种思想的影响渐被齐学一派的象数学所克服，以致在文帝至元帝时期默默无闻。至成帝时，这种思想以费直为代表人物，再度兴起。到东汉时又经陈元、郑众及马融等人的发扬，成为活跃的在野思想，为魏晋玄学之渊源。了解这种思想的来龙去脉，有助于填补思想史的空白，是极有意义的。

第七章
贯穿于西汉经学史上的重要命题与思想

一、引言

研究西汉经学的思想，是一件困难的事。在当时经学各派的学说里，哲学思想、宗教思想、政治思想、经济思想、历史观、伦理思想等都处于交混的状态，如果将这些思想一一分厘出来，按现代学科来进行分类，便会使读者产生简单化或公式化的感觉；若是将这些思想笼统地加以论述，归纳为"天人感应说"或"阴阳五行说"等，又会使人有流于空泛的印象。较好的办法，也许是从西汉经学各派学说里抽出一些"通义"，亦即贯穿于经学各派学说里的一些思想和命题，加以比较和分析。谈起"通义"，大家自然会想到经学今古两派学说的沟通，其实古文经学到西汉末期才形成，在西汉哀帝以前，经学史完全是今文经学演变的历史，在这段历史时期之内的经学通义，即是当时今文齐学、鲁学、后氏、戴氏礼学所共同主张的思想和命题。有趣的是，这些思想和命题多是后起的古文经学所反对的，因而关于西汉今文经学各派通义的研究，往往也就是关于今古文经学歧义的探讨。如果说西汉今古两派有共同思想的话，那不过是在西汉末期的禅让的问题上，而正是在这问题上，今古文经学都受到开始兴盛的谶纬之学的冲击，趋向于衰落和消亡。平帝元始五年以后的经学，几乎快变成谶纬的附属品，绝不再是汉武帝所支持的、董仲舒和刘向等人所传习的经学了。

西汉今文齐鲁两派的矛盾本是很深的，本书第二章已用了大量的篇幅，说明齐鲁两派经学的分歧。这两派共同的思想主张可说是少而又少，统计起来不外几种：在天人关系问题上，两派都认为圣王天子"无父"，"感天而生"；在政治制度问题上，两派都反对"世卿"，不同意卿大夫之有"世禄"和"世位"；在哲学思想方面，两派都注重于现时的天人系统、宇宙构成以及略有形上意味的某种观念，不讲宇宙发生论。而在这些方面，后起的古文经学的主张恰好相反，例如在天人关系问题上，古文一派认为圣王天子不但"有父"，而且"同祖"；在政治制度的问题上，古文一派不反对"世卿"，认可卿大夫的"世禄"，变相地支持卿大夫的"世位"的特权；在哲学思想方面，古文一派在阐发阴阳五行的系统思想的同时，将宇宙构成论加以改进而使之复杂化，并注重于追溯宇宙的起源。

在今文经学内部的各项通义和今古经学的各项歧义中间，"圣人感生"抑或"圣人同祖"的议论显得最为荒唐。然而我们知道，荒谬的思想往往不是无价值的。在思想史上，愈是荒谬的见解，便愈有时代的特色。历史上的各种荒谬思想往往集中在宗教领域，而宗教在古代文化当中恰好常处在核心的、最引人注目的位置上。基于这样的理解，我们可以把极具宗教特色的"圣人感生说"以及"圣人同祖说"挑选出来，作为经学思想研究的起点。今文各派所主张的"圣人感生说"，是说圣人的较近的祖先没有父亲，都是由他们的母亲与天神"感生"出来的，假若一定要说圣人有父的话，那么这生身之父便是上帝。到西汉末期，古文经学家杜撰出"圣人有父"的学说，这说法从表面看来显得平实而中肯，却有一个可疑的前提，即历代的圣人都属于同一个祖系，都有共同的祖先，亦即处于百王之始的伏羲。司马迁在《史记》里说明历代圣王都是黄帝子孙，当是古文经学"圣人同祖说"的来源之一。今人想到自己的"黄帝子孙"的身份，往往露出骄傲的神态，却不知"黄帝子孙"的说法只有在象征的意义上才可成立，从切实的含义来看，这说法与"圣人同祖说"有关联，带有强烈的宗法色彩。当我们倡言民主与科学之际，却重复着宗法性的旧说，岂不是自相矛盾了吗？如果明白了这一点，便会觉得今文经学的"圣人感生说"其实是有着可爱之处的，这种貌似荒唐的学说允许平民百姓有"受命"和"王天下"的机会，例如刘邦那样的出身低微的人物，只要才干和魄力，便可以在时势允许时自称是"感生于天"，加入圣王之列。这在科学与文化尚不发达的时代，有时是更为便当的。

着眼于今古两派在"圣人感生"抑或"同祖"的问题上的对立，一些问题可以得到更好的解释。例如，西汉今文经学齐鲁两派都讨厌"世卿"，不同意卿大夫有"世禄"，希望取消卿大夫的"世位"；古文一派则赞同卿大夫之有"世禄"，变相地支持卿大夫有"世位"的制度。这种分歧，自然是由于今文各派的宗法色彩淡薄些，古文一派则坚持"圣人同祖"，热衷于在血族方面追本溯源。东汉时期有"豪族""势族"，东晋南朝有"士庶之科"，这种门阀很像是古文经学家所肯定的"官族"，当以古文经学的兴盛为其思想原因。另外，在今文经学内部，齐学反对"世卿"是为了开通"贤路"，鲁学反对"世卿"是为了加强君权，其中又有优劣的不同。

又例如，西汉经学各派都讲阴阳五行，而且都在阴阳五行说中间混合着宇宙构成论、观念论和系统思想，只是在侧重上因学派而异，齐学一派在系统思想方面取得了很大的成就，鲁、古两派的阴阳五行说也很像是关于宇宙系统模式的构想，而其实鲁学在观念论方面颇有兴致，古文经学则将宇宙构成论弄得十分复杂。这种区分只以阴阳五行的论题为限，若是不限于阴阳五行的范围，则应认识到古文经学派系热衷于探究宇宙的起源，使宇宙发生论成为经学的重要内容。这一特点是今文齐鲁两派所不具备的，其所以如此，当是由于古文经学强调"圣人同祖"，一定要将圣人的族系上溯到遥远的祖先，因而在宇宙论方面也表现出向上追溯或在时间上追本溯源的思想倾向。附带指出，这样甄别经学各派的思想，有一个前提，即必须对宇宙构成论和宇宙发生论做出严格的区分。

今古经学在"圣人感生"或"同祖"问题的分歧，突出表现在"五德终始"的循环史观方面。今文经学由于相信圣人与天帝的关系十分接近，不看重远祖对后世圣人的影响，因而在"五德终始"的问题上主张"五行相胜"的帝王运次，其终始循环略有进化的意味；古文经学相信圣人的权力来自远祖至近宗的代代传递，因而在"五德终始"的问题上主张"五行相生"的帝王运次，其终始循环是一代不如一代，具体说来便是三王不如五帝，五帝不如三皇。不过应注意今古两派的这种对立的历史观不完全是平行的，因为当今文经学家如董仲舒等人大讲"五德终始"的时候，古文经学尚未问世。而当刘歆创建古文经学之际，今文经学的历史观已悄悄地发生了转变，这一学派有感于西汉末期的腐朽风气以及十分尖锐的社会矛盾，深知改朝换代的大事即将发生，他们害怕"汤武革命"类型的暴烈的变革，希望采用不流血的、温和的禅让形式，因而在"五德终始"的问题上改而称赞"五行相生"的帝王运次，开始承认三皇、五帝、三王的历史是一个逐步退化的过程。假如今古两派的历史观当真呈现过在时间上平行的敌对态势，那也只限于很短的时间之内。

　　谈起西汉今文经学的历史观的演变，显然是不能不联系到西汉末期的禅让学说的。而我们一旦认真地考察当时与禅让有关的各种问题，便会晓得"禅让"说以及与此有关的"汉为尧后"说，乃是西汉末期今古两派之间罕见的通义。不但禅让说是通义，与之敌对的"革命"说也是通义，只不过通行的时间不同而已。大致上看，西汉前期与中期的经学家不论属于哪个流派，都知道汉高祖的"斩蛇起义"以及"自马上得天下"乃是"汤武革命"的重演，因而都称赞"革命"，不宣扬禅让的优点。当时齐鲁两派都是如此，假若古文经学出现在这段时期，也不会成为例外。到西汉后期，一些今文经学家提出禅位让贤的主张，遭到严厉的镇压，以致"革命"与"禅让"的优劣问题竟一时成为经学中的空白。到西汉末期，"禅让"成为朝野臣民的共同呼声，同时也成为经学今古各派之间的通说。禅让说既为经学各派思想之间罕见的通义，自然是非常可贵的。今人很容易地从禅让说里发现民主思想的因素，使禅让说的价值更加明显。不过，禅让说兴盛之日，亦即谶纬兴起之时。正是出于对禅让的前景的憧憬，西汉平帝元始五年以后的朝廷不断提高谶纬的地位，使之几乎凌驾于五经传记之上，并使谶纬的学说大量地渗透到经学当中，使西汉经学发生了质的转变。

二、"圣人感生说"与"圣人同祖说"

西汉人不论探讨哲学抑或政治，总是十分现实而具体，他们在按照"天人合一"与"天人感应"的思路考虑问题时，首先想到的是圣王天子怎样产生，以及上帝对这产生过程起着怎样的作用。对这问题，处于主流地位的今文经学的答案是"圣人感生说"，处于非主流地位的古文经学的答案是圣人同祖而"转相生"之说。

这两种对立的说法，见于《诗经·大雅·生民》孔颖达疏所引的许慎《五经异义》佚文：

> 《诗》齐、鲁、韩、《春秋》公羊说：圣人皆无父，感天而生。左氏说：圣人皆有父。

"圣人皆无父，感天而生"一说出自《诗经》鲁、齐、韩三家和《春秋》公羊一家，当是今文经学齐鲁两派通义。所谓"无父""感生"，是指圣人生于其母与天神的感应。《史记·三代世表》后附褚少孙文引《诗传》说："汤之先为契，无父而生。契母与姊妹浴于玄丘水，有燕衔卵堕之，契母得，故含之，误吞之，即生契。"这是说商汤先人由天感生。褚少孙又引《诗传》说："文王之先为后稷，后稷亦无父而生。后稷母为姜嫄，出见大人迹而履践之，知于身，则生后稷。"这是周之先人由天感生的过程。《春秋繁露·三代改制》将"圣人无父感天而生"看作是一项法则，对这法则做了如下的论述：

> 天将授舜，主天法商而王，祖锡姓为姚氏。至舜，形体大上而员首，而明有二童子，性长于天文，纯于孝慈。天将授禹，主地法夏而王，祖锡姓为姒氏。至禹，生发于背，形体长，长足肵，疾行先左随以右，劳左佚右也。性长于行，习地明水。天将授汤，主天法质而王，祖锡姓为子氏，谓契母吞玄鸟卵生契，契先发于胸，性长于人伦。至汤，体长专小，足左扁而右便，劳右佚左也。性长于天光，质易纯仁。天将授文王，主地法文而王，祖锡姓姬氏，谓后稷母姜嫄履天之迹而生后稷，后稷长于邰土，播田五谷。至文王，形体博长，有四乳而大足，性长于地文势。

这种以为圣人生于其母与上天的"感生"的意见，当然是极为荒谬的。不过，若是考虑到公羊家所谓的圣人全为圣王天子或圣王天子的先人时，便会意识到这种理论具有一种逻辑的彻底性。试将今文经学所承认的圣人列举出来，如黄帝、尧、舜、禹、汤、文、武等，无不是古代帝王。周公和孔子在今人看来不是君主，然而西汉人注意到周公曾摄政称王，《韩诗外传》说："周公践天子之位七年"，公羊家与穀梁家又公认孔子为"素王"，只是在孔子"王鲁"抑或为"殷后"的问题上说法不同，可见今文经学各派所说的"圣人无父，感天而生"实指"天子无父，感天而生"。战国秦汉公认最高统治者为"天子"，但君主为何是天之长子却是一个需要论证的问题。如果仅从哲理或逻辑上说明这一点，会使臣民觉得缺乏神秘感或神圣感，今文经学一派遂以极度认真的态度，宣布圣王天子的先人本来就是由上帝感生的。若是以人间为局限，当然要坚持"圣人无父"，因为圣人之父原本是在天上，不在人间。我们对这理论当然不能苟同，不过对这种推理的彻底性以及构造思想系统的认真的、执着的精神，却又不得不表示钦佩！

与这种"圣人无父"的见解相比较，古文经学一派强调"圣人皆有父"，是不是有反对迷信的意义呢？过去学界常有人就此表示赞赏，笔者在过去也对古文经学的反对迷信的思想倾向加以肯定的评价。然而若注意到古文一派在强调"圣人皆有父"的同时，还认定"圣人皆同祖"，上述的评价便显得有些肤浅了。刘歆《三统历谱》列举了一个庞大的历代圣王的族系，这部书佚失已久，不过从《汉书·律历志》里还可看到其中的部分内容。《律历志》说："（刘）向子歆究其微眇，作《三统历》及《谱》以说《春秋》，推法密要，故述焉。"由这段话可知二事：第一，刘歆作《三统历谱》是为了解说《春秋》。将这事与当时刘歆推崇《左传》的背景相联系，可以知道刘歆《历谱》所解释的是《左氏春秋》，属于《春秋》左氏学的范围。许慎声称"左氏说圣人皆有父"，其所谓的"左氏说"很可能是刘歆《三统历谱》之说。第二，《汉书·律历志》有"律"和"历"两部分内容，《志》中"历数之起上矣"一节以前的文字乃是删略刘歆《钟律书》而成，即《志》首所言"（王莽）征天下通知钟律者百余人，使羲和刘歆等典领条奏，言之最详。故删其伪辞，取正义，著于篇"。《律历志》"向子歆……作《三统历》及《谱》以说《春秋》，推法密要，故述焉"一节以下的文字，主要是由刘歆《历谱》删略而成，正如颜师古注所说："自此以下，皆班氏所述刘歆之说也。"这部分文字有一节题为"世经"①，文中详引《左传》昭公十七年郯子对"少昊氏鸟名何故"的问题的解释：

> 吾祖也，我知之矣。昔者黄帝氏以云纪，故为云师而云名；炎帝氏以火纪，故为火师而火名；共工氏以水纪，故为水师而水名；太昊氏以龙纪，故为龙师而龙名。我高祖少昊挚之立也，凤鸟适至，故纪于鸟，为鸟师而鸟名。

郯子这段话本未说明帝王的先后，而且未指明太昊即伏羲，亦未明言黄帝、太昊等为同族。刘歆却将这话同《周易·系辞传》中伏羲、神农、黄帝的系列联系起来，声称：

> 言郯子据少昊受黄帝，黄帝受炎帝，炎帝受共工，共工受太昊，故先言黄帝，上及太昊。稽之于《易》，炮牺、神农、黄帝相继之世可知。

刘歆在这里不但将《史记》以来大家公认的以黄帝为起点的帝王系列改为以伏羲（炮牺）为起点的系列，还暗示出这一帝王系列有宗族的"相继"的关系。他在下文说："炮牺继天而王"，意谓伏

---

① 学界多认为"世经"是书名，笔者在过去也是如此认识。今按《律历志》还有许多类似的小标题，如"统母""五步""统术""纪术""岁术"等，均非书名，则"世经"也不像是书名。《汉书·艺文志》著录有《世本》，而无《世经》。《世本》经过刘向的校订，或与刘歆所谓"世经"有关，但这关系竟密切到何等程度，尚有待研究。

羲为天帝之子，而王天下。刘歆在伏羲之后排出炎、黄、少昊、颛顼、帝喾、唐尧、虞舜、夏禹、商汤的谱系，指出少昊即黄帝之子清阳；颛顼即昌意之子高阳，为黄帝之孙；帝喾为青阳之孙，亦即黄帝的曾孙；唐尧为帝喾之子，即所谓"帝喾四妃，陈丰生帝尧，封于唐"；虞舜为颛顼之后，即所谓"颛顼生穷蝉，五世而生瞽叟，瞽叟生帝舜"；夏禹亦为颛顼之后，即所谓"颛顼五世而生鲧，鲧生禹"。至于商汤先人契的母亲简狄为帝喾之妃，周室先人后稷的母亲姜嫄为帝喾元妃，乃是汉代学者所熟知的典故，故刘歆未加赘述。这样，刘歆《三统历谱》所举出的帝王系列，可说是一个庞大的族系，其主要的特点可用两句话来概括："圣人皆同祖"，"伏羲为圣王始祖，为百王先"。

提起"圣人皆同祖"，读者一定会联想到《史记》关于五帝同祖黄帝的记述。《史记·五帝本纪》详细记载了黄帝、青阳、颛顼、帝喾、帝尧、虞舜之间的血缘关系，指出"自黄帝至舜、禹，皆同姓而异其国号"；《史记·夏本纪》《殷本纪》《周本纪》记载了三代帝王与五帝的血缘联系，甚至在《秦本纪》中将秦的祖先也上溯到帝颛顼。《史记·三代世表》"集世纪黄帝以来以讫共和"，完全是一部以黄帝为祖先的族谱。其以黄帝为首，与刘歆关于伏羲"为百王先"的论点有所不同；《史记》记述了殷契之母简狄吞鸟卵的故事以及周祖后稷之母姜嫄践履巨人足迹的传说，与古文经学的"圣人皆有父"的说法亦有差别。然而《史记》将黄帝至周王的帝王统绪看作是宗族的系统，却与刘歆的说法有着明显的共同点。其所以有这共同点，是由于太史公和刘歆都将《五帝德》与《帝系姓》两篇当成了重要的参考书，并且都重视《左氏春秋》和《国语》，例如《史记·五帝本纪赞》说：

> 学者多称五帝，尚矣。然《尚书》独载尧以来，而百家言黄帝，其文不雅驯，荐绅先生难言之。孔子所传《宰予问五帝德》及《帝系姓》，儒者或不传。余尝西至空桐，北过涿鹿，东渐于海，南浮江淮矣，至长老皆各往往称黄帝、尧、舜之处，风教固殊焉，总之不离古文者近是。予观《春秋》《国语》，其发明《五帝德》《帝系姓》章矣，顾弟弗深考，其所表见皆不虚。……余并论次，择其言尤雅者，故著为本纪书首。

这段文字有两点值得注意：第一，太史公所参考的书籍包括《春秋》《国语》《五帝德》与《帝系姓》，这四部著作也都是刘歆所重视的，因为太史公所读的《春秋》有公羊、左氏两种，这里所提到的应当是《左氏春秋》，亦即刘歆立论的依据。《汉书·律历志》所引刘歆文字提到"考《德》"，意谓"考《五帝德》之书"（颜师古注），正是太史公所参考过的。第二，太史公在《五帝本纪赞》里指称这四部书为"古文"，与刘歆所开创的古文经学密切相关，其中《左传》《国语》素来被看作是刘歆所推崇的古文典籍，《五帝德》《帝系姓》则为西汉中叶出现的古文礼文献，后被收入《大戴记》里。大戴礼学到东汉时期才列于学官，在西汉时期一直是私学，这是本书第五章已讲过的。那么，《史记》关于五帝三王世系的记载便可说是古文经学"圣人皆同祖"一说的先声，其与刘歆说有同有异，乃是极自然的事情。

在西汉经学史上，"圣人感生于天"的学说处于主流的地位，

"圣人皆同祖"的学说处于非主流的地位。而在位居主流的今文经学的内部，则属齐学一派在宣扬"圣人感生"的方面较为坚决，鲁学一派则容易动摇，例如褚少孙为《鲁诗》的代表人物，他的一段文字被附于《史记·三代世表》之后，文中一方面重申"圣人无父感天而生"的见解，另一方面又表示："鬼神不能自成，须人而生，奈何无父而生乎？"他的结论是，殷商先人契和周王祖先后稷的确都是"无父而生"的，"尧知契、稷皆贤人，天之所生"，因而"封之契七十里"，"姓之曰子氏"；又将后稷"立以为大农，姓之曰姬氏"。他将这结论用相传是孔子的原话来表达，就是："尧命契为子氏，为有汤也；命后稷为稷氏，为有文王也。"这说法一方面承认圣人为天生，不破坏"感生"说的神圣意味；另一方面又说后圣的姓氏为先圣所命定，有利于编造圣王谱系，可说是十分精巧。不过，褚少孙在鲁学中的地位不高，据《史记·三代世表》后附的褚氏文字，张夫子问褚先生曰："《诗》言契、后稷皆无父而生，今按诸传记咸言有父，父皆黄帝子也，得无与《诗》谬乎？"其中的"张夫子"应即与褚少孙一同从学于王式的张长安，曾代表《鲁诗》一派参加石渠阁会议，张氏根据《鲁诗》而怀疑《史记》，正是《鲁诗》一派的传统意见，而褚氏说在鲁学的系统里大概只处于次要的甚至是异端的地位。

比较"感生""同祖"两说的优劣，前者固然荒唐，后者亦未必平实。《汉书·律历志》引刘歆《三统历谱》记载，由尧至汉初有两千多年，加上尧以前的，可能接近三千年。刘歆所创的古文经学竟相信在三千年的历史中，帝王都是一个人的后裔，这岂不是与"感生"说一样荒唐了么？我们今天自称是黄帝子孙，只是从一种象征意义上讲的，假若真的以为黄帝以后的帝王都同黄帝有着血缘联系，岂不是太过冒险，因为从黄帝到东周，至少也有三千年，按刘歆所说则要长得多，黄帝的子孙在这样长的时间竟连续充任帝王，显然是在神话里才有的事！按照古文经学的主张，只有黄帝的血族上的后裔才有资格成为统治者，其保守性实已到了惊人的程度。如果我们一定要在"感生说"与"同祖说"选择其一，恐怕宁愿躲藏到"感生"的旗帜之下，因为"感生"说具有任意性，按这说法人们受命而王天下的机会接近于均等，只要是处于混乱的时代，只要有魄力和智术，不论是平民还是贵族，都有可能成为新朝代的领袖人物，也都有权利宣布自己是"感生于天"的。当然，这只是从抽象的意义上进行比较，如果联系到具体的时代背景，则应承认"圣人同祖说"也可成为改革的依据，因为族谱是可以伪造的，将自己的祖先与黄帝连接起来，绝不是难事，例如王莽就自称是黄帝和虞舜的后人，并以此为依据创建了新朝，进行了极具魄力的改革。假若我们不以成败论人，并抛弃中古专制主义的正统观念，便应当对在"圣人皆同祖"的旗帜之下的王莽改制予以更为积极的评价。

三、"五德终始"与"皇帝王霸"的历史观

西汉经学今古两派基于"圣人感生说"与"圣人同祖说"的分歧，遂有"五德终始"与"皇帝王霸"问题上的对立。"五德终始"的学说为邹衍所提出，在战国晚期为"学者所共术"（《史记·孟荀列传》），在西汉时期成为经学家必须循由的一个思想模式；"皇帝王霸"的历史观则广泛地表现在先秦道家、阴阳家及法家的著作

里，在西汉时期也成为经学家所必须正视的一个课题。西汉今文经学由于相信圣人可以直接地"感生于天"，因而注重现实而不拘泥于历史传统，遂在"五德终始"的问题上主张"五行相胜"说，在"皇帝王霸"的问题上倾向于历史进化说；古文一派由于相信圣人必须出自同一个族系，因而重视历史传统，在"五德终始"的问题上主张"五行相生"说，在"皇帝王霸"的问题上倾向于退化史观。

假如将"五德终始"的朝代更迭史观放在一边，单纯地讨论五行次序，那么应当肯定五行相生与相胜两种次序均为西汉经学各派所熟悉，例如《春秋繁露》有《五行相生》，又有《五行相胜》，即是其例。但是若考虑到五行的运次，情况便不同了，《春秋繁露》议论朝代运次只沿循着"五行相胜"和"三统"的次序，而不大提"五行相生"的次序。《繁露》中的《三代改制》说：

> 王者改制作科奈何？曰：当十二色，历各法其正色，逆数三而复。绌三之前曰五帝，帝迭首一色，顺数五而相复，礼乐各以其法象其宜。

有的学者说，这段文字所说的"顺数五而相复"是指五帝按照"五行相生"的次序更迭，因为只有"相生"才是"顺数"，"相胜"则为"逆顺"。这说法从表面看来颇雄辩，而且也确实影响了一代学人，然而仔细分析一下，却是难以成立的。《繁露》所谓"顺数五"是以五帝为起点，篇中明确规定"绌三之前曰五帝"，意谓五帝与三王是前后衔接的。五帝之后既为三王，如何能"相复"呢？

既然不能向下"相复",便只能向上"相复",可见《繁露》所谓五帝"顺数五而相复"乃是自后向前追溯,假如按照时间的先后循环,仍应当是"逆数五",亦即循由"五行相胜"的次序。由此而论,《春秋繁露》关于朝代运次的编排,只循由"五行相胜"之次。《繁露》书中凡论及"五行相生"的篇章,都以一岁之内五季的气候变化为其主题,因为春、夏、季夏、秋、冬的次序正与"五行相生"的次序相合。

考察刘歆以前的"五德终始说",大致上都是循由"五行相胜"之次。此说创始于战国中期的邹衍,《文选·魏都赋》李善注引《七略》说:"邹子有终始五德,从所不胜。"《史记·封禅书》裴骃集解引如淳说:"今其书有《五德终始》,五德各以所胜为行。"这都证明"五德终始"学说从创始之日起,便遵循着"五行相胜"的次序。到战国时期,《吕氏春秋·应同》将夏禹、商汤、周文王的次序解释为木、金、火之次,正是遵照着"五行相胜"的原则。到秦始皇削平六国之后,当真地按照"五德终始"的学说来订立制度,当时朝廷的君臣公认:"黄帝得土德","夏得木德","殷得金德","周得火德","今秦变周,水德之时"(见《史记·封禅书》),这"土木金火水"的次序正是按照"五行相胜"的原则安排的。按照"五行相胜"的原则,秦为水德,代替秦朝的汉朝便应轮到土德,而西汉初期和中期的情况正是如此。据《史记·高祖本纪》和《封禅书》的记载,汉高祖有一个先从火德、后从水德的过程。其先从火德的缘由,是在"斩蛇起义"时,出现流言:"蛇,白帝子也,而杀者赤帝子。"于是刘邦的军队遂高举赤帜,立为汉王时,规定"十月为年首,而色上赤"。其以秦为白帝子,汉为赤帝子,乃是按照地理上的五行方位，认为秦在西方，属金，尚白；刘邦等义军起于南方，属火，尚赤。刘邦起于微末，文化层次较低，不了解秦朝已自居水德的实情而另作安排，是在情理之中的事。"五行相胜"的一项是"火胜金"，可见刘邦以秦为金德，汉为火德，乃是遵循着"五行相胜"的原则。刘邦在平定关中以后，东击项羽遭到失败，遂回到关中祭祀神灵。他问："故秦时上帝祠何帝也？"有人回答说："四帝，有白、青、黄、赤帝之祠。"刘邦又问："吾闻天有五帝，而有四，何也？"没有人能回答。于是刘邦做出结论："吾知之矣，乃待我而具五也。"因之建立黑帝祠。汉的德运在这时可能已做了改动，由尚赤改而尚黑，从广义上看，这是刘邦由反秦到依赖关中秦人的演变的征兆。到汉文帝时，丞相张苍"以为汉乃水德之始"，"年始冬十月，色外黑内赤"，正是刘邦自居黑帝之子的体制的延续。其遵行水德的缘由，在于汉初崇尚黄老，以"无为""因循"为准则，"因循"的原则落实到五德运次上，便是袭用秦朝的德运、服色与正朔。既是承袭秦制，自然是以秦朝公认的"五行相胜"的理论为其前提。到汉武帝太初改制之际，始根据"五行相胜"的"土胜水"的原则，放弃沿袭秦代水德制度的做法，建立起以"土德"为标志的一套制度。从汉初到西汉末期，依次有遵从火德、水德、土德的变化，而变化的理论前提却是一直未变的，这前提便是"五行相胜"的学说。也即是说，"五行相胜"乃是西汉官方今文经学在朝代运次方面的通义。

首次对这说法提出异议的人物，据《汉书·郊祀志赞》的记载，乃是"刘向父子"。其说云："刘向父子以为帝出于震，故包羲氏始受木德，其后以母传子，终而复始，自神农、黄帝下历唐虞三代，而汉得火焉。"然而从现存史料当中找不到关于"汉当火德"为刘向所主张的其他证据，只可看到此说出于刘歆的记载，例如《汉书·律历志》引刘歆《三统历谱》说：伏羲氏"首德始于木"，炎帝神农氏"以火承木"，黄帝"为土德"，少昊"为金德"，颛顼"为水德"，帝喾"为木德"，尧"为火德"，舜"为土德"，夏"为金德"，商"为水德"，周"为木德"，汉"为火德"，《历谱》还明确指出由伏羲到汉代的递变，是一出"木生火""火生土""土生金""金生水""水生木"的历史，这大概就是首次将"五行相生"与"五德终始"联系起来的范例。刘歆创立此说，公认是为王莽取代汉朝而作的一种理论准备。刘向在汉成帝时一直激烈地反对王氏专权，主张杜绝王氏篡汉的可能，他大概不会杜撰出这种循由"相生"之次的"五德终始说"，而只会提出一些与此有关的见解。《汉书·五行志》说刘向的《洪范五行传论》"与（董）仲舒错"，"至向子歆，治《左氏传》，其《春秋》意亦已乖矣；言《五行传》，又颇不同"，可见刘向的五行说乃是从董仲舒到刘歆的中间环节，《郊祀志赞》说："以母生子，汉得火焉"的理论肇始于"刘向父子"，是将刘向的创造夸大了。

将五行生胜的理论与"五德终始"的循环史观对应起来，可以产生两种相反的意义，如果朝代的递变循由"相生"之次，在"反古"和"敬祖"的思想背景下会有一种历史退化论的意味；如果朝代递变循由"相胜"之次，则多少有一些进化史观的意味。凑巧的是，西汉经学今古两派在"皇帝王霸"的问题上也有类似的分歧。

"皇帝王霸"即"三皇五帝三王五霸"，先秦诸子公认这是一个退化的系统，例如《管子·兵法》说："明一者皇，察道者帝，通德者王，谋得兵胜者霸。"《战国策·燕策》说："帝者与师处，王者与友处，霸者与臣处，亡国与役处。"《吕氏春秋·先己》说："五帝先道而后德，故德莫盛焉；三王先教而后杀，故事莫功焉；五伯先事而后兵，故兵莫强焉。"至于先秦道家著作在这方面的议论，则最为彻底，例如《庄子·缮性》关于"德下衰""德又下衰"的论述，给人以一代不如一代的感觉。这种退化史观不一定是反动的，严格说来，它在战国时代战乱频繁、社会动荡不安的背景下，是一种反抗现实、希求变革的思想主张。到了汉武帝时期，"大一统"的局面已然形成，经济与文化的发展几乎达到中古时期的巅峰的地步，极具胆魄的《春秋》公羊学者遂不满足于上述这种一代不如一代的说法，做出了革新的尝试。先秦诸子不是说"帝者与师处，王者与友处"吗？董仲舒在《天人三策》里却称赞三王之一的周文王"师用贤圣"，而且指明这"师"是闳夭、大颠、散宜生之流，从而将"帝者与师处，王者与友处"的论断推翻了。《春秋繁露·三代改制》里说：

> 《春秋》上绌夏，下存周，以《春秋》当新王。《春秋》当新王者奈何？曰：王者之法必正号，绌王谓之帝，封其后以小国，使奉祀之。存二王之后以大国，使服其服，行其礼乐，称客而朝。故同时称帝者五，称王者三，所以昭五端，通三统也。是故周人之王尚推神农为九皇，而改号轩辕谓之黄帝，因存帝颛顼、帝喾、帝尧之帝号，绌虞而号舜曰帝舜，录五帝以小国。下存禹之后于杞，存汤之后于宋，以方百里，爵号公，皆使服其服，行其礼乐，称先王，客而朝。《春秋》作新王之

事，变周之制，当正黑统，而殷、周为王者之后。绌夏，改号禹谓之帝，录其后以小国，故曰："绌夏，存周，以《春秋》当新王。"……帝，尊号也，录以小，何？曰：远者号尊而地小，近者号卑而地大，亲疏之义也。……故圣王生则称天子，崩迁则存为三王，绌灭则为五帝。下至附庸，绌为九皇。下极其为民。

董仲舒显然不是不知道皇的称号比帝号尊贵，帝号比王号尊贵；他也不是不理解"远者号尊而地小"是出于"亲疏之义"，然而他却一定要将由王而帝、由帝而皇的递变称为"绌"，"绌"是"黜"的异体字，有"贬"的意思。再看董仲舒对这"绌"的解释：商代本是以虞、夏、商为三王，周朝建立以后，便以夏、商、周为三王，将虞舜贬黜，改称为"帝舜"，使之降到五帝的行列。而原来五帝中最早的一代，又贬黜到"皇"的行列。周以后的"新王"，则以商、周、新王为三王，将原来三王中的夏禹改称"帝禹"。这里的"绌"或贬黜，是十分认真的，例如"皇"再贬黜便下降到"民"，如果我们承认中古时期"民"的地位远低于皇、帝、王、公等，便不能否认由王到帝、由帝到皇再由皇到民的递变是一个神圣性不断缩减的过程，或者反过来说，由"民"到"皇"、由"皇"到"帝"、由"帝"到"王"的历史乃是一个神圣性逐次增加的过程。这里表现出来的历史思想，不是进化史观又是什么呢？当然，这种进化史观是很贫弱的，不过若是联系到战国秦代学者普遍相信三王不如五帝、五帝不如三皇的背景，便可知道董仲舒这种进化史观是极其可贵的。

在西汉经学史上，这种贫弱但又可贵的进化史观主要通行于齐学的著作里，鲁学一派是否普遍地坚持这种思想，尚不得而知。刘向传习《穀梁春秋》，是鲁学的代表人物，他在《说苑·君道》引郭隗说："帝者之臣，其名臣也，其实师也；王者之臣，其名臣也，其实友也；霸者之臣，其名臣也，其实宾也；危国之臣，其名臣也，其实虏也。"这显然是沿袭了先秦诸子思想，屈从了当时的三王不如五帝、五帝不如三皇的成见。到刘歆编排《三统历谱》时，发生了剧变，《汉书·律历志》所载《三统历谱》之文列举炮牺、神农、黄帝、少昊、颛顼、帝喾、唐尧、虞舜的名号，一律称"帝"，而列举夏、商两代开创者仅称"伯禹""成汤"。其列举历代帝王功德，也是以前代的羲、农、黄为多，对少昊以下诸帝王功德则一律不提。这种称号的改变和褒贬的倾向性，显然否定了董仲舒的"皇帝王霸"的理论，重新肯定了先秦诸子关于历史退化的旧说。当然，对于刘歆的这种思想创造是不应深责的，因为他正处于西汉的衰乱期，其倡导历史退化论的举动与先秦诸子有一个共同点，即包含有反抗政治现实的衰败腐朽的动机。

在"五德终始"与"皇帝王霸"的问题上，西汉今文经学的齐学一派均有进化史观的思想倾向，鲁学一派表现得含混与动摇，古文经学的创始者刘歆则将齐学的历史进化思想予以排除，重建退化史观的理论。这思想的分野与冲突，都可以从今古两派在"圣人感生"抑或"同祖"的分歧而得到解释，今文一派的"圣人感生"说几乎完全是注重于现实，在历史观方面自然要为现世帝王的威信进行伸张；古文一派的"圣人同祖"说则看重历史传统，与"敬祖"的成见相一致，在历史观方面自然要为古代帝王的功德进行辩护。

今文鲁学一派在"圣人感生"的思想方面本不十分坚决，无怪乎这一派在历史观方面要含混其词或左右摇摆了。当然，西汉末期，经学各派由于害怕剧烈的社会变革，都主张"禅让"，因而都采用了"五行相生"的帝王运次说以及三王不如五帝的退化史论，即便是齐学公羊一派也是如此。

四、关于"世卿"的争论

西汉经学的政治思想很丰富，争论很激烈，其争论焦点之一是西周以来的"世卿"问题，亦即卿大夫的"世位"及"世禄"是否合理的问题。今文经学齐学一派认为拥有世袭特权的卿大夫"妨塞贤路"，鲁学一派认为这种卿大夫"专政犯君"，两派都对"世卿"的体制加以严厉的批判。由于王莽正是以"世卿"的地位专擅朝政的，因而支持王莽改制的早期古文经学家不得不对"世卿"持肯定的态度。从广义上讲，"世卿"即世袭官僚。中国古代的官僚制度约有三种：第一种，是贵族专权的制度，这种制度规定只有贵族才有权担任重要的官职，实行这种制度的时代，远在战国以前，与本题关涉不大，暂可不论；第二种，是贵族与官僚有严格区分的制度，这种制度下的贵族可以世袭，官僚不得世袭，例如汉初的"布衣卿相"以及西汉中叶的举世贤制度，均属此类；第三种，是将贵族与官僚分为两个系统，贵族可世袭，官僚却也可以世袭，东晋南北朝的士庶等级制度即有此种官僚世袭的性质，而东汉的"四世三公"、曹魏及西晋的"公门有公，卿门有卿"则是士庶制度的渊源。三种制度中的第二种，相对来说是比较进步的，而"卿门有卿"及士庶制度则是落后的或腐朽的。西汉今文齐学一派反对"世卿"而赞成"尊贤",是汉初"布衣卿相"之局以及西汉中叶官僚体制的支持者;以刘歆为宗师的古文经学肯定"世禄",变相地支持卿大夫的"世位",实为后代"卿门有卿"的格局和士庶制度的理论依据;鲁学一派虽也反对"世卿",却不是为了"尊贤"而是为了杜绝王氏篡位的危险,带有君权至上主义的味道。从这思想的分野及其效用来看,应承认齐学在这问题上的优越性格大大超过了古文经学。

关于"世卿"的争论,见于《诗经·大雅·文王疏》所引许慎《五经异义》佚文:

> 公羊、穀梁说:卿大夫世〔位〕则权并一姓①,妨塞贤路,专政犯君,故经讥〔周〕尹氏②、齐崔氏也③。左氏说:卿大夫得世禄,不得世位。父为大夫,死,子得食其故采(地)④,而有贤才,则复升父故位。故《传》曰:"官有世功,则有官族。"

春秋学三派的这一争论,各有传文为依据,公、穀两派的依据出自《春秋》隐公三年:"夏四月辛卯,尹氏卒。"《公羊传》说:

> 尹氏者何?天子之大夫也。其称尹氏何?贬。曷为贬?讥世卿。世卿非礼也。

---

① "位"字据《魏书·礼志》所引此文补。
② "周"字据《魏书·礼志》引文补。
③ "齐"下原有"氏"字,据《魏书·礼志》引文删。
④ "地"字据《礼记·王制疏》所引此文补。

所谓"世卿非礼"，着眼的是地位问题，亦即卿大夫的"世位"的问题。《公羊传》讥刺世卿是由于世卿侵犯了天子的权力，从这点上看"讥世卿"和反对"世位"几乎是一件事。西汉公羊、榖梁两派抨击"世卿"的"权并一姓""妨塞贤路""专政犯君"，都是从权位着眼，因而对于公、榖两派的这些议论可用"反对卿大夫世位"一句话来概括。公羊、榖梁两派的矛盾很深，他们竟在这一重要问题上达成一致的意见，乃是出自不同的理由。在《五经异义》所列举的三条理由当中，"权并一姓"和"专政犯君"乃是榖梁一派反对"世位"的主要原因，例如刘向是榖梁一派著名的代表人物，他目睹成帝将权力委任给王凤兄弟的情况，深感"政由王氏出"的局面"其渐必危刘氏"（《汉书·楚元王传》），遂向成帝上封事极谏：

> 夫大臣操权柄，持国政，未有不为害者也。昔晋有六卿，齐有田、崔，卫有孙、宁，鲁有季、孟，常掌国事，世执朝柄。终后田氏取齐，六卿分晋，崔杼弑其君光，孙林父、宁殖出其君衎，弑其君剽，季氏八佾舞于庭，三家者以《雍》彻，并专国政，卒逐昭公。周大夫尹氏管朝事，浊乱王室，子朝、子猛更立，连年乃定。故经曰"王室乱"，又曰"尹氏杀王子克"，甚之也。《春秋》举成败，录祸福，如此类甚众，皆阴盛而阳微，下失臣道之所致也。故《书》曰："臣之有作威作福，害于而家，凶于而国。"孔子曰："禄去公室，政逮大夫"，危亡之兆。……今王氏一姓乘朱轮华毂者二十三人，……大将军秉事用权，五侯骄奢僭盛，……排摈宗室，孤弱公族，其有智

能者，尤非毁而不进。远绝宗室之任，不令得给事朝省，恐其
与己分权。（见《汉书·楚元王传》）

上述《五经异义》所载公、穀两派反对世位的言论，在这里都
出现了：其称王凤兄弟"秉事用权"，杜绝一切"与己分权"的可
能性，正是《异义》所述的"权并一姓"；其称王氏"排摈宗室，
孤弱公族"，正是《异义》所谓的"专政犯君"；其称王氏对于公
族有智能者"尤非毁而不进"，正是《异义》所述的"妨塞贤路"；其
抨击"周大夫尹氏管朝事""崔杼弑其君光"，正合《异义》所述的
"经讥周尹氏、齐崔氏"。《异义》指称穀梁一派反对卿大夫"世
位"，一定是针对刘向的言论著作而言的。考察上述刘向的文字，
主旨不在于尊贤，而在于维护君权和皇室公族权益，则公、穀两家
所指摘的"世卿"制度的三种危害，大概只有"权并一姓"和"专
政犯君"是穀梁一派特别反对的。至于"妨塞贤路"一条，虽与刘
向的言论稍有关联，但主要的出处大概还是公羊家的著作。

《春秋繁露·观德》即是这样的著作，篇中说："至德以受命，
豪英高明之人辐辏归之，高者列为公侯，下至卿大夫，济济乎哉，
皆以德序。"在这里，不但官僚的职位，甚至贵族的爵位，几乎都
要由从各处投奔来的豪杰和智者来承当。当然，这里所说的是圣王
受命之初的情况，以汉初"布衣卿相"和布衣封侯的局面为其背
景，而对承平日久的官僚制度当如何规定，应看董仲舒在《天人三
策》中所作的阐说：

夫长吏多出于郎中、中郎，史二千石子弟选郎吏，又以富

訾，未必贤也。且古所谓功者，以任官称职为差，非谓积日参久也。故小材虽参日，不离于小官；贤材虽未久，不害为辅佐。是以有司竭力尽知，务治其业而以赴功。今则不然，参日以取贵，积久以致官，是以廉耻贸乱，贤不肖浑淆，未得其真。……毋以日月为功，实试贤能为上，量材而授官，录德而定位，则廉耻殊路，贤不肖异处矣。

这些话竭力反对根据任职时间的长短来确定官位，主张以才德优劣当作"授官定位"的唯一标准。汉武帝前期委任官职的办法，一度取决于资格，这在董仲舒眼里已然是"贤不肖浑淆"和"廉耻贸乱"，假若在这时恢复了"世卿"制度，在董仲舒眼里会是何等黑暗污浊！经过仲舒这一建议，汉武帝在取士的方法上可能做了很多改进，梅福在汉成帝时，指出武帝"好忠谏，说至言，出爵不待廉茂，庆赐不须显功，是以天下布衣各厉志竭精以赴阙廷自炫鬻者不可胜数"（见《汉书·梅福传》），武帝时的布衣得到空前的进身机会，遂构成一幅与"世卿""世位"截然相反的政治图景。这种图景从一定程度上说，乃是公羊学的反对"世卿"之"妨塞贤路"的主张的实现。

西汉时的左氏学者所谓"卿大夫得世禄"，是以《左传·隐公八年》"官有世功，则有官族"的话为依据的。从表面上看，这些左氏学者似只承认卿大夫的"世禄"的特权，似有"不得世位"的主张，然而实质上却不是如此。这些左氏学者着重地指明："父为大夫，死，子得食其故采地，而有贤才，则复升父故位。"其说卿大夫之子的"复升父故位"须以"有贤才"为前提，是一种旨在变相地维护卿大夫世袭特权的意见。我们知道，中国古代的社会制度从来都是鼓励生育的，卿大夫在拥有众多妻妾的条件下，繁殖的速度恐要超过几何级数，假如他们的长子、次子、嫡子、庶子都有权不经过任何测试便担任官职（即便所任职位都低于"父位"），那么官僚机构的急剧膨胀会使任何朝代都不足以维持数十年的时间。这就是说，官僚世袭的体制也是需要有选择与竞争的，只不过这种选择和竞争局限于官僚家族的内部罢了！从众多的男性后人当中选出一位"有贤才"者，在多数的卿大夫家族里面都不难做到。有人可能根据古代的长子继承制来反对这一点，其实中国古代的长子继承制并不严格，它在违背上层社会利益时往往要遭到破坏，无论是皇室太子人选的确定，还是诸侯世子、卿大夫嗣子的选择，经常是取决于某种权宜之计的。至于"有贤才"这一标准，也有很大的伸缩性，在"亲亲尚恩"的传统思想的支配下，朝廷对卿大夫家族出身的"贤才"绝不会十分地挑剔。左氏一派所主张的"父为大夫，死，子得食其故采地，而有贤才，则复升父故位"如果得到施行，定会产生与"卿大夫有世位"的制度相接近的效果，即在社会上形成数量繁多的"官族"。

既然刘向是通过批判世卿制度的办法来反对王氏专权的，那么刘歆便只有通过肯定世卿的办法才能证明王莽专权的合理性。仅从这一点来看，已可推断上述支持世卿制度的"左氏说"即是刘歆的学说。另外，还有一件事有助于这一结论，《汉书·元后传》引王莽《自本》说："黄帝姓姚氏，八世生虞舜。舜起妫汭，以妫为姓。至周武王封舜后妫满于陈，是为胡公，十三世生完。完字敬仲，奔齐，齐桓公以为卿，姓田氏。十一世，田和有齐国，二世称王，至王建为秦所灭。项羽起，封建孙安为济北王。至汉兴，安失国，齐人谓之'王家'，因以为氏。"这一《自本》大概问世于王莽"即真"之际，"即真"即正式受禅而成为"真皇帝"。在"即真"之前，公布自己的世系并无必要。在"即真"之时，便有必要宣布自己是黄帝及虞舜之后，显示自己有受禅的资格。但公布这一《自本》意味着承认是齐国田氏的后裔，这是有危险的，到东汉后期，王符还在《潜夫论·志氏姓》中进行抨击："莽之行诈，实以田常之风。"何况刘向在汉成帝时已将王氏专权与"田氏取齐"联系起来，王莽受禅的年代与刘向卒年仅有十三岁的间隔，他怎么敢轻易承认是田氏后裔呢？其所以竟敢承认，一定是由于刘歆已根据《左传》创立了新说，为世卿制度以及"田氏取齐"等事件做了有效的辩护，改变了舆论对齐国田氏的看法。

今文经学在西汉时期一直占有学官的地位，并在思想领域一直有压倒的优势，而西汉时期的职官制度则不同于世卿制度，当时的三公九卿以及众多的大夫、郡守等都没有"世禄"和"世位"。王氏的专权以及王凤、王音、王商、王根、王莽之间的权力转移，乃是形势使然，不是法定的。这种"世禄"和"世位"为非法的局面，与今文齐学公羊一派及鲁学穀梁一派反对"世禄"及"世位"的思想有着直接的关联。东汉时期，学官的位置仍由今文学派垄断，而古文经学虽为私学，却在上层知识分子之间拥有很大的影响。与此相映照，东汉政界出现了一些"豪族""势族"，这些家族可以世代为官，不过数量不多，非由法定。当时的社会舆论对累世仕宦的情况没有贬义，这当然是由于古文经学一派对"世卿"和"官族"持肯定的态度。在东晋南朝，古文经学在官学与私学领域都胜过了今文经学，而古文经学所支持的世卿制度在这时期竟也接近于通行，当时的政界在九品中正制度的作用下，产生了"士庶之科"，有了法定的士族与庶族的等级，其中的士族虽与春秋时的世卿有区别，而在"累世仕宦"的法定特权这一点上却是很相似的。《隋书·经籍志》著录了很多这一时期的族谱和家传，前者有《百家谱》《姓氏英贤谱》等，后者有《太原王氏家传》《褚氏家传》《江氏家传》《庾氏家传》《裴氏家传》《范氏家传》等，都是关于古文经学所肯定的"官族"的记述。沈约《宋书·恩幸传序》比较了历史上两种职官用人制度的优劣，说殷相傅说与周初太公均由"卑事"及"贱役"进身，东汉名臣胡广、黄宪等人也都不过出身于"农夫""牛医"之类；至于两汉公卿的子弟则往往职位低下，"郡县掾史，并出豪家；负戈宿卫，皆由势族"。沈约认为这种局面体现了"明扬幽仄，唯才是与""以智役愚"的原则，暗示这与孔子所谓的"上智下愚"等相一致。沈约又指出西晋以后"凡厥衣冠，莫非二品，自此以还，遂成卑庶"，"徒以冯藉世资，用相陵驾"，显示出这种制度的荒谬与腐败。西汉经学今古两派在"世卿"问题上的分歧，孰优孰劣是很明显的。

五、禅让说与革命说

在中古政治制度里，"卿大夫有无世位"乃是官僚机构如何更新的问题，它实际上不如最高权力如何转移的问题重要。西汉一代的帝位沿用"父传子"的转移形式，对这形式，今人称其为"世袭"，汉代学者多称其为"世继"，或简称为"继"。当时经学各派都不明确反对"世继"的合理性，但又都认为在皇朝衰败之际有实行"革命"或"禅让"的必要。"禅让"以"尧舜禅让"为其理想的原型，意即天子主动地将最高权力转让给贤人，颇有古代民主的意味，与封建专制主义的"世继"的关系较远。"革命"以"汤武革命"为其理想原型，意味在野的贤圣之辈用武力推翻旧王朝，革除上天给予旧王的任命，重新受命而成为新王，这是一种暴力的形式，与封建专制主义的"世继"的制度往往是相容的和互补的①。处在同一时代里，对"禅让"和"革命"只可取其一，便会发生争论。大致上看，西汉前期与中期的经学以齐学为主流，只称赞汤武一类的"革命"；到西汉后期，出现了一些关于"禅让"的主张，但受到了严厉的镇压；时至西汉末期，"禅让"的学说才在经学领域取得绝对的优势。

西汉经学家的"革命"说，起于秦末的战争。《史记·儒林列传序》说：

> 及至秦之季世，焚《诗》《书》，坑术士，六艺从此缺焉。陈涉之王也，而鲁诸儒持孔氏之礼器往归陈王，于是孔甲为陈涉博士，卒与涉俱死。

鲁地诸儒投奔陈涉，自然是为了推翻秦朝，重演"汤武革命"的历史。这时的儒生大概都喜欢谈论"革命"，不会谈论"禅让"。到汉昭帝时，大夫对"齐鲁儒墨缙绅之徒"的投靠陈涉加以讥笑，

---

① 所谓"革命"就广义而言，应包括"禅让"在内，因为"禅让"也意味着天命的改变，指旧命的革除和新王的受命。但由于"革命"一词在传统思想里常与汤武的征伐相联系，因而在这里对"革命"一词只取其狭义，指较剧烈的社会变革。

而当时以儒生为主的"文学"说：

> 陈王赫然奋爪牙，为天下首事，道虽凶而儒墨或干之者，以为无王久矣，道拥遏不得行，自孔子以至于兹，而秦复重禁之，故发愤于陈王也。孔子曰："如有用我者，吾其为东周乎！"庶几成汤、文、武之功，为百姓除残去贼，岂贪禄乐位哉？（《盐铁论》）

这一席话明确地将反秦战争与汤武征伐相比类，显然是"革命"的拥护者。刘邦凭借武力、通过征伐而创建汉朝，在当时被公认是"汤武革命"的重演，那么，汉昭帝时的儒生关于汉朝受命的理解，便不能不以"革命"的理论为基点。

在汉景帝时，如何看待汤武的征伐曾是学界争论的焦点，当时黄老学派的黄生在景帝面前攻击说："汤武非受命，乃弑也。"传习《齐诗》的辕固生当即做了反驳："夫桀纣虐乱，天下之心皆归汤武，汤武与天下之心而诛桀纣，桀纣之民不为之使而归汤武，汤武不得已而立，非受命为何？"黄生又加非难："今桀纣虽失道，然君上也；汤武虽圣，臣下也。夫主有失行，臣下不能正言匡过以尊天子，反因过而诛之，代立践南面，非弑而何也？"辕固生驳斥说："必若所云，是高帝代秦即天子之位，非邪？"在这辩论中，辕固生所持的理论是典型的"革命"说，唯其"革命"合理，汤、武诛伐桀纣而代为天子才算得上是"受命"；也只有从"革命"的角度，才能使汉帝的权力有理论上的保障。

在汉武帝时，董仲舒在"受命"的问题上所极力宣扬的是"三代改制"的理论，而不是关于五帝的理论，例如《春秋繁露》有《三代改制》篇，详论"汤受命而王"时当如何改制，"武王受命"以后又如何如何。既然以三代改制为政治改制理论的核心内容，自然是注重于"革命"而不是"禅让"。董仲舒及其众多的弟子最为关心的，是如何改变"汉承秦制"的现实的问题，例如仲舒《天人三策》说："至周之末世，大为亡道，以失天下。秦继其后，独不能改，又益甚之，重禁文学，不得挟书，弃捐礼谊而恶闻之，其心欲尽灭先王之道，而颛为自恣苟简之治，故立为天子十四岁而国破亡矣。自古以俫，未尝有以乱济乱，大败天下之民如秦者也。其遗毒余烈，至今未灭，使习俗薄恶，人民嚣顽，抵冒殊捍，孰烂如此之甚者也。……今汉继秦之后，如朽木粪墙矣，虽欲善治之，亡可奈何。……为政而不行，甚者必变而更化之，乃可理也。"董仲舒如此看重针对"汉承秦制"的"更化"，那么在朝代更迭形式问题上，他自然也是注重秦汉之间的"革命"。以董仲舒为主要代表人物的经学齐学一派强调圣人都是"感生于天"，认为朝代运次应循由"五行相胜"的次序，这些理论都与"革命"说密切相关，与"禅让"说不甚协调。从这些情况来看，在汉武帝去世以前，经学齐鲁两派都是"革命"说的拥护者。

"禅让"一说在战国时期曾极度流行，例如墨子主张"选天下之贤可者，立以为天子"（《尚同上》），便是很彻底的"禅让"说。后来，孟子又将"禅让"与"世继"联系起来，声称："天与贤，则与贤；天与子，则与子。"（《万章上》）意谓"禅让"和"世继"都是听命于天的，上天要将天下委托给与在位天子无关的贤人，便将帝位让给贤人；上天要将天下委托给在位天子的儿子，便将帝位传给儿子。孟子着重论述了"禅""继"两者与天命的关联，认为"天子不能以天下与人"，或者说，"天子能荐人于天，不能使天与之天下；诸侯能荐人于天子，不能使天子与之诸侯"，意谓"天下"不是天子的私产，不能由天子随便送人。"禅让"的意思是指天子将受禅人选推荐给上天，一旦上天接受了这种推荐，受禅人选才可正式地成为天子。我们怎样才能知道上天的决断呢？孟子的办法有两个："使之主祭，而百神享之，是天受之；使之主事，而事治，百姓安之，是民受之也"，意即使受禅人选主持祭祀与政事，假若百神接受了祭献，百姓服从了管理，便证明上天对受禅人选是满意的。孟子将禅让与天命的选择归于百姓的态度，从而将讨论引向"天视自我民视，天听自我民听"（原出《太誓》）的光辉命题，显示出强烈的民主意味。然而，到秦始皇削平六国时，儒家的这种理想破灭了。

秦始皇在"初并天下"时宣布："朕为始皇帝，后世以计数，二世、三世至于万世，传之无穷。"这完全是将"天下"看作秦帝的私有物，唯恐失去，要永归秦帝后人所有。也就是说，要永远实行"世继"的原则，永远杜绝禅让的可能。秦朝二世而亡，也许给了怀抱着"禅让"制度的理想的儒生一线希望，但这希望很快又破灭了，因为汉高祖刘邦与功臣共誓："非刘氏而王，天下共击之。"（见《史记·吕后本纪》）非刘氏的贤人既命定不能为王，便更不能为帝，于是"禅让"竟有可能永久地成为非法之事了。西汉前期和中期的经学各派讲"革命"不讲"禅让"，看来不但是出于反对"汉承秦制"的需要，也是不得不然的。

到汉武帝去世以后，发生了一些变化。当时的经济状况十分恶劣，社会危机严重，儒者普遍有强烈的不满情绪，于是有人提出了"禅让"的要求。《汉书·眭弘传》记载：

> 眭弘，字孟，鲁国蕃人也。……孝昭元凤三年正月，泰山莱芜山南匈匈有数千人声，民视之，有大石自立，……是时昌邑有枯社木卧复生，又上林苑中大柳树断枯卧地，亦自立生，有虫食树叶成文字，曰"公孙病已立"。孟推《春秋》之意，以为："石、柳皆阴类，下民之象；泰山者岱宗之岳，王者易姓告代之处。今大石自立，僵柳复起，非人力所为，此当有从匹夫为天子者。枯社木复生，故废之家公孙氏当复兴者也。"孟意亦不知其所在，即说曰："先师董仲舒有言：'虽有继体守文之君，不害圣人之受命。'汉家尧后，有传国之运。汉帝宜谁差天下，求索贤人，禅以帝位，而退自封百里，如殷、周二王后，以承顺天命。"

眭孟由于这一提议，被当时的大将军霍光判以"大逆不道"之罪，处了死刑。在他的说辞里，仅"虽有继体守文之君，不害圣人之受命"两句是出自他的先师董仲舒，而这两句的意思不过是说："即便实行了世继的制度，也不能妨害圣人受命而成为新王"，而这新王的受命究竟是"革命"还是受禅，文中并未说明白。考察仲舒对策强调："国家将有失道之败，而天乃先出灾害以谴告之。不知自省，又出怪异以警惧之。尚不知变，而伤败乃至。"所谓"伤败"是说人君不知"自省"，以致像秦二世一样被"新王"推翻，可见仲舒"虽有继体守文之君，不害圣人之受命"两句所讲的乃是"革命"，不是"禅让"。这两句下面的"汉家尧后，有传国之运"两句，不见于现存的董仲舒著作，当是眭孟根据先师的言论而作的发挥。眭孟所发挥出来的，的确是关于"禅让"的一种理论，无奈他关于汉帝禅位的要求太过强烈，几不容有回旋的余地，专擅朝政的大将军霍光别无他法，只有把他处死了事。其实后来继位的宣帝名为"病已"，与眭孟所谓"故废之家公孙氏当复兴"之说正好相合，然而宣帝即位的形式是"继"，不是"禅"，因此宣、元诸帝都没有承认眭孟"禅让"说为合法。尽管眭孟在公羊学传系中间占有承前启后的重要地位，他的"禅让"说在公羊学派里却是不能传授的。

在眭孟提倡"禅让"的时候，鲁学中的一些人物也不甘寂寞。《史记·三代世表》后附有一节褚少孙的文字，其中说：

> 汉大将军霍子孟名光者，亦黄帝后世也。此可为博闻远见者言，固难为浅闻者说也。何以言之？古诸侯以国为姓。霍者，国名也。武王封弟叔处于霍，后世晋献公灭霍公，后世为庶民，往来居平阳。平阳在河东，河东晋地，分为卫国。以《诗》言之，亦可为周世。周起后稷，后稷无父而生。以三代世传言之，后稷有父名高辛，高辛，黄帝曾孙。《黄帝终始传》曰："汉兴百有余年，有人不短不长，出白燕之乡，持天下之政。时有婴儿主，却行车。"霍将军者，本居平阳白燕。臣为郎时，与方士考功会旗亭下，为臣言。岂不伟哉！

褚少孙为《鲁诗》大师王式的弟子，本应坚持鲁学的"圣人感生说"，不应推究圣人的祖先。然而褚氏目睹霍光专擅朝政、功高震主的声威，希图通过拥立霍光而取得进身之阶，便竭力论证霍光为黄帝的后裔，有受禅继位的资格。从这段文字援引《黄帝终始传》的内容来看，可能写于眭孟死后。当时褚氏所属的鲁学一派正受着齐学的排挤，传习鲁地诗学的韦玄成等人都对齐学怀有敌意，褚少孙在这种情况下也许会产生一种动机，他看到齐学中坚人物眭孟竟被霍光处死，便趁机颂扬霍光以求改变齐学占优势的格局。至于褚氏未提"禅让"，可能是接受了眭孟被杀的教训，宁愿采用暗示的办法而不愿将意图完全地暴露出来。将褚氏的言论与眭孟相比较，亦多有不同：眭孟认为汉帝为尧后，是希望重演尧舜禅让的历史；褚少孙论证霍光为周王之后，可能是希望仿效殷周相代的先例。讲到此处，应说明褚氏原是沛人，他一定知道沛地是汉高祖刘邦的原籍所在，也一定知道沛在春秋时期为宋地，而宋为殷王后裔。这样看来，褚少孙乃是囿于"汤武革命"、秦汉革命的成说，认定汉帝为殷王后人，以为取代汉朝的新王应当是周王的后代。他所憧憬的，乃是殷周相继的历史的再现，而不是尧舜禅让的故事的重复。全面地看，褚少孙建构"禅让"理论的技巧出于眭孟以下，再说他在鲁学中的地位较低，与他同学的张长安可能就没有听从他的意见，例如《三代世表》引张夫子问褚先生曰："《诗》言契、后稷皆无父而生，今按诸传记咸言有父，父皆黄帝子也，得无与《诗》谬乎？"这一根据《鲁诗》怀疑《史记》的张夫子，不是张长安又是谁呢？如果说在昭帝及昌邑王在位之时，褚少孙的这番议论在鲁学内部已缺少权威性和影响力，那么在宣帝即位以后，这番理论便必然会被褚氏本人悄悄地放弃了。宣帝即位不久，霍光便离开人世，霍氏的子孙由于骄奢，遭到灭门之祸，鲁学一派的成员在这种情况下怎么敢暴露拥立霍光的意图或学说？假如暴露的话，下场一定比眭孟还悲惨。

汉元帝以后，政治、经济的危机加重，儒者的不满情绪日益强烈，于是又有人提到"禅让"。这些人的言论一般与褚少孙无关，与眭孟则有密切的关联，因为眭孟所谓的"汉家尧后，有传国之运"极有吸引力，而且这话是有根据的，东汉时贾逵上奏说："五经家皆无以证图谶明刘氏为尧后者，而《左氏》独有明文。"（见《后汉书》本传）意谓在汉代经学典籍当中，"汉家尧后"一说仅见于《左传》和图谶。据东汉张衡所说，图谶出现于哀平之际，远在眭孟以后；而《左氏春秋》则为司马迁的参考书，在眭孟以前已有流传，那么，身为公羊学大师的眭孟竟是从古文的《左传》里吸收了"汉家尧后"说。本书第二章已说明，《左传》主要是史学著作而缺乏经学色彩，在刘歆以前本不具备学派的倾向性。公羊学派既然连墨家的思想都大量地吸收，又何在乎从《左传》归纳出一个"汉家尧后"的命题呢！

《左氏春秋》成书于汉代以前，当然不会提到"汉家"，而只是追溯了刘氏的祖先。《左传·文公十三年》说，士会由晋叛逃入秦，又被诱归晋国，他的家眷或归晋，或在秦，"其处者为刘氏"。《左传·襄公二十四年》引士会之孙范宣子说："昔丐之祖，自虞之上为陶唐氏，在夏为御龙氏，在商为豕韦氏，在周为唐杜氏，晋主夏盟，为范氏。"《左传·昭公二十九年》引蔡墨说："有陶唐氏既衰，其后有刘累，学扰龙于豢龙氏，以事孔甲，能饮食之。夏后嘉之，赐氏曰御龙，以更豕韦之后。……范氏其后也。"公羊学大师眭孟显然注意到了这些记载，而《春秋》穀梁学代表人物刘向也没有忽视这些文字，《汉书·高帝纪赞》说：

> 刘向云战国时刘氏自秦获于魏。秦灭魏，迁大梁，都于丰，故周市说雍齿曰："丰，故梁徙也。"是以颂高祖云："汉帝本系，出自唐帝。降及于周，在秦作刘。涉魏而东，遂为丰公。"

刘向对于禅让的合理性也完全认可，他在成帝时上疏说："王者必通三统，明天命所授者博，非独一姓也。"（见《汉书·楚元王传》）他又在《说苑·至公》举出两则禅让的事例，并在篇首指出：

> 古有行大公者，帝尧是也。贵为天子，富有天下，得舜而传之，不私于其子孙也。去天下若遗躧。于天下犹然，况其细于天下乎？非帝尧孰能行之？孔子曰："巍巍乎！惟天为大，惟尧则之。"《易》曰："无首吉。"此盖人君之公也。

刘向对尧的禅让加上"至公"的赞辞，又沿袭了"汉家尧后"的传说，那么在他看来，汉朝的结局一定是同唐尧一样的了。不过，刘向只是泛泛地称赞古代帝王的禅让，绝口不提汉朝的结局将如何。相反地，他极力反对将"禅让"的理想变成现实，希望汉朝的祚命延续下去。汉成帝营建昌陵，数年不就，刘向上疏劝谏："臣闻《易》曰：'安不忘危，存不忘亡，是以身安而国家可保也。'故贤圣之君，博观终始，穷极事情，而是非分明。王者必通三统，明天命所授者博，非独一姓也。孔子论《诗》，至于'殷土肤敏，裸将于京'，喟然叹曰：'大哉天命！善不可不传于子孙，是以富贵无常；不如是，则王公其何以戒慎，民萌何以劝勉？'盖伤微子之事周，而痛殷之亡也。虽有尧舜之圣，不能化丹朱之子；虽有禹汤之德，不能训末孙之桀纣。自古及今，未有不亡之国也。"（见《汉书·楚元王传》）刘向在这里一方面强调天命所授"非独一姓"，自古及今"未有不亡之国"，另一方面又明确地以禅让的结局为"伤""痛"，为"危""亡"，希望加以避免。他反对"世卿"，抨击王氏的专权，也都以维持刘氏的帝位为鹄的。请看他的表白："灾异如此，而外家日盛，其渐必危刘氏。吾幸得同姓末属，参世蒙汉厚恩，身为宗室遗老，历世三主。上以我先帝旧臣，每进见常加优礼，吾而不言，孰当言者？"（同上）这完全是一位忠心耿耿地报效于汉室、悢悢惶惶地抵制禅让的人物！

笔者详述刘向对待禅让的矛盾态度，是想说明一个问题，即为何盖宽饶被镇压而刘向却受到皇帝的信任。在汉宣帝时，盖宽饶"好言事刺讥，奸犯上意"，得到宣帝的"优容"（见《汉书·盖宽饶传》），唯有一次"上封事"却下吏致死，这次他所说的是："《韩氏易传》言：'五帝官天下，三王家天下，家以传子，官以传贤。'若四时之运，功成者去，不得其人则不居其位。"这些话的宗旨被说成是"意却求禅，大逆不道"，以致盖宽饶"自刭"（均同上）。而刘向其实也借鲍白令之说过同样的话："天下官，则禅贤是也；天下家，则世继是也。故五帝以天下为官，三王以天下为家。"刘向的这些文字也是写给皇帝看的，却一直受到成帝的信任。其遭遇如此不同，是由于刘向屡次表白忠心，希望将禅代之事无限期地推迟下去，这样的表白是以"刚直"著称的盖宽饶不屑做的。至于宣帝时的大臣指控盖宽饶"意欲求禅",乃是夸张,其实盖宽饶所谈论的不过是五帝三王之事,并未要求将让贤禅位的措施立即实行。如果根据盖、刘二人的不同遭遇而得出宣帝统治严厉、成帝控制宽松的结论,恐怕是不精确的。看一看甘忠可的情况,便可了解到"禅让"在汉成帝年间仍是一个危险的话题。《汉书·李寻传》记载,汉成帝时,齐人甘忠可编撰了《天官历》等书,宣扬汉朝"逢天地之大终",只有再次"受命于天"才可延长祚命,刘向竟指控甘忠可"假鬼神罔上惑众",使后者下狱以至病死。刘向指控的理由是明显的:甘氏的主张意味着倘若不举行"再受命"的改革便会有禅代一类的事件发生,而"再受命"的理论却又与官方经学不合!

到汉哀帝时,社会政治日趋黑暗,情况有了剧烈的变化,夏贺良、李寻等人在当时重提甘忠可之议,哀帝竟采纳了,他下诏宣布改元易号,并颁布了改革的理由:"即位出入三年,灾变数降,日月失度,星辰错谬,高下贸易,大异连仍,盗贼并起,朕甚惧焉,战战兢兢,唯恐陵夷。"这一番表白说穿了,不过是企图通过再次受命来拖延那即将面临的禅代而已!"再受命"后一个月多,由于"亡验"以及一些大臣的反对,哀帝不得不将改元易号的措施"皆蠲除之"(均见《汉书·李寻传》),恢复旧制。这宣布"再受命"然后又自动放弃的波折,几乎等于告诉朝野臣民"禅让"之事的不可避免,于是哀帝本人也对皇朝的祚命不抱希望了,他在委任董贤的册文里援引了唐尧禅让虞舜的文字,并对董贤表示:"吾欲法尧禅舜,何如?"董贤仅二十余岁,无特殊才干,哀帝为何竟要禅位给这样的人物,一直是史家难于解释的怪诞行径,其实,假若认识到当时朝野公认禅让之不可避免的背景,便不难理解哀帝的心理,他对必将禅位的前景不敢怀疑，却又无可奈何，便故意挑选一个不会为舆论所接受的受禅人选，这是对禅让的前景的一种嘲弄，甚至可说是变相的抵制。

西汉一代的学者不论何种派别，在西汉前期与中期都是称赞"汤武革命"，不赞成仿效"尧舜禅让"；到西汉后期受到政治上的压制，多数人不敢提议"禅让"，宁愿回避这个问题；到西汉末期则纷纷放弃"革命"说，改从"禅让"说。他们鼓吹禅让或不反对禅让的理由，是认识到汉朝的衰亡已不可避免，真正有意义的事情不过是在暴烈的"革命"和温和的"禅让"之间进行选择，大家都害怕剧烈的社会动荡，愿意通过不流血的方式来实现权力的转移。刘歆正是在这种背景下，创建了古文经学，编排了有利于重演尧舜禅让故事的帝王世系，并将"五行相胜"的帝王运次改为"五行相生"的运次。他的大部分理论不见容于东汉官方，而"五行相生"的帝王运次与世系却为东汉朝廷所接受，原因即在于当时人们认识到"革命"的残酷和"禅让"的温和。王莽受禅时，在"汉家尧后"一说的前提下，自称是"皇始祖考虞帝之苗裔"（见《汉书·王莽传》），堪称是刘歆学说的实施，这种"禅让"说的实施竟能轻易取得成功，原因也在于朝野舆论先已接受了"禅让必将发生"的结论。

六、从阴阳五行说看齐、鲁、古三派的宇宙构成论、观念论和系统思想

西汉经学家不论属于哪一个流派，都讲阴阳五行。他们所讲的阴阳五行如果用当代哲学的眼光来衡量，究竟有怎样的意义？其通

性如何？因学派而异的分歧在哪里？对这些问题，学界实际上没有产生比较明确的看法，甚至很少有人从中西哲学比较的角度去做认真的研究，只是用"阴阳五行说即相当于宇宙构成论"这样的论断敷衍了事，或是单纯地将阴阳五行说看作是某种系统思想。笔者以为，中国中古哲学形态主要有观念论、宇宙构成论、宇宙发生论和系统思想四种。四种当中，宇宙构成论与宇宙发生论的区分至为重要，过去学界很少有人注意这两种的区别，至少在哲学史的意义上是将宇宙的构成与发生的问题混同看待，笔者在一九八七年提出一种见解，即中国历史上的宇宙论是由宇宙构成论和宇宙发生论两部分组成的，称其为宇宙生成论也许更恰当些（参见拙著《正始玄学》一书，齐鲁书社，一九八七年版）。基于这样的区分，可以推断西汉经学中的阴阳五行说往往表现为三种形态，有时像是某种观念论，有时像是宇宙构成论，有时又像是系统思想。这三种形态往往是交混的，只是在侧重上因学派而异。齐鲁两派都是以阐扬系统思想为主，而齐学的成就大得多，其所以如此，可能是由于齐学一派只是偶然提到观念论问题和宇宙构成论的问题，鲁学一派则在观念论的探讨方面投入了较多的兴趣。古文经学家也在系统思想方面有较多的论述，但由于他们有向过去追溯的倾向，故致力于宇宙构成论的探索，使之趋向于发达。这样来区分齐、鲁、古等学派的思想，当然只是以阴阳五行说为限。下节将说明，若是超出阴阳五行的范围，则应认识到古文经学有一个其他学派所不具备的特点，即热衷于推究宇宙的起源，使宇宙发生论成为儒家学说的重要内容。

在这里，首先应当对齐、鲁、古三派阴阳五行说都是兼讲宇宙构成问题、观念论问题及系统的问题这一点，做出说明。《春秋繁露·五行相生》篇说："天地之气，合而为一，分为阴阳，判为四时，列为五行。"其说阴阳为气，系由天地之气分化而成，乃是战国秦汉时期宇宙构成论的核心内容，这是齐学思想有宇宙构成论的内容的证据。《穀梁传·庄公三年》："独阴不生，独阳不生，独天不生，三合然后生。"这段话的宇宙构成论的意义十分明显，出于《大传》，自然会得到西汉鲁学穀梁家的信从。《汉书·律历志》引刘歆《三统历谱》说："阴阳虽交，不得中不生。"阴阳二气交感生物，是中国古代哲人心目中宇宙构成的基本模式，刘歆采用此说，是古文经学阴阳说有宇宙构成论内容的证据。实际上，阴阳二气交合化生万物的思想，在战国秦汉之际极为流行，其为齐、鲁、古三派的共识，应当说是不足为奇的。

研究齐、鲁、古三派的系统思想，比研究这三派的宇宙构成论的难度稍大一些。从一般的意义上讲，"构成"这一概念的外延似可包容在"系统"的外延之内，而一旦落实到中国思想史的问题上，却不可以轻易地将系统思想与宇宙构成论相混淆。中国古代哲人所说的宇宙构成，是指由阴阳二气这样的质料组合成宇宙间的一切物体或对象；而中国古代的系统思想，却是指木火土金水这样的元素按一定的时空方位组成一个统一体。阴阳二气的结合乃是物理上的，与古代自然科学颇有关联；而五行的组合方式却是人为的，甚至可说是不合自然科学的一种武断的比附。当然，这只是就其事实判断而言，如果从价值判断的角度考虑，再联系特定的历史背景，则五行系统的模式往往有特殊的益处。笔者以阴阳说为中国古代宇宙构成论的典型，是就"阴阳"的"气"的含义上考虑的，如果将"阴阳"的各种引申义一并加以考虑，则应注意"阴阳说"亦有转化为系统思想的可能。在西汉经学思想里，这种转化的可能尤为突出。其转化的方式，即是将"阴阳"的问题化为"五行"的问题。中国古代的五行说一般是关于系统的学说，西汉经学齐、鲁、古三派都讲五行，已可证明这三派的思想都有类似于系统论的内容。而三派所讲的"阴阳"，又往往可分解为"少阴""少阳""太阴""太阳"，分别与五行里的金、木、水、火相比附。例如，《春秋繁露·阴阳终始》和《暖燠孰多》篇以"春夏阳多而阴少，秋冬阳少而阴多"为理由，以"少阴""少阳""太阴""太阳"代表秋、春、冬、夏，并提出"少阳就木""太阳就火"等命题，这证明以董仲舒为主要代表人物的西汉齐学一派所讲的阴阳说有时与五行说一样，都是关于自然界和人类社会的系统的构想。西汉鲁学一派曾选择刘向为主要代表人物参加石渠阁会议，而《汉书·五行志》引述刘向关于《春秋》"木冰"两字的解释，有"木者少阳"一句，证明上述那种将阴阳分解为少阴、少阳、太阴、太阳并与五行比附的说法，是鲁学一派完全同意的。至于古文经学，在这方面表示得也很明确，《汉书·律历志》引述刘歆《钟律书》说，"太阴者，北方"，意味着"水润下"；"太阳者，南方"，意味着"火炎上"；"少阴者，西方"，意味着"金从革"；"少阳者，东方"，意味着"木曲直"；"中央者，阴阳之内"，意味着"土稼穑"。在这当中，"少阴""少阳"等与五行的配合已十分整齐。西汉经学齐、鲁、古三派都将"阴阳"分解并与五行配合，又都将五行看作是五材、五方、五季、五音等配合的图式，那么断定这三派的阴阳五行说都有大量的系统思想的内容，是绝不过分的。

在齐、鲁、古三派的思想里，"阴阳"有时又是抽象的观念。

例如齐学代表作品《春秋繁露·基义》说:"物莫无合,而合各有阴阳。……君臣父子夫妇之义,皆取诸阴阳之道。君为阳,臣为阴;父为阳,子为阴;夫为阳,妻为阴。"汉成帝时杜钦说:"臣者君之阴也,子者父之阴也,妻者夫之阴也,夷狄者中国之阴也。"(见《汉书·杜钦传》)刘向《说苑·辨物》说:"其在鸟,则雄为阳,雌为阴;其在兽,则牡为阳,而牝为阴;其在民,则夫为阳,而妇为阴;其在家,则父为阳,而子为阴;其在国,则君为阳,而臣为阴。"汉哀帝时杜邺说:"男虽贱,各为其家阳;女虽贵,犹为其国阴。"(见《汉书·杜邺传》)刘歆《三统历谱》则将历数、易数、气象、季节、音律等一概"分阴分阳"。初看起来,这里的"阴阳"像是"尊卑"或"主次"的同义语,然而"阴阳"却又稍有实义,"阴阳之道"略有自然界法则的意味,是不可以简单地归结为"尊卑之道"或"主次之道"的。再看一下,"阴阳"有时又给人一种假象,似是"矛盾""辩证"或"对立同一"的意思,然而"阴阳"有较确定的尊卑的意义,似不可用"矛盾的主要方面"一类的命题来概括的。"阴阳"是一种模拟吗?初看起来,它是由山之向阳背阴的意义放大,或是由男女或雌雄的概念推广,但这种解释只有在辞源的意义上才可成立,西汉齐、鲁、古三派经学所讲的"阴阳",可以指代任何事物,却又不限于任何具体事物,它完全是抽象的。汉文帝以后,《周易·系辞传》所谓的"易有太极,是生两仪"已为经学家所熟悉,有时人们将"太极"解释为北极星,有时释为太一或元,不论如何解释,"太极"的抽象程度不应当亚于"两仪",而"两仪"的抽象程度又与阴阳大致相当。假若西汉经学三派从抽象的意义上谈论阴阳,那么他们心目中的太极或太一应当也是抽象的。从这角度上说，应当承认西汉齐、鲁、古三派的阴阳五行说都略有观念论的意味。

经学既是古代宗教思想、政治思想、历史思想、哲学思想及文学艺术思想的混合体，便不会有很强的体系性。在齐、鲁、古三派的思想里，宇宙构成论、观念论、系统思想都是交混的，甚至是杂乱的，若是企图将它们提取出来，孤立地考察和研究，结果未必理想，倒是研究一下经学三派在这三种形态的思想当中有何偏向或侧重，也许更有意义。凑巧的是，齐、鲁、古三派在这三种思想形态当中都有侧重，而且侧重点互有不同。

齐学一派明显地侧重于宇宙系统及社会系统问题的探讨。这一派的学者有时也谈论观念论性质的"元"，但他们在这方面的造诣，完全被他们在系统思想方面的巨大成就掩盖了。齐学一派其所以有这种偏向，当是由于他们热衷于反对"汉承秦制"的状况，希望重建"大一统"的帝国制度。于是，他们将阴阳五行说改造得极为复杂，制造出一种规模惊人的系统模型，其中有两个子系统，即关于整个自然界的系统构想和关于人类社会的系统构想。他们将"天人合一"的问题转化为这两个子系统的关系问题，以其中的自然界的系统（这种系统往往被归结为天的系统）为施控的一方，以人类社会的系统为受控的一方。过去人们所常说的"天人感应"，在这里转化为天人的两个子系统之间的控制与反馈，使天人关系的理论有极为突出的体系性或严密性。齐学一派一方面用这种精致的系统思想来吸引皇帝，以激励皇帝的兴立新秩序的雄心；另一方面又用这系统思想中的"灾异"说、"谴告"说来恐吓皇帝，使之不敢胡作非为，减少个人集权的任意性和独断性。齐学一派承袭了前人的

"阴阳二气化生万物"的思想，构造出一种观念性的元论，采用了具有形上学倾向的思想方法，这些或是为阴阳五行的系统模式提供理论前提，或是为阴阳五行系统模式的构造工作提供方法，都是服从建构阴阳五行系统模式的需要的。

对于齐学一派的注重于阐发阴阳五行系统模式的倾向，鲁学一派没有异议。这种倾向受到西汉皇帝和朝廷大臣的鼓励，适应西汉中叶前后的政治需要，实际上已不仅是某一学派的倾向，几乎可说是当时整个中国上层社会的思潮。鲁学一派的学者们很难置身于这种潮流之外，考察《汉书·五行志》等书所载刘向等鲁学一派的人物的言论，有大量的系统思想内容，如果不仔细分析，很难看出这些言论与董仲舒的言论有何根本性的区别。然而，鲁学一派毕竟是由先秦鲁地儒家学派发展来的，他们绝不会完全地抛弃先秦儒学注重礼仪的传统。他们所喜好的礼仪，大体上是以祭天和祭祖的宗教仪式为核心部分，而这种祭礼又以内心的修养为其不可缺少的条件，因为祭祀上帝和祖先时，内心必须虔诚，思虑必须纯正。祭礼离不开音乐，而音乐的演奏也是为了烘托气氛，使人产生精神超升的感觉。在这种情况下，鲁学一派不论有多么丰富的系统思想，也不能不在他们的作品里表现出内向的性格。汉高祖诛灭项羽之后，举兵围鲁，竟听到城中一片讲论诵习礼乐之声，这是关于鲁学稍具内向性的极好的证明。由于追求内在的超越，鲁学一派遂在构筑宇宙和社会的系统的同时，将治学的重点之一放到观念论方面。讲到这里，使我们不能不想起马王堆帛书中的《要》篇。《要》篇中说：

> 故《易》，又（有）天道焉，而不可以日月生（星）辰尽

称也，故为之以阴阳；又（有）地道焉，不可以水火金土木尽称也，故律之以柔刚；又（有）人道焉，不可以父子君臣夫妇先后尽称也，故要之以上下；又（有）四时之变焉，不可以万勿（物）尽称也，故为之以八卦。

在这里，阴阳、柔刚和八卦都是关于有形的质料的概括，是抽象的"道"，关于这种"天道""地道"和"人道"的学说，无疑具有观念论的性质。本书第六章已说明《要》篇是汉初鲁学一派所传习的典籍，则早期鲁学有观念论内容已是可以肯定的。时至西汉后期，曾代表鲁学一派参加石渠阁会议的刘向编撰了《说苑》一书，以助成帝"观览"。《说苑》主要是由经史诸子选辑而成的，其中夹杂着许多刘向本人的评论，例如《建本》篇中刘向说："善材之幼者，必勤于学问，以修其性。今人诚能砥砺其材，自诚其神明，睹物之应，通道之要，观始卒之端，览无外之境，逍遥乎无方之内，仿佯乎尘埃之外，卓然独立，超然绝世，此上圣之所以游神也。"其说上圣之培养在于"修性""诚明""通道""游神"，显然不能不涉及观念论的境界。《说苑·贵德》中刘向议论云："凡人之性，莫不欲善其德，然而不能为善德者，利败之也。……故为人君者，明贵德而贱利，以道下，下之为恶尚不可止，今隐公贪利而身自渔济上，而行八佾，以此化于国人，国人安得不解于义？"这段议论可说是中国古代义利之辨的重要内容，其中"德""义"与"利"隐约有形上形下之分，而"贵德""尚义"的思想则略有观念论意味。《说苑·谈丛》篇中刘向说："万物得其本者生，百事得其道者成。道之所在，天下归之；德之所在，天下贵之；仁之所在，天下爱之；义之所在，天下畏之。"中国古代的这种"道德仁义"的思想，往往与观念论有着密切联系。综结《说苑》中刘向的这些议论，可以知道西汉后期经学鲁学一派对于帛书《要》的"阴阳刚柔"的观念论思想是充分地继承了的。

考察刘歆《钟律书》《三统历谱》中的阴阳五行思想，与齐鲁两家的阴阳五行说类似，也有明显的系统思想的特色。然而古文经学既有"圣人同祖"的学说，在自然观方面自然会有向上追溯的趋向，而讲宇宙发生论（见本章第八节）。古文经学既有宇宙发生论的内容，在阴阳五行的问题上自然会有宇宙构成论的思想倾向。《汉书·五行志》有一节文字可说明这一点：

> 《春秋》成公十六年："正月，雨，木冰。"刘歆以为上阳施不下通，下阴施不上达，故雨，而木为之冰，雾气寒，木不曲直也。刘向以为冰者阴之盛而水滞者也。木者少阳，贵臣卿大夫之象也。此人将有害，则阴气胁木，木先寒，故得雨而冰也。

关于冰、雹、水、旱，齐学人物如董仲舒等往往单纯地从阴的方面或单纯地从阳的方面来解释，鲁学一派的刘向也是如此，例如《五行志》这段文字所载的刘向说，便是仅以"阴之盛"来解释"冰"的出现。而这里所载的刘歆说则能兼论阴阳，认为"雨"是由于上阳下阴不能通达而出现的。不论我们对刘歆此说如何解释，都不能否认一点，即刘歆此说乃是从阴阳交感的角度来看待气候的变化，而阴阳交感之为宇宙构成论的重要内容，则是毋庸赘述的。

由于史料缺乏，西汉末期古文经学中的宇宙构成论的全貌如何，尚无法论定，不过从王充的情况可以做些推测。王充《论衡》认为万物都是由气构成的，并就此做了较全面的、系统的论述，在宇宙构成论方面有极大的贡献。王充是班彪的学生，班彪曾自述撰写《后传》的宗旨，称赞《左传》和《国语》，不提《公羊》和《穀梁》，又对太史公"崇黄老而薄五经"的做法加以非议（见《后汉书·班彪传》），可见王充的这位老师原是古文经学一派的成员。王充可能还是王莽的同族，他在《自纪》篇里自称祖籍在魏郡元城，而据《汉书·元后传》及《王莽传》，魏郡元城王氏乃是王莽一族的支系，则王充可能与王莽有血缘关系。王充自称是"细族孤门"，可能是在王莽之后家道中衰，再说东汉朝野共视王莽为国贼，王充对于祖籍恐怕只能自贬，避免引人注意。王充的族系和师门都与古文经学有关，他的著作又时时显露出古文经学的见解，例如《论衡·奇怪》驳斥"圣人感生说"，《问孔》贬低孔子，《非韩》将周公推举到齐太公之上，《感类》说周公"功德盛于三王"；又《正说》认为《周礼》优于今文《礼经》，肯定《左传》，抨击《公羊》《穀梁》"有怪异之说"，"非孔子之心"，《案书》认为《春秋》三传"独《左氏传》为近得实"，如此种种，都与古文一派的见解相同。当然，在王充的时代，西汉经学各派的思想主张已发生严重的变异，王充与刘歆的古文经学的关系是很浅薄的，不过仅从这一点关系，已可看出东汉的宇宙构成论的发达，在一定程度上是根源于西汉末期古文经学的阴阳五行学说。

简言之，西汉经学齐、鲁、古三派都讲阴阳五行，其阴阳五行说都兼有观念论、宇宙构成论和系统思想的内容。齐鲁两派都以阐发系统思想为主，其中齐学在系统思想上的成就较大，鲁学则在观念论方面有更多的兴趣；古文经学的阴阳五行说从表面上看也像是以系统思想为主，其实却有着重要的宇宙构成论的思想倾向。比较三派阴阳五行说的同异，齐鲁两派不论思想倾向如何，均无追本溯源的意图；而古文一派提到宇宙构成问题，却是由于他们注重于推究宇宙的起源。关于古文经学的宇宙发生论，将在本章第八节论述，在这里只想指出一点，即今古各派的向上追溯与向下推演的区别，可能与他们在"圣人感生"抑或"同祖"的问题上的分歧有些关联。

七、阴阳构成五行的图式

在中国古代的宇宙构成论当中，最根本的是五行中的木、火、土、金、水如何由阴阳二气合成的问题。这问题落实到"数"的上面，即是五行之数如何由阴阳之数合成的问题。这一问题实为《周易》象数学、《尚书·洪范》五行说及《礼记·月令》五方之数说的共同的疑点，在西汉经学诸问题当中处于极重要的位置。而在西汉齐、鲁、古三派中间，唯有古文经学一派就此提出了一个令后代思想家满意的图式，这就是北宋刘牧所谓的洛书，南宋朱熹和蔡元定所看重的河图。

早在先秦典籍里，已出现了阴阳之数和五行之数的几种类型。《周易·系辞上传》说："天一，地二，天三，地四，天五，地六，天七，地八，天九，地十。"这一节见于马王堆出土的帛书《系辞》，肯定为先秦的学者所写。其中的天地即阴阳或奇偶，奇数为阳，偶数为阴，故而阳数有一、三、五、七、九，阴数有二、四、

六、八、十。关于五行之数，《尚书·洪范》有一规定："一曰水，二曰火，三曰木，四曰金，五曰土。"这种五行的序数即是后人所谓的五行生数。《吕氏春秋》十二纪首章分别指出，春季"盛德在木"，其数八；夏季"盛德在火"，其数七；季夏之后为"中央土"，其数五；秋季"盛德在金"，其数九；冬季"盛德在水"，其数六。这种水六、火七、木八、金九、土十之数，又见于《礼记·月令》和《淮南子》等书，为战国晚期至西汉时期各家学派的共同主张，亦是西汉经学的重要命题。在这水六、火七、木八、金九、土十的数中，每个数都是五行序数加上五而形成的，例如东汉人蔡邕就明确地指出：

> 东方有木三土五，故数八；南方有火二土五，故数七；西方有金四土五，故数九；北方有水一土五，故数六。（见《南齐书·乐志》）

此说虽见于东汉，却可看作是两汉学者的共识，因为这七、九、八、六之数，乃是由"土王四季"的观念而产生的。汉代学者认为土在五行的中央，遍布于五行而无定位，东南西北四个方位分别配合着木三、火二、金四、水一，又都有土五存在，因而四方五行之数便不再仅限于水一、火二、木三、金四，而应当是这四个数与土五之和，亦即水六、火七、木八、金九。不过应当指出，五行序数或生数分别加五，乃是"土王四季"的观念在数字上的体现，未涉及阴数与阳数组合的问题。

从汉成帝时开始进入学界的扬雄是一位智者，他注意到水六、火七、木八、金九之数与水一、火二、木三、金四之数，合起来正是《系辞》所谓的天一、地二、天三、地四、天五、地六、天七、地八、天九、地十。也就是说，五行序数和序数加五而形成的"大数"，都有着阴数与阳数之分。基于这样的认识，扬雄遂将五行的各种数"分阴分阳"，交错结合，构成这样的图式：

> 三八为木，为东方，为春。……四九为金，为西方，为秋。……二七为火，为南方，为夏。……一六为水，为北方，为冬。……五五为土，为中央，为四维。（《太玄数》）

其以"五五为土"，未以"五十为土"，是一种缺陷，因为《系辞》明说"地十"，岂不正好与"地五"相配？由这缺陷可以推测扬雄即是"五五为土"等说法的创始者，正因为是创始者，说法才不够完善。附带指出，《梦溪笔谈》卷七引《黄帝·素问》说："土生数五，成数亦五。"其说"生数""成数"似比扬雄稍晚，因为扬雄尚未使用这两个术语。《黄帝内经》可能有后人掺入的文字，"土生数五，成数亦五"这两句就可能是后人补入的。

到西汉哀平之际，刘歆始将"土十"的概念引入扬雄的图式之中，使之复杂化。为说明这一点，有必要对《汉书·五行志》的一则材料加以分析。《五行志》引《春秋经》说：鲁昭公九年四月，陈国发生了火灾，然后依次引述了齐、鲁、古三派对这次火灾的解释。齐学宗师董仲舒的解释很简单，只是说楚灭陈后，陈人怨恨，"极阴生阳，故致火灾"。鲁学名宿刘向的解释更简单："《春秋》不与蛮夷灭中国，故复书陈火也。"由董、刘之说可以知道，齐鲁两派都没有从"数"和阴阳交合的角度来看待火灾。后起的古文经学的说法便有些复杂了，先请看《五行志》所引《左传》的解说：

郑裨灶曰："五年，陈将复封，封五十二年而遂亡。"子产问其故，对曰："陈，水属也。火，水妃也，而楚所相也。今火出而火陈，逐楚而建陈也。妃以五成，故曰五年。岁五及鹑火，而后陈卒亡，楚克有之，天之道也。"

其中"火，水妃也"一句，似将五行与阴阳相反相成的观念联系了起来；"妃以五成"一句，又似与《周易》《洪范》中的"数"有关。这为后人的发挥提供了余地，而《五行志》引述左氏一派的《说》云：

天以一生水，地以二生火，天以三生木，地以四生金，天以五生土。五位皆以五而合，而阴阳易位，故曰"妃以五成"。然则水之大数六，火七，木八，金九，土十。故水以天一为火二牡，木以天三为土十牡，土以天五为水六牡，火以天七为金四牡，金以天九为木八牡。阳奇为牡，阴耦为妃。故曰："水，火之牡也；火，水妃也。"

这段文字将数分为"阳奇""阴耦"两种，将五行之数看作是阳奇之数与阴耦之数按不同比例的结合。文中"阴阳易位"四字处于关键的位置，其所谓"易位"，是与"本位"对待而言的，而"阴阳本位"是怎样的配合关系，这段文字却没有说明。《左传·昭公九年》"妃以五成，故曰五年"句下，孔颖达疏引郑玄说："天地之气各有五，五行之次，一曰水，天数也；二曰火，地数也；三曰木，天数也；四曰金，地数也；五曰土，天数也。此五者，阴无匹，阳无耦，故又合之，地六为天一匹也，天七为地二耦也，地八为天三匹也，天九为地四耦也，地十为天五匹也。二五阴阳各有合，然后气相得，施化行也。"《周易·系辞传疏》与《礼记·月令疏》也引述了郑玄关于这种阴阳合数的议论，提到"五行气通"，"五行各气并"，其所谓"气并"，是说五行中的木火土金水分别是由阴气与阳气按不同的"数"结合而成的，结合方式是阳数一与阴数六合成水数，阳数七与阴数二合成火数，阳数三与阴数八合成木数，阳数九与阴数四合成金数，阳数五与阴数十合成土数。这种关于阴阳之数合成五行之数的理论，不但比董仲舒以来那种仅限于将五行归结为少阴、少阳、太阴、太阳的理论大为高明，而且比扬雄所构想的"三八为木""四九为金""二七为火""一六为水""五五为土"的图式胜过一筹，以致竟成为中国古代宇宙构成论和象数学的结合点，对后代产生了很大的影响。《汉书·五行志》所引左氏《说》中的"阴阳易位"一句，显然是以郑玄所说的方位为本位，亦即一六合水于北，二七合火于南，三八合木于东，四九合金于西，五十合土于中。在这本位的基础上"易位"，便形成"水以天一为火二牡，木以天三为土十牡，土以天五为水六牡，火以天七为金四牡，金以天九为木八牡"的错综关系。由《五行志》所引的左氏一派的《说》，可以得出一个初步的结论：郑玄所讲的五行生成图式，在班固作《汉书》以前早已问世了。

讲到这里，我们不能不进一步追问：《五行志》所引的左氏一派的《说》，到底是何人的作品呢？考察《五行志》说：

> 汉兴，承秦灭学之后，景、武之世，董仲舒治《公羊春秋》，始推阴阳，为儒者宗。宣、元之后，刘向治《穀梁春秋》，数其祸福，传以《洪范》，与仲舒错。至向子歆治《左氏传》，其《春秋》意亦已乖矣；言《五行传》，又颇不同。是以摭仲舒，别向、歆，传载眭孟、夏侯胜、京房、谷永、李寻之徒所陈行事，讫于王莽，举十二世，以傅《春秋》，著于篇。

文中所举的八个人名，即是《五行志》所引前代文献的主要作者。值得注意的是，这些作者都是王莽居摄以前的人物，而其中"讫于王莽"一句也表明，《五行志》对王莽居摄以后的文献资料一概没有引用，那么上述的议论五行之数的左氏家《说》，当是王莽居摄以前的作品。再看这八个人名，仅刘歆治《左氏春秋》，则上述左氏一派的《说》，主要是出自刘歆之手。此《说》的议论既胜过《太玄数》，必在扬雄作《玄》之后，居摄之前，当时左氏学派尚未定型，代表人物很少，这也有助于证明刘歆即是"一六合水，二七合火，三八合木，四九合金，五十合土"的图式的创始人。

刘歆所创造的这一图式有两种意义：第一，它在中国思想史上，是关于《周易》"五位相得"说、《洪范》五行序数说和《礼记·月令》五方之数说的最佳解释方案，是易学、尚书学和礼学间的通义，有利于使五经之学成为一个统一的思想体系。第二，这一图式是经学思想中宇宙构成论和系统思想的融合体，容易成为后代自然哲学的依据。由于有这两个优点，刘歆所创造的这一图式受到后人的广泛的继承，例如东汉郑玄就系统地论述了这一图式，王弼在《周易大演论》里也稍带发挥地阐述了这一图式，刘牧在北宋宣布这一图式便是著名的洛书，朱熹和蔡元定在南宋宣称这一图式乃是至关重要的河图。古代术数之学往往有在野的或江湖的色彩，而这一五行生成的图式却为历代学院派易学所称道，兼受阴阳术数之学的推崇，如果说它是中国传统思想的结晶，是一点也不过分的。

八、宇宙发生论

在现存史料的基础上，可以确认战国秦汉道家学说和纬书的思想都有许多宇宙发生论的内容，而西汉经学思想里是否也有这样的内容，却是一个尚未论定的问题。现在证实西汉今文齐鲁两家都认为"圣人感生于天"，对于如何考定圣人祖先以及如何编排圣人世系的问题不十分在意；古文经学家则认定"圣人皆有父"而且"同祖"，往往把圣人祖先的确定以及圣人世系的编排当成经学研究的重点，那么，由此可以做一推测，西汉经学之有宇宙发生论的内容可能是由刘歆开始的。刘歆既开创了古文经学，自然会把追本溯源的精神引入经学的宇宙论当中。通过分析刘歆的《三统历谱》，可以证实笔者的这一推测。

在刘歆以前，宇宙发生论出现于道家学说里而未出现于经学里，乃是多数人承认的事实。《老子》说："有物混成，先天地生。"《庄子·大宗师》说："夫道有情有信，无为无形，可传而不可受，可得而不可见，自本自根，未有天地，自古以固存，神鬼神帝，生天生地。"《文子·九守》说："天地未形，窈窈冥冥，浑而为一，寂然清澄，重浊为地，精微为天，离而为四时，分而为阴阳，精气为人，粗气为虫，刚柔相成，万物乃生。"《淮南子·天文训》说："天墬未形，冯冯翼翼，洞洞灟灟，故曰太昭。道始于虚霩，虚霩生宇宙，宇宙生气，气有涯垠，清阳者薄靡而为天，重浊者凝滞而为地。"这些文字都有一种含义，即是探讨天地形成以前为何种状态，以及天地如何由这状态产生等。过去有的学者从形上学的角度进行解释，试图将这里的道与天地的关系解释为逻辑的关系，否认其为时间的关系。其实，逻辑的因果律和时间的关系本就十分密切，古人在直观地看待宇宙时，自然会想到有一种天地从无到有的时间过程，假如他们的道生天地的学说有本体论或形上学的意义，那也是从天地创生或宇宙发生的学说引申出来的。

考察今文经学齐鲁两派以及后氏、戴氏学派的典籍，都没有阐述宇宙发生论的痕迹。他们不讲宇宙发生论，不是缺乏这方面的能力，而是缺乏兴趣。在"天人合一"的思想的前提下，他们既然不注重于追溯圣人族系的来源，又有什么必要去推究自然界的起源呢？有人可能会举出纬书阐述宇宙发生论的事实，来驳斥笔者的看法。其实，纬书是在西汉哀平之际才开始问世的，而那些论述宇宙起源的纬书可能在平帝以后才得以产生。过去学界多以为纬学属今文经学的范围，其实纬书原是独立的，西汉末期的政治预言家制造谶纬的初衷，原本不是预言光武帝的中兴，而是为王莽的扩充权势提供依据，或是推波助澜力促西汉王朝早日崩溃，这样的意图与刘歆创立古文经学的宗旨有些接近，因而在西汉末期，纬书与古文经学并不是直接冲突的。《易纬乾凿度》声称宇宙的形成经历了"未见气""气之始""形之始""质之始"及"浑沦"的阶段，《孝经钩命决》认为天地剖判以前有太易、太初、太始、太素、太极五个阶段，这些理论都可能与刘歆的著述活动有关。

翻阅一下现存的刘歆的文字，可以看到大量的关于阴阳五行及五行之数的系统思想内容，可以看到宇宙构成论和观念论的内容，然而其中最具特色的，恐怕算是对"太极上元"的追溯。《汉书·律历志》所载刘歆《三统历》屡次提到"太极上元"，并且说：

> 上元至伐桀之岁，十四万一千四百八十岁。
>
> 上元至伐纣之岁，十四万二千一百九岁。
>
> 汉高祖皇帝……距上元年十四万三千二十五岁。

这种追溯到"太极上元"的计算乃是刘歆的首创。《三统历》说《四分历》主张"上元至伐桀十三万二千一百一十三岁"，乃是刘歆对《四分历》的归纳，不是说《四分历》原本这样计算过。吕子方先生曾做详细的考辨，力证《四分历》的上元数"是以三统历法所推三统上元数字为基础来推算的"（见吕著《中国科学技术史论文集》，四川人民出版社，一九八三年版，第一二八至一四八页）。这就是说，刘歆竟立足于历法，提出宇宙史长达十四万多年的新说。宇宙史当然要长于人类史，人类史有多少年呢？刘歆《三统历》由秦末往上一一推算，说："凡秦伯五世，四十九岁"；"周凡三十六王，八百六十七岁"，其中春秋时期历时"凡二百四十二年"；殷代"继嗣三十一王，六百二十九岁"；夏代"继世十七王，四百三十二岁"；虞舜仅一世，"即位五十载"；唐尧也仅一世，即位七十载。尧以前的帝王加上共工氏，仅有七位，即便每人都长寿百岁，也只有七百年。由最早的伏羲到"伐桀"或夏代灭亡，最多不过一千二百五十二年，则由太极上元至伏羲初年，仍有十四万余年之久。《三统历谱》说："炮牺继天而王，为百王先"，意谓伏羲以前已不属于人类文明历史的阶段。古人的想法比较简单，缺乏史前考古的手段和人类学的眼光，他们可能想不到人类文明以前的历史比文明史还要漫长，因而绝不会以为十四万余年的历史完全是人类史或史前社会史。相反地，十四万余年的历史在他们看来一定主要是宇宙发生或天地形成的过程，"太极上元"的名称便说明了这一点，因为在古代思想里，"太极"往往被设想成天地形成以前的某种状态，甚至被想象成宇宙的原初状态。由太极上元到"炮牺继天而王"的十四万余年，定是刘歆关于宇宙发生过程的推算。明白了这一点，便可理解纬书的宇宙发生论为何日趋烦琐，例如《孝经钩命决》说：

> 天地未分之前，有太易，有太初，有太始，有太素，有太极，是为五运。形象未分，谓之太易；元气始萌，谓之太初；气形之端，谓之太始；形变有质，谓之太素；质形已具，谓之太极。五气渐变，谓之五运。

如此烦琐地划分宇宙发生过程的阶段，在无法实证的条件下没有很大的意义，而且这种"五运"的理论和刘歆的"太极元气"之说亦有区别。不过我们应当思考一下，纬书的作者为什么要如此不厌其烦地向上追溯呢？其原因至少有两个：第一，刘歆开启了注重于在自然哲学方面追本溯源的风气，致使宇宙发生论趋向于复杂化；第二，刘歆认为在"炮牺继天而王"之前已有十四万余年的历史，后来的学者对这漫长的宇宙史过程自然要分出许多的阶段。

在刘歆以前，今文齐学一派已从先秦道家学说里吸收了许多营养，只是对先秦道家的宇宙发生论未予足够的重视。到西汉中叶，齐鲁两家忙于构筑"圣人感生于天"的理论体系，致力于阴阳五行说的系统化和神秘化，未留意于宇宙起源的问题。与儒家学派分庭抗礼的道家学派在这时却更注重于宇宙发生论的探索，例如淮南王的以道家为主体的宾客们，便从天体演化和天文星象的角度入手，取得了很大的成就。到西汉哀平之际，道家处于受排斥的地位，自然乐于同经学里的异端派别进行沟通；刘歆等人在构筑古文经学体系时，由于主张"圣人同祖"，故而倾向于在自然哲学领域追本溯源，也乐于对道家宇宙发生论进行参考和融摄。宇宙发生论之成为经学思想内容，就是这样实现的。附带指出，宇宙发生论的问题不是汉代今古文经学的分歧焦点，对于古文经学和纬学在这方面的主张，今文各派至少是未加严厉的批评，甚至可能乐于悄悄地接受，例如《白虎通》引述了《易纬》关于"太初""太始"的议论，可能在一定程度上反映了白虎观会议上经学各派的共识。

第八章
西汉经学的衰变

一、引言

　　自西汉平帝元始五年（公元 5 年）起，不断有"符命"问世。"符命"即"天命之符"或"圣王受命之符"，亦即皇天上帝诏命的凭据。由于"符命"一般采用预言的形式，故有"谶记""谶录""谶言""谶书"等名称。与谶书的出现约略同时，又有大量据说是出自古代圣人的作品被制造出来，这些作品一般依附于五经，故有"纬""七经纬""纬书"等名目。在新莽和东汉时期，谶纬赢得朝廷的尊崇，谶书的权威超过了五经和《论语》，纬书的权威超过了汉代人的传、说、记和章句，于是经学各派纷纷根据谶书删削其典籍，修正其学说，并大量吸收纬书的思想。经过这样的变故，经学已面目全非，变成了与董仲舒公羊学或刘向穀梁学不同的学问。或者说，新莽和东汉时期盛行的经学，已不再是西汉官方所尊崇的那种经学了。

　　在这里，谶和纬的同异，是个重要的技术性问题。过去学界流行有"纬纯谶驳"的评语，亦有谶纬"异名同实"的论断。笔者以为，就其著作本身而言，谶书用了"经"的形式，纬书则是经书的辅助性文献；就其出处而言，谶书多假称是天帝诏命之符，纬书则伪托是古代圣人的作品；就其思想内容而言，谶书多是关于改朝换代的充满神秘色彩的预言，纬书则多少有些自然科学和哲学方面的思想。就其思想价值而论，则纬胜于谶；就其历史影响而论，则谶胜于纬。

谶纬在两汉之交以及东汉时期究竟有何种地位，是研究西汉经学时不能回避的另一个问题。我们知道，假若将纬书置而不论，则应承认谶书一般有双重的性格：第一，它往往缺乏逻辑的严密性和思想的抽象性，只是一些随意编造的预言，其作者多是文化层次较低的方士，或是民间的政治预言家和野心家等；第二，谶书按其作者的期望，应是极具权威的，因为这种书一般假托是天帝的启示，而天帝启示在中古时期的思想界自然应当有至高无上的地位。由于有这两重性格，谶书的价值及其影响力便会有极大的伸缩性，假若这些书没有得到朝廷的认可，在经学家的眼中便会是一堆垃圾；假若这些书得到了当时官方的尊崇，影响力便会凌驾于五经之上，因为帝王卿相尊崇谶书意味着朝野学人必须承认这是上帝的信符，比五经之出于圣人自然要大大地超过了。可悲的是，谶书在西汉末期至王莽时期恰是极受尊崇的。

谶书兴盛的历史，约始于西汉平帝元始五年，当时朝廷大量征集熟悉谶书的学者，正式承认新出现的"符命"，由执政的王莽在奏疏里加以引述。在这之后，谶书接连不断地产生，不断地被当作王莽权位上升的依据。到新莽始建国元年（公元9年），王莽组织学者将朝廷所尊崇的谶书整理成册，共四十二篇，题为"符命"，派人向全国各地公布，使谶书的兴盛臻于顶点。到始建国二年，始有朝臣抨击"争为符命封侯"的风气，王莽遂对《符命》四十二篇以外的谶书加以限制。东汉桓谭等人抨击图谶，即是王莽时的批评意见的延续。而在始建国二年以前，经学齐、鲁、古等派系均未提出反对谶书的意见，当时社会上弥漫着崇信谶书的狂热气氛，经学家自然也未能免俗。既然当时经学各派没有对谶书加以有力的抵制，既然官方的承认意味着谶书成为法定的天帝启示和诏命的信物，那么不可避免的结论便是，谶书在元始五年至新莽时期对经学的影响，一定大于同时期的经学对谶书的影响。至于纬书，由于是法定的古代圣人的作品，它对西汉以后的传、说、记以及章句之学的影响，也应超过同时期的传、说、记以及章句对纬书的影响。

这种影响落实在经学著作系统上面，便是章句的"减省"和"改定"。在元始五年，王莽将原来的五经博士制度改为六经博士制度，征集大量谶纬学者来纠正经学中的"乖缪"，统一经学各派的"异说"。其纠正和统一的办法，是将五经章句中与谶纬相抵触的文字一律删去，"省五经章句皆为二十万"。这次修改和整理工作，大概到始建国元年以后才得以完成。新莽灭亡以后，东汉光武帝没有沿袭王莽的六经博士制度，恢复了元始五年以前的五经博士制度，大概使元始五年以前的一些章句之作重新得到采用，于是东汉儒臣纷纷"减省章句"，"改定章句"，这种"减省"和"改定"的工作从一定程度上说乃是王莽时期"省五经章句皆为二十万"的举措的重复，只是在一点上有所不同，即王莽时"省五经章句"所依据的谶纬都是有利于王莽居摄和即真的；而东汉人"减省章句"所依据的谶纬，都是有助于光武帝的受命与中兴的。

经过元始五年至新莽时期的"省五经章句"和东汉时期的"减省章句",经学已面目全非,不再是西汉时期的那种经学了。也即是说,西汉经学自元始五年起,进入了衰变的阶段。

二、高于五经的谶书和超乎传记的纬书

现在研究谶纬的学者,已将谶纬的起源上溯到战国时代的邹衍,并认为秦汉方士的作品多属于谶纬之类。这种做法也许是正确的,然而对经学的研究工作并无很大的意义,因为与经学密切相关的乃是定型的谶纬,亦即王莽时的《符命》四十二篇和东汉时期的《河图》九篇、《洛书》六篇及《七经纬》等。在这里,《符命》《河图》《洛书》都是谶书,《七经纬》是纬书,两者有很大的不同。谶书一般假托为天帝诏命的凭据,往往出自社会中下层的政治预言家和煽动家之手,文化层次较低,容易受官方经学家的轻视。假若在文化领域里竟出现谶书影响经学的情况,那一定是由于谶书之出自天帝这一狂妄的论断赢得了朝廷的认可,而这种荒唐的事情在新莽时期和东汉时期都发生过。至于纬书,一般假托为圣人所作,理论造诣较之谶书稍高些,在新莽和东汉时期的学术地位仅次于五经、《孝经》和《论语》,高于相传是出于贤人的传、说、记和章句。现在的学者多重视纬书,其实在新莽和东汉时期,谶书对经学的影响是纬书所不能比拟的。

谶书和纬书的这种区别,首先体现在书名上。《说文解字》说:"谶,验也,有征验之书。"东汉张衡也说:"立言于前,有征于后,故智者贵焉,谓之谶书。"(见《后汉书》本传)这说明谶书乃是一种得到验证的预言。《释名》说:"纬,围也,反复围绕以成经也。"

这说明纬书是与经书相辅相成的。纬书依附于经，谶书则与经书无直接关联，这里的差别已是很大。再看谶、纬的具体书名，更是泾渭分明，例如《隋书·经籍志》说：

> 其书出于前汉，有《河图》九篇、《洛书》六篇，云自黄帝至周文王所受本文；又别有三十篇，云自初起至于孔子，九圣之所增演，以广其意。又有《七经纬》三十六篇，并云孔子所作，并前合为八十一篇。而又有《尚书中候》《洛罪级》《五行传》《诗推度灾》《氾历枢》《含神雾》《孝经勾命决》《援神契》《杂谶》等书。

其中《河图》《洛书》共四十五篇，即所谓"谶"，《说文解字》说："河、洛所出书曰谶。"《文选·思玄赋》注引《苍颉篇》说："谶，河洛书也。"都证明《河图》《洛书》四十五篇即东汉官方学者整编的谶书的集成。而《七经纬》三十六篇之为"纬"，显然无须证明。另外，东汉张衡说："河洛六艺，篇录已定"，李贤注说："《衡集》上事云：'河洛五九，六艺四九'，谓八十一篇也。"（《后汉书·张衡传注》）张衡的这部佚失很久的文集所谓的"河洛五九"，即《河图》《洛书》四十五篇；其所谓"六艺四九"，即《七经纬》三十六篇。张衡以"河洛""六艺"对文，显示出东汉人对谶类书籍和纬类书籍是严格区分的。现在已知谶书名目有《春秋谶》《诗谶》《论语比考谶》《论语撰考谶》《孝经中黄谶》《孔老谶》等，给人一种谶书似也附经的假象，其实这都是《隋志》所谓的"杂谶"，在汉代"河洛五九"之外，是"河洛五九"以后的学者所附益的。

这种纬书附经而谶书却独立的情况，颇值得玩味，谶书的制作完全是随意的，为何不懂得依附五经的便利呢？问题的答案很简单，谶书本身在它的制作者看来即为经书，依附五经乃是赘举。例如《后汉书·桓谭传》记载，桓谭对光武帝"极言谶之非经"，其中的"经"字绝非泛泛之言，因为这个字是与纬字相对待的，"纬"字又是与"谶"字对待的，桓谭因"极言谶之非经"而被光武帝加之以"非圣无法"的罪名，可见谶书在汉光武帝眼里乃是不同于五经的经书。在汉哀帝时，甘忠可撰作了《包元经》《太平经》（见《汉书·李寻传》），这些"经"在汉平帝以后一直保存在皇家图书馆里，王莽在居摄三年称其为"甘忠可、夏贺良谶书"（见《汉书·王莽传》），则谶书在当时可能已有"经"的地位。

关于谶书地位的问题，可由传说中的谶书作者而得到说明。《隋志》说《河图》九篇与《洛书》六篇"云自黄帝至周文王所受本文"，另有三十篇"云自初起至于孔子"，这种依托圣人的做法可能是后起的，因为汉代人所谓的"河图""洛书"原是来自天上，不可能是人间的作品。孔子说："凤鸟不至，河不出图，吾已矣夫！"郑玄《周易注》引《春秋纬》说："河以通乾，出天苞；洛以流坤，吐地符。"其他学派作品如《墨子·非攻》说："天命周文王代殷有国，泰颠来宾，河出绿图，地出乘黄。"《管子·小匡》说："昔人之受命者，龙龟假，河出图，雒（洛）出书，地出乘黄。"东汉张衡《东京赋》说："龙图授羲，龟书畀姒。"《尚书·洪范》孔传说："天与禹，洛出书，神龟负文而出，列于背，有数至于九。禹遂因而第之，以成九类。"战国秦汉学者几乎公认河图、洛书是上天使圣人受命的符瑞，圣人只是图、书的承受者，不是赐予者，其真正的赐予者乃是皇天上帝。假若汉代学者当真像《隋志》所介绍的那样，以为图书得自古代圣王的传授，那么这些圣王在他们看来也只是传授者，不是作者，与"圣人作其经"的情况有所不同。若是河图、洛书在汉代被公认是直接地出自上帝的赐予，其学术地位便会超过相传是出自圣人的五经。但这可能吗？

相当河图、洛书的文献或名为"谶"，或名为"符"。"符"即"符命"，亦即上天诏命的征兆或凭据。这种符命在刚出现时，往往表现为某种预言，因而又可称其为"谶言""谶记""谶录""谶书"等。《汉书·王莽传》详细记载了平帝元始五年以后谶书或符命不断出现的历史，例如《传》中于元始五年十二月之下有云：

> 是月，前辉光谢嚣奏：武功长孟通浚井，得白石，上圆下方，有丹书著石，文曰："告安汉公莽为皇帝。"符命之起，自此始矣。

这就是元后所谓的"丹书之符"。元后故意地将这道符命中的"为皇帝"三字曲解为"摄行皇帝之事"（同上），于是经群臣附和，王莽遂上升到"居摄"的地位，在祭祀群神时要自称为"假皇帝"，臣民则称其为"摄皇帝"，改元为居摄元年。这道符命即是"谶"，例如《赤伏符》为"受命之符"，光武帝即位告祭天帝时的祝文却称其为"谶记"，即为明证。而《王莽传》称"符命之起，自此始矣"，意谓谶书受到官方尊崇并对经学造成影响，是从元始五年十二月开始的。

时至居摄三年，又有两道重要的符命出现，第一次是刘京奏称齐郡临淄县昌兴亭的亭长辛当梦见一件奇事，他梦见有人对他说：

> 吾，天公使也。天公使我告亭长曰："摄皇帝当为真。"即不信我，此亭中当有新井。

亭长早晨醒来，到亭中查验，果然看到一口新井，深达百尺。王莽立即将此事上奏给太后，请求以此为根据，在臣民面前只称"皇帝"，去掉"摄皇帝"中的"摄"字。而在上帝群神、太皇太后、孝平皇后面前，王莽仍须自称"假皇帝"。王莽在奏文里详细引述了这道符命的内容（见《汉书·王莽传》），用孔子"畏天命"的名言来表达对这符命的虔敬态度，试问当时的经学家怎么敢加以怀疑或不予理睬呢？

王莽去掉了"摄"字，改元为"初始"。未过一年，一道新的符命又出现了。据《汉书·王莽传》所载，梓潼县有一姓名为哀章的人，喜欢吹嘘，竟制造一个铜柜，内盛一图一书，图名"天帝行玺金匮图"，书名"赤帝行玺某传予黄帝金策书"，书中有两句使当时人触目惊心的话：

> 王莽为真天子，皇太后如天命。

哀章特地穿上黄衣，将这铜柜送到太祖高帝庙，交付那里的仆射，仆射当然不敢怠慢，立即向上报告，王莽知道后，竟亲自赶往高帝庙去接受这铜柜，在接受时还实行了跪拜的礼节，然后就以铜柜里的图、书为依据，宣布："即真天子位，定有天下之号曰新。"王莽在书文中称此图书为"符契图文"和"金匮策书"，说是"皇天上帝隆显大佑，成命统序"，"神明诏告"，公开承认其为天帝的意旨，并为天帝直接的启示。

王莽失败以后，汉光武帝重复了这一套接受符命的把戏，例如《后汉书·光武帝纪》记载，建武元年，刘秀得到赤伏符，其中说："刘秀发兵捕不道，四夷云集龙斗野，四七之际火为主。"于是群臣上奏说这是"受命之符"，拥戴刘秀即皇帝位，并在告祭天帝的祝文里申诉了即位的理由："皇天大命，不可稽留。"意谓赤伏符竟是"皇天大命"的显示。建武三十二年（公元56年），光武帝举行了封禅大典，先在泰山刻石，依次征引《河图赤伏符》《河图会昌符》《河图合古篇》《河图提刘子》《雒书甄耀度》《孝经钩命决》中的文字，作为受命的依据。其以谶书分别归入河图、雒（洛）书的门类，当是建武元年至三十二年之间整理谶书的结果。封禅之后数月，"宣布图谶于天下"（见《光武帝纪》），所宣布的图谶即是经过整编的谶书。在中古时代，祭天的祝文的神圣意味远超过皇帝的诏命，光武帝不但将谶书向百姓宣布，而且对上帝称引，则谶书在当时的文化领域享有何等崇高的地位，已是不难想象的了。

在天帝崇拜与圣王崇拜的时代，一部著作拥有多高的权威，往往取决于它的作者的身份。符命一类的谶书被西汉末期、王莽时期和东汉时期的朝廷宣布为上帝诏命的凭据，这些书的身价在当时一定会超过五经。《汉书·王莽传》所记载的一件事有助于说明这一点，即在居摄三年，王莽奏请元后注意刘京等人所发现的符命，然后在奏文里引述《尚书》和《春秋》的文字，结论是："孔子曰：

'畏天命，畏大人，畏圣人之言。'臣莽敢不承用！"其所谓"圣人之言"即指《尚书》《春秋》里的有关文字，其所谓"天命"则体现于符命或谶书。谶书与五经的关系即相当于天命与圣人的关系，试问圣人怎么可以同皇天上帝相提并论呢？

纬书在汉代的权威自然是在五经以下的，不过在王莽时期和东汉时期，纬书不会逊于西汉经学家所写的大传、说、记与章句。《后汉书·方术传》李贤注说，东汉流传的"七纬"包括《易纬》《书纬》《诗纬》《礼纬》《乐纬》《孝经纬》《春秋纬》七种，其中《易纬》有《乾凿度》《稽览图》《坤灵图》《通卦验》《是类谋》《辨终备》六部，现存的《易纬乾坤凿度》题云："庖羲氏先文，公孙轩辕氏演古籀文，苍颉修为上下篇。"其称为伏羲、黄帝（轩辕）所作，当然是假托，然而这假托若是得到新莽或东汉朝廷的承认，便成为一件非同小可的事，因为伏羲和黄帝所作的书，是绝不能低于《诗经》《尚书》《礼经》和《春秋》的。《易纬》和其他纬书有时假托于孔子，东汉王充、郑玄等人都承认有些纬书出自孔子之手，显示出纬之出于孔子是得到当时学界多数学者承认的。而一旦公认是孔子的作品，便不能不与相传是孔子所作的《春秋》和《周易大传》并列起来，为伏生《尚书大传》、董仲舒《春秋繁露》等著作所不及。大体上看，谶纬合起来，在新莽和东汉时的地位一定超过西汉经学家的任何著作，甚至可能超过五经。

明白了这一点，便可以做一估计，假若西汉经学中的传、说、记、章句等书与谶纬发生了冲突，朝廷绝不会安排人去修改谶纬，倒是今古各派学者不得不修正或曲解这些传、说、记和章句，以求应合谶纬的说法。也就是说，谶纬对经学的影响，竟大于经学对谶纬的影响。

三、西汉今古文经学的剧变

在西汉平帝元始五年正月，亦即王莽居摄的前一年，朝廷在王莽主持下，大量征集研究图谶的学者，以谶书为准绳，纠正经学的乖谬和异说，规定必须将五经章句加以大幅度的压缩和修改，致使经学今古两派的学说发生剧变。从这时起，经学史演进到屈从谶纬的东汉经学时期。

谈起西汉经学的变化，首先应注意当时五经解释性著作系统的变更。在汉代，这种变更首先意味着章句的增减与修订。约在西汉宣帝时期，章句开始成为解经著作形式的重要的一种，当时尚书学始有夏侯建所编撰的章句，易学始有施、孟、梁丘三家的《章句》，《春秋》穀梁学则有尹更始所撰的《章句》。自宣帝至哀帝期间，章句有增无减，例如哀帝时《尚书》小夏侯一派的丁恭"增师法至百万言"（《汉书·儒林传》）。《礼》后氏一派增加了二戴《礼记》，这与章句的增加有密切的关联。到平帝元始五年以后，情况有了根本性的变化。《论衡·效力》篇说："王莽之时，省五经章句皆为二十万。"汉光武帝中元元年诏称"五经章句烦多"，要组织学者"减省"；汉明帝永平元年，樊儵建议"使诸儒共正经义"（并见《后汉书·章帝纪》）；东汉章帝、和帝年间，杨终"著《春秋外传》十二篇，改定章句十五万言"（《后汉书·杨终传》）。大致上说，以西汉平帝元始五年为转折点，经学的章句有一个从急剧增加到大幅度减少的演变过程，这一过程堪为两汉经学史的缩影。

在这里，应注意东汉官方学者的"减省章句"，乃是关于王莽时期同类措施的模仿。这种"减省章句"的重复，又以王莽以前的官方儒学的一度恢复为前提。在王莽当政以前，官方有五经博士，一共十三家，包括《周易》施、孟、梁丘、京氏四家，《尚书》欧阳、大小夏侯三家，《诗经》鲁、齐、韩三家，《礼经》后氏一家，《春秋》公羊、穀梁二家。到平帝元始四年至五年之间，增立《乐经》，设有六经博士，每经五人，是为"三十博士"的体制。光武中兴以后，又恢复王莽以前的旧制，此即《后汉书·儒林传序》所说的："及光武中兴，爱好经术，未及下车，而先访儒雅，……于是立五经博士，各以家法教授，《易》有施、孟、梁丘、京氏，《尚书》欧阳、大小夏侯，《诗》齐、鲁、韩，《礼》大小戴，《春秋》严、颜，凡十四博士，太常差次总领焉。"东汉光武帝既然没有沿袭王莽制定的六经博士制度，恢复王莽以前的五经博士制度，那么在经书的解释性著作系统方面，自然不会采用王莽时"省五经章句皆为二十万"而形成的章句系统，而定要恢复王莽以前的章句系统。在这之后，学者认识到王莽"省五经章句皆为二十万"的措施是合乎当时现实需要的，便又将这"减省"的工作重做了一遍，例如光武帝建武年间，伏恭在《齐诗》章句方面"省减浮辞，定为二十万言"（《后汉书·儒林传》），即是在一定程度上重复了王莽时的"省五经章句皆为二十万"的措施。

这种减省的幅度是很大的，因为王莽以前的章句往往多达百万言，减省为二十万，几乎是五去其四。删削如此之大，必然引起经义的改变。而考察东汉时的"减省章句"，确实是"改定章句"的同义语，例如东汉光武帝中元元年诏书批评"五经章句烦多"，"议欲减省"，两年之后，亦即明帝永平元年，樊儵建议将光武帝的计划"施行","施行"的办法是"使诸儒共正经义"（均见《后汉书·章帝纪》），其所谓"正经义"实即"减省章句"的意义所在。"正经义"的准绳是什么呢？《后汉书·樊儵传》记载，樊儵在明帝永平元年曾"以谶记正五经异说"；《隋书·经籍志》记载，东汉明帝诏使东平王"正五经章句"，"正"的意思是"皆命从谶"，这都表明"正经义"的宗旨是要使经义与谶书保持一致。王莽以前的五经章句在东汉初期立于学官，与当时官方尊崇的谶纬发生了抵触，修改谶纬以适应经说固然是光武帝所不允许的，修改五经章句以适应谶纬也有失经师的脸面，于是一种迂回的办法被想了出来，五经章句不是很烦杂吗？以"减省"的名义删去其中与谶纬不合的文字，便万事大吉了。辨明这一点，就不会奇怪《后汉书》为何多有"改定章句"的记载，例如《儒林传》说伏黯"明《齐诗》，改定章句"，《杨终传》说终"著《春秋外传》十二篇，改定章句"，其中"改定"即根据谶纬大量删减章句的文字。

"减省章句"即依据谶纬"改定章句"这一论断，不但在东汉经学研究领域可以成立，在王莽时期经学研究领域亦可成立。《汉书·王莽传》记载：

> 是岁（元始四年底），莽奏起明堂、辟雍、灵台，为学者筑舍万区，作市、常满仓，制度甚盛。立《乐经》，益博士员，经各五人。征天下通一艺教授十一人以上，及有《逸礼》、《古书》、《毛诗》、《周官》、《尔雅》、天文、图谶、钟律、月令、兵法、《史篇》文字，通知其意者，皆诣公交车。网罗天下异能之士，至者前后千数，皆令记说廷中，将令正乖缪，壹异

说云。

这些事件在《平帝纪》都载于元始五年正月，当是在元始四年之末发起动议，在元始五年之初付诸实施。细读这项记载，有一矛盾之处：王莽征集了上千名"异能之士"，理应导致"异说"的增多，为何却以"壹异说"为鹄的呢？考虑到这些"异能之士"有大量的精通"图谶"的方士掺杂其间，便可明白"壹异说"的主体乃是谶纬的支持者，"异说"乃是经学内部的分歧。经学内部不是有齐学、鲁学之分吗？古文经学不是与齐鲁两家不同吗？这些学派之间的分歧是需要统一的，统一的标准便是直接支持王莽"居摄"和"即真"的谶记以及纬书。有趣的是，王莽设置六经博士三十人，体制已有很大的改动。博士制度的变化必然牵连到经义章句的变化，这就涉及《论衡·效力》的记载：

王莽之时，省五经章句皆为二十万。博士弟子郭路夜定旧说，死于烛下，精思不任，绝脉气灭也。

其所谓"夜定旧说"犹如东汉人的"改定章句"，亦即"减省章句"。在王莽时期，这种"改定""减省"含有"正乖缪""壹异说"的意义，"正""壹"的根据便是王莽时的谶纬。由于王莽时的谶纬多数是为王莽创立新朝的政治目的服务的，东汉初期的谶纬则是为光武中兴作鼓吹的，那么可以肯定王莽的"减省章句""正乖谬""壹异说"与东汉时期朝廷的宗旨相反，东汉儒生不得不将这种"减省章句"的工作重新做一遍。

王莽规定根据谶纬来"减省五经章句",乃是针对官方齐鲁诸家经学而作的改革。其改革的结果,自然会引起官方经学的剧烈变化。实际上,因谶纬而发生的变化,早已是今文经学内部争论的焦点了。例如《汉书·李寻传》记载,成帝时,齐人甘忠可诈造《天官历》《包元经》《太平经》等书,宣扬"汉家逢天地之大终,当更受命于天",鲁学一派的刘向上奏说这是"假鬼神罔上惑众",致使甘忠可病死狱中。哀帝时,李寻支持甘忠可的弟子夏贺良等人,一度推行"再受命"的改革。李寻是《尚书》小夏侯氏学的代表人物,为夏侯建的再传弟子。而他所支持的甘忠可著作,在后人看来即为谶书,例如居摄三年王莽奏称:"甘忠可、夏贺良谶书藏兰台",即为其证。李寻之拥护甘忠可说,表明汉哀帝时谶纬思想已渗透到官方今文经学之中,只不过这种渗透遭到多数今文经学家的抵制,致使李寻的改革以失败和流放告终。而王莽之肯定甘忠可谶书,尊崇谶记符命,当作"减省章句"的准绳,必然导致今文经学发生根本性的变化。《白虎通》所反映的东汉今文经学与西汉今文经学截然不同,今文经学由西汉阶段向东汉阶段的过渡,正是从元始五年王莽之正式承认符命为起点的。

过去学界曾盛行古文经学反对谶纬的说法,笔者在过去也曾倾向于这样来看待古文经学和谶纬的关系。然而《后汉书·方术传序》中的几句话显示出这种看法是不够全面的,这几句话是:

郑兴、贾逵以附同称显,桓谭、尹敏以乖忤沦败,自是习为内学,尚奇文,贵异数,不乏于时矣。

考察《后汉书》中郑、贾诸人的传记，与这成败的论断大致相合，例如桓谭"尤好古学，数从刘歆、扬雄辩析疑异"，后因在光武帝面前极言"谶之非经"，险些被斩，因"叩头流血"才得幸免，由此被贬为六安郡丞的小官，在赴任的路上病死。尹敏"受古文"，传习《毛诗》《左氏春秋》，由于在光武帝面前抨击谶书"非圣人所作"，故意"增损图书"以表示对谶书的轻蔑，竟致"沉滞"。贾逵之学出自刘歆等人，兼学《左氏春秋》、古文《尚书》、《毛诗》、《周官》，曾站在谶纬的立场上为古文经学辩护，声称"《左氏》与图谶合"，于是屡次取得学术上的成功。早于贾逵的郑兴，因自称"不为谶"而遭到斥责，又因自称对谶书"无所非"才得免祸。这些人的荣辱穷达，正如《贾逵传赞》所说："桓谭以不善谶流亡，郑兴以逊辞仅免，贾逵能附会文致，最差贵显。"在东汉古文经学传系里，桓谭、尹敏不过是偶然出现的异端人物，贾逵却有宗师的身份。确切地说，东汉古文经学是由贾逵代表的，不是由桓谭和尹敏代表的。从贾逵的情况可以知道，东汉古文经学由于朝廷的压力，趋向于同谶纬合流，而不是同谶纬分庭抗礼。

　　刘歆以及西汉末期的其他一些古文经学家是否反对谶纬呢？也不是。《汉书·楚元王传》说：

　　　　初，歆以建平元年改名秀，字颖叔云。

　　东汉应劭说，刘歆改名刘秀是因为《赤伏符》有"刘秀发兵捕不道"之语，动机在于应谶。今按建平元年为哀帝建号改元之年，哀帝名欣，荀悦说："讳欣之字曰喜。"而刘歆的"歆"字常与

"欣"字通用，例如《国语·周语》韦昭注说："歆犹欣。"《诗经·生民》："履帝武敏歆"，郑笺释"歆"为"歆歆然"，即"歆""欣"通用之例。汉代人避哀帝讳本不严格，然而刘歆为宗室中人，为哀帝所熟悉，其名稍触哀帝名讳这一点，对于接近皇帝和陈述意见多有不便，故于建平元年改名为刘秀。应劭说刘歆改名是为应合《赤伏符》，是颠倒了刘歆与符命的关系。在哀帝初年，刘歆希图成为近幸，哪里敢有应谶受命的非分之想！倒是新莽时期的政治煽动家有可能希望利用刘歆的身份地位，来达到推翻王莽的目的，因为刘歆出自宗室，为宿儒重臣，这在当时是号召起事的极好的条件。据《王莽传》所载，刘歆在新朝地皇四年阴谋发动政变，失败自杀。其阴谋的酝酿，是在地皇四年前后，道士西门君惠根据"天文谶记"，指出：

星孛扫宫室，刘氏当复兴，国师公姓名是也。

所谓"国师公"即刘歆，"国师公姓名是也"，即指《赤伏符》有"刘秀"姓名。造符时众人皆知刘秀是国师嘉信公，不知刘秀乃是起义军将领，因为光武帝刘秀乃刘演之弟，当时刘演为众望所归的义军领袖，尚未遇害，其弟刘秀名声不显，怎么会有人为刘演之弟制作谶语？这样看来，《赤伏符》最初原是为刘歆制造的。当时刘歆在关中长安，光武帝在南方，《赤伏符》是由强华由关中带出的，这表明《赤伏符》的作者是长安人，其作符的初衷是拥戴在长安朝廷中位高势重的国师嘉信公刘秀，而不是支持南方义军中的年轻将领刘秀。刘歆的支持者多是喜好古文经典的人，这种人物以谶书支持刘歆，表明谶纬和古文经学曾有过亲近的关系。另外，新朝始建国二年十一月，王莽说：

> 嘉新公国师以符命为予四辅，明德侯刘龚、率礼侯刘嘉等凡三十二人皆知天命，或献天符，或贡昌言，或捕告反虏，厥功茂焉。

嘉新公即刘歆爵号，刘歆在始建国元年受封为嘉新公，在四年之后改封号为嘉信公。他受封的缘由，是"按金匮"，与王舜、平晏、哀章并列为四辅（《王莽传》），"金匮"即哀章所献的铜柜，其中的《金策书》和《金匮图》都写有"大臣八人"，加上王兴、王盛和哀章本人，"凡为十一人，皆署官爵，为辅佐"，这十一人包括"四辅"，规定刘歆为四辅之一。这样看来，刘歆在新朝的富贵，也是与"符命"或谶书有关的。

王莽当政时期崇信符命的风气极盛，几乎超过东汉。而当符命谶书的兴盛达到顶点时，王莽又加以限制，其变化的戏剧性亦超过东汉。大致上说，谶书在元始五年被王莽立于学官，成为改定或减省五经章句的准绳，这是谶纬受到官方尊崇的起点。同年十二月便有白石丹书问世，即如《王莽传》所云："符命之起，自此始矣。"到始建国元年秋季，派遣五威将王奇等十二人公布《符命》于天下，其中包括"德祥五事，符命二十五，福应十二，凡四十二篇"（《王莽传》），内容复杂，为"上帝之心""上天之威"的凭证，使谶书受尊崇的程度达到顶点。到始建国二年，民间的野心家见到伪造符命的人都做了大官，便"争为符命封侯"（《王莽传》），使陈崇等人意识到："此开奸臣作福之路，而乱天命。宜绝其原！"王莽于是宣布，各种谶书只要不在已公布的《符命》四十二篇之内，都要禁止，宣扬者"皆下狱"（出处并同上），使谶书数目急剧增加的势头暂得扼制。东汉桓谭、郑兴、张衡等人抨击谶纬，实即陈崇等人的主张的延续。而在陈崇之前，朝野臣民对于符命谶书普遍持相信和支持的态度，经学齐、鲁、古三派都不例外，仅太皇太后偶有怀疑，少数刘氏族人进行过抵制。在这尊崇谶纬的风气的感染之下，经学不再是昔日的经学，西汉经学齐、鲁、古及后氏礼一派的学说，从实质上看已衰落乃至消亡了。

结　论

　　以上八章，依次论述了西汉经学的来源、著述形式、流派、分期、思想和衰变等等，并就西汉经学中的礼学、易学和春秋学的很多问题做了考辨和研究。今试综结八章的内容，做出以下五点结论：

　　第一，西汉经学有两个重要的转折点，第一个是在汉武帝建元五年（公元前 136 年），当时设置了五经博士，使官方学术由尊崇黄老兼容百家的格局演变为尊崇五经兼容百家并以儒家为主流的局面。第二个转折点是汉成帝年间（公元前 32 年至公元前 7 年），当时的官方学术由尊崇五经兼容百家并以儒家为主流的局面，过渡到"罢黜百家，独尊儒术"的局面。在这种情况下，经学内部渐渐出现了异端，即古文经学，这种处于在野地位的经学新流派的出现可说是对"罢黜百家"的一种惩罚，或者说是对"独尊儒术"的变相的补偿。具体地说，包括道家著作在内的诸子书在汉武帝至元帝年间，被纳入辅助五经的传记的系统，致使这些诸子书与经书发生了沟通。到汉成帝"罢黜百家"以后，道家学者用了一种特殊的反抗形式，即与一些有异端倾向的经学家合流，这些经学家以新出现的一些古文经传为依据，创立了古文经学。过去人们常提到古文经学与道家的关联，笔者在这里进一步证实了这种关系的存在，则古文一派有强烈的祖先崇拜意识，喜欢推究社会和整个宇宙的起源，与道家的返古思想以及"有物混成，先天地生"的思想正好契合。道家的宇宙发生论之渗透到古文经学当中，是一件必然的事情。

第二，西汉经学有今、古两派，今文一派又分齐鲁两支。假若将兼综齐鲁经义并容纳古文礼书的后氏、戴氏礼学看成独立的、特殊的学问，那么西汉经学便可说有四派了。不过必须认识到，这四派绝不是并行地贯穿于西汉经学史上。从西汉初期到武帝初期，经学领域呈齐学与鲁学分立的局面，齐学可能稍占优势，但没有破坏齐鲁两派的均衡。这种均势是在武帝时被打破的，当时齐学一派以董仲舒、公孙弘为代表人物，几乎完全控制了学术的动向。在汉宣帝时的石渠阁会议上，鲁学暂时战胜齐学，一度成为经学的主流。当齐学逐渐恢复其优势的时候，一个新型的礼学形成了，当时后仓及其弟子戴圣等人融合齐鲁两派的学说，广泛参考新出现的古文礼书，在元帝、成帝之际汇聚成一股强大的儒学势力。这股势力从"礼"的角度，发动了一系列的针对"汉承秦制"的改革，例如汉成帝时的"议罢诸祠"、兴立南北郊以及选举制度的变更，都是这一类的革新。这些革新中的一项，即是"罢黜百家，独尊儒术"，致使与官方经学有分歧的一些学者都躲到古文经典的保护伞的下面，逐渐形成了古文经学。

第三，在后氏、戴氏礼学形成之际，古文经学本还没有产生。从这先后的次序来看，似乎后氏、戴氏礼学仅是今文齐鲁两派学说的总结。然而后氏、戴氏学的包容性过于强烈，他们编纂的《礼记》竟包括了大量的古文礼学文献，这些文献的部分内容，与后起的古文经学的某些内容一致。廖平等学者曾将大小《戴记》加以分割，鉴别其中哪些篇章是今文经学的，哪些篇章是古文经学的，这都有助于说明后氏、戴氏礼学以今文经学为主却又与古文经学相通的性格。这一学派可说是介于今古之间，是由今文经学的兴盛到古文经学的诞生的中间环节。如果着眼于后氏、戴氏一派的这种特殊的品性，便可将齐学和鲁学的共同特征看作是整个今文经学的特征。这些特征首先表现在圣王和天帝的关系问题上，即认为圣王或圣王的较近的先人可直接由天帝感生，而不是由某一位远祖辗转相生。基于这样的认识，今文一派遂不注意于推究皇室的远祖以及宇宙的起源，而注重于研究宇宙和社会的系统，兼讲一点宇宙构成论和观念论性质的学问。古文经学也常从系统的角度看待各种问题，但由于在圣王族系方面有追本溯源的倾向，在自然哲学方面颇关心宇宙起源的问题。今古经学的思想实际上是互有优劣，齐学与鲁学由于宗法思想的色彩淡薄，在政治制度方面反对卿大夫拥有"世位"的特权；古文经学则由于有尊崇远祖的倾向，在政治制度方面赞同卿大夫之有世禄，变相地支持卿大夫之有世位，在一定程度上有利于官族的出现和"士庶之科"的产生，实不如今文经学进步。然而在自然哲学方面，古文经学少有迷信色彩，推动了关于宇宙构成论和宇宙发生论的探索，这种优点又是今文经学所不具备的。在今文经学内部，齐鲁两派也是互有优劣，齐学富于开放性和进取性，似为偏于内向的鲁学所不及，然而鲁学在"德义"的方面有较多的阐发，有助于观念论思想的演进，这却是齐学所欠缺的。

第四，从各种角度看，西汉都是中国思想史上的辉煌时期，例如从思维方式的角度来看，西汉经学家兼用了直观的、意象的思维方式和逻辑的思维方式，优于汉代以后的思维方式，因为汉以后的思维方式偏重于直观和意象的形式，不注重于逻辑推理，致使自然科学不能发达。从著述形式的角度来看，西汉经学家主要采用了传、记、说的著作形式，自由发挥的程度超过后代通行的笺注形式。从思想的意向性来看，西汉经学的齐学一派富于开放和进取精神，后世思想家则往往偏重"内圣"而于"外王"有所不足。从政治思想来看，西汉经学家多主张禅让说，带有古代民主思想的意味，禅让说在后世思想里不甚突出，而君主专制主义思想却日益强烈，鉴于这些方面的比较，都应当承认西汉经学是中国传统文化的优秀的一部分。

第五，过去人们对汉代经学的印象十分恶劣，这主要是他们把目光集中在东汉经学之故，其实东汉经学与西汉经学的区别是极大的。这种区别主要是由于谶纬的作用。过去人们常说谶纬依附经学，是将谶纬的影响力低估了。西汉末期的谶纬分别假托是出自天帝与圣人，得到王莽的承认与尊崇，在官方学术的地位几乎凌驾于经学之上，致使经学家纷纷"减省章句"，修改其旧说，以致西汉经学发生剧烈的变化，失去了原有的特色。现在将两汉的经学严格区分开来，当使大家关于西汉经学的评估更为积极。

图书在版编目（CIP）数据

西汉经学源流 / 王葆玹著. —成都：四川人民出版社，2021.10（2024.6 重印）
（论世衡史 / 谭徐锋主编）
ISBN 978−7−220−12384−9

Ⅰ. ①西… Ⅱ. ①王… Ⅲ. ①经学−研究−中国−西汉时代 Ⅳ. ①Z126.273.41

中国版本图书馆 CIP 数据核字（2021）第 150532 号

著作财产权人：三民书局股份有限公司

XIHAN JINGXUE YUANLIU

西汉经学源流

王葆玹　著

出 版 人	黄立新
策划统筹	封　龙
责任编辑	冯　珺
责任校对	申婷婷
封面设计	周伟伟
版式设计	戴雨虹
责任印制	周　奇

出版发行	四川人民出版社（成都市三色路 238 号）
网　　址	http://www.scpph.com
E-mail	scrmcbs@sina.com
新浪微博	@四川人民出版社
微信公众号	四川人民出版社
发行部业务电话	(028) 86361653　86361656
防盗版举报电话	(028) 86361661
照　　排	四川胜翔数码印务设计有限公司
印　　刷	成都东江印务有限公司
成品尺寸	145mm×210mm
印　　张	14.25
字　　数	320 千
版　　次	2021 年 10 月第 1 版
印　　次	2024 年 6 月第 2 次印刷
书　　号	ISBN 978−7−220−12384−9
定　　价	89.00 元

YE BOOK

洞 见 人 和 时 代

官方微博：@壹卷YeBook
官方豆瓣：壹卷YeBook
微信公众号：壹卷YeBook
媒体联系：yebook2019@163.com

壹卷工作室
微信公众号